Psychologie pathologique

théorique et clinique

DU MÊME AUTEUR

Aux éditions Masson :

PRÉCIS DES TOXICOMANIES, par J. BERGERET, J. LEBLANC et coll. *Collection de Précis de Médecine*. 1988, 2e édition revue et corrigée, 272 pages, 7 figures.

Aux éditions Dunod :

LA PERSONNALITÉ NORMALE ET PATHOLOGIQUE, par J. BERGERET, 1978, 324 pages.

LE PSYCHANALYSTE À L'ÉCOUTE DU TOXICOMANE, par J. BERGERET, 1981, 180 pages.

ÉTATS-LIMITES ET DÉPRESSION, par J. BERGERET, W. REID et coll., 300 pages (sous presse).

LA VIOLENCE FONDAMENTALE, par J. BERGERET, 1984, 252 pages.

NARCISSISME ET ÉTATS-LIMITES, par J. BERGERET et coll., 1986, 244 pages.

Aux PUF :

LES ÉTATS-LIMITES ET LA DÉPRESSION, par J. BERGERET, 1975, 353 pages.

LE TOXICOMANE ET SES ENVIRONNEMENTS, par J. BERGERET et coll., 1980, 230 pages.

TOXICOMANIE ET PERSONNALITÉ, par J. BERGERET, 1982, 124 pages.

LES INTERROGATIONS DU PSYCHANALYSTE, par J. BERGERET, 1987, 193 pages.

Aux éditions Payot :

LE PETIT HANS ET LA RÉALITÉ, par J. BERGERET, 1987.

Aux éditions Odile Jacob :

LES TOXICOMANES PARMI LES AUTRES, par J. BERGERET, 1990.

CHEZ LE MÊME ÉDITEUR

Autres ouvrages :

LE DÉVELOPPEMENT AFFECTIF ET INTELLECTUEL DE L'ENFANT, sous la direction de B. GOLSE, *Collection Médecine et Psychothérapie*. 1992, 3e édition, 320 pages, 3 figures.

LES THÉRAPIES COMPORTEMENTALES ET COGNITIVES, par J. COTTRAUX. *Collection Médecine et Psychothérapie*. 1990, 240 pages.

MANUEL DIAGNOSTIQUE ET STATISTIQUE DES TROUBLES MENTAUX DSM.III. R., par l'AMERICAN PSYCHIATRIC ASSOCIATION. Traduction de l'anglais coordonnée par J.D. GUELFI, P. PICHOT *et al.* 1992, 2e tirage, 656 pages.

INITIATION À LA PSYCHIATRIE, par L. ISRAEL. *Collection Médecine et Psychothérapie*. 1991, 3e tirage, 288 pages.

ABRÉGÉS

Psychologie pathologique
théorique et clinique

Sous la direction de

J. BERGERET

Professeur à l'université Lyon-II

Avec la collaboration de

A. BÉCACHE, J.-J. BOULANGER,
J.-P. CHARTIER, P. DUBOR,
M. HOUSER ET J.-J. LUSTIN

Chargés de cours à l'université Lyon-II

Préface de

D. WIDLÖCHER

Professeur au CHU Pitié-Salpêtrière

5e édition

MASSON

Paris Milan Barcelone

1993

Cet ouvrage a été traduit :
— en espagnol : deuxième édition réalisée d'après la 4e édition française, Masson S.A., Barcelone, 1990.
— en italien : troisième édition réalisée d'après la 4e édition française, Masson S.p.A., Milan, 1988.
— en portugais : première édition réalisée d'après la 3e édition française, Masson do Brasil, 1983.

ISBN : 2-225-84197-72

MASSON S.A. 120, bd Saint-Germain, 75280 Paris Cedex 06
MASSON S.p.A. Via Statuto 2, 20121 Milano
MASSON S.A. Avenida Principe de Asturias 20, 08102 Barcelona

PRÉFACE

La psychologie pathologique doit beaucoup à la psychanalyse. On ne peut plus étudier la maladie mentale sans considérer les conduites, ni celles-ci sans tenir compte d'un point de vue dynamique : elles tendent à la réalisation d'un certain but et subissent un double système de contraintes qui tient à l'organisme lui-même nécessairement divisé dans sa quête d'un impossible achèvement et au monde environnant contrecarrant cette quête ou lui imposant ses propres voies. Pulsion et conflit apparaissent donc bien comme les notions de base indispensables à un tel point de vue.

On s'étonnera qu'il ait fallu attendre la psychanalyse pour en prendre conscience. Ces notions n'appartiennent-elles pas implicitement à la psychologie du sens commun et à ses expressions littéraires ? Elles éclairent le comportement quotidien et guident nos actions auprès d'autrui. C'est sans doute leur banalité qui a suscité le désintérêt des psychiatres. En outre, il paraissait choquant et peu vraisemblable que les principes qui guident le comportement normal puissent expliquer le pathologique, son illogisme, sa permanence.

La notion freudienne d'un inconscient dynamique permit de réduire cet écart : le comportement absurde, le symptôme ont un sens caché, donc une finalité. Cette découverte permit de tirer le parti que l'on sait de l'étude des pulsions et des conflits. Mais nombreux sont les psychiatres qui ont surtout retenu de la psychanalyse ce supplément de sens qu'elle apporte ; ils attendent du psychanalyste qu'il interprète la signification cachée du symptôme et étendre ainsi le domaine de la compréhension psychologique, sans prétendre expliquer la maladie. Le succès que la psychanalyse rencontre auprès d'un large public et dans de nombreux domaines des sciences humaines ou littéraires tient en grande partie à ce pouvoir divinatoire. La science de l'inconscient fascine parce qu'elle permet de comprendre, mieux que ne le fait l'intuition du sens commun. On retient le droit d'interpréter, on l'applique à n'importe quel matériel. On oublie que l'interprétation analytique ne se justifie que par ses effets ou sa valeur prédictive et qu'il est risqué d'en étendre l'usage, hors du domaine de la cure, sans préciser le système de validation auquel on pourra se référer.

La psychopathologie psychanalytique ne coïncide pas avec cet usage généralisé de l'interprétation. Une somme d'interprétations particulières faites à propos d'un cas clinique ne constitue pas un bilan psychopathologique. Il ne suffit pas d'accumuler des hypothèses sur la signification des symptômes, des propos et des conduites. C'est plus radicalement que la psychanalyse a modifié le point de vue dynamique pour l'appliquer à la pathologie. Les mobiles humains ne se juxtaposent pas au hasard, ils s'organisent en systèmes, les conflits internes expriment l'incompatibilité entre des structures partielles de la personnalité. En outre cette organisation n'est pas donnée d'emblée, elle naît et se développe au cours de l'histoire du sujet, en fonction des conflits qui marquent nécessairement les étapes de cette histoire. Les auteurs de cet ouvrage, par le plan qu'ils ont choisi, montrent bien que ces perspectives structurales et génétiques sont fondamentales et que leur étude doit précéder celle des diverses formes d'organisations pathologiques. Ce que l'on appelle en psychanalyse métapsychologique n'offre pas seulement un modèle théorique, elle permet de construire toute une sémiologie nouvelle (formations défensives, lois du processus primaire, dérivés de l'inconscient) distincte des significations concrètes. Sa connaissance est indispensable au clinicien et son application hors du champ de la cure beaucoup plus légitime.

Il serait absurde d'opposer les deux méthodes. Que dirait-on d'un chirurgien qui refuserait tout diagnostic et toute hypothèse physiopathologique, se contentant de corriger les anomalies que le champ opératoire lui donne à voir ? Dans la cure, les références métapsychologiques s'estompent pour laisser place à l'étude des représentations particulières. Mais l'usage de ces références éclaire d'un jour nouveau l'observation clinique et certaines de ses variantes comme l'étude de la situation projective.

J. Bergeret et ses collaborateurs avaient toutes qualités pour initier le clinicien, psychiatre ou psychologue, à cette psychopathologie contemporaine. Praticiens et enseignants, ils sont depuis longtemps associés dans des tâches de recherche clinique et de formation. D'où l'unité de l'ouvrage, cet égal mérite à montrer comment les modèles théoriques permettent de dégager une sémiologie originale et une meilleure compréhension des syndromes cliniques traditionnels. L'enjeu pédagogique est d'importance : la psychopathologie psychanalytique peut encore progresser. Elle constitue un des champs féconds de la recherche en psychopathologie générale, et seuls des progrès continus en ce domaine nous garantissent contre les retours d'un empirisme à courtes vues et contre ceux du dogmatisme.

Daniel WILDLOCHER
Professeur au C.H.U. Pitié-Salpêtrière, Paris

TABLE DES MATIÈRES

Deuxième partie
CLINIQUE

Troisième partie
ASPECTS INSTITUTIONNELS

INTRODUCTION

Bien que ce livre soit rédigé par des psychiatres psychanalystes, il ne saurait s'agir d'un traité de psychiatrie et, encore moins, d'un ouvrage psychanalytique. L'objet de la psychologie pathologique ne peut être confondu avec celui de la psychiatrie; il demeure l'étude de l'évolution et des avatars du psychisme humain, sans s'intéresser aux aspects techniques des thérapeutiques. C'est pourquoi, si nous nous référons obligatoirement à la pensée analytique, les méthodes de traitement psychanalytique elles-mêmes ne peuvent être que citées ici.

L'originalité avec laquelle nous avons cherché, de propos délibéré, à cerner notre objet apparaîtra d'emblée au lecteur. Le choix et le plus ou moins grand développement de nos différentes rubriques peuvent surprendre. Ils correspondent à nos options.

Notre « Abrégé de Psychologie pathologique », en effet, écrit par des médecins, enseignant à des psychologues en formation à vocation clinique, a pour but essentiel de faire réfléchir ces derniers sur la nature du dialogue qui les attend et de mettre à leur disposition, de la façon la plus vivante possible, des connaissances de base, des sujets de réflexion, des éléments de recherche, des références bibliographiques et surtout les lignes directrices théoriques et pratiques que ces médecins eux-mêmes ont tirées de leurs expériences cliniques comme de leurs synthèses personnelles.

Nous estimons que nos efforts pour demeurer très ouverts dans le propos et très concis dans la forme pourront aider également les étudiants en médecine et en psychiatrie, ou dans des disciplines humaines voisines, ainsi que nombre de médecins ou de membres, aux divers niveaux, de nos équipes soignantes dans leur recherche d'une meilleure compréhension de leurs problèmes relationnels.

En partant d'une unité de vue sur l'ensemble des options fondamentales, chaque rédacteur a conservé cependant sa liberté de style ou son mode de communication à l'occasion de ses développements particuliers.

Au niveau de nos chapitres théoriques, comme dans toute notre partie clinique, nous ne voulions ni ne pouvions, en un ouvrage aussi condensé, procéder à une étude exhaustive touchant aux multiples aspects de la psychologie générale ou de toutes les entités morbides décrites par la psychiatrie classique. Dans le premier domaine nous renvoyons le lecteur à l'ouvrage de J. Delay et P. Pichot (1), dans le deuxième cadre à celui de M. Anty (2). Nous avons choisi, quant à nous, d'insister surtout, dans notre première partie, sur ce qui constitue l'articulation ou l'interaction des principaux concepts théoriques entre eux, et, dans notre deuxième partie, sur ce qui distingue ou relie les différentes organisations pathologiques.

Aux non-analystes qui estimeraient hasardeux de manifester un attachement trop exclusif aux hypothèses psychanalytiques, nous pensons pouvoir répondre que les données analytiques (théoriques, et non techniques) auxquelles nous nous sommes cantonnés correspondent à ce qui se trouve admis comme très classique par le plus grand nombre des psychopathologues contemporains et ne constitue, en définitive, qu'une connaissance bien générale, indispensable à l'honnête homme de la fin du XXe siècle.

Aux psychanalystes qui jugeraient téméraire de livrer ainsi, sans précautions, à de jeunes non-analystes un résumé des concepts freudiens, nous exprimons notre profonde conviction que l'originalité foncière du psychanalyste ne peut venir d'un savoir théorique, même très poussé, mais reste, au contraire, la marque indélébile et irremplaçable dans son psychisme d'une expérience personnelle menée à bien sur un divan, expérience qu'il demeure, de ce fait, capable (et lui seul) de faire revivre à d'autres humains.

Sur le plan clinique nous développons ici une position attachée à certaines conceptions qui ne reconnaissent que deux formes de névroses: la névrose obsessionnelle et l'hystérie (d'angoisse ou de conversion); les comportements dépressifs ou phobiques ne se trouvant le propre d'aucune structure exclusive, pas plus que le masochisme ou l'homosexualité. De même, la notion de structure prend pour nous un sens extrêmement rigoureux. On remarquera à ce propos notre soin de limiter à des entités très nettement définies les qualificatifs de « névrotique » et de « psychotique ».

Nous remercions tous nos maîtres, les collègues et les amis qui nous ont directement ou indirectement aidés dans cette élaboration, en particulier nos collègues de l'U.E.R. des Sciences psychologiques de l'Université de Lyon-II dont la confiance et l'appui nous ont été si précieux dans la constitution de notre équipe enseignante. Le lecteur trouvera ici, nous l'espérons, la manifestation du souci de clarté de cette équipe comme le témoignage de sa bien agréable cohésion.

---

(1) Delay (J.) et Pichot (P.): *Abrégé de Psychologie*. Masson, Paris, 1969 (3e édition), 498 p.

(2) Anty (M.): *Psychiatrie à l'usage de l'équipe médico-psychologique*; Masson, Paris, 1977.

PREMIÈRE PARTIE

THÉORIE

1

ASPECT GÉNÉTIQUE

PAR

M. HOUSER

INTRODUCTION

Très rares dans la littérature, pour ne pas dire inexistants, sont les ouvrages exposant de façon systématique et tant soit peu synthétique la théorie freudienne du développement de la personnalité.

Sans avoir la prétention de combler cette lacune, nous pensons devoir d'abord présenter au moins schématiquement les grandes étapes de cette genèse, préalable indispensable à la compréhension de l'ensemble de ce livre.

Nous le ferons sous une forme volontairement scolaire, nous efforçant de rendre clairs et précis toute une série de notions, définitions, concepts, qui sont loin d'être toujours aussi faciles à appréhender qu'une certaine vulgarisation voudrait le faire accroire.

Notons par ailleurs que nous resterons classiques et même, comme on dit, « orthodoxes », faisant appel : en premier lieu à l'œuvre de S. Freud lui-même, aux travaux de ses contemporains et successeurs comme K. Abraham et O. Fenichel, à des ouvrages comme le livre déjà ancien de Gerald S. Blum, enfin à des publications plus récentes comme le « Vocabulaire de la psychanalyse » de

Laplanche et Pontalis, pour ne citer ici que les principales de nos références bibliographiques.

Un tel classicisme ne nous a cependant pas empêché de prendre quelquefois parti de façon personnelle, sinon originale, dans certaines controverses, comme par exemple en individualisant nettement le stade phallique par rapport à l'Œdipe, ce que ne font pas nombre d'auteurs, et non des moindres.

Signalons enfin que chaque étape sera envisagée selon le double point de vue :

1° *Du développement psychosexuel* d'une part, orienté par l'entrée en jeu successive des différentes *zones érogènes.*

2° De la *relation d'objet ou relation objectale* d'autre part, expressions désignant notamment les formes prises par la relation du sujet avec ses « objets » (lui-même compris) au cours de ces différents moments évolutifs.

INFLUENCES PRÉ- ET NÉONATALES

Cette question ne nous retiendra qu'un instant, bien qu'on paraisse actuellement s'intéresser de plus en plus aux conséquences possibles, sur le développement ultérieur, de ces conditions primitives.

■ ***Les influences prénatales.*** – Phyllis Greenacre pense que la constitution, les expériences prénatales et la situation suivant immédiatement la naissance contribuent à créer une *prédisposition à l'angoisse* ou *préangoisse,* différente de l'angoisse ultérieure en ce qu'elle *manque de contenu psychologique et opère au niveau réflexe.*

Il est bien certain que le fœtus est capable d'une grande variété d'activités puisqu'il remue, donne des coups de pieds, se retourne..., manifestations que toute femme enceinte attend même avec une certaine impatience. On sait aussi que le fœtus réagit à des stimuli extérieurs par des mouvements accrus, une accélération du rythme cardiaque..., par exemple lorsqu'un son fort et aigu, une sonnette électrique, etc., se fait entendre près de la mère. De même le fœtus présenterait un accroissement considérable d'activité lorsque la mère passe par des périodes de graves épreuves émotionnelles, ce qui prouverait que l'état psychophysiologique de la mère exerce une influence sur le type de comportement du fœtus normal. Enfin celui-ci pourrait même *crier in utero* si, par accident, de l'air a été admis dans la cavité utérine.

Phyllis Greenacre interprète toutes ces réactions réflexes au malaise comme un fait prouvant qu'il existe, avant la naissance, un schème de conduite *ressemblant à l'angoisse.* Ce schème, encore influencé par la naissance et par les premières expériences postnatales, constitue, selon l'auteur, un potentiel organo-physiologique qui, s'il est particulièrement fort, peut avoir pour conséquence des réactions plus violentes aux dangers psychologiques survenant ultérieurement au cours de la vie.

D'autres auteurs avaient déjà démontré qu'il est même possible de *conditionner* le fœtus. Mais il est évident que nous ne sommes pas encore en mesure d'évaluer les effets du milieu prénatal sur le développement ultérieur de la personnalité. C'est donc à titre de simple anecdote, sans fondement scientifique réel, que nous citerons la pratique des tziganes qui consiste, lorsque l'on veut produire un musicien de valeur, à lui faire « entendre » dès la vie intra-utérine des airs de violon joués par un maître à proximité du ventre de la mère.

Quant à Fodor, ses arguments sont essentiellement des reconstructions — d'une validité douteuse — basées sur les fantasmes et les rêves dits « rêves prénataux » faits par lui-même et ses patients. Selon l'auteur, l'aspect traumatique du milieu prénatal devrait être rapporté avant tout à la violence des rapports sexuels entre les parents. Enfin Fodor postule une « conscience organismique » dirigée vers un contenu et rendue possible par des communications de type télépathique entre la mère et le fœtus; mais il est clair que l'existence de la télépathie comme moyen de communication reste une prémisse invérifiée.

En résumé. – Il apparaît très difficile de mener à bien des recherches décisives en ce domaine. Si l'on peut admettre que ce qui se passe pendant la gestation n'est pas sans influence possible et vraisemblable sur le fœtus, son équipement biopsychique notamment, cependant reste-t-il encore impossible de tirer des études entreprises des conclusions rigoureuses.

Comment pourrions-nous, par exemple, décider si les angoisses d'un enfant de 4 ans sont dues au milieu chargé d'angoisse que constitue une mère malheureuse *avant* la naissance ou bien *après*? Car il est impossible d'échapper au fait que la mère continue, après la naissance — et nous dirions même *surtout* à ce moment — à exercer une influence sur la personnalité de ses enfants.

■ ***Le traumatisme de la naissance.*** – On sait que c'est une notion à laquelle Otto Rank a attaché son nom. Cependant :

C'est Freud qui, le premier, a souligné la signification psychologique de ce traumatisme de la naissance, faisant ressortir le danger contenu dans **l'afflux initial d'excitations** venues du monde extérieur lors de la sortie de l'organisme d'un milieu relativement calme et paisible pour se trouver submergé par la situation nouvelle. Le nouveau-né ne peut affronter ce danger de manière adéquate car il ne dispose encore d'aucun mécanisme de défense utilisable pour se protéger.

Cette situation de la naissance devient le *modèle* ou prototype de toute angoisse ultérieure, dont le facteur commun s'énonce donc à l'origine en termes de séparation *biologique* d'avec la mère mais qui, par la suite, se manifeste de façon plus psychologique et plus symbolique.

C'est tout. Et Freud tend à minimiser l'importance des accidents survenus au cours de la naissance, n'admettant pas que l'enfant puisse avoir à ce moment conscience de contenus réels : « Que représente un danger ? écrit-il. Dans l'acte de la naissance un danger objectif se présente pour la conservation de la vie; nous savons ce que cela veut dire selon la matérialité des faits. Mais psychologiquement cela ne nous dit rien du tout. Le danger de la naissance n'a encore aucun contenu psychique » (« Inhibition, symptôme et angoisse »).

O. Rank au contraire donna à cette théorie, qu'il systématisa avec excès, un développement qui éloigna son auteur des conceptions classiques de la psychanalyse.

Celui-ci fait en effet jouer au traumatisme de la naissance un rôle central dans le développement de la personnalité au point que la naissance constitue un choc profond qui crée un réservoir d'angoisse dont les parties se déchargeront, se libéreront à travers toute l'existence.

C'est dire que pour cet auteur toutes les névroses trouveront là leur explication originelle et que l'on peut interpréter toute angoisse ultérieure en termes d'angoisse de naissance, non seulement en tant que celle-ci constitue le modèle, mais la source même de l'angoisse.

Poussant encore plus loin sa conception, Rank en vient à déclarer que le nouveau-né forme des impressions *visuelles* durables de cette séparation pénible d'avec la mère, responsables notamment de l'horreur éprouvée plus tard pour les organes génitaux féminins, tandis que les séparations ultérieures de toute nature, réelles ou imaginaires, seront éprouvées comme un traumatisme menaçant : séparation du sein par le sevrage, séparation fantasmatique du pénis par la peur de la castration, etc.

Enfin, toujours selon O. Rank, chaque plaisir aurait pour but final d'accéder au sentiment de contentement sans mélange et de béatitude primitive intra-utérine, le moyen le plus satisfaisant pour réaliser ce retour à la vie intra-utérine étant l'acte sexuel, qui représente la réunion symbolique avec la mère : alors l'homme concevrait son pénis comme un enfant retournant dans le ventre de sa mère tandis que la femme accéderait à la satisfaction en s'identifiant à son propre enfant, au moment où il n'est pas encore né. Pour l'auteur, l'angoisse primaire de la naissance représente un obstacle à cette satisfaction, car elle constitue un signal de danger contre l'envie de retourner dans le sein maternel.

Quant à Phyllis Greenacre, elle occupe en ce domaine une position intermédiaire entre Freud et Rank.

Elle admet l'action des deux facteurs, constitutionnels ou héréditaires et accidentels apparaissant au moment de la naissance, mais elle substitue sa théorie de la réponse de « préangoisse » à la conception de Rank relative aux impressions visuelles. Pour elle enfin l'influence réelle du traumatisme de la naissance se situerait quelque part entre les deux conceptions : elle ne serait ni aussi importante que le pense Rank, ni aussi minime que le croient Freud et la plupart de ses successeurs.

STADES PRÉGÉNITAUX

1° *Le stade oral*

Les différentes phases que nous décrivons ne sont pas nettement délimitées ou séparées les unes des autres. Tous ces stades passent plutôt graduellement l'un dans l'autre et se chevauchent. Ainsi le stade oral s'étend non seulement sur la *première année de la vie* de l'enfant, mais bien au-delà. Classiquement on donne ce nom de « stade oral » à la phase d'organisation libidinale qui va *de la naissance au sevrage*.

a) Le développement psychosexuel

Rappelons d'abord que la sexualité infantile est indifférenciée et peu organisée. De plus, elle diffère de celle de l'adulte par trois points au moins :

- Les régions corporelles de plus grande sensibilité (ou *sources pulsionnelles*) ne sont pas forcément les régions génitales. D'autres zones érogènes (régions qui procurent du plaisir sexuel) viennent à prédominer.
- Les *buts* sont différents : la sexualité infantile ne conduit pas à des relations sexuelles proprement dites mais comportent des activités qui, plus tard, joueront un rôle dans le plaisir préliminaire.
- Enfin cette sexualité infantile a tendance à être *autoérotique* plutôt que dirigée sur des *objets*.

■ Ce stade oral est donc celui de la primauté de la zone buccale comme zone érogène ou ***source*** corporelle pulsionnelle. En fait il faut entendre ici bien autre chose que simplement la bouche :

- D'abord certes *tout le carrefour aérodigestif* jusqu'à l'œsophage et l'estomac; organes respiratoires aussi, en jeu dans l'aspiration et l'expiration de l'air, jusqu'aux poumons (cf. les fixations orales des asthmatiques par exemple).
- Les *organes de la phonation* et donc du langage.
- Les *organes des sens également :* la gustation, le nez et l'olfaction, l'œil et la vision (on dit « manger ou dévorer quelqu'un des yeux ») sont des organes et des fonctions en rapport avec l'oralité, percevoir impliquant d'ailleurs une sorte de préhension et de mise à l'intérieur de soi d'éléments appartenant au monde extérieur environnant.
- Le *toucher et la peau elle-même* appartiennent aussi au monde de l'oralité. Les gens qui ont toujours trop chaud ou trop froid, ceux qui présentent des dermatoses psychosomatiques, ou encore plus simplement ceux qui, dans les ébats amoureux, sont hypersensibles à des attouchements de régions

cutanées parfois fort éloignées des zones génitales... ont tous une oralité très forte.

N'oublions pas en effet que cette première année de la vie est l'époque où le bébé est le plus sensibilisé à l'apport non seulement de la nourriture mais aussi de toutes les caresses, baisers, « papouilles », « chatouilles », etc. dont est généreuse une mère aimante à l'occasion ou en dehors des toilettes.

■ Quant à ***l'objet*** original du désir sexuel de ce nourrisson, il est constitué par le sein maternel ou son substitut, la première expression de la pulsion sexuelle étant l'action de téter. En effet, non seulement cet acte de téter satisfait le besoin de nourriture, mais encore il procure du plaisir en lui-même.

– La séparation d'avec la mère au moment de la naissance instaure une nouvelle relation mère-enfant, relation dépendante et pratiquement symbiotique, fusionnelle, avec cependant un médiateur désormais : la *fonction alimentaire* ou *nutritionnelle.* A cette fonction est attaché un plaisir que l'enfant éprouve, apprend, au moment d'être nourri.
– Et voilà que cette *satisfaction libidinale, étayée,* comme on dit, sur le besoin physiologique d'être nourri, va se séparer de celui-ci. L'enfant découvre que l'excitation de la bouche et des lèvres procure un plaisir en soi, même sans être accompagnée de nourriture (suçotement des lèvres, succion du pouce).

Remarque. – En fait la littérature contient de nombreuses références suggérant l'existence d'une pulsion à téter, qui opérerait indépendamment du processus de la nutrition. Autrement dit, à partir de certaines constatations — par exemple on sait maintenant que dès le stade intra-utérin le fœtus suce son pouce — on peut se demander s'il n'existe pas une *pulsion orale primaire,* qui n'aurait pas été acquise par l'apprentissage et qui serait à l'origine à la fois de la succion et d'autres manifestations voisines d'activité orale. Auquel cas du reste le problème de la genèse de cette pulsion orale primaire resterait entier.

■ Quoi qu'il en soit, à ce stade, le ***but pulsionnel*** est double, peut-on dire :

– D'une part, c'est la stimulation agréable de la zone érogène buccale, plaisir qui est *autoérotique.* Le sujet n'a pas encore la notion d'un monde extérieur différencié de lui et on a coutume de décrire cet état comme « *anobjectal* » ou par les termes d'« *indifférenciation Moi/non-Moi* ».
– D'autre part, c'est le désir *d'incorporer les objets,* désir spécifique de l'oralité qui, malgré l'emploi du mot « objet », ne confère pas à celui-ci le véritable statut d'objet extérieur. Le petit enfant de cet âge ne perçoit dans les individus ou les choses qu'une nourriture ou une source de nourriture, à laquelle, dans ses fantasmes, il s'imagine *uni* en l'avalant ou en se l'incorporant. L'objet n'est guère *qu'une partie du sujet,* l'enfant porte à sa bouche tout ce qui l'intéresse et le plaisir « d'avoir » se confond, pour lui, avec le plaisir « d'être ».

Note importante. – A ces buts d'incorporation correspondent des peurs et des angoisses orales spécifiques, telles que la *peur d'être mangé* que l'on voit revivre dans les rêves et fantasmes non seulement des psychotiques mais encore de maint patient en analyse au cours de phases régressionnelles profondes et même chez chacun de nous.

Abraham divise cette période orale en deux sous-stades :

I. – LE STADE ORAL PRIMITIF (de 0 à 6 mois) encore appelé « phase pré-ambivalente ». C'est le véritable stade oral de Freud que celui-ci subdivise en stade narcissique primaire » et en « stade anaclitique ». C'est celui que nous venons de décrire. Redisons ses principales caractéristiques :

- *Prévalence de la succion, de l'aspiration* à partir du système d'absorption (bouche, organes sensoriels...) qui tend tout à la fois :
  - à l'incorporation, à l'assimilation orale des excitations venant de l'extérieur, c'est-à-dire d'un « objet » ressenti comme bon et qui, théoriquement, n'est pas détruit;
  - à la satisfaction autoérotique de compensation lors notamment de frustrations (succion du pouce de type masturbatoire, par simple plaisir de sucer).
- *Absence de différenciation entre corps propre et objet extérieur,* absence de distinction entre l'enfant qui tète le sein et le sein qui le nourrit.
- Enfin *absence d'amour et haine proprement dits,* le psychisme étant alors libre de toute ambivalence affective, ce qui n'est pas l'avis de tous les auteurs, Mélanie Klein en particulier.

II. – LE STADE ORAL TARDIF (de 6 à 12 mois) ou stade *sadique-oral,* au cours duquel prédominent les pulsions que Freud a pu appeler « *cannibaliques* » est marqué par l'apparition des dents, la morsure et les mordillements des objets, sein maternel d'abord, complétant alors la simple succion du sous-stade précédent.

A cette époque, que l'enfant réponde à une frustration en mordant pour prendre sa revanche ou qu'il exprime en mordant une pulsion agressive en soi, le résultat est le même : l'incorporation, toujours en jeu, est devenue sadique, c'est-à-dire *destructrice*; l'objet incorporé est vécu dans les fantasmes de l'enfant comme attaqué, mutilé, absorbé et rejeté dans le sens de la destruction.

b) La relation d'objet

Lorsqu'on parle de relation d'objet, on parle en fait d'une *interrelation* dialectique : est en cause non seulement la façon dont le sujet constitue ses objets (externes et internes) mais aussi la façon dont ceux-ci modèlent l'activité du sujet.

■ ***Le premier objet de chaque individu est sa mère.*** – Le mot « mère » est à prendre au sens large : la personne qui accomplit la plus grande partie des soins à donner à l'enfant. En fait :

a) La notion même « d'objet » fait ici problème, car on sait que, tout au début, il n'existe pas d'images d'objets au sens psychologique de ce terme, les premières représentations d'objets étant éparpillées, plus ou moins morcelées et en tout cas parcellaires et non unifiées.

Par ailleurs le nouveau-né n'a pas conscience du monde extérieur mais uniquement — si tant est même que l'on puisse parler ici de « conscience » — de ses propres perceptions internes de tension et de détente : il ne se distingue pas lui-même des autres.

Il s'ensuit que le nourrisson est aux prises avec des « morceaux d'objets » — des objets *partiels,* dit-on, et même pas localisés dans l'espace — dont font partie à la fois des morceaux de mère (sein nourricier ou biberon substitutif) et des morceaux du corps propre du sujet.

b) Cela étant, la relation de notre nourrisson avec ces morceaux d'objets s'établit dans deux directions :

- *autoérotisme* qu'on pourrait dire primaire et dont nous avons déjà parlé, s'accompagnant souvent de masturbation (1re phase masturbatoire) dans le cadre du narcissisme lui aussi primaire;
- *relation anaclitique* d'autre part, terme tiré d'un verbe grec qui signifie se coucher sur, s'appuyer sur. Freud voulait par cette expression rendre l'état de dépendance absolue qui lie physiquement l'enfant aux personnes dont les interventions le maintiennent en vie. Ce qui est dire aussi qu'à ce stade de tels « objets » ne peuvent être que *fonctionnels,* comme ils le resteront peu ou prou à travers toute la prégénitalité.

■ ***La découverte réelle des objets*** se fait cependant peu à peu et par un processus graduel.

a) D'abord on admet qu'une relation objectale dite primitive se constitue lors des **moments d'absence** de l'objet anaclitique. Autrement dit, la première prise de conscience d'un objet doit provenir chez l'enfant de l'état d'attente nostalgique de quelque chose qui lui est familier, qui peut satisfaire ses besoins… mais qui sur le moment fait défaut (Fenichel).

b) Par la suite l'enfant apprend à **différencier ses impressions** et la première différenciation est sans doute celle qui s'établit entre des objets « de confiance ou connus » et des objets « inhabituels, étranges, et même étrangers ». Ceux-ci sont alors ressentis comme *dangereux* tandis que les premiers *donnent confiance* et sont *aimés.*

c) Au fur et à mesure que l'enfant apprend à se distinguer de sa mère, il commence à **communiquer** avec elle, à comprendre ce qu'elle lui transmet, ne serait-ce qu'à travers sa mimique. Un rôle important est sans doute joué là par les réactions au contact, à la pression physique, bref à la manipulation corporelle réelle de l'enfant par sa mère.

d) **La relation ambivalente** est contemporaine, selon la théorie orthodoxe, de la seconde partie du stade oral, lors de l'apparition des pulsions sadiques. Ainsi, à la période où est en jeu la tendance à mordre, le désir de détruire la mère s'associe à l'aspiration à l'union libidinale avec elle. Premier conflit par conséquent, qui menace l'unité primitive rassurante à la mère et où la composante hostile prend une place prépondérante.

On dit parfois que la haine est plus vieille que l'amour, et nous connaissons l'évolution des idées de Freud sur la pulsion agressive (partie de l'instinct de mort). En tout cas c'est spécifiquement la *projection à l'extérieur* du « mauvais » — à quoi se joint évidemment la colère qu'induit l'absence de l'objet anaclitique — qui fait que l'objet (extérieur) est affecté de haine. On comprend que Freud ait pu dire : « *l'objet naît dans la haine* ».

Notons que la façon dont la pulsion agressive à mordre sera reçue par l'objet d'amour (permise, interdite, tolérée sous condition, etc.) est de toute première importance.

■ ***Le sevrage enfin*** est le conflit relationnel spécifique qui s'attache à la résolution du stade oral. Cette crise, liée à *l'ablactation,* peut sembler à première vue se fonder sur une donnée biologique, et donc instinctuelle, de l'espèce. En fait, le sevrage est indissociable du maternage dont Lacan a souligné la dimension culturelle.

Par ailleurs le sevrage est souvent un *traumatisme* au sens courant et restrictif où il est vécu comme une conséquence de l'agression, comme une punition « talionique » sur le mode de la frustration. Et l'on a pu remarquer par exemple que chez les gens élevés très tard au sein existe souvent une difficulté à jouir complètement de leur faculté d'agressivité sans provoquer un besoin d'autopunition.

Enfin, traumatisme ou pas, le sevrage laisse dans le psychisme humain la trace permanente de la relation primordiale à laquelle il vient mettre fin. Que ce soit de façon pathologique ou non, l'image du sein maternel domine peu ou prou toute la vie du sujet.

2° ***Le stade anal***

Au cours de la 2e et de la 3e années, les facultés de marcher, parler, penser, contrôler ses sphincters, etc. se développent et ouvrent à l'enfant, de façon progressive, *une indépendance* relative mais déjà réelle.

a) Le développement psychosexuel

Bien entendu, le plaisir anal existe des le début de la vie mais il ne constitue pas l'exutoire libidinal *principal* et il n'est *pas encore conflictualisé.* Ce n'est que lorsque s'installe le contrôle sphinctérien, lorsque l'acte de défécation devient un acte sur lequel l'enfant a pu acquérir une suffisante maîtrise, que le plaisir lié à cette défécation ainsi que les conflits spécifiques qui s'y rattachent occupent une situation privilégiée.

■ ***La source*** pulsionnelle corporelle ou zone érogène partielle est ici la muqueuse ano-rectale, ou ano-recto-sigmoïdienne ou même encore plus généralement toute la muqueuse de la zone intestinale d'excrétion, investie d'une libido diffuse à tout l'intérieur (et non pas seulement orificielle).

■ ***L'objet*** de la pulsion anale est de description plus malaisée du fait de la complexité croissante du jeu pulsionnel.

La mère, qui reste l'objet privilégié des pulsions de l'enfant, est devenue personne entière. Mais c'est un objet qui reste *fonctionnel, partiel,* qu'il sera surtout question pour l'enfant de *manipuler,* comme il « manipule » ses matières fécales. Rappelons que Freud a découvert l'importance de cette « analité » par l'analyse de la *névrose obsessionnelle* où précisément la « manipulation » des objets — réels, imaginaires et symboliques — est une des caractéristiques remarquables.

Quoi qu'il en soit, le « troisième terme » en cause est ici le contenu intestinal ou *boudin fécal,* véritable *objet libidinal intermédiaire* si l'on peut dire, dont les rôles ou fonctions ne sont ni simples ni univoques :

a) C'est d'abord un **excitant** direct de l'érogénéité de la zone corporelle muqueuse décrite ci-dessus. A ce sujet il existe une controverse parallèle à celle que nous avons démarquée à propos du stade oral : le plaisir anal est-il *primairement physiologique,* ou bien peut-on mieux l'expliquer comme une *pulsion secondaire* acquise par l'apprentissage ?

b) Le boudin fécal est aussi considéré par l'enfant comme **une partie de son propre corps** qu'il peut — nous ne dirons pas « à volonté » mais par une décision volontaire permettant au moins de différer l'exonération — soit conserver à l'intérieur, soit expulser au-dehors en s'en séparant, ce qui permet à l'enfant de faire la *distinction fort importante entre objet interne et objet externe.*

Si la peur d'être mangé constituait l'angoisse orale spécifique, celle d'être *brutalement dépossédé du contenu du corps* par arrachement, *d'être vidé* littéralement, représente l'angoisse anale typique.

c) Enfin, le boudin fécal représente pour l'enfant une **monnaie d'échange** entre lui-même et les adultes. Rappelons les équivalences établies par Freud entre les fèces, le cadeau qu'on offre ou qu'on refuse, l'argent, etc.

■ ***Le but pulsionnel*** enfin n'est pas non plus très simple à expliciter. C'est que l'on a coutume, de façon trop facile, de l'assimiler purement et simplement à la fonction défécatoire, ce qui ne rend nullement compte de la complexité de fait de l'expérience.

En effet, déféquer, c'est-à-dire *expulser* sa production intestinale, n'est pas le seul acte anal auquel soit attaché un plaisir dont chacun de nous fait journellement l'expérience. Différer cette défécation, c'est-à-dire *retenir* ses matières au moins pendant un certain temps, est d'un pouvoir érogène aussi indiscutable.

K. Abraham a décrit là encore deux sous-stades :

C'est d'abord la phase dite « expulsive »

a) Le but est donc ici de ressentir des sensations agréables pendant l'excrétion. Parallèlement à une décharge de la tension, l'élimination produit une stimulation de la muqueuse ano-rectale, qui produit un plaisir sexuel comparable à celui de la succion pendant le stade oral, plaisir *autoérotique* évident.

b) En plus du plaisir « naturel », une stimulation additionnelle est obtenue comme conséquence de l'importance que les parents accordent aux fonctions anales et qui conduit l'enfant à augmenter son intérêt pour un acte neuromusculaire qui exige de lui l'effort de « pousser ».

c) Une autre source de stimulation intense, plus contingente celle-là, est enfin constituée par les lavements fréquents administrés par des mères anxieuses. Le lavement n'a pas seulement en effet une signification frustratrice de vidange intestinale forcée, mais aussi le sens d'une excitation érogène.

Retenons de cette première phase anale :

1° *L'autoérotisme* narcissique qu'elle comporte toujours.

2° Son *aspect sadique,* lequel du reste caractérise la totalité du stade anal au point que l'on désigne habituellement ce stade par le qualificatif « *sadique-anal* ».

Cet aspect sadique dérive ici d'une double source :

- d'une part, à l'origine, l'acte d'expulsion lui-même est en cause, les matières fécales étant considérées comme des objets qui sont *détruits* et pour lesquels l'enfant n'éprouve aucun égard;
- d'autre part, les facteurs sociaux jouent plus tard un rôle, car l'enfant peut utiliser sa faculté d'expulsion pour défier ses parents qui tiennent à lui apprendre la propreté.

Dans la seconde phase, la phase rétentive. – Le plaisir principal se porte sur la rétention et nous allons retrouver ici les mêmes origines à ce plaisir, simplement utilisées de manière différente.

a) C'est d'abord bien entendu la découverte faite par l'enfant de la stimulation intense de la muqueuse que peut, à côté de l'expulsion, provoquer aussi la rétention.

On a dit qu'il s'agissait là de la première découverte du PLAISIR AUTO-ÉROTIQUE MASOCHIQUE, qui est une des composantes normales de la sexualité. Le terme « masochique » peut être entendu ici comme de l'ordre du « fais-moi quelque chose », et il est clair que le boudin fécal ne progresse pas jusqu'à l'ampoule rectale sous l'effet d'un acte volontaire, cette progression donnant d'abord des sensations éprouvées *passivement.* Ce n'est que dans un deuxième temps que le plaisir attaché à l'acte rétentionnel devient l'objet d'une *recherche active.*

b) Un autre déterminant à l'apparition de ce plaisir est là encore constitué par la grande importance que les adultes accordent aux selles. Si les autres considèrent ces produits comme précieux, alors l'enfant préfère les garder pour lui plutôt que de les donner. Et c'est ici que l'ÉLÉMENT SADIQUE apparaît de nouveau dans le tableau, l'enfant pouvant :

- soit utiliser ses matières fécales comme *cadeau* pour démontrer son affection;
- soit au contraire les retenir, ce qui a la signification d'un geste hostile (sadique) envers les parents préoccupés de sa production, mais qui est plus *conservatoire* vis-à-vis de l'objet (interne et externe).

Remarque : il faut noter que l'exonération intempestive coïncidant avec le refus de l'accomplir au moment ou dans les circonstances voulus par l'entourage prend un caractère agressif d'opposition en mélangeant les deux types de sadisme anal.

b) La relation d'objet

C'est sur le modèle des relations entretenues par l'enfant avec ses matières fécales et en fonction en outre des conflits suscités par l'éducation à la propreté que le sujet va orienter sa relation d'objet, avec ses caractères spécifiques :

■ ***Le sadisme.*** – Nous avons vu que cette période est caractérisée dans sa totalité par le sadisme, défini comme une *agression chargée de plaisir* contre un objet.

Les composantes *érotiques* et *agressives* de l'analité se retrouvent dans les deux phases décrites par Abraham, tout comme dans la bipolarité de la pulsion sadique elle-même, l'une des tendances étant de détruire l'objet extérieur, l'autre de le conserver et d'exercer sur lui un contrôle, tendances qui sont toutes deux gratifiantes.

La conquête de la discipline sphinctérienne permet à l'enfant de découvrir la notion de sa *propriété privée* (ses selles qu'il donne ou non) de son *pouvoir* (pouvoir autoérotique sur son transit intestinal et sur son corps propre; pouvoir affectif sur sa mère qu'il peut récompenser ou frustrer à son tour), découverte qui va de pair tant avec le *sentiment de toute-puissance* et de *surestimation narcissique* ressenti par le sujet qu'avec le plaisir qu'il éprouve de *contrôler, maîtriser, en s'opposant* à la mère, bref de *posséder.* Tout objet de son désir est quelque chose à l'égard de quoi il exerce des droits et tout objet est assimilable à sa possession la plus primitive, c'est-à-dire ses matières fécales.

■ ***Le masochisme.*** – Ce terme désigne *le but passif d'accéder au plaisir par des expériences douloureuses.*

Aussi bien le sadisme que le masochisme — l'on parle d'ailleurs généralement de sado-masochisme — sont liés aux châtiments corporels, pour lesquels les fesses sont à ce moment la cible préférée. Mais si l'on comprend aisément que battre quelqu'un d'autre ou lui donner la fessée représente une issue pour des tendances sadiques, la fonction masochique est d'une plus grande complexité.

D'abord elle ne peut opérer que dans certaines conditions seulement, la douleur ne devant être ni trop forte, ni trop grave. Par ailleurs, le fait qu'une fessée puisse exciter sexuellement l'enfant n'est pas douteux si l'on se remémore tous les cas publiquement connus de masochisme de cet ordre. Par contre les explications données à ce phénomène et à ses conséquences ont été sujettes à controverse. C'est ainsi que d'après la théorie orthodoxe, il survient parce que la libido se déplace de l'anus sur la peau des fesses et sur les muscles fessiers. Pour d'autres « le rôle joué dans le masochisme par l'excitation sexuelle de la peau des fesses est très douteux. De simples explications soulignant la satisfaction psychique apportée par la punition sont plus plausibles » (Blum).

Quoi qu'il en soit, il est une relation bien connue entre sadisme et masochisme : celle qu'utilise l'enfant qui se comporte d'une façon très active et agressive afin de provoquer les autres à le battre.

■ ***L'ambivalence***. – Il ressort de ce qui précède que, pendant cette période, les relations continuent à être ambivalentes, d'une manière même renforcée par rapport au stade sadique-oral. Cette ambivalence est ici physiologiquement fondée sur l'attitude contradictoire vis-à-vis des matières fécales, qui sert de modèle aux relations avec autrui. Ainsi les objets extérieurs, la mère, l'entourage, etc. pourront être :
– d'une part éliminés, retranchés, c'est-à-dire refusés, expulsés et par-là même détruits;
– d'autre part et tout aussi bien introjectés, c'est-à-dire gardés comme objets d'appropriation, retenus comme une possession précieuse et aimée.

■ ***Bi- et homosexualité. Activité et passivité. Narcissisme anal.***

a) La **bisexualité** humaine, que Freud a mise en évidence, tirerait ses racines psychologiques aussi bien que physiologiques précisément et surtout de cette phase anale du développement.

Le rapport de l'érotisme anal avec la bisexualité serait en effet déterminé essentiellement par le fait que le rectum apparaît comme un *organe d'excrétion creux :*
– en tant qu'organe d'excrétion, il peut *activement* expulser quelque chose et de cette faculté dériveraient les tendances masculines;
– en tant qu'organe creux, il peut être excité *passivement* par la pénétration d'un corps étranger, d'où dériveraient les tendances féminines.

Notons que cela ne contredit pas le fait que l'enfant peut aussi expulser passivement et retenir activement ses matières fécales. C'est en tout cas retrouver ici la problématique ambivalente des processus d'incorporation et d'extrajection anale, ceux-ci caractérisés en outre par :

b) **L'opposition du couple activité-passivité** qui marque profondément les relations objectales propres à cette phase, où il n'est pas encore question pour l'enfant de l'opposition masculinité-féminité au sens sexué de ces termes.

C'est sur le modèle de ce schéma dualiste actif-passif dérivé de l'investissement anal, que l'enfant est sensibilisé, dans sa relation à autrui, à la perception de toute une série de *couples antagonistes :* couple gentil-méchant; beau-laid; mais surtout couple *grand-petit* tout à fait spécifique. Face à l'adulte, l'enfant se sentira soit le plus petit, soit le plus grand et le plus fort pour peu qu'il s'imagine lion, tigre ou chef d'armée. Le summum de la relation valorisée d'amour est donc impliqué dans le couple *subjuguer-être subjugué, dominer-être dominé.*

c) **Le narcissisme** est donc ici au tout premier plan et nous avons pu relever quelques-unes des occasions qu'a l'enfant de le mettre en question : qualité de partie du corps attribuée au boudin fécal, conquête de l'indépendance notamment par la marche et le contrôle sphinctérien, possibilités d'opposition et de marchandage face à l'objet maternel, sentiment de toute puissance et auto-surestimation, etc. Il faut, en outre, insister sur le caractère centripète, donc narcissique, des buts sexuels, encore une fois dominés par *l'autoérotisme* à cette époque.

Si l'on rapproche donc en résumé :

- l'opposition *activité-passivité*;
- l'aspect *duel*, binaire, d'une relation d'objet excluant toute génitalisation véritable;
- le *renforcement narcissique du sentiment de puissance* à quoi est subordonnée la recherche de complémentation *entre un grand et un petit* (il faut que l'objet soit très faible ou très fort, le sujet se complaisant dans le rôle inverse et dépendant);
- l'aspect centripète enfin, et donc *narcissique*, des buts sexuels, on comprendra que la relation objectale ainsi caractérisée soit de type *homosexuel*, quel que soit le sexe réel de l'objet, la caractéristique génitale de celui-ci étant, pourrait-on dire, accessoire.

3° *Le stade phallique*

Aboutissant, au-delà de la 3e année, des stades précédents par abandon ou solution de leurs conflits affectifs propres, le stade phallique instaure une relative unification des pulsions partielles sous un certain *primat des organes génitaux.* Mais il ne s'agit pas encore d'une véritable *génitalisation de la libido.*

Le mot « sexe » est ambigu, et ce n'est pas d'une *différenciation sexuelle* que l'enfant prend ici conscience. Au contraire même, seul l'organe anatomique mâle, *le pénis,* a valeur d'existence tant pour le garçon qui en est pourvu que pour la fille qui ne l'a pas.

a) Le développement psychosexuel

■ ***L'érotisme urétral.*** – Certains analystes orthodoxes (Fenichel) introduisent un stade urétral comme intermédiaire entre stades anal et phallique. Le but premier de cet érotisme est le *plaisir à uriner,* un plaisir de *rétention* existant également. D'abord *autoérotique,* ce plaisir se tourne par la suite *vers des objets* (fantasmes d'uriner sur les autres par exemple) tandis que *l'énurésie* pourra, après l'autoérotisme originel, acquérir la valeur d'un *équivalent masturbatoire inconscient.* Le plaisir à uriner aura en général un double caractère :

a) D'une part, dans les deux sexes, une **signification phallique,** voire sadique, la miction étant l'équivalent d'une pénétration active, liée à des fantasmes d'endommager ou détruire.

b) D'autre part, il peut être ressenti comme un « **laisser-couler** », un plaisir passif de reddition et d'abandon des contrôles.

- CHEZ LES GARÇONS, le « laisser-couler » passif peut se condenser avec d'autres buts passifs comme d'avoir la verge caressée ou de recevoir des excitations au périnée (prostate). Ces mêmes buts passifs de l'érotisme urétral peuvent également se combiner avec des fantasmes plutôt sadiques comme le montre l'analyse de cas sévères *d'éjaculation précoce.*
- CHEZ LES FILLES, la partie active sert plus tard à exprimer des conflits centrés le plus souvent sur *l'envie du pénis.* Quant à la signification passive du « laisser-couler » elle est ici souvent déplacée de *l'urine aux larmes.*

Quoi qu'il en soit, le contrôle du sphincter vésical entraîne *une fierté narcissique* qui serait due au fait que les parents font *honte à l'enfant* lors des échecs dans ce contrôle. D'autres pensent que la plus grande fréquence de la miction (par rapport à l'exonération anale) entraîne des récompenses également plus fréquentes, renforçant le sentiment de fierté. Mais si *la honte* reste pour Fenichel la force spécifique dirigée contre les tentations érotiques-urétrales, *l'ambition* serait le représentant spécifique de la lutte contre ce sentiment de honte.

■ ***La masturbation infantile.*** – Dès la phase orale, on assiste chez le nourrisson à l'éveil de manifestations érotiques spécifiques au niveau des organes génitaux eux-mêmes. Le déterminant occasionnel en est peut-être, outre les soins de toilette, *l'excitation naturelle de la miction.* A cette époque, les jeux manuels des enfants représentent ce qu'on appelle la *masturbation primaire.* A partir du moment où est en jeu la discipline du sphincter vésical, le plaisir hédonique étayé sur la miction va s'en dissocier pour chercher à se reproduire en soi, de manière répétitive. Et c'est ce qu'on désigne par l'expression de « *masturbation secondaire* ».

Primaire ou secondaire, cette masturbation infantile précoce est souvent niée par les adultes, en fonction sans doute de leur propre Surmoi. Elle laisse cependant des traces profondes et *inconscientes* dans la mémoire et semble représenter l'une des causes principales de la fameuse *amnésie infantile,* laquelle est notamment rattachée à l'activité, réprimée par les parents, mais surtout *aux fantasmes sexuels* propres à cet âge (fantasmes masturbatoires la plupart du temps d'essence œdipienne donc angoissants et culpabilisants).

■ ***La curiosité sexuelle infantile***

a) **La « découverte » de la différence anatomique entre les sexes** est en fait une expression ambiguë. En effet il n'y a encore pour l'enfant *qu'un seul sexe,* celui qui est représenté par les *êtres pourvus d'un pénis.* Que ce soit par la masturbation, que ce soit au cours de ses investigations, l'enfant va petit à petit prendre conscience de la *réalité anatomique du pénis ;* et de commencer à se poser des questions sur *l'existence ou la non-existence* de cet attribut corporel chez lui ou chez les autres. Dans le même temps, vont se poser d'autres énigmes : *origine des enfants, procréation, grossesse...*

b) **La scène primitive.** – Il faut entendre ici la ou les scènes au cours desquelles l'enfant a été — ou *fantasmé être* — le témoin du *coït des parents.* Cette scène primitive, ou encore *scène originaire,* fait partie selon Freud qui n'a pas d'emblée retenu ce point de vue, des *fantasmes* dits primitifs ou *originaires,* que la psychanalyse retrouve comme informant toute la vie fantasmatique, quelles que soient les expériences réelles des sujets (séduction, castration, abandon, etc.).

Les mécanismes en cause ne sont pas simples ni univoques. Interviennent notamment :

- L'IDENTIFICATION à l'un des partenaires, parfois aux deux, et assez souvent dans le sens de la passivité.
- LA PROJECTION de la propre agressivité du sujet, cette « scène primitive » étant la plupart du temps vécue par l'enfant comme *sadique,* en fonction des bruits, cris ou gémissements perçus...
- LE SENTIMENT D'ABANDON qu'induit chez l'enfant le fait d'être exclu de ces relations...

c) **La scoptophilie ou voyeurisme.** – On peut rapprocher de la « scène primitive » cet instinct partiel (instinct devant concourir chez l'adulte au plaisir préliminaire mais qui, chez l'enfant, demande à être satisfait pour son propre compte) qui est en fait souvent plus auditif qu'étroitement visuel. Par sublimation, il pourra plus tard donner lieu à l'épistémophilie, d'où naissent les chercheurs ou curieux de tous ordres.

■ ***Les théories sexuelles infantiles.*** – A défaut de recevoir — ou de pouvoir intégrer — des réponses satisfaisantes, l'enfant interprète les faits à sa façon en fonction de son vécu libidinal, toute découverte étant subordonnée aux forces pulsionnelles. Ce sont notamment :

a) **Les théories infantiles de la fécondation.** – Fécondation orale par *ingestion* d'un aliment miraculeux ou par le *baiser,* cette croyance étant en général plus répandue chez la fille chez qui elle persiste parfois jusqu'à la puberté, et même au-delà.

– Théories faisant appel à la *miction* et où le rôle de chacun des partenaires est mal précisé : uriner en même temps, uriner dans la femme, etc.
– Théories mettant en jeu *l'exhibition* des organes génitaux.
– Quant à *l'échange du pénis contre un enfant,* il s'agit là d'une théorie déjà plus élaborée...

b) **La naissance anale.** – La croyance que les enfants sont évacués par l'anus est en rapport avec les fantasmes et les intérêts du stade anal. Puis apparaissent des élaborations plus évoluées : naissance par *l'ombilic,* ou à la suite d'une *extraction forcée* et sanglante du corps maternel. L'interprétation anale subit alors un *refoulement.*

c) **La conception sadique du coït** dépend bien plus des *reliquats fantasmatiques du stade anal,* et des phénomènes *projectifs* que d'une quelconque réalité dont l'enfant aurait pu être le témoin.

b) L'aspect narcissique et prégénital du stade phallique

■ Ainsi donc, à ce moment, le pénis n'est pas encore perçu comme un organe génital mais comme un *organe de puissance* ou de *complétude,* c'est-à-dire un *phallus,* d'où le nom donné à ce stade.

■ Une certaine ambiguïté est née du fait que Freud employait indifféremment l'un pour l'autre les termes de *pénis et phallus :*
– le *pénis* est l'organe mâle lui-même, dans sa réalité anatomique;
– le *phallus* par contre souligne la fonction symbolique attribuée à tort au pénis. Autrement dit, par phallus il faut entendre un *fantasme* selon lequel la possession d'un pénis procure et signifie complétude et puissance.

■ On comprend que nous soyons ici bien davantage au registre *narcissique* que libidinal objectal. Que l'enfant soit devenu capable de différencier les sexes certes, mais c'est seulement au niveau d'une réalité anatomique extérieure et faussement interprétée qu'il le fait. Il ne s'agit pas de la différence entre un homme par rapport à une femme, mais entre *la présence* ou *l'absence d'un seul terme.* Les deux parents seront vécus en fonction de leur *puissance* ou de leur *faiblesse,* symbolisée par cette possession ou ce manque.

■ Il semble que pour Freud ce qui caractérise le plus le phallus, c'est d'être un *objet détachable,* transformable et, en ce sens, *objet partiel.*

■ On dit aussi que le stade phallique est le stade de la « découverte » (mot que nous avons mis entre guillemets) de la différence des sexes. On doit bien plutôt dire qu'il est le stade du *déni de cette différence,* déni tout à fait caractéristique qui va consister :
– pour le garçon, à *nier la castration* (narcissique) par la négation du sexe féminin;

– pour la fille, à nier tout autant cette même castration par la revendication du phallus (narcissique) à travers la revendication du pénis (le clitoris poussera).

■ Indiquons enfin que le sexe masculin véritable ne pouvant se définir que par rapport à l'existence d'un sexe féminin *positif* la reconnaissance de cet aspect positif ne sera possible qu'à un stade *génital et post-œdipien,* chez la fille comme chez le garçon. A l'âge adulte, la femme dite *clitoridienne* est en fait une *femme passive,* contrairement à ce qu'on a coutume d'imaginer, et la femme vraiment génitale trouve son plaisir à entourer *activement* le pénis, sans angoisse, sans peur de l'engloutir ou de le détruire, ni de châtrer son compagnon.

En résumé, si le stade phallique instaure bien une *« primauté du pénis »* — ou plutôt du *phallus* — il ne s'agit encore nullement de la primauté du génital. Le conflit en cause chez l'enfant met en jeu avant tout son *narcissisme* (à travers le sentiment de complétude ou d'incomplétude) ainsi que son *Idéal du Moi.* La souffrance ressentie est plus un sentiment de blessure ou de possibilité de *blessure d'ordre narcissique* qu'une angoisse liée à une castration génitale. Enfin, la conséquence la plus habituelle en est la *dépression.* Tous ces faits authentifient le caractère *prégénital* de ce stade.

c) L'angoisse de castration

C'est l'expression consacrée (1) pour désigner la réaction affective qui fait suite au constat de l'absence de pénis chez la fille, lequel constat entraîne chez le garçon la peur fantasmatique de le perdre, et chez la fille le désir de l'acquérir. Cette angoisse d'incomplétude ou du manque détermine *l'angoisse de la mort* contre laquelle le fantasme de désir *d'avoir un* enfant (sorte de reduplication de soi) représente une défense courante.

---

(1) Une telle expression mérite exégèse dans la mesure où son utilisation, très générale et courante, peut prêter à confusion.

Si, selon nous, un stade phallique prégénital se distingue bien d'un stade œdipien génital, tout de même est-il clair que ces deux mouvements évolutifs et génétiques représentent les deux versants d'un même toit. L'un est d'essence narcissique, l'autre réfère à la libido objectale; ils se chevauchent et jouent l'un sur l'autre dans une dialectique continue et difficilement dissociable en réalité.

On pourrait donc dire – comme nous l'avons déjà laissé entendre – qu'il existe deux angoisses de castration :

1. Une angoisse de castration *narcissique*, prégénitale et phallique, en regard de laquelle le pénis est appréhendé par le sujet comme un phallus, c'est-à-dire un *signe* de complétude et de puissance.

2. Une angoisse de castration *génitale*, œdipienne et objecto-centrée, qui connote une appréciation du pénis en tant qu'*organe* apte à procurer du plaisir (à soi-même et à l'autre).

D'autre part, une telle angoisse est *consciente ou préconsciente* chez l'enfant qui s'aperçoit du manque de pénis chez l'autre ou chez lui. Elle part d'une *représentation fausse de la réalité* (fantasme de la mutilation pénienne qui n'est d'ailleurs pas assimilable à la castration vraie, laquelle consiste en l'ablation, *non du pénis,* mais des *gonades)* et c'est une interprétation à laquelle n'échappe aucun enfant.

Point n'est besoin de l'intervention des adultes pour que l'enfant « souffre » d'une angoisse de castration, face à laquelle il doit *apprendre à se défendre* et non *pas encore à capituler.* (Des auteurs comme Dolto distinguent ici *fantasme ou angoisse de castration,* phénomène *conscient,* naturel, transitoire et structurant; et *complexe de castration,* phénomène inconscient, durable, source de souffrance, autopunitif et lié à la non-résolution heureuse de l'angoisse de castration.) Certes, les adultes interviennent par des « interdictions castratrices » comme les défenses extérieures visant à réprimer les activités chargées d'une quelconque valeur libidinale (curiosité, coquetterie de la fillette, dispositions batailleuses du garçon, etc.). Mais ces interventions interdictrices extérieures ne font que *sensibiliser,* et non créer, une angoisse de castration qui existe indépendamment d'elles et qui est non seulement *normale,* mais encore *maturante.*

L'enfant va donc refuser ce malaise ou cette angoisse, *s'en défendre* comme toujours, et dans cette lutte les attitudes du garçon et de la fille vont être différentes.

■ ***Chez le garçon.*** – Du fait, donc, de se savoir possesseur d'un pénis qui manque aux filles, le garçon *surinvestit* ce pénis :

– *libidinalement* en tant qu'instrument de la satisfaction sexuelle (masturbation et ses fantasmes);

– mais aussi et surtout en tant que symbole de la valorisation *narcissique* de soi, marquée notamment par les *tendances exhibitionnistes,* prédominantes à ce stade. On dit qu'alors le garçon s'est *identifié à son pénis.* Par ailleurs c'est le résultat de ce narcissisme poussé à l'extrême que la crainte, éprouvée par ce garçon, qu'on pourrait causer quelque mal ou dommage à son pénis.

A l'origine, Freud mettait l'accent sur l'idée de facteurs phylogénétiques prédisposant l'individu à cette angoisse. Fénichel préfère la fonder sur la loi du talion : l'organe qui a péché doit être puni.

a) Dans un premier temps l'enfant essaie de **nier la réalité.** Et c'est au niveau de ce même déni de la différence que s'origine la *perversion* en général.

b) Puis c'est grâce à un **souhait de réparation magique** que notre bonhomme cherche à se rassurer : cela leur poussera, pense-t-il des filles. Ce qui ne l'empêche pas de garder son angoisse, car même lorsqu'il perçoit et accepte la différence, il attribue le manque féminin, non à une condition fondamentale, mais à une *mutilation subie,* comme *sanction imaginaire,* infligée par les parents pour punir certains désirs et plaisirs analogues à ceux qu'il ressent lui-même comme interdits (masturbation).

c) **Le refus d'étendre à toutes les femmes** cette absence de pénis est encore une défense, qui persistera même après que l'enfant aura dû se rendre à l'évidence. Seules, pour lui, ont dû subir ce sort, celles qui se sont rendues coupables de pulsions inadmissibles. Pendant longtemps il — et ceci est valable pour l'enfant des deux sexes — maintient sa croyance en une *mère pénienne* (mieux dit que phallique) qui, idéalisée, ne serait pas tombée sous le coup de la castration et garde à ses yeux ce pénis imaginaire, symbole et apanage du phallus, c'est-à-dire de la *puissance adulte.*

D'une façon générale, c'est un peu un abus de langage que de parler de *« mère phallique ».* En fait, on désigne par là *une imago de mère d'avant la distinction,* un personnage parental tout-puissant, et c'est tout. Quant à l'expression de *«femme phallique »,* il faut reconnaître qu'il s'agit là d'un *« mot d'homme »,* lequel projette facilement ses propres angoisses de castration sur le soi-disant «phallisme» des femmes. Ce qu'un tel homme recherche dans une telle femme, c'est à la fois une *mère* et un *objet érotique.*

■ ***Chez la fille.*** – Pour Freud, garçon et fille se ressemblent alors très fort. Le vagin serait ignoré et l'activité sexuelle est clitoridienne, le passage du clitoris au vagin, en tant que zone érogène dominante, ne survenant que plus tard dans la vie, le plus souvent aux environs de la puberté.

Découvrant son manque de pénis, la fille, après une période de *dénégation* et d'espoir, se voit forcée d'accepter assez vite cette absence. Aucun déni ne peut effacer chez elle le *manque réel,* qui n'est pas vécu comme la menace d'une castration imaginaire mais comme un fait physiologique. Contrairement au garçon, ce constat et le grand désappointement qui s'ensuit, non seulement survient *avant l'Œdipe,* mais encore permet à la fille *d'entrer précisément dans l'Œdipe.* Toutefois il s'agit d'abord pour la fillette d'une véritable et profonde *blessure narcissique* entraînant un *sentiment d'infériorité* sur le plan corporel et génital, encore compliqué et renforcé par des *facteurs socio-culturels* que personne ne songe à nier et dont il serait même fort intéressant d'étudier l'origine réelle ainsi que la variabilité selon les civilisations.

Notre fillette va se défendre contre ce malaise :

a) Le premier élément à apparaître est un **thème de revendication.** C'est la fameuse *envie du pénis,* ou encore la *revendication phallique,* assimilable au déni de la différence du garçon. La fille va jusqu'à penser que sans doute elle possédait un pénis et qu'elle l'a perdu, ce qui renforce l'idée de le reconquérir.

b) Forcée tout de même d'accepter son manque (ici encore *narcissique* car signifiant pour elle incomplétude, infériorité) la fille va en **faire grief à sa mère et se rapprocher du père,** réalisant ainsi ce moment capital de l'évolution psychosexuelle de la femme qui, contrairement au garçon, doit opérer un véritable *changement d'objet* pour entrer dans l'Œdipe. Freud pense que le facteur décisif en cause dans le détachement de la mère réside dans ce qu'on peut appeler ici le *complexe de castration* qui, après la blessure narcissique qu'il provoque chez la fillette, *dévalorise la mère,* atteinte de la même absence de pénis.

Ainsi pourrait-on dire en tout cas, sans trop forcer les mots, que l'entrée dans l'Œdipe chez la fille et par conséquent son accession à la génitalité, est de nature plus ou moins *réactionnelle et défensive.*

c) Autre « défense », celle-ci de nature plus œdipienne : le **désir d'avoir un enfant** qui va remplacer le désir d'avoir un pénis. On dit que la libido de la fillette glisse le long de l'*équation pénis = enfant.* C'est dans ce but que la fille *élit le père pour objet d'amour* en abandonnant son premier objet libidinal, la mère, qui devient ainsi l'objet de sa jalousie, cette rupture d'avec la mère restant marquée d'une extrême *ambivalence,* du fait qu'elle est la première.

AUTRES CONCEPTIONS ET RÉSUMÉ. – Sans entrer dans des discussions théoriques trop spécialisées, il faut relever que l'affirmation freudienne du *monisme sexuel phallique* pour les deux sexes a été par la suite vigoureusement contestée par certains psychanalystes, surtout féminins.

Pour ceux-ci, la fillette serait, dès le début, plus féminine que masculine, plus centrée sur l'intérieur du corps que sur l'extérieur et la *réceptivité vaginale* serait donc *primaire.* Ce n'est que secondairement, parce que les pulsions vaginales sont culpabilisées et ressenties comme dangereuses que celles-ci seraient refoulées et transférées sur le clitoris.

Au bout du compte, pour un grand nombre de psychanalystes actuels, la phase phallique de Freud serait une sorte de compromis — disons de type névrotique au sens de conflictuel — en relation, *dans les deux sexes,* avec les *désirs œdipiens culpabilisés* et entraînant la crainte d'être châtré en représailles (castration externe pour le garçon, interne pour la fille).

STADES GÉNITAUX

1° *Le complexe d'Œdipe*

Par son rôle fondamental *d'organisateur central* dans la *structuration de la personnalité,* le complexe d'Œdipe, auquel Freud a donné son nom par analogie avec le mythe antique, représente l'axe de référence majeur de la psychogénétique humaine pour les psychanalystes *freudiens,* quelle que soit l'appartenance d'école particulière de ces derniers.

Le conflit en cause (qui apparaît entre 3 et 5 ans) est un conflit désormais *sexuellement spécifié,* inscrit dans une *problématique à trois* — on dit aussi *triangulaire* ou *ternaire* — entre les trois personnages familiaux : enfant, père et mère, inaugurant enfin la véritable *génitalisation de la libido.*

a) Généralités et définition

■ ***C'est au cours de sa propre autoanalyse*** que Freud découvre le complexe d'Œdipe, autoanalyse qui lui permet d'apprendre qu'à une certaine époque de sa prime enfance sa « *libido s'est tournée vers Matrem* » (noter cette latinisation du nom de la mère dans le texte de Freud) tandis qu'il éprouvait en même temps pour son père *une jalousie en conflit avec l'affection qu'il lui portait.*

Telle est bien, dans son apparente simplicité, la formulation de la situation œdipienne ainsi qu'on l'entend généralement pour le garçon, situation dont *l'aspect négatif* — ici l'hostilité à l'égard du père — a été longtemps plus difficile à faire admettre en raison, tant de *l'ambivalence* que de la *couverture affectueuse réactionnelle* à l'égard du père (Œdipe devenu Hamlet, disait Freud) qui peuvent masquer cet aspect négatif.

Toutefois, et au-delà des simplismes courants, l'expérience s'avère beaucoup plus complexe. En effet, il ne s'agit pas seulement, ni peut-être même surtout, d'une situation de rivalité amoureuse simple. Une telle situation revêt des *formes diverses* et cela chez le *même enfant.* Prenons pour type le *cas du garçon,* dont le complexe d'Œdipe va se présenter :

a) Soit sous la forme dite **positive** avec :

- son aspect positif proprement dit (mais il vaudrait mieux dire libidinal) : *l'amour de la mère ;*
- son aspect négatif (ou mieux agressif) : la *haine du père.*

b) Soit sous la forme **négative** ou **inversée** dans laquelle :

- l'aspect positif ou libidinal est représenté par l'*attitude féminine tendre du garçon à l'égard du père*;
- tandis que l'aspect négatif ou agressif sera l'*hostilité jalouse ressentie à l'égard de la mère.*

c) Soit enfin et le plus souvent dans toute une série de **cas mixtes** et aussi de **périodes mixtes** où les deux formes précédentes peuvent jouer en même temps ou séparément dans une relation dialectique mettant en jeu, outre *l'ambivalence* à l'égard de *chacun des deux parents, les composantes hétéro- et homosexuelles* de chaque enfant. Ces deux formes (positive et négative) « se retrouvent à des degrés divers dans la forme dite *complète* du complexe d'Œdipe » (Laplanche et Pontalis).

■ ***L'anthropologie psychanalytique*** s'attache à retrouver la structure triangulaire de l'Œdipe, dont elle affirme *l'universalité,* dans les cultures les plus diverses et pas seulement — comme le soutient par exemple Malinowski en arguant du « relativisme culturel » des complexes fondamentaux — dans les sociétés de type patriarcal et où prédomine la famille conjugale.

Certes, le complexe d'Œdipe est sans aucun doute le produit de *l'institution sociale qu'est la famille,* et, partant, susceptible de changer au gré des transformations de celle-ci comme d'ailleurs on a pu le montrer. Mais les différences effectivement observées dans *les formes d'expression* de l'Œdipe suivant les sociétés ou les cultures, ne font que confirmer la thèse de Freud qui tend à dégager *l'importance de la structure familiale* dans l'établissement d'un *système symbolique* destiné à transmettre, dans un contexte socioculturel donné, *une loi fondamentale* dans les rapports sociaux.

■ ***La prohibition de l'inceste*** est cette loi.

Elle se retrouve toujours et partout, condition *universelle et minimale* pour qu'une « culture » se différencie de la « nature » (Levi-Strauss).

Dès ses premières formulations, Freud fait d'ailleurs référence à un déterminant qui transcende l'histoire et les variations du vécu individuel. C'est le lieu de rappeler l'hypothèse développée dans « Totem et Tabou » (1912-1913), hypothèse certes discutable et invérifiable mais à entendre comme un mythe, traduisant l'exigence posée à tout être humain d'avoir à maîtriser la situation œdipienne et selon lequel l'humanité primitive est supposée avoir été organisée en hordes conduites par un chef qui aurait été un jour tué et mangé par ses fils, ce meurtre du père primitif étant considéré comme le moment originel de l'humanité. Cette incorporation aurait inauguré le premier « remords » — c'est-à-dire *le premier péché* — et la première *inhibition.*

■ ***Sur la question d'une « structure » préœdipienne.*** – La position de Freud restera nuancée. On sait toutefois qu'il a toujours admis qu'il existait dans la vie de l'individu une période antérieure à l'Œdipe, contrairement à l'école kleinienne qui fait remonter le complexe d'Œdipe à la position dite dépressive dès qu'intervient la relation à des personnes totales. Aussi bien lorsqu'on différencie, voire lorsqu'on oppose le *préœdipien* à l'Œdipe, souligne-t-on l'existence et les effets d'une *relation complexe,* de *type duel,* entre la mère et l'enfant, et s'attache-t-on à retrouver les fixations à une telle relation dans les structures psychopathologiques les plus diverses. Dans cette perspective peut-on encore tenir pour absolument valable la célèbre formule qui fait de l'Œdipe le « complexe nucléaire des névroses » ? On peut faire les remarques suivantes :

a) Il semble que l'on parle actuellement plus volontiers de « **triangulation** » que de conflit œdipien au sens où l'entendait Freud. Et l'on met de plus en plus l'accent sur le moment assez précoce où, après la naissance, la mère « retourne dans le lit du père » c'est-à-dire réinvestit son partenaire sexuel, désinvestissant du même coup son enfant, du moins de façon relative (v. à ce propos le livre récent de Denise Braunschweig et Michel Fain : « Eros et Antéros »).

b) **L'âge de l'Œdipe** est d'abord resté pour Freud relativement indéterminé. Une fois affirmée l'existence d'une organisation *génitale* infantile, l'Œdipe est rapporté à cette phase, soit schématiquement à la période de 3 à 5 ans.

Cependant la pensée de Freud évolue sur ce point : après avoir d'abord affirmé que l'Œdipe était détruit à 5 ans, du moins chez le garçon, il admettra par la suite qu'il n'est alors que refoulé, le choix de l'objet ne s'effectuant pleinement *qu'à la puberté* et la sexualité infantile restant essentiellement autoérotique.

c) Le problème enfin de **l'Œdipe féminin** se rattache à cette question et notamment par la mise en valeur de *l'attachement préœdipien à la mère,* particulièrement repérable chez la fille dans la mesure où le complexe d'Œdipe signifiera pour elle un changement d'objet d'amour, de la mère au père, ce qui a incité les psychanalystes à mettre en évidence la spécificité de l'Œdipe féminin.

■ ***Essai de définition.*** – Au terme de ces généralités, on peut en résumé et sans prétention exhaustive, définir l'Œdipe comme : *une problématique relationnelle fondamentale de la dimension sociale, conflictuelle et structurante, historique* au sens où elle survient à un moment relativement précoce du développement de chaque individu et où elle confère à l'évolution affectivo-sexuelle de ce dernier et à son pronostic un caractère de *quasi-conclusion, universelle,* spécifiée enfin par une *structure triangulaire* entre *l'enfant,* son objet *naturel* et le *porteur de la loi.*

Encore faudrait-il insister sur le caractère *fondateur* de l'Œdipe en tant qu'il représente le nœud originel de toutes les relations humaines et sur son rôle fondamental dans la *structuration* de *la personnalité* et dans *l'orientation* du *désir humain*, rôle qui s'atteste dans les fonctions capitales qui lui sont reconnues et notamment :

– *choix de l'objet d'amour définitif,*
– *accès à la génitalité,*
– *effets sur la constitution du Surmoi et de l'Idéal du Moi.*

b) La relation d'objet œdipienne

■ ***L'histoire même d'Œdipe,*** telle qu'elle se présente dans la tragédie sophocléenne ne nous retiendra pas; elle est dans toutes les mémoires. On oublie cependant souvent qu'après « Œdipe-Roi » (430 av. J.-C.), Sophocle écrivit aussi « Œdipe à Colone » (406 av. J.-C.) où un Œdipe vieilli, toujours physiquement aveugle et conduit par Antigone, n'en a pas moins retrouvé une clairvoyance sereine et apaisée sur son destin tragique, lui permettant d'assumer celui-ci avec lucidité et force d'âme.

Ajoutons que c'est lorsque des *fixations archaïques* fortement investies, au père et (ou) à la mère, sont reproduites sur un autre homme ou une autre femme qu'il y a *névrose*. Autrement dit, *surmonter les tendances œdipiennes* représente une condition préliminaire pour l'accès à la sexualité adulte normale, alors que s'y *accrocher inconsciemment* revient à poser la pierre angulaire de la névrose.

■ ***Le complexe d'Œdipe chez le garçon.*** – Le développement des relations objectales est ici relativement simple puisque le garçon reste attaché à son premier objet, la mère, et quoique la personne de celle-ci change évidemment de sens au plan de l'investissement.

a) D'abord **dépendant de la mère** (de son *pouvoir* et de son *désir)* puis *confronté aux relations entre les parents,* le garçon introduit le père dans la dyade initiale mère-enfant, en même temps qu'il prend conscience de ce que *l'objet du désir maternel* se trouve en fait chez le père, qui possède le phallus lequel est *l'attribut de l'autorité,* de la puissance, de la loi. Dès lors notre garçon va manifester deux sortes d'attachement.

b) C'est d'abord bien entendu un **investissement objectal franchement sexuel** de la mère, pour la conquête de laquelle il va déployer toutes les ressources captatives et agressives qui affirment sa position phallique. Grâce à une première identification à son père, il peut même se sentir participer à sa puissance magique. Pourtant, dès ce moment et *au contact de la réalité :*

- l'**agressivité** pulsionnelle brute subit une sublimation (activités ludiques, performances scolaires);
- de même le **but hédonique** primitif est lui-même sublimé en but sentimental qui permet à l'enfant de gagner l'estime des grandes personnes et de fortifier sa confiance en soi.

Quoi qu'il en soit, dans sa tentative de conquête de l'objet maternel, le garçon rencontre *un rival* en la personne de son père, rival *qu'il jalouse du fait de sa supériorité* réelle et qu'il *surestime* du fait de sa signification symbolique, tandis que les fantasmes œdipiens ne font que *renforcer les thèmes fantasmatiques de la castration.*

La culpabilité de l'enfant devient croissante, car c'est *la présence,* réelle ou symbolique, de l'image paternelle qui suffit à affirmer *le droit* contre lequel s'insurge l'enfant.

c) Le deuxième type d'attachement consiste, même dans la forme dite positive de l'Œdipe du garçon, en **un attachement libidinal au père**, lequel doit être capable de soutenir l'investissement fantasmatique de son garçon sur deux plans :

- celui d'un *rival à supplanter* certes,
- mais aussi et peut-être même surtout celui d'un *modèle à imiter,* à qui ressembler (par le processus de *l'identification).* Le désir du fils *ne se réduit pas à supplanter* son père, mais aussi *à l'imiter* en tant que modèle. Cela suppose que le garçon a *besoin* d'investir le père, possesseur mâle de la mère, de *libido passive.* Autrement dit, imiter le père signifie aussi *plaire au père,* se laisser façonner, modeler, voire féconder par lui... ce qui définit typiquement une position *homosexuelle passive* dont le rôle à ce stade n'a rien que de maturant et de structurant.

Quoi qu'il en soit, cet attachement proprement libidinal au père de la part du garçon rend compte à la fois :

1° Du problème d'ailleurs complexe de la **double identification** maternelle et paternelle de l'enfant;

2° Du fait que les relations au père du garçon à la phase œdipienne sont marquées avant tout par l'AMBIVALENCE, et non réductibles à une simple manifestation de haine;

3° Enfin, d'un autre aspect de la psychogenèse de la BISEXUALITÉ HUMAINE dont nous avons déjà relevé les déterminants d'ordre anal.

d) Cependant la compétition œdipienne **n'est pas réelle mais seulement fantasmatique,** du fait que la mère a déjà choisi le père et qu'elle ne peut donner au garçon que des consolations maternelles déliées de libido érotique. Dès lors :

1° L' ASSURANCE DE L'INUTILITÉ DE SES EFFORTS permettra à l'enfant :

- de *surmonter son angoisse de castration,* elle-même déterminante dans l'abandon de l'objet incestueux;
- de *renoncer* à la fois à la tentative de séduction érotique de la mère et à la compétition avec le père;
- enfin de viser à la *conquête d'objets de remplacement.* Car la liquidation complète du conflit œdipien s'accompagnera d'un détachement qui, sans détruire les objets antérieurement investis, permettra au garçon de *« faire le deuil »* de ces objets en libérant l'énergie libidinale prête à être réinvestie dans de *nouveaux objets.*

2° Mais il faut aussi que le garçon puisse ABANDONNER TOUTE ATTITUDE DE SÉDUCTION À L'ÉGARD DU RIVAL PATERNEL.

L'attitude féminine tendre du garçon à l'égard du père n'est structurante que dans la mesure où elle peut être dépassée. Faute de quoi cette fixation contribuera à déterminer des attitudes homosexuelles passives inconscientes, pour autant qu'il existera un *complexe de castration* (inconscient) qui témoignera d'une non-résolution de l'Œdipe.

En résumé. – Nous trouvons chez le garçon la séquence suivante :

- désir œdipien;
- menace fantasmatique de castration par le père et angoisse de castration surmontée à la fois par l'identification au père (agresseur) et la renonciation à la mère (objet incestueux);
- fin brutale de l'Œdipe et entrée en latence.

Chez la fille, il en va différemment puisque, alors, c'est au contraire l'angoisse de castration qui est à l'origine du désir œdipien.

■ ***L'Œdipe de la fille : le changement d'objet.*** – Le développement objectal est ici plus compliqué puisqu'il faut que la fille accomplisse un pas supplémentaire, le *transfert de la mère au père.*

a) Les expériences importantes sont les **déceptions qui détournent la fillette de sa mère.** Parmi elles, nous trouvons le sevrage, l'éducation à la propreté, la naissance des frères et sœurs… mais il existe en outre une déception spécifiquement féminine encore plus importante : *la fillette a l'impression qu'elle possédait autrefois un pénis et que sa mère le lui a pris.*

b) Son but est maintenant **d'obtenir du père ce que sa mère lui a refusé.** Or, écrit Freud, « ...Le renoncement au pénis ne se réalise qu'après une tentative de dédommagement : ...obtenir comme cadeau un enfant du père, lui mettre au monde un enfant ». Dès lors en tout cas les *tendances réceptives* remplacent les tendances actives. Et la fille va vers le père — et secondairement les hommes — *non plus ici dans une attitude de revendication virile* mais pour capter l'admiration de celui que sa mère avait choisi comme objet d'amour c'est-à-dire pour séduire celui-ci.

c) A ceci s'ajoute — de façon analogue à ce qui se passe chez le garçon — une **haine jalouse, chargée de culpabilité envers la mère.** Cependant, certains vestiges de l'attachement préœdipien à la mère — plus long, rappelons-le, que chez le garçon — continuent à exister et l'on admet généralement que les femmes *sont plus ambivalentes envers leur mère* que les hommes envers leur père.

■ ***Le déclin du complexe d'Œdipe.*** – L'évolution du complexe d'Œdipe va permettre à Freud de saisir la spécificité du destin masculin et féminin.

a) **Le garçon** renonce aux désirs sensuels dirigés sur la mère et aux souhaits hostiles envers le père et cela sous le choc de la menace de castration. Dans les termes de Freud il ne s'agit pas d'un simple refoulement du complexe, mais d'une véritable mise en morceaux, d'un éclatement et même d'une destruction. En fait nous avons déjà relevé les variations de la pensée de Freud à ce sujet. On sait d'autre part qu'il existe un *deuxième mouvement œdipien* au moment de la *puberté,* laquelle laisse à l'individu la dernière chance de résoudre l'Œdipe *spontanément.*

b) **Chez la fille.** – Le renoncement au complexe d'Œdipe est *plus graduel* et *moins complet.* Ce renoncement provient de la *peur de perdre l'amour de la mère,* peur qui ne constitue pas une force aussi puissante et aussi dynamique que celle de *l'angoisse de castration,* laquelle joue cependant son rôle également. Enfin la *blessure narcissique* (liée à l'inadéquation corporelle) interviendra de même pour déclencher le *refoulement* du premier mouvement œdipien (infantile). Notons que cette blessure narcissique joue aussi chez le garçon, qui se vit alors comme possesseur d'une verge trop petite.

Au bout du compte. – Avec la résolution du complexe d'Œdipe, les *choix objectaux* (terme qui désigne le désir de posséder sexuellement un individu, par exemple l'attirance du garçon pour la mère) sont *régressivement* remplacés par des *identifications* (ce qui implique le désir de ressembler à quelqu'un, par exemple chez le garçon qui imite les caractéristiques du père).

Toutefois une telle « régression » est en fait un progrès. La dissolution ou l'abandon du complexe d'Œdipe s'accompagne d'une *libération énergétique* considérable. Cette énergie libérée sera généralement investie dans *l'acquisition d'un outillage intellectuel.* De même, elle restera prête à être plus tard *réinvestie dans de nouveaux objets.*

■ ***Effets, rôles et fonctions du complexe d'Œdipe***

a) **L'Œdipe est le point nodal** autour duquel s'ordonnent les relations qui structurent la *famille humaine,* au sens large de la *société* tout entière. C'est le moment où l'être humain est *confronté pour la première fois au phénomène social.* On peut considérer qu'un des effets du complexe d'Œdipe — et notamment à travers *l'interdiction de l'inceste* et l'instauration de la morale — constitue une *victoire de l'espèce sur l'individu* (Freud, 1924).

b) **L'Œdipe est aussi le moment fondateur de la vie psychique.** La sexualité qui le conditionne atteint ici son apogée, avec *l'accession à la génitalité,* caractérisée entre autres par :

– le primat de la zone génitale,
– le dépassement de l'autoérotisme primitif,
– l'orientation vers des objets extérieurs…

Mais si l'Œdipe marque le sommet de la sexualité infantile, il en annonce aussi l'effacement temporaire qui caractérise la relative quiétude pulsionnelle de la latence.

Le conflit œdipien participe aussi à la CONSTITUTION DE LA RÉALITÉ DE L'OBJET, qui s'authentifie comme un objet global, entier et *sexué,* se substituant à l'objet partiel des pulsions prégénitales. Cet objet sexuel n'aura pourtant — en tant qu'objet œdipien — qu'une existence éphémère, puisqu'il est destiné à être abandonné, sa reviviscence se faisant normalement par le *déplacement* de l'image parentale sur d'autres objets entiers.

Ainsi comprend-on en tout cas comment l'Œdipe pourra déterminer LE CHOIX DE L'OBJET D'AMOUR DÉFINITIF, ce qui n'est pas un des moindres effets de l'expérience.

c) **L'Œdipe enfin joue un rôle de tout premier plan dans la constitution du Surmoi et de l'Idéal du Moi,** ce qui introduit notre dernier paragraphe.

c) Moi, Surmoi, Idéal du Moi

« *Le Surmoi est l'héritier du complexe d'Œdipe.* » Cette affirmation fondamentale de Freud n'a jamais été démentie ni contestée. Freud écrit en outre que « l'établissement du Surmoi peut être considéré comme un cas *d'identification réussie* ».

■ ***L'identification***

a) Ce terme désigne, d'après Laplanche et Pontalis, un « processus psychologique par lequel un sujet assimile un aspect, une propriété, un attribut de l'autre et se transforme, totalement ou partiellement, sur le modèle de celui-ci. La personnalité se constitue et se différencie par une série d'identifications ». Pour Freud « le Moi est constitué par la sédimentation des anciennes relations objectales » ou encore « *la relation d'objet perdue est remplacée par l'identification du Moi à l'objet* ».

b) Il existe, *grosso modo*, deux grands mouvements identificatoires, constitutifs de la personnalité et la différenciant :

– *L'identification primaire,* mode primitif de *constitution* du sujet sur le modèle de l'autre, corrélative de la relation *d'incorporation orale,* visant avant tout à assurer *l'identité du sujet,* la constitution du *Soi* et du *Je*. Donc ressortissant essentiellement au *registre narcissique*.
– *L'identification secondaire,* contemporaine du mouvement œdipien, se faisant successivement *aux deux parents* dans leurs caractères sexués, et constitutive de *l'identité sexuelle* et de la *différenciation sexuelle*.

c) Dans l'Œdipe, il y a deux attachements simultanés, psychologiquement différents : *l'attachement objectal à la mère et l'identification au père,* la forme positive de l'Œdipe naissant de la rencontre de ces deux attachements (cas du garçon).

En fait, dans la forme *complète* du mouvement œdipien coexistent quatre tendances et deux identifications : tendance tendre à l'égard du père et de la mère; tendance hostile à l'égard du père et de la mère; identification au père et à la mère, les différences d'intensité présentées par ces deux identifications reflétant *l'inégalité des deux variétés de dispositions sexuelles*.

Enfin, la destruction du complexe d'Œdipe laisse place à deux instances « morales » :
– *L'Idéal du Moi, héritier du narcissisme :* fais ceci; sois comme ton père; pense comme lui; sens comme lui.
– *Le Surmoi, héritier de l'Œdipe :* ne fais pas ceci; ne fais pas comme ton père (sois comme lui, mais choisis un autre objet).

Le conflit œdipien du garçon se fait entre le désir d'avoir le père et le sentiment que cela empêche de s'identifier à lui. L'issue, c'est le renoncement *au désir d'avoir* pour *pouvoir être comme*. De même, la petite fille doit renoncer à posséder phalliquement la mère pour s'identifier à elle, renoncer *à être* le père dans l'espoir *d'avoir* le père.

Remarquons, à propos de l'Idéal du Moi, que *l'idéalisation a lieu plus tôt,* c'est-à-dire antérieurement à l'Œdipe, lorsque l'enfant attribue aux parents des pouvoirs magiques. Mais on peut dire que c'est maintenant la première fois que l'idéalisation a trait au comportement moral. De plus, à côté de l'introjection parentale sous l'image légiférante du Surmoi, l'Œdipe doit se résoudre par la *sublimation* de l'image parentale intériorisée.

■ ***Le développement du Surmoi.*** – C'est donc *l'intériorisation* de tous les interdits passés et présents (notamment à l'égard de la pulsion sexuelle) qui parachève la formation de l'instance psychique appelée Surmoi. Mais il faut noter que, pour échapper aux conflits centrés sur l'amour, la haine, la culpabilité et l'angoisse, ce n'est pas avec les parents tels qu'ils sont en réalité que s'identifie l'enfant, mais avec des parents *idéalisés*, purs, sans défaut, fidèles à leurs propres principes, etc. Si bien qu'en fin de compte, ce qui est intériorisé, c'est le *propre Surmoi des parents*.

Fenichel pense que beaucoup de problèmes restent irrésolus en ce qui concerne la formation du Surmoi. Si celui-ci était simplement une identification avec l'objet frustrant du complexe d'Œdipe, on pourrait s'attendre à ce que le garçon ait un Surmoi « maternel » et la fille un Surmoi « paternel ». Or quoique *tout le monde possède des traits des deux parents dans son Surmoi,* cela ne semble pas le cas. Et Fenichel d'ajouter que, dans nos conditions sociales, *le Surmoi paternel est en général décisif pour les deux sexes,* l'identification la plus importante ayant pour objet celui des parents qui est considéré comme la source de frustrations décisives, en général le père, aussi bien pour la fille que pour le garçon.

■ ***Fonctions du Moi, du Surmoi et de l'Idéal du Moi.***

a) **Les fonctions du Moi** sont centrées autour de *la relation avec la réalité.* En bref son but est de réaliser un certain *compromis* entre les pressions du *Ça,* du *Surmoi* et du *monde extérieur.*

b) **Les fonctions du Surmoi** sont centrées autour des *exigences morales.* La *fonction critique* ainsi désignée constitue une instance qui s'est séparée du Moi et paraît dominer celui-ci : « une partie du Moi s'oppose à l'autre, la juge de façon critique et pour ainsi dire la prend pour objet » (Freud, 1917).

Cette censure opère en grande partie de façon *inconsciente* de sorte que l'on peut parler d'un « *sentiment de culpabilité inconscient* », malgré l'apparente contradiction dans les termes. Ce qui explique pour une part la rigueur *irrationnelle* du Surmoi.

Sa constitution transforme de nombreuses fonctions mentales. Ainsi *l'angoisse* se change en partie en *sentiments de culpabilité.* Le Surmoi étant l'héritier des parents en tant que source non seulement de menaces et de punitions mais aussi de protection et d'amour rassurant, il devient aussi important d'être en bons ou en mauvais termes avec son Surmoi qu'il l'était autrefois d'être en bons ou en mauvais termes avec ses parents. Autrement dit *l'estime de Soi* — et sa recharge permanente en apports narcissiques — ne dépend plus de l'approbation ou du rejet par des objets extérieurs, mais plutôt du *sentiment intérieur* d'avoir fait ou de ne pas avoir fait ce qu'il fallait.

c) **Quant à l'Idéal du Moi,** cette notion sera longtemps confondue avec celle du Surmoi. En tant qu'instance différenciée, l'Idéal du Moi constitue *un modèle* auquel le sujet cherche à se conformer. Sa fonction essentielle est d'être une *référence au Moi.* Son origine — malgré son actualisation renforcée au moment de l'Œdipe — reste principalement *narcissique.*

En résumé et pour ce qui concerne le Surmoi :

- Celui-ci est encore une fois l'héritier du complexe d'Œdipe et s'édifie par un mécanisme *d'identification* aux images parentales intériorisées, introjectées.
- Il prend à son compte les exigences *attribuées* aux parents, fonction qui est donc relevable en grande partie de la *projection* et qui peut être facilement reprojetée, c'est-à-dire déplacée sur les personnages d'autorité qui viennent à apparaître. Il peut donc se montrer — et il se montre en fait très souvent — plus sévère que les parents eux-mêmes.

– Des lors, enfin, que s'atténue progressivement la croyance dans l'omnipotence parentale, le Surmoi vient prendre le relais en tant que *système autonome* qui forme la base de la *conscience morale.*

2° La période de latence

Succédant (de la 5-6e année à la puberté) à l'Œdipe et à ses orages, la phase suivante du développement est classiquement considérée comme une phase de repos et de consolidation des positions acquises. Il s'agit d'une étape d'arrêt dans le développement sexuel; non qu'on n'y observe pas de *manifestations sexuelles,* mais l'on ne peut cependant décrire d'« *organisation* » nouvelle de la sexualité durant cette époque. C'est pourquoi l'on parle généralement de « *période* » et non de « *stade* » de latence : les instincts sexuels turbulents sommeillent, le comportement tend à être dominé par des *sublimations partielles* et par *des formations réactionnelles ;* enfin l'enfant se tourne maintenant de préférence vers *d'autres domaines que sexuels :* école, camarades de jeux, livres et autres objets dans le monde réel, encore que *l'énergie* de ces *nouveaux intérêts* soit toujours dérivée des intérêts sexuels.

a) Le développement psychosexuel

Au déclin de l'Œdipe, les *impossibilités réelles de satisfaction* pulsionnelle — soit externes (la loi), soit internes (inadéquation antépubérale) — jointes à la création du *Surmoi* internalisé et aux *pressions sociales extérieures...* vont s'ajouter pour provoquer l'entrée dans la phase de latence, pendant laquelle on constate essentiellement une *modification structurale* des pulsions sexuelles.

Cette transformation non seulement rend possible l'utilisation de l'énergie pulsionnelle en l'investissant dans *d'autres objets,* mais peut-être surtout permet de poursuivre *d'autres buts,* la tension croissante ayant tendance à se satisfaire de façon substitutive. Ainsi observe-t-on d'abord une *désexualisation* à la fois des relations d'objet et des *sentiments* avec notamment une *prévalence de la tendresse* sur les désirs sexuels. On dit que les tendances libidinales se trouvent « *inhibées quant au but* » et transformées en émois tendres (Zärtlichkeit). Freud voit dans la période de latence une véritable redistribution des énergies pulsionnelles.

En fait ce *repos apparent* n'est *souvent pas réel,* et la masturbation, les tendances œdipiennes et les régressions prégénitales continuent dans une certaine mesure. C'est pourquoi la moindre importance classique prise ici par la sexualité n'est que relative et non pas absolue.

b) La relation d'objet

Répétons encore que l'on observe à cette période une *transformation des investissements d'objets* en *identifications aux parents* et que les désirs libidinaux dirigés sur les parents en tant qu'objets d'amour vont être remplacés par les expressions sublimées de l'affection : *tendresse, dévotion, respect...*

De même cette période est particulièrement favorable aux *acquisitions éducatives, scolaires, culturelles...* et c'est de fait un temps d'acquisivité éminemment réceptive dans le domaine intellectuel. L'âge de 7 ans est considéré dans nos civilisations comme « *l'âge de raison* » à tous les sens du mot et il suffirait de rappeler l'intense besoin d'explications logiques que manifestent alors les enfants.

Enfin on peut dire aussi que l'énergie pulsionnelle disponible se canalise sur *les jeux* ou les *activités sociales* les plus diverses, ce qui entraîne à relever ici un véritable *changement d'objet.* On a dit à ce propos que l'enfant est de plus en plus attiré par des *objets concrets,* ne représentant pas un produit de l'imagination comme les contes de fées qui lui plaisaient pendant son enfance. Et l'on a voulu donner à cela deux explications :

a) Pendant la période de latence, les enfants n'osent pas se complaire aux pensées abstraites, à cause du danger d'éveiller à nouveau des conflits sexuels.

b) Les enfants n'en ont pas besoin, puisque leur Moi est relativement fort et qu'il ne se trouve pas en danger immédiat.

Pourtant l'enfant cherche encore à être à proximité de l'objet d'amour, du moins au début de la période de latence, où l'ambivalence est accrue, qui s'exprime dans le comportement par une alternance d'obéissance et de rébellion, suivie de remords. Puis, les réactions hostiles ayant tendance à s'éliminer, l'enfant commence à s'approcher des autres personnes de son entourage pour établir avec elles des relations amicales. Il est alors prêt à être influencé par les autres enfants et les adultes autres que ses parents. Comme il est devenu capable de comparer ces derniers, sa croyance en la toute-puissance parentale s'affaiblit.

3° La puberté

Il ne s'agit là ni d'un « stade » ni d'une « période » mais souvent — pour ne pas dire la plupart du temps — d'une « *crise* », dite « crise de l'adolescence », dont le début met en général assez brusquement fin à la période de latence qui la précède.

La tâche psychologique essentielle étant l'adaptation de la personnalité aux conditions nouvelles produites par les transformations physiques, on peut considérer tous les phénomènes psychiques qui caractérisent la puberté comme des tentatives de *rétablissement de l'équilibre troublé.*

a) Le développement psychosexuel

Il est avant tout caractérisé par une *reviviscence pulsionnelle* massive, brutale sinon quelquefois dramatique par *ré- et suractivation* tant des *pulsions agressives* que de la *libido.*

■ On distingue, entre latence et puberté, une ***phase intermédiaire dite « prépuberté » ou « préadolescence »*** au cours de laquelle toutes les pulsions présentes sont investies sans discrimination. Autrement dit, les tendances *infantiles* réapparaissent en force, encore que *dans des conditions différentes,* tandis que les mécanismes de défense, qui transformaient les tendances négatives en positives, s'atténuent ou disparaissent. Le développement sexuel paraît reprendre exactement au point où il avait été abandonné à l'époque de la résolution du complexe d'Œdipe et il se produit même alors régulièrement une intensification des pulsions œdipiennes.

■ Associée à cette reviviscence, c'est aussi une ***crise narcissique et identificatoire*** avec notamment des doutes angoissants sur *l'authenticité de soi, du corps, du sexe,* réalisant, selon Male, un nouveau « stade du miroir » et caractérisant le fameux « âge ingrat ». On observe souvent, même en dehors de tout facteur ou contexte psychotique, des *sentiments de « bizarrerie » et d'« étrangeté ».* Des inquiétudes parfois vives se manifestent à propos du nez, des yeux, des cernes oculaires, de la modification des traits, des fatigues ressenties... sans parler bien entendu du développement des organes génitaux eux-mêmes et de ses conséquences (premières pollutions et premières menstruations) ainsi que de l'apparition des caractères sexuels secondaires (pilosité, mue de la voix, etc.).

■ Remarquons que le garçon continuera pendant toute sa vie à accorder une *valeur narcissique à son pénis.* Chez la fille il s'effectue au moment de la puberté un changement de direction avec tendance à transférer — toujours sous l'angle narcissique — l'intérêt porté aux organes génitaux (clitoris, seins naissants...) au *corps tout entier :* ce sont toutes les préoccupations connues concernant la beauté du visage et de la silhouette, le souci de « conserver la ligne », les soins apportés aux vêtements, à la toilette, à l'alimentation même, en tant que permettant ou défavorisant un certain « idéal » dans la constitution ou le maintien des « formes », etc.

Enfin à cette époque, les *structures psychiques* peuvent se rejouer (psychotique, névrotique, état-limite...) et en tout cas la puberté sera la *dernière chance* offerte à l'adolescent de résoudre *spontanément* le conflit œdipien, si ce n'est déjà fait.

■ ***La puberté proprement dite,*** authentifiée par l'accession à la *maturité sexuelle physique,* est marquée — surtout chez le garçon — par le fait que si, auparavant, l'accroissement de l'investissement instinctuel restait malgré tout relativement indifférencié, la libido va dès lors se concentrer spécifiquement sur *des sentiments, des buts et des idées génitales,* les tendances prégénitales étant (au moins apparemment et temporairement) reléguées à l'arrière-plan, ce qui ne les empêche point de réapparaître à la première occasion. Celle-ci est notamment conditionnée par le fait que, dans nos civilisations, *les voies d'issue hétérosexuelles* sont limitées par un consensus social qui s'oppose violemment aux rapports sexuels pendant l'adolescence.

■ ***La masturbation.*** – Tôt ou tard cependant, les tendances génitales accrues trouvent leur expression dans une activité masturbatoire dont le besoin est ressenti (surtout chez le garçon et moins nettement chez la fille il est vrai) comme un besoin à la fois *très impérieux* et *très réprouvé,* aussi bien *par soi-même* que *par autrui*, donnant donc naissance à des sentiments de très *intense culpabilité,* bien qu'il s'agisse, dans notre contexte socio-culturel, d'un *phénomène normal* en tant que seule issue possible à la satisfaction des besoins sexuels.

La masturbation reste toujours très **culpabilisée et angoissante :**

- Soit du fait de la *pression externe.* Et il suffit de faire mention des récits effrayants courants concernant sa prétendue nocivité avec ses conséquences imaginaires : folie, impuissance, stérilité, perte des organes génitaux… Frayeurs le plus souvent entretenues par les adultes qui se défendent ainsi contre leur propre culpabilité et leur propre angoisse à ce sujet.
- Soit surtout du fait que cette culpabilité se rapporte à la reviviscence des *conflits œdipiens non résolus* et du complexe de castration. N'oublions pas que le Surmoi est constitué remplaçant l'interdit externe, et ce qui compte surtout, plus même que la masturbation elle-même, ce sont les *fantasmes masturbatoires* accompagnateurs, lesquels sont alors très souvent de type œdipien.

Remarques

a) Chez la fille, la masturbation est clitoridienne, encore que susceptible d'être plus facilement « déplacée » que chez le garçon sur des substituts : nez, bouche, cheveux… avec des fantasmes bisexuels référencés aux rapports des parents tandis que le sujet imagine tenir les deux rôles, surtout peut-être le rôle masochiste (cf. « On bat un enfant »).

b) *La prohibition totale,* dans les deux sexes, de toute activité auto-érotique ne semble pas moins pathologique que la masturbation *compulsionnelle.* L'une et l'autre témoignent du fait que les *conflits sous-jacents* (notamment œdipiens) n'ont *pas été résolus* et leurs conséquences se font sentir tant sur le plan des conduites sexuelles que dans les rapports sociaux.

Il nous faut dire aussi qu'il y a bien une *liaison entre névrose et masturbation,* mais… *chez le névrosé seulement* et en tant que les fantasmes et la reproduction de la masturbation ne sont pathogènes qu'en raison des conflits Ça/Surmoi eux-mêmes pathogènes. Autrement dit, ce sont les *conséquences psychologiques de la culpabilité et de l'angoisse* qui sont redoutables et non les effets de la masturbation en tant que telle.

■ « ***La puberté est surmontée,*** c'est-à-dire que la *sexualité* est installée dans la personnalité, quand le sujet est *capable d'avoir un orgasme complet* » écrit Fenichel, en ajoutant que des troubles dans ce domaine, ayant leur source dans des refoulements passés, peuvent servir de base à des névroses. Ceux par exemple qui ont peur des caractères de la maturité, à savoir la reconnaissance de la réalité des pulsions, *sans angoisse devant elles* ni nécessité de *passage à l'acte compulsionnel,* essaient de prolonger un état de *dépendance réelle* avec un *espoir « irréel »* de toute-puissance.

b) La relation d'objet, le choix objectal

Dans la période de la préadolescence, la libido se dirige de nouveau vers les objets d'amour de l'enfance, c'est-à-dire les *objets d'amour parentaux,* et la première tâche du Moi sera d'abandonner, de faire disparaître coûte que coûte ce choix parental. En fait *le dilemme* se pose à nouveau entre la relation maternelle *prégénitale et duelle* d'une part et d'autre part la relation *objectale triangulaire* et génitale.

En règle générale et de façon caractéristique, le jeune individu va s'isoler et se comporter comme un étranger envers sa famille; c'est la *révolte pubertaire* contre les parents, l'autorité ou ses substituts symboliques. Emancipation d'autant plus bruyante et spectaculaire qu'elle aura été *plus tardive* et que les *fixations enfant-parents* — fixation de l'enfant par la *soumission,* ou des parents par la *réprobation* — auront été plus ou moins contraignantes.

Cette lutte contre les anciens investissements peut aboutir soit au *rejet total des parents,* à la rupture, à un mode de vie totalement différent, soit au *rétablissement d'un équilibre* dans une tolérance réciproque et dans l'affection partagée. Ajoutons que l'issue de ce conflit dépend, plus encore que de l'attitude réelle des parents, du mode de résolution ou de non-résolution du conflit œdipien, une dernière chance étant encore une fois laissée à l'individu pour liquider spontanément ce dernier. Une possibilité de *passage à l'acte* (opposée à l'insertion normale) peut se faire jour dans les conduites de revendication active et généralement violente à l'égard tant d'abord du « *bourgeois* » dans un contexte affectivo-politique trouble que plus tard du *partenaire sexuel* au niveau affectif ou du « *patron* » sur le plan social.

Quoi qu'il en soit, dans cette tentative de solution du conflit, le *choix de nouveaux objets libidinaux* jouera pour l'adolescent un rôle considérable. Le plus souvent, il s'agit alors *d'attachements compulsionnels* et *passagers* à des êtres soit *de même âge* avec lesquels la relation prend la forme d'une amitié passionnée ou d'un amour réel, soit ou en même temps *plus âgés,* qui représentent clairement des substituts parentaux, lesquels auront de moins en moins de traits communs avec les images parentales originales, au fur et à mesure de la maturation.

Ces fixations amoureuses passagères, souvent abandonnées d'autant plus rapidement et complètement qu'elles auront été plus passionnées et exclusives, ne représentent pas réellement des relations objectales, mais plutôt des attachements *identificatoires,* dominés qu'ils sont par l'effort déployé pour se raccrocher au monde extérieur *sur un mode narcissique.* Anna Freud dit que, dans sa vie libidinale, l'adolescent *régresse de l'amour objectal au narcissisme.*

Cela explique en tout cas une des raisons pour lesquelles les jeunes pubères cherchent en général à se *rassembler entre eux :* « dans le but, écrit Fenichel, d'échanger des histoires sur la sexualité, ou même d'avoir des activités instinctuelles en commun » (identification narcissique) de même que pour se prouver « qu'ils ne sont pas pires que les autres » (Surmoi). La tendance est en tout cas, en raison à la fois des facteurs sociaux et des identifications parentales, à se réunir en groupes *homosexués* pour à la fois éviter la présence excitante de l'autre sexe et éviter d'être seul, ce qui permet de se rassurer.

Mais voilà que ce qui avait été écarté revient et que les amitiés qui s'étaient nouées dans l'espoir d'éviter des relations sexuelles objectales prennent, plus ou moins ouvertement, un caractère sexuel malgré tout : le premier choix objectal de la puberté sera donc souvent un *choix homosexuel* avec même *d'occasionnelles expériences homosexuelles* entre adolescents (surtout peut-être chez les filles), expériences qui ne doivent pas être forcément considérées comme pathologiques car :

- Elles témoignent souvent seulement de la *solidité de l'identification parentale* que l'adolescent cherche à dissoudre;
- Elles apparaissent comme un *phénomène temporaire d'adaptation ;*
- Elles n'aboutissent pas à des fixations définitives;
- Elles sont souvent dues autant à la *timidité envers l'autre sexe* (et aux traditions culturelles) qu'à la prolongation de *l'orientation narcissique* de la plupart des besoins objectaux de cette époque.

Conclusion

Freud ne craint pas de comparer, quelque part, la psychanalyse à une partie d'échecs; mais on pourrait aussi reprendre cette comparaison pour clore un propos sur le développement de la personnalité. En effet ce qui précède incite à penser qu'une fois réalisées les ouvertures, le jeu de la partie restera, quoi qu'il arrive, dépendant des premiers coups.

En tout cas c'est à peu près, grossièrement parlant tout au moins sous cette forme imagée, ce que nous disons lorsque nous cherchons à définir chez un individu donné, malade ou pas, une *structure psychique,* décompensée ou non, qui est comme le mode d'organisation global, formel et définitif de la personnalité. Cette structure :

1° Marquera peu ou prou de son sceau indélébile toutes les conduites ou comportements de l'adulte, caractérisant notamment le *type relationnel* propre au sujet considéré. Si elle se décompense dans un sens pathologique, elle le fera selon des lignes de clivage préalablement établies dans leurs limites, leurs directions, leurs angulations, un peu comme ce qui se passe dans un cristal minéral qui vient à se briser, selon la célèbre comparaison de Freud.

2° D'autre part — et ce n'est pas être étroitement déterministe ni encore moins fataliste que de faire la part la plus large, contrairement aux théories constitutionnalistes, à tous les acquis post-nataux jusqu'à ceux d'une adolescence pouvant se prolonger au-delà de la 20e année — une telle structure n'est considérée comme fixée qu'au terme d'un long développement riche de tous les possibles aussi bien que gros de tous les risques et dangers.

Encore faut-il ajouter que la psychanalyse, avant même de devenir une « psychologie », a été pour son fondateur, et reste, une méthode thérapeutique virtuellement capable sous certaines conditions — celles-ci n'étant ni seulement ni surtout d'ordre formel ou extérieur — de modifier ces lignes de clivage et par conséquent la personnalité tout entière.

C'est justifier au bout du compte l'importance de premier ordre accordée en clinique au vécu, tant subjectif qu'objectif, tant inconscient et refoulé que mémorisé, des premières années de la vie.

BIBLIOGRAPHIE

ABRAHAM (K.). — *Étude psychanalytique de la formation du caractère,*(1925). In « Œuvres complètes », tome II, pp. 314-350 (trad. française, Payot).

ABRAHAM (K.). — *Esquisse du développement de la libido basée sur la psychanalyse des troubles mentaux,* (1924). In « Œuvres complètes », tome II, pp. 255-313 (traduct. franç., Payot).

BERGERET (J.). — Les états-limites. In *Rev. Fr. Psychan.,* 34, n° 4, juillet 1970, P.U.F., Paris, pp. 600-634.

BERGERET (J.). — Les états-limites. In *Encycl. méd.-chir.,* Psychiatrie, tome III, 37395 A 10, 1970, Paris, pp. 1-13.

BERGERET (J.) et CALLIER (J.). — Relation médecin-malade et enseignement en hôpital psychiatrique. In *Inform. psychiatr.,* vol. 46, n° 7, sept. 1970, pp. 681-686.

BLUM (G. S.). — *Les théories psychanalytiques de la personnalité,* 1955, P U.F., 196 p.

BRAUNSCHWEIG (D.) et FAIN (M.). — *Eros et Antéros,* 1971. Petite bibliothèque Payot, Paris, 279 p.

CALLIER (J.). — L'identification. *Conférence d'information au Groupe Lyonnais de Psychanalyse,* Inédit.

CHASSEGUET-SMIRGEL (J.). — *Recherches psychanalytiques nouvelles sur la sexualité féminine,* 1964, Payot, Paris.

COSNIER (J.). — Théorie des pulsions. *Conférence d'information au Groupe Lyonnais de Psychanalyse,* 1968, Inédit.

DOLTO (F.). — *Psychanalyse et Pédiatrie,* 1965, Diffusion librairie Bonnier-Lespiaut, Paris.

FENICHEL (O.). — *La théorie psychanalytique des névroses.* Tome I, traduit de l'anglais, 1953, P.U.F.

FREUD (A.). — *Le Moi et les mécanismes de défense,* 1949, P.U.F., Paris.

FREUD (S.). — *Trois essais sur la théorie de la sexualité,* (1905, modifié 1915), 1966, N.R.F. Idées, traduit de l'allemand, 189 p.

FREUD (S.). — Les théories sexuelles infantiles (1908). In *La vie sexuelle,* 1969, P.U.F., traduit par J.B. PONTALIS, pp. 14-27.

FREUD (S.). — Un type particulier de choix d'objet chez l'homme (1910). In *La vie sexuelle,* 1969, P.U.F., traduit par J. LAPLANCHE, pp. 47-55.

FREUD (S.). — Pour introduire le narcissisme (1914). In *La vie sexuelle,* 1969, P.U.F., traduit par J. LAPLANCHE, pp. 81-105.

FREUD (S.). — Sur les transpositions de pulsions plus particulièrement dans l'érotisme anal (1917). In *La vie sexuelle,* 1969, P.U.F., traduit par Denise BERGER, pp. 106-112.

FREUD (S.). — On bat un enfant (1909). In *Analectes,* 1969, Edition hors commerce.

FREUD (S.). — L'organisation génitale infantile (1923). In *La vie sexuelle,* 1969, P.U.F., traduit par J. LAPLANCHE, pp. 113-116.

FREUD (S.). — La disparition du complexe d'Œdipe (1923). In *La vie sexuelle,* 1969, P.U.F., traduit par Denise BERGER, p. 117-122.

FREUD (S.). — Quelques conséquences psychologiques de la différence anatomique entre les sexes (1925). In *La vie sexuelle,* 1969, P.U.F., traduit par Denise BERGER, pp. 123-132.

FREUD (S.). — Sur la sexualité féminine (1931). In *La vie sexuelle,* 1969, P.U.F., traduit par Denise BERGER, pp. 139-155.

GREENACRE (Ph.). — *Traumatisme, croissance et personnalité,* 1971, P.U.F., traduit de l'anglais, 332 p.

LAPLANCHE (J.) et PONTALIS (J. B.). — *Vocabulaire de la psychanalyse,* 1967, P.U.F., Paris, 520 p.

LEBOVICI (S.) et SOULE (M.). — *La connaissance de l'enfant par la psychanalyse,* 1970, P.U.F., 646 p.

LUQUET-PARAT (C. J.). — L'organisation œdipienne du stade génital. In *Rev. Fr. Psychanal., 31,* n° 5-6, sept.-déc. 1967, pp. 743-812.

MALE (P.).—*Psychothérapie de l'adolescent,* 1964, P.U.F., 257 p.

NODET (Ch. H.). — Sexualité en mutation et psychanalyse. In *Rev. dominicaine « Lumière et Vie », 19,* n° 97, mars-mai 1970 : La sexualité en procès.

ROBERT (M.).—*La révolution psychanalytique,* Petite bibliothèque , Payot, tomes I et II, 1964.

SMIRNOFF (V.). — *La psychanalyse de l'enfant,* 1968, P.U.F., 297 p.

2

ASPECT MÉTAPSYCHOLOGIQUE

PAR

J.-J. BOULANGER

DÉMARCHE MÉTAPSYCHOLOGIQUE

Le terme de *Métapsychologie* recouvre les aspects théoriques de la psychanalyse. Il fut forgé par Freud dès le début de ses travaux. Très tôt, en effet, Freud fut amené, à partir des données de son expérience, à élaborer un appareil conceptuel, constamment enrichi et remanié, qui s'avérait indispensable pour donner une structure, un cadre aux nouvelles connaissances acquises, indispensable aussi pour étayer les recherches ultérieures.

Il n'est pas douteux que, dans l'esprit de son fondateur, la métapsychologie, qui cherche à rendre compte des faits psychiques dans leur ensemble et notamment de tout leur versant inconscient, s'oppose, d'une part, à la psychologie contemporaine, qui s'intéresse uniquement aux phénomènes psychiques conscients et, d'autre part, à la métaphysique qui introduit le recours à l'irrationnel dans l'élucidation du fonctionnement mental. Il précise même, dans la «*Psychopathologie de la vie quotidienne*» : «On pourrait se donner pour tâche (...) de traduire la métaphysique en métapsychologie». Et un exemple nous est donné qui illustre très clairement ce propos : un Romain faisant un faux pas sur le seuil de sa demeure, alors qu'il partait vers quelque importante affaire, voyait dans ce « lapsus » le signe d'un sort contraire et renonçait à son projet, en quoi il faisait bien. Mais pour arriver à cette conclusion, pour comprendre l'apparition de ce signe, de ce « symptôme », point n'est besoin d'invoquer le ciel : le faux pas reflète simplement le désir inconscient de ne pas entreprendre ladite démarche (1). Et, en effet, une entreprise qui suscite un tel conflit intérieur a peu de chance d'aboutir.

Ainsi, on va rencontrer dans cette métapsychologie, les principes, les modèles théoriques, les concepts fondamentaux dont la clinique psychanalytique a besoin pour se constituer en un tout cohérent. Freud a précisé, à plusieurs reprises, ce qu'il entendait par Métapsychologie. Dans « *Ma Vie et la Psychanalyse* », il écrit : « J'appelle ainsi un mode d'observation d'après lequel chaque processus psychique est envisagé d'après les trois coordonnées de la dynamique, de la topique, et de l'économie (2). Et j'y vois le but suprême qui soit accessible à la psychologie ». Il ajoutait d'ailleurs : « De telles représentations appartiennent à la superstructure spéculative de la psychanalyse et chaque partie peut en être, sans dommages, ni regrets, sacrifiée ou remplacée par une autre aussitôt que son insuffisance est démontrée. » En fait, on verra qu'effectivement certaines théories furent ultérieurement abandonnées ; mais plus souvent, il advint que les premières formulations furent remaniées, complétées. Ainsi la « deuxième topique », la « deuxième théorie des pulsions » n'ont nullement rendu caduques les élaborations qui en avaient été apportées d'abord. Nous voudrions rapidement situer ces « coordonnées métapsychologiques », objet de ce chapitre et du suivant.

■ On peut, dans un premier temps, préciser ce qu'il faut entendre par point de vue ***dynamique***. Ce point de vue amène à considérer les phénomènes psychiques comme résultant d'une composition, d'une combinaison de forces plus ou moins antagonistes. On remarque donc qu'il introduit simultanément la notion de *forces* qu'on retrouvera dans le point de vue économique et la notion de *conflit*. Historiquement, cette notion de conflit est très étroitement liée à la découverte de l'inconscient.

Reportons-nous, par exemple, à l'année 1909. Janet y publie son ouvrage sur « les Névroses » qui sont pour lui des troubles ou des arrêts dans l'évolution des fonctions psychiques. Ainsi, la psychasthénie est une défaillance de la fonction du réel, de la fonction de synthèse du Moi. La même année, Freud dit qu'il explique le trouble psychique dynamiquement par le conflit de deux forces. Nous y voyons, dit-il, « le résultat d'une révolte active de deux groupements psychiques l'un contre l'autre ». C'est-à-dire l'opposition entre les forces de l'inconscient qui cherchent à se manifester et la répression du

---

(1) Cf. l'expression populaire « J'aurais mieux fait de me casser la jambe ! ».

(2) Le point « point de vue génétique », appartenant à la théorie psychanalytique, pourrait de bon droit entrer dans le cadre de la métapsychologie. L'usage prévaut généralement de le situer à part.

système conscient qui tend à s'opposer à cette manifestation. On peut comprendre ainsi le comportement obsessionnel, proche de la psychasthénie de Janet : la compulsion à se laver les mains plusieurs dizaines de fois par jour s'interprète comme l'effet d'un conflit entre le désir conscient de propreté (physique et morale) et le désir inconscient d'être sale, de vivre dans la saleté.

Très tôt et jusqu'à la fin de ses travaux, Freud a souhaité fonder ce conflit sur l'opposition l'une à l'autre de deux pulsions fondamentales : Libido et Intérêt du Moi; puis : Eros et Pulsions de mort.

Mais, en considérant les faits dans une perspective plus élaborée, on verra qu'on peut entendre ce conflit comme la manifestation des dynamismes antagonistes des diverses instances de l'appareil psychique, entre elles et avec le monde extérieur (le Moi arbitrant entre Ça, Surmoi et Réalité extérieure).

Parler de composition de force amène à considérer une résultante. En métapsychologie, cette résultante s'appelle *formation de compromis* (1). Et cette notion se retrouve aussi bien dans la formation du symptôme (l'exemple que nous venons de donner) que dans celle du rêve ou de certains traits de caractère.

■ Parce qu'il avait une formation de scientifique, de physiopathologiste, Freud a toujours conservé le désir d'introduire du mesurable dans la psychologie. A défaut d'atteindre ce résultat, il a toujours considéré l'énergie psychique sous un angle *quantitatif*. Et ce point de vue ***économique*** de la métapsychologie s'efforce d'étudier comment circule cette énergie, comment elle s'investit, se répartit entre les différentes instances, les différents objets ou les différentes représentations.

Quelques constatations cliniques simples conduisent d'ailleurs naturellement à envisager cet aspect quantitatif. Ainsi, dans l'état amoureux, il y a comme un balancement entre la surestimation de l'objet aimé et la dévalorisation du sujet soi-même. Dans un ordre d'idées tout différent, la notion de traumatisme évoque un bouleversement à l'intérieur de la personnalité suscité par des excitations quantitativement si intenses qu'elles n'ont pu être contrôlées, canalisées.

Une remarque s'impose, c'est que le point de vue économique est le prolongement logique et indispensable du point de vue dynamique. Celui-ci envisage l'aspect qualitatif, descriptif du conflit des forces en présence; mais il est évident qu'il faut aussi faire intervenir, pour comprendre l'issue du conflit, la *grandeur* relative de ces forces. Ces forces, cette énergie (pulsionnelle comme nous le verrons) est parfois dénommée, pour en marquer l'aspect quantitatif, quantum d'affect ».

---

(1) Cette notion est étudiée au chapitre 3.

■ La Métapsychologie fait intervenir une troisième considération, la considération ***topique***. En effet, la théorie amène à considérer *l'appareil psychique* comme l'organisation de divers systèmes, assurant respectivement des fonctions différentes. Ces *systèmes* ou *instances,* Freud les a vus d'abord comme disposés à la suite les uns des autres et formant ainsi un ensemble comparable à l'arc neurologique réflexe; ou encore, aux diverses parties d'un appareil optique (microscope ou télescope).

Il faut souligner que si le terme de topique met l'accent sur la disposition spatiale ou quasi spatiale de ces instances, le terme d'appareil psychique, lui, met l'accent sur la notion d'un travail que ces instances effectuent sur l'énergie psychique. On peut reprendre l'image du microscope qui agit sur le faisceau lumineux, le condense, le disperse, qui peut aussi repousser certaines radiations par le moyen de filtres. En somme, l'appareil psychique agit sur l'énergie qui le traverse.

Il n'est pas inutile de relever combien ces différents points de vue, et plus spécialement les points de vue topique et économique (puisque celui-ci n'est, au fond, que le prolongement du point de vue dynamique) sont étroitement liés. On ne peut, en effet, envisager le devenir d'une quantité d'énergie sans savoir qui agit sur elle, qui s'en empare et, réciproquement, la compréhension et même la description d'un appareil conduit tout naturellement à s'intéresser à ce qu'il fait, à quoi il sert.

Après l'étude de ce « trépied » métapsychologique, nous compléterons cette approche de la théorie psychanalytique en abordant ces phénomènes psychiques fondamentaux que sont l'angoisse, le rêve et le fantasme.

POINT DE VUE TOPIQUE

Il peut être intéressant de remarquer que cette notion de topique, ou topologie, a des racines historiques diverses. Ce sont d'abord, dans cette deuxième moitié du XIXe siècle, tous les travaux de neuro-physiologie concernant les localisations cérébrales. Notons, à ce propos, que le premier livre publié par Freud l'a été sur « *l'Aphasie* », en 1891, travail dans lequel il critiquait d'ailleurs vivement l'étroitesse des vues topologiques pour les enrichir de considérations fonctionnelles.

D'autre part, l'existence, chez un même individu, de territoires psychiques différents et plus ou moins indépendants l'un de l'autre, est nettement suggérée par des phénomènes tels que le dédoublement de personnalité ou la suggestion post-hypnotique.

Allant plus loin encore, Breuer, qui travaillait avec Freud sur les névroses hystériques, avait émis cette idée importante que des fonctions psychiques différentes supposent des appareils également différents. Le miroir d'un télescope, disait-il, ne peut, en même temps, être une plaque photographique, c'est-à-dire que la fonction perceptive et la fonction mnésique requièrent deux systèmes distincts.

Enfin, dans un ordre d'idées un peu différent, le rêve est apparu comme la démonstration éclatante de ce que, dans des conditions normales, un domaine mental peut fonctionner avec ses lois propres, indépendamment de la conscience, au sens du champ de conscience. Et ceci nous rappelle qu'à l'origine le problème de la topique a été étroitement lié à celui de l'existence de l'inconscient.

La première topique

L'élaboration d'une conception topique de l'appareil psychique s'est faite progressivement et dès les premiers travaux de Freud sur l'hystérie, travaux à l'occasion desquels il emprunta (nous venons d'y faire allusion) certaines idées à Breuer. Ces toutes premières idées, on les trouve essentiellement dans un essai qui n'a jamais été publié de son vivant : *« L'esquisse d'une psychologie scientifique »* (1895).

Cette première théorie, très marquée par le souci d'apporter une compréhension des phénomènes psychiques cohérente avec les données histologiques et neuro-physiologiques, n'a pratiquement pas laissé de traces dans les constructions ultérieures. Par la suite, Freud ne se préoccupera plus de concordance avec la neuro-physiologie, ou l'anatomie, et sa théorisation, purement psychologique, ne visera qu'à la cohérence interne et à l'efficacité dans la compréhension des faits cliniques. Dans cette perspective, le premier schéma topologique de l'appareil psychique (plus brièvement nommé « la première topique ») est celui décrit dans le chapitre 7 de la *« Science des Rêves »* et dans l'essai de 1915 sur *« l'Inconscient »*.

L'idée de base de cette première topique est que la seule distinction entre caractère conscient ou inconscient des phénomènes psychiques n'est conceptuellement pas satisfaisante. Pour aller plus loin dans l'élucidation du fonctionnement mental, il nous est proposé un appareil psychique composé de trois systèmes appelés :

Inconscient, en abrégé Ics

Préconscient, en abrégé Pcs

Conscient, en abrégé Cs

Ce dernier système est plus volontiers appelé Perception-Conscience : Pc-Cs.

■ Bien qu'il se soit défendu de vouloir établir un parallèle avec des réalités anatomiques, Freud a situé ce ***système Pc-Cs*** à la périphérie de l'appareil psychique, entre le monde extérieur et les systèmes mnésiques (v. schéma). En effet, il est chargé d'enregistrer les informations venant de l'extérieur et de percevoir les sensations intérieures de la série plaisir-déplaisir.

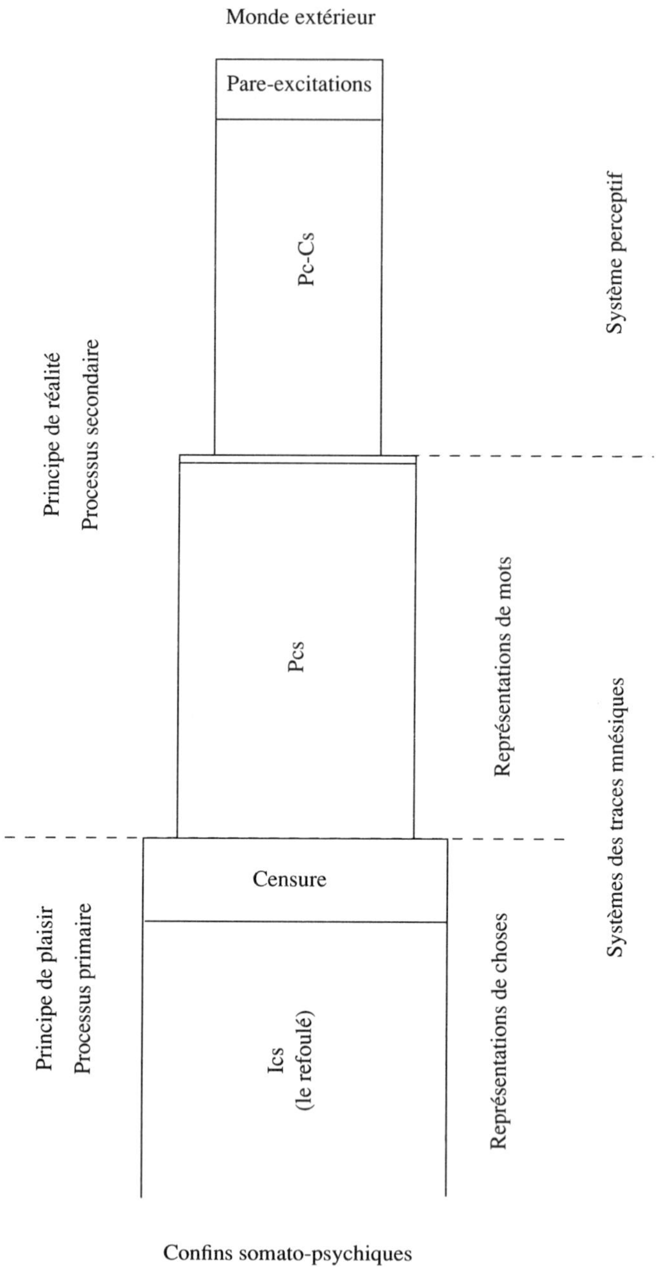

FIG. 1. — *Schéma de l'appareil psychique selon la première topique.*

Cette fonction de perception s'oppose, rappelons-le, à la fonction d'inscription : le système Pc-Cs ne conserve aucune trace durable des excitations qu'il enregistre. Parallèlement, ce système fonctionne sur un registre qualitatif, par opposition au reste de l'appareil psychique fonctionnant selon des quantités.

Outre la perception des informations sensorielles extérieures et celle des sensations endogènes, le système Cs est aussi le siège des processus de pensée, c'est-à-dire aussi bien des raisonnements que des reviviscences de souvenirs.

Nous allons y revenir à propos du préconscient. On peut noter aussi qu'il a, pour l'essentiel, le contrôle de la motilité.

■ ***Le préconscient*** est à distinguer aussi bien de l'inconscient (Ics) que du système perception-conscience. En fait, dans ce deuxième cas, la distinction est plus malaisée à établir. D'ailleurs, Freud les a souvent réunis pour les opposer à l'Ics. Il désigne alors l'ensemble du nom de préconscient, faisant ainsi passer au second plan le fait qu'une partie de cet ensemble soit actuellement présente dans le champ de conscience. Ce préconscient est ce qu'il appelait notre « Moi officiel », celui que nous voulons bien assumer. Il peut se définir valablement par les caractéristiques de son contenu et de son fonctionnement.

De son contenu, on peut d'abord dire que, non présent dans le champ de conscience, il est cependant accessible à la connaissance consciente. Il appartient au système des traces mnésiques et il est fait de « représentations de mots ». Par représentation, on entend ce que l'on se représente, le contenu d'une pensée, mais aussi l'élément qui représente un phénomène psychique, qui est là à sa place. Dans la théorie du fonctionnement mental, la représentation se distingue de l'affect, qui est l'énergie quantifiée attachée à chaque représentation et dont la source est pulsionnelle. Au fond, une représentation est donc une trace mnésique plus ou moins investie affectivement. La représentation de mots est une représentation verbale dont la qualité serait plutôt, selon Freud, acoustique. Elle s'oppose à la représentation de choses qui est plutôt d'ordre visuel, comme dans le rêve. Mentionnons déjà que la représentation de choses ne peut parvenir à la conscience (vigile) qu'associée à une trace verbale. Nous y reviendrons plus en détail en étudiant processus primaire et processus secondaire.

C'est précisément ce processus secondaire qui caractérise le fonctionnement des systèmes conscient et préconscient. Disons déjà que la caractéristique principale du processus secondaire est que l'énergie n'y circule pas librement, qu'elle est préalablement liée, qu'elle est ainsi contrôlée. Le processus secondaire s'accompagne de la prédominance du principe de réalité sur le principe de plaisir, ce que nous expliciterons également un peu plus loin.

■ Bien que nous ayons à revenir en détail sur ***l'inconscient,*** dans une perspective essentiellement dynamique et économique, situons-le dans le cadre de cette première topique.

C'est la partie la plus archaïque de l'appareil psychique, la plus proche de la source pulsionnelle. Son contenu est, en effet, constitué essentiellement de représentants (1) de ces pulsions. Pourquoi les représentants et non pas les pulsions? Parce que pour Freud la pulsion est un concept « aux confins du biologique et du psychologique » et, qu'au niveau des processus mentaux, ce sont ces représentants qui interviennent. Ceux-ci, au niveau de l'Ics, sont des « représentations de choses » (par opposition aux représentations de mots du Pcs) et des représentations de choses qui ont subi le refoulement primaire.

Notons cependant que Freud a toujours admis un noyau héréditaire phylogénétique. Mais, pour l'essentiel, l'inconscient, dans la perspective de cette première topique, est un inconscient constitué historiquement au cours de la vie de l'individu et, plus précisément, pendant son enfance.

Quant à son fonctionnement, l'inconscient est avant tout caractérisé par le processus primaire, c'est-à-dire qu'à son niveau l'énergie est libre, que la tendance à la décharge se manifeste sans entrave. Cette énergie libre circule donc facilement, à ce niveau, d'une représentation à une autre, ce qu'illustrent les phénomènes de condensation et de déplacement. Corollairement, l'inconscient est régi par le principe de plaisir.

■ Il reste à dire un mot très important sur les frontières entre ces différents systèmes. En effet, l'énergie, les représentations, ne circulent pas sans contrôle de l'un à l'autre. A chaque passage s'exerce une ***censure.*** Cette censure est particulièrement sévère entre inconscient et préconscient. Nous verrons qu'elle s'exerce d'une façon active : ce n'est pas une barrière inerte mais une force vigilante qui interdit à telle ou telle représentation l'accès à un certain territoire.

Une censure s'exerce également entre préconscient et conscient. Toutefois, elle s'y exerce avec moins de rigueur : elle sélectionne plus qu'elle ne réprime. Ainsi, dans le travail analytique, il faut vaincre des résistances pour triompher de la censure entre inconscient et préconscient, tandis qu'on ne se heurte qu'à des réticences pour le passage du Pcs au Cs.

Il reste une troisième zone frontière à considérer : celle qui se situe entre le monde extérieur et la « surface » de l'appareil psychique, c'est-à-dire le système Pc-Cs. Sa fonction est un peu celle d'un filtre : éviter l'irruption à l'intérieur du psychisme de stimuli trop violents qui ne pourraient être maîtrisés; d'où le nom de ce système : le pare-excitations.

On peut remarquer que, dans cette première topique, chaque système apparaît surtout comme un contenant, et le travail semble se faire, en quelque

(1) Le terme « représentant » désigne l'ensemble de la représentation et de la charge affective qui lui est liée.

sorte, aux frontières. Nous allons voir que la conceptualisation suivante recentre le travail psychique sur les systèmes eux-mêmes, encore appelés « instances ».

La deuxième topique

C'est dans « *Au-delà du principe de plaisir* » qu'apparaissent les premières lignes de cette seconde topique. Elle sera essentiellement développée en 1923 dans « *Le Moi et le Ça* ».

Ce changement intervient à l'intérieur d'un remaniement assez général de la théorie psychanalytique et les raisons qui l'ont entraîné ne sont pas indépendantes de celles qui ont entraîné, par exemple, le remaniement de la théorie des pulsions.

Si ces motifs de changement forment un tout, on peut cependant en individualiser certains aspects qui peuvent servir d'illustration. Ainsi, la pratique des traitements avait conduit à prendre en considération des défenses inconscientes (et non pas seulement préconscientes). Mais alors, ce conflit entre pulsions inconscientes et défenses qui le sont aussi se comprend mal selon la première topique.

D'autre part, le concept de narcissisme, par exemple, conduit à considérer les relations entre instances d'une façon nouvelle, avec la possibilité d'un investissement libidinal de l'une par l'autre.

On peut remarquer d'emblée, d'ailleurs, que l'esprit des deux topiques n'est pas tout à fait le même et la terminologie le reflète. Ainsi, aux systèmes de la première topique succèdent les instances de la seconde, c'est-à-dire que l'accent porte moins sur l'aspect topographique que sur un aspect quasi juridictionnel et, somme toute, anthropomorphique : l'appareil ou le champ psychique est un peu conçu sur le modèle des relations interpersonnelles. Cette théorie est ainsi plus proche du mode fantasmatique selon lequel chacun perçoit son monde intérieur.

Dans les écrits de cette période, l'accent n'est plus tellement mis sur les notions de représentants, de traces mnésiques, mais essentiellement sur la notion de conflits entre instances, voire à l'intérieur d'une instance (le Moi, en l'occurrence).

■ Comme la première, cette seconde topique est une trilogie qui fait intervenir le Ça, le Moi et le Surmoi. De ces trois instances, seul le ***Ça*** avait un correspondant à peu près exact dans la première topique, avec l'inconscient, à cette importante réserve près : une partie de l'ancien Ics ne se retrouve pas dans le Ça. Plus clairement encore que dans la première topique, le Ça se définit comme le pôle pulsionnel de l'appareil psychique. Freud en dit qu'il est « la partie obscure, impénétrable de notre personnalité; nous nous le représentons débouchant d'un côté dans le somatique et y recueillant les besoins pulsionnels qui trouvent en lui leur expression psychique »

(Nouvelles Conférences sur la Psychanalyse). Il faut, en effet, remarquer à ce propos que, dans la première dualité pulsionnelle, les instincts du Moi étaient rattachés au système préconscient-conscient. Dans la deuxième dualité pulsionnelle, instincts de vie et instincts de mort appartiennent également au Ça. Évidemment les lois qui le régissent sont les mêmes que celles déjà énoncées pour l'inconscient, savoir : processus primaire, principe de plaisir. Il est encore précisé que les processus qui s'y déroulent n'obéissent pas aux lois logiques de la pensée. « Le principe de contradiction n'y existe pas. On n'y trouve rien qui puisse être comparé à la négation. Le postulat, selon lequel l'espace et le temps sont les formes obligatoires de nos actes psychiques, s'y trouvent en défaut. De plus, le Ça ignore les jugements de valeur, le bien, le mal, la morale » (*ibid*).

Mais, ce qui est surtout intéressant dans cette seconde conception topique, c'est l'aspect génitique (1). L'élaboration progressive de l'appareil psychique y est beaucoup mieux précisée que dans la première. Dans l'« *Abrégé de Psychanalyse* », il est dit clairement : « A l'origine, tout était Ça. Le Moi s'est développé à partir du Ça sous l'influence persistante du monde extérieur ».

■ Tout comme le Ça est le pôle pulsionnel de l'individu, le ***Moi*** en est le pôle défensif. Entre les exigences pulsionnelles du Ça, les contraintes de la réalité extérieure et les exigences du Surmoi, dont nous parlerons dans un instant, le Moi se présente en médiateur chargé, en quelque sorte, des intérêts de la totalité du sujet.

Bien qu'il s'agisse d'un problème très important, il n'est pas facile de comprendre clairement, et surtout de façon univoque, la genèse de ce Moi. D'une part, nous venons de le voir, il peut être considéré comme différenciation progressive du Ça, cette différenciation se faisant autour d'une sorte de noyau originel représenté par le système perception-conscience. A partir de ce noyau, le Moi étend progressivement son contrôle sur le reste de l'appareil psychique, c'est-à-dire sur le Ça. Mais, d'un autre point de vue, il apparaît que ce Moi se forme, se modèle, à la suite d'identifications successives à des objets extérieurs qui sont ainsi intériorisés, incorporés à ce Moi (2).

Il n'est pas facile d'harmoniser, de relier ces deux points de vue concernant la genèse du Moi. Peut-être peut-on considérer que le Moi s'approprie, en quelque sorte, des portions de plus en plus grandes de l'énergie libidinale incluse dans le Ça et que ces quantités d'énergie sont véhiculées et modelées par le processus d'identification. On peut donc remarquer que, de toute manière, le Moi n'est pas une instance qui existe d'emblée mais qu'il se

---

(1) Sur la genèse des instances, voir aussi, au chapitre 1, ce qui est dit à propos du complexe d'Œdipe.

(2) Voir à ce sujet, au chapitre 3, les articles sur l'identification et sur l'introjection.

constitue progressivement. D'autre part, contrairement au Ça qui est morcelé en tendances indépendantes les unes des autres, le Moi apparaît comme une unité et comme l'instance qui assure la stabilité et l'identité de la personne.

Par ailleurs, ce Moi de la deuxième topique regroupe un certain nombre de fonctions qui étaient moins solidement reliées dans la première. Certes, il assure tout d'abord la fonction de conscience. Plus généralement, toutes les fonctions précédemment dévolues au préconscient lui sont attribuées. Il assure encore l'autoconservation, dans la mesure où il concilie au mieux les exigences divergentes du Ça et du monde extérieur, en utilisant ses possibilités d'action sur l'un et sur l'autre, fort des acquis mémorisés : « Sans le Moi, le Ça, aspirant aveuglément à la satisfaction des instincts, viendrait imprudemment se briser contre cette force extérieure plus puissante que lui » (*Nouvelles Conférences*).

Mais il faut souligner un fait de première importance, c'est que dans cette topique le Moi est, pour une grande part, inconscient. Ceci, nous l'avons dit, apparaît plus précisément dans certains mécanismes de défense. Par exemple, et très typiquement dans les comportements obsessionnels, le sujet ignore, en fait, le motif et les mécanismes de son comportement. Mais, plus encore, ces mécanismes dans leur aspect compulsif, répétitif, dans leur ignorance de la réalité, doivent être considérés comme obéissant au processus primaire. Certains aspects du mot d'esprit en procèdent également.

Après ce que l'on vient de dire, on peut avoir l'impression que ces deux instances, le Ça et le Moi, recouvrent en fait tout le champ précédemment réparti entre les trois systèmes de la première topique. Et, de fait, depuis 1917 (« *Introduction à la Psychanalyse* ») et même depuis 1914 (« *Pour introduire le Narcissisme* ») jusqu'en 1923, Freud s'est attaché à préciser la genèse et les fonctions du Moi, en regard de l'Ics (puisque le terme de Ça n'est précisément apparu qu'en 1923) mais cela l'a amené à considérer des fractions à l'intérieur de ce Moi. Se trouvait ainsi isolée une substructure qui avait, en quelque sorte, une fonction d'idéal et c'est d'ailleurs le nom qui lui fut donné d'abord : Idéal du Moi ou Moi Idéal.

■ Le terme de ***Surmoi***, lui aussi, n'est intervenu qu'en 1923. La genèse de cette instance et ses caractéristiques se résument dans la phrase célèbre : le Surmoi est l'héritier du complexe d'Œdipe. Cette genèse du Surmoi se rapproche d'ailleurs beaucoup de celle du Moi. Comme lui, il tire son origine du Ça. Comme lui, il est structuré par des processus d'identification, tant à l'un qu'à l'autre des deux parents. Pour schématiser, et en prenant le cas de l'enfant de sexe masculin : celui-ci doit renoncer à sa mère en tant qu'objet d'amour pour sortir du conflit œdipien. Deux éventualités peuvent alors se produire : ou une identification avec la mère, ou un renforcement et une intériorisation de l'interdit paternel, c'est-à-dire une identification avec ce père. Dans la réalité, les choses sont un peu plus complexes du fait d'un double

Œdipe, lequel serait lui-même lié à une tendance bisexuelle de notre nature (1).

Quoi qu'il en soit, cette identification a pour but d'amener le Ça à renoncer à son objet d'amour : cet objet étant introjecté dans le Surmoi, celui-ci récupère, de ce fait, l'énergie que le Ça avait investie sur cette représentation.

Les conditions particulières de sa genèse valent au Surmoi des caractéristiques particulières. Il ne s'agit pas, en fait, d'une identification au Moi des parents. Il est bien connu qu'un Surmoi sévère peut être élaboré à partir d'un père complaisant. L'identification se ferait plutôt au Surmoi des parents qui transparaît dans leur attitude éducative, et ainsi de génération en génération. Ceci amène Freud à remarquer « qu'en dépit de leur différence foncière, le Ça et le Surmoi ont un point commun : tous deux représentent, en effet, le rôle du passé, le Ça, celui de l'hérédité, le Surmoi, celui qu'il a emprunté à autrui; tandis que le Moi, lui, est surtout déterminé par ce qu'il a lui-même vécu, c'est-à-dire par l'accidentel, l'actuel» (*« Abrégé de Psychanalyse »).*

Dans une élaboration qu'on peut considérer comme la dernière (2), le Surmoi assume trois fonctions. D'une part, une fonction d'auto-observation. D'autre part, une fonction de conscience morale, de censure. C'est souvent celle-ci qui est spécialement visée quand on emploie le terme de Surmoi en un sens restrictif. Enfin, une fonction d'idéal, à laquelle s'applique actuellement le terme d'Idéal du Moi. La distinction entre ces deux dernières fonctions se perçoit dans la différence entre sentiment de culpabilité et sentiment d'infériorité, le sentiment de culpabilité étant en rapport avec la conscience morale et le sentiment d'infériorité avec la fonction d'idéal.

Sur le plan terminologique, si les expressions Idéal du Moi et Surmoi se rattachent à la même instance, l'usage semble conférer à l'expression Moi Idéal un sens légèrement différent. Elle désignerait une formation très archaïque correspondant à l'idéal de toute-puissance du narcissisme primaire ou, en tout cas, du narcissisme infantile. Certains auteurs (Lagache) pensent qu'il comporte une part d'identification à l'être qui représente alors la toute-puissance, à la mère. On peut y voir, en quelque sorte, un précurseur du Surmoi.

POINT DE VUE ÉCONOMIQUE

Nous avons vu que la vie psychique offre à considérer d'une part des représentations, d'autre part des affects qui leur sont liés. Ce terme d'affect désigne l'aspect qualitatif d'une charge émotionnelle, mais aussi et surtout l'aspect quantitatif de l'investissement de la représentation par cette charge.

---

(1) Pour la dynamique relationnelle dans l'Œdipe, voir chapitre 1.

(2) Exposée dans les « Nouvelles Conférences sur la Psychanalyse » (1932).

Nous avons vu que, dans ce sens, il est plus explicite de recourir à l'expression « quantum d'affect».

Le fait qu'une certaine quantité d'énergie psychique soit liée à une représentation mentale ou à un objet extérieur réel est appelé ***investissement***. Le terme allemand *(« Besetzung »)* se traduirait plus exactement par occupation, c'est-à-dire le fait, pour une certaine énergie, de s'installer à l'intérieur d'une représentation. Mais on peut remarquer que le terme français « investissement», si on le prend au sens des sciences économiques, permet non seulement une totale cohérence dans la métaphore mais traduit bien une certaine solidarisation de la chose investie et de « l'investissant». Dans une autre image, Freud dit encore qu'il s'agit de « quelque chose qui peut être augmenté, diminué, déplacé, déchargé et qui s'étale sur les représentations un peu comme une charge électrique à la surface des corps».

Mais ce quantum d'affect, cette énergie psychique, quelle est-elle exactement? L'élaboration de la notion de pulsion a permis de le préciser. C'est en effet des pulsions, entités biologiques ayant un pôle somatique et un pôle psychique, qu'est tirée cette énergie libidinale qui devient énergie d'investissement. C'est dire que, dans le seconde topique, toute cette énergie provient du Ça et c'est de cette source que les autres instances la tiennent elles-mêmes.

Il faut se rappeler que cette notion *d'énergie* nerveuse ou psychique était dans l'air au moment des premiers travaux de Freud et de Breuer. On pourrait citer de nombreux noms : Helmoltz, Meynert, Brücke, avec qui a travaillé Freud, Hering, aux travaux duquel avait participé Breuer. Plusieurs de ces chercheurs avaient déjà supputé que l'énergie nerveuse, encore appelée « tension nerveuse» ou « excitation», pouvait se rencontrer sous deux états différents, un peu comme en physique il existe une énergie actuelle ou cinétique et une énergie potentielle ou statique. Helmoltz, dans une perspective, il est vrai, différente, avait même opposé *énergie libre* et *énergie liée,* termes que Freud reprendra.

En effet, dès les *« Études sur l'Hystérie »* et *« L'Esquisse d'une psychologie scientifique »,* en 1895, ces deux modes de l'énergie nerveuse seront distingués. Energie nerveuse car à cette époque le fonctionnement psychique est conçu à partir d'un modèle neuro-physiologique : l'énergie circule sur une chaîne de neurones déjà plus ou moins « chargés » énergétiquement. Le contrôle de ce cheminement se fait lors du passage d'un neurone au suivant : cette synapse est contrôlée par d'autres neurones qui modulent le passage de l'excitation (comme le « courant de grille » dans une lampe triode), le facilitant (frayage) ou le contrariant (inhibition). Dans l'état le plus simple, le plus archaïque de l'appareil neuronique, l'énergie est dite *libre,* c'est-à-dire qu'elle tend normalement à s'écouler, à s'évacuer hors de ce système neuronique. C'est la *décharge.* Nous y reviendrons dans un instant à propos du principe de plaisir.

Mais, au fur et à mesure que le Moi établit son contrôle sur les processus psychiques, il tend à *lier* cette énergie, c'est-à-dire qu'endiguée, elle s'accumule dans certains ensembles neuroniques (nous dirions maintenant au niveau de certaines représentations). Qu'est-ce qui empêche cette énergie de se décharger? C'est essentiellement l'action de contrôle exercé par ces groupes de neurones, possédant une charge stable, que nous venons de mentionner. Ainsi, dans le processus de la pensée réflexive, tout un ensemble de représentations est fortement investi : c'est le phénomène d'attention. Quant au déroulement de ce processus opératoire qu'est la pensée, il n'entraîne que de minimes déplacements d'énergie.

Disons d'emblée, mais nous y reviendrons, que l'état libre de l'énergie correspond au processus primaire et, l'état lié, au processus secondaire. C'est la simplification qui sera apportée dès 1900 par la « Sciences des Rêves ». Dès lors, la conception du fonctionnement mental est dégagée de toute hypothèse (et hypothèque) neuronique.

Donc, par définition, le concept d'investissement évoqué tout à l'heure implique une énergie liée. C'est la clinique (et, en particulier le traitement des hystériques) qui a amené Freud et Breuer à distinguer entre les représentations et l'énergie dont elles sont chargées. Ils avaient constaté qu'une certaine énergie libidinale peut se transformer, se convertir en « innervation somatique », c'est-à-dire en symptômes somatiques. Cette conversion implique donc une séparation de la charge énergétique d'avec la représentation. Celle-ci est refoulée tandis que l'énergie libidinale est « transférée » dans le corps (1).

Il faut reconnaître que la notion d'investissement est plus simple à comprendre dans le cas de représentations. Tout se passe alors évidemment à l'intérieur d'un système clos qui est l'appareil psychique. Mais l'investissement par le sujet d'un objet extérieur à l'appareil psychique est plus difficile à concevoir. Le retrait de l'investissement d'un objet extérieur et son déplacement sur une représentation endopsychique, ou le cheminement inverse, s'ils apparaissent en clinique assez simples à percevoir (dans l'état amoureux, dans le deuil), posent tout de même un problème conceptuel. On voit mal, en effet, comment une certaine quantité d'énergie est ainsi transportée et conservée.

Toutefois, ce concept d'investissement ne saurait être abandonné car il est l'élément fondamental pour comprendre l'économie psychique. L'investissement doit présenter une certaine stabilité mais aussi une certaine souplesse. Il est évident, par exemple, que lors de la perte de l'objet, le sujet doit pouvoir arriver à retirer son investissement libidinal (c'est le « travail du deuil »); faute de ce ***désinvestissement***, l'intolérable frustration conduirait à la dépression.

Mais, plus fréquemment encore, il importe de pouvoir désinvestir des représentations dont le Surmoi impose le refoulement (2); dans ce cas, l'énergie ainsi rendue disponible pourra être utilisée à maintenir le refoulement par un ***contre-investissement.*** Ce qui sera contre-investi (investi pour faire pièce à la

(1) Voir le Refoulement au chapitre 3.

(2) Voir les développements concernant ce mécanisme au chapitre 3.

représentation refoulée) pourra lui être directement opposé : par exemple un idéal de clémence et de philanthropie opposé à une pulsion agressive. On parle alors de formation réactionnelle (1). Mais ce pourra être aussi une représentation substitutive (1) comme on le voit dans le déplacement phobique : en transférant sur le cheval sa crainte du père, le petit Hans rend moins intolérable sa rivalité œdipienne, son agressivité et son angoisse de castration.

En fait, ce qui, dans la stratégie défensive, se trouve ainsi contre-investi pouvait déjà faire l'objet d'un investissement important : il s'agit donc d'un ***surinvestissement***. Mais la notion de surinvestissement a une application particulière extrêmement importante dans le phénomène d'attention : l'efficacité de la pensée logique requiert que certaines représentations, pour ne pas être noyées dans le champ des perceptions actuelles, reçoivent une charge supplémentaire tirée de « l'énergie libre de surinvestissement », réserve dont dispose à cette fin le système perception-conscience.

Avant d'aborder les principes du fonctionnement économique, il reste à dire quelques mots sur les processus primaire et secondaire. Nous avons vu que le ***processus primaire*** était caractérisé par un *état libre de l'énergie* dont nous savons qu'il a pour conséquence non seulement la facilité de la décharge mais aussi les phénomènes de déplacement et de condensation. On entend par *déplacement,* rappelons-le, l'écoulement, le glissement d'une énergie d'investissement le long d'une voie associative enchaînant diverses représentations, ce qui aboutit à faire figurer une représentation à la place d'une autre. On peut remarquer que ce déplacement a toujours une fonction plus ou moins défensive. Ainsi, dans le rêve, il permet de faire accepter par la censure des représentations atténuées. Un autre exemple, plus net encore, de cette valeur défensive, est donné par le symptôme phobique. Dans la *condensation,* une représentation unique apparaît comme un point commun à plusieurs chaînes associatives de représentations et c'est sur elle que s'investissent leurs énergies : celle-ci est donc à la place de toutes celles qui se rejoignent en elle.

L'autre aspect important du processus primaire est qu'il tend à la recherche d'une *identité de perception.* Cette notion d'identité de perception est liée à celle d'expérience de satisfaction. Il faut entendre par là qu'à la survenue d'une tension (d'un désir) les traces mnésiques de l'objet et du processus qui ont antérieurement fait disparaître cette tension vont se trouver fortement réinvesties. Le sujet va donc s'efforcer de renouveler le processus et de retrouver par les voies les plus directes l'objet satisfaisant, ou plutôt les perceptions qu'avait déclenchées cet objet. Le plus typiquement, ce but sera atteint par la réactivation hallucinatoire du souvenir de l'objet.

Quant au ***processus secondaire,*** il se définit d'abord, bien sûr, par *l'état lié de l'énergie.* A ce niveau, ce qui est recherché n'est plus l'identité de perception mais *l'identité de pensée,* c'est-à-dire que l'intérêt du Moi se porte sur

(1) Voir les développements concernant ce mécanisme au chapitre 3.

les liens, les voies de liaison entre les représentations. Le sujet n'est plus tout entier absorbé par son seul désir de ressusciter des perceptions agréables, il exerce une réflexion, introduit les paramètres qu'impose la prise en considération du contexte. C'est dire aussi qu'apparaît une possibilité d'inhibition plus ou moins durable de la tendance première à la décharge. On peut déjà dire que cette introduction de la pensée réflexive et de la temporalité entraîne aussi le remplacement du principe de plaisir par le principe de réalité.

Qu'est-ce que le ***principe de plaisir?*** C'est cette loi qui régit d'abord l'activité psychique et lui donne pour but d'éviter le déplaisir et de rechercher le plaisir. Notons que là encore c'est une idée qui est antérieure à Freud. Ce principe de plaisir suppose évidemment de s'entendre sur ce que sont plaisir et déplaisir. Pour Freud, cet aspect qualitatif a toujours été lié à un aspect quantitatif, c'est-à-dire à une question de niveau d'énergie, le plaisir se définissant comme une réduction au minimum de la tension énergétique.

Cependant, dans «*Au-delà du principe de plaisir*» (1920), Freud relève qu'il existe des tensions agréables. Il fait alors intervenir un facteur temporel, c'est-à-dire qu'il n'y a pas seulement à considérer le niveau d'investissement énergétique mais aussi les variations de cet investissement, leur rythme, leur gradient. Néanmoins, cette question de la réduction du qualitatif au quantitatif n'a jamais été conceptualisée de façon tout à fait satisfaisante.

Le principe de plaisir suppose que les pulsions ne cherchent d'abord qu'à se décharger, à se satisfaire de la façon la plus immédiate. Mais l'expérience conduit à constater que la satisfaction la plus immédiate, la réalisation hallucinatoire, est décevante et que même la décharge réelle peut entraîner de très pénibles chocs en retour si elle est effectuée sans précaution. Il n'y a donc pas, en définitive, de satisfaction durable si l'on persiste à ignorer la réalité extérieure (les limites de notre organisme) : voilà ce qu'exprime le ***principe de réalité***. Il n'est donc qu'un aménagement du principe de plaisir imposé par l'expérience de la vie.

Il est intéressant de noter le lien étroit entre processus primaire, énergie libre, principe de plaisir, identité de perception; et parallèlement entre processus secondaire, énergie liée, principe de réalité et identité de pensée. La première série régit le fonctionnement du Ça, la seconde prévaut au niveau du Moi.

La notion de plaisir, telle qu'elle est impliquée dans le principe de plaisir, a pour corollaire ce qu'on a appelé ***principe de constance*** qui est, dit Freud, l'hypothèse d'après laquelle l'appareil psychique aurait une tendance à maintenir à un niveau aussi bas que possible, ou tout au moins aussi constant que possible, la quantité d'excitation qu'il contient. En effet, en prenant les choses dans l'autre sens, la perception subjective d'une augmentation de tension entraîne le déplaisir et la recherche d'une possibilité de décharge.

Comme la notion d'énergie libre et d'énergie liée, cette conception du principe de constance est un peu une application à la psychologie d'un principe qui, né dans le domaine de la physique, tendait à s'imposer à toutes les sciences de la vie. En fait, ce principe de constance peut s'entendre de façons assez différentes : ou bien comme la constance de la charge énergétique totale d'un système clos, ou bien comme le maintien à un niveau équivalent de cette charge dans les différentes parties du système, ou encore comme une autorégulation de ce système face aux perturbations venues de l'extérieur. Cette dernière acception, qui est celle de la physiologie, est généralement désignée par le terme d'homéostasie. Mais comment Freud l'entendait-il, lui ? Il ne s'en est jamais très clairement expliqué.

Historiquement, il était parti dans «*Esquisse d'une psychologie scientifique*» d'un principe d'inertie très lié à la notion de processus primaire et selon lequel les neurones tendent à évacuer complètement l'énergie qui leur est communiquée. Rappelons qu'à cette époque la cure «d'analyse psychique» cherchait, par l'abréaction, à évacuer un surcroît pathogène d'affects. Ce ne serait que secondairement, et à la suite des exigences introduites par la vie, que le système neuronique se résoudrait à accepter une provision d'énergie et qu'il tendrait à la maintenir constante et aussi basse que possible. En ce sens, la loi de constance correspondrait donc au processus secondaire où l'énergie est liée.

Dans la définition que nous avons donnée du principe de constance, on aura remarqué un à-peu-près choquant, le maintien à un niveau constant de la charge énergétique, ou sa réduction au minimum paraissant être tenus pour équivalents. Cette ambiguïté n'a jamais été levée. Et lorsque sera introduite l'expression «principe de Nirvana», qui recouvre le même concept, sa définition inclura pareillement la «tendance à la réduction, à la constance, à la suppression» de la tension interne; constance et suppression ne sont toujours pas distinguées.

Il semble pour finir — et les concepts pulsionnels d'instincts de vie et d'instinct de mort, dont nous parlerons dans un instant, vont encore plus loin dans ce sens — que pour Freud la tendance fondamentale soit la réduction à zéro et que la tendance à la constance ne soit, si l'on ose dire, qu'un pis-aller, un aménagement secondaire, imposé par les exigences du monde extérieur.

INTRODUCTION A L'ÉTUDE DES PULSIONS

Définitions

Il est commode, pour situer d'abord les pulsions, de considérer que les excitations auxquelles est soumis l'organisme sont de deux sortes. Les unes sont extérieures et discontinues, circonstancielles; on peut s'y soustraire par la fuite. Les autres, endogènes, exercent une pression plus ou moins continue; leur pression correspond à ce que recouvre le terme de besoin; il n'y a évidemment aucune possibilité de s'y soustraire. C'est à ce type d'excitations qu'on donne le nom de pulsions ou parfois d'instincts. Il semble que le terme de pulsions soit préférable, celui d'instinct étant plutôt réservé à des comportements non seulement héréditaires mais fixés et définis. Il s'agit de schèmes étroitement spécifiés dans leur visée comme dans leur déroulement.

De la pulsion, au contraire, il a toujours été donné une définition beaucoup plus large, beaucoup plus générale. C'est « un concept limite entre le psychique et le somatique, comme le représentant psychique des excitations issues de l'intérieur du corps et parvenant au psychisme, comme une mesure de l'exigence du travail qui est imposé au psychisme en conséquence de sa liaison au corporel» (*« Les Pulsions et leurs destins »).*

On peut remarquer que l'expression « exigence de travail imposée au psychisme» est cohérente avec la notion de poussée qui se trouve dans le terme même de pulsion. D'ailleurs, pour comprendre plus avant la pulsion, il faut en examiner quatre aspects principaux qui, précisément, sont : la poussée, le but, la source et l'objet.

Le terme ***poussée*** désigne, bien entendu, l'aspect dynamique, moteur de la pulsion. Cette poussée est non seulement une propriété constante de la pulsion mais elle en est même l'essence, au point que l'expression de « pulsion passive» ne peut être qu'une manière succincte de désigner une tendance active à rechercher des situations de passivité. Et c'est un des points par lesquels Freud a voulu distinguer sa conception de celle d'Adler. Il ne pensait pas pouvoir attribuer à une pulsion particulière la tendance active, la tendance à la domination. Toute pulsion a la capacité de déclencher la motricité.

Cette tonalité dynamique se retrouve également dans l'expression de « motion pulsionnelle», dont le sens est très voisin de celui de pulsion. Il semble que ce terme soit simplement plus descriptif et s'applique à une pulsion considérée comme actuellement agissante.

De par sa nature, la pulsion tend donc vers quelque chose qui est son ***but***. Ce but est toujours la disparition de la tension précisément créée par l'émergence de la pulsion. Cette disparition se fait par une *décharge,* c'est-à-dire par l'écoulement, à l'extérieur du système, de l'énergie apparue. Cette décharge est donc la satisfaction de la pulsion. Mais si telle est la façon la plus large et à la fois la plus rigoureuse de concevoir le but de la pulsion, ce terme peut également désigner les moyens, les mécanismes qui permettent d'atteindre ce but final. Ainsi, le but d'une pulsion érotique orale pourra être la succion ou l'incorporation; le but de la pulsion sexuelle génitale sera le coït.

Cette formulation établit déjà un lien entre le but et la ***source*** de la pulsion. Ceci est particulièrement net dans la sexualité infantile où, dit Freud, le but sexuel est sous la domination d'une zone érogène. L'expression « source de la pulsion» recouvre à la fois une notion topographique et une notion causale. Elle désigne, en effet, à la fois un processus somatique qui déclencherait au niveau psychique un état de tension, d'excitation, et également la zone de l'organisme où ce processus somatique se déroule. On peut noter au passage un certain flottement dans la conception de cette notion de source de la pulsion. En effet, dans les « *Trois essais sur la théorie de la sexualité* », en 1905, ce terme semble désigner également les causes déclenchantes telles que : excitations mécaniques, activité musculaire ou intellectuelle. Mais en 1915, dans la Métapsychologie (« *Les Pulsions et leurs destins* ») l'aspect strictement endogène de la notion de source est réaffirmé.

Le quatrième aspect par lequel on abordera la pulsion est le plus important sur le plan clinique : c'est ***l'objet***. « C'est, dit Freud, ce en quoi ou par quoi la pulsion peut atteindre son but». Et il ajoute : « il est ce qu'il y a de plus variable dans la pulsion. Il ne lui est pas originairement lié». On peut donc noter au passage, encore une fois, la différence d'avec la notion d'instinct. Le sens psychanalytique du terme objet est évidemment dérivé du sens classique, c'est-à-dire défini comme ce qui est corrélatif du sujet (ou de son Moi) dans une certaine relation. Précisons qu'il peut s'agir d'une personne mais aussi d'un objet partiel, par exemple le sein maternel; qu'il peut appartenir au monde réel ou au fantasme et aussi qu'il peut être extérieur à l'individu, au sujet, ou intérieur; ainsi, dans le narcissisme, comme nous le verrons, le Moi devient objet d'amour pour le Ça.

Nous venons de dire que la pulsion tend donc à l'origine vers la satisfaction par les voies les plus directes, sans se préoccuper d'y arriver par un objet plutôt que par un autre. Toutefois, après l'expérience de satisfaction, la représentation de l'objet satisfaisant, fortement investie, orientera désormais l'organisme vers la recherche du même objet. Mais, s'il y a élection d'un objet privilégié déjà chez le nourrisson, cette recherche d'un certain type d'objet se retrouvera un peu différemment par la suite dans la relation à un objet dit total ou génital (1). Nous aurons à y revenir mais disons déjà, à ce propos, qu'une certaine ambiguïté peut exister en ce qui concerne ce terme d'objet. Il peut désigner, en effet, soit l'objet de la pulsion, soit l'objet d'amour du sujet. Le mot retrouve alors exactement le sens qu'il a dans la langue classique. Cette dernière acception du terme objet est particulièrement nette quand on oppose libido du Moi et libido d'objet.

On sait l'importance qu'a pris le concept de ***relation d'objet*** dans la littérature post-freudienne. Nous soulignerons seulement au passage son double intérêt : il invite à toujours considérer la vie psychique d'un sujet « en situation», et non isolé; il permet surtout d'assembler dans une seule approche des données tirées des notions de maturation libidinale, de structuration du Moi, d'organisation défensive, voire de l'organisation pathologique; on peut ainsi parler de relation d'objet phobique (c'est-à-dire : relation d'objet de type phobique)

Dans le langage courant, le sens du mot ***sexualité*** est facile à cerner. Toutes les activités qui sont reliées à l'appareil génital et à son fonctionnement, considéré comme normal par le groupe social, en expriment le contenu. La psychanalyse en a beaucoup élargi l'acception. Il faut voir que dans ce sens

(1) Voir chapitre 1, les développements sur les notions d'objet partiel et d'objet total.

extensif sont inclus trois domaines. D'une part, une sexualité qui n'est pas encore à maturité, si l'on peut dire, qui n'est pas encore celle de l'adulte, c'est-à-dire la sexualité *infantile*. Encore qu'il puisse sembler contestable d'appeler sexuel le plaisir lié, par exemple, à l'activité orale du nourrisson. Mais c'est la considération de l'organisation de la libido et de son évolution qui justifie d'en rassembler toutes les manifestations dans une même catégorie : l'activité sexuelle.

D'autre part, il y a lieu de tenir compte d'une sexualité qui n'est pas considérée comme normale mais *perverse* et, à ce propos, il faut noter que ces manifestations perverses n'offrent pas à considérer seulement leurs manifestations majeures, relevant de la pathologie, mais aussi toutes ces expressions mineures qui se retrouvent généralement comme accompagnement ou préliminaire dans la relation sexuelle dite normale.

Enfin, et surtout, la psychanalyse a montré que les *symptômes névrotiques* représentent des satisfactions déplacées, des compromis de satisfaction de désirs sexuels et le plus souvent de désirs sexuels pervers, ce qu'exprime de façon imagée la formule célèbre : « La névrose est, pour ainsi dire, le négatif de la perversion». *(Trois essais sur la théorie de la Sexualité.)*

En fait, tous ces domaines sont évidemment reliés et l'on sait le scandale que déclenchera Freud en affirmant que l'enfant présente, dans sa sexualité, une disposition perverse polymorphe. C'est précisément la continuité qui transparaît à travers ces diverses manifestations sexuelles, continuité que la clinique psychanalytique a démontrée, qui permet de toutes les ranger dans le domaine de la sexualité. Toutefois, Freud lui-même déclarait dans l'Introduction à la Psychanalyse que « nous ne sommes pas encore en possession d'un signe universellement reconnu qui permette d'affirmer avec certitude la nature sexuelle d'un processus».

Nous n'aurons qu'un mot à ajouter à propos de la pulsion sexuelle pour préciser que, dans les conditions ordinaires de la vie psychique, c'est principalement à elle ou à ses avatars qu'on a affaire. On peut même préciser que toute la conceptualisation psychanalytique de la pulsion vise essentiellement la pulsion sexuelle. Comme c'est sur elle que s'exerce le refoulement, elle était même, dans la perspective de la première topique, constitutive de l'inconscient. C'est sans doute dans cette mesure qu'on a pu taxer la théorie psychanalytique de pansexualisme alors qu'en fait, et nous le verrons, il a toujours été question d'un dualisme pulsionnel, soit entre les pulsions sexuelles et les pulsions d'autoconservation, soit entre les pulsions de vie et les pulsions de mort.

Du point de vue économique, les manifestations de la pulsion sexuelle sont liées à l'existence d'une force, d'une énergie spécifique appelée ***Libido***. Il est donc bien entendu que ce terme ne désigne que l'énergie spécifique de la pulsion sexuelle. Pendant un temps, la distinction parut mal affirmée entre la « libido psychique» et l'excitation sexuelle somatique. Ultérieurement, il fut solidement acquis que le terme de libido désignait une énergie psychique postulée quantifiable (bien que non mesurable effectivement) et de nature sexuelle. Cette dernière caractéristique (pomme de discorde entre Freud et Jung) n'empêche pas que la théorie analytique, pour éclairer certains concepts de première importance (le narcissisme, la sublimation) ait besoin d'une énergie désexualisée, mais non originairement asexuée. Il faut enfin remarquer que si la libido ne recouvre pas tout le champ pulsionnel, l'énergie propre aux autres pulsions n'a pas reçu de dénomination particulière, Freud ayant banalement appelé l'énergie des pulsions d'autoconservation « intérêt du Moi ». Quant au terme de destrudo, désignant l'énergie des pulsions de mort, il n'est pas de lui et n'a pas eu grand succès.

THÉORIE DES PULSIONS

Ayant ainsi posé les éléments de base concernant le concept de pulsion, nous allons étudier maintenant l'élaboration conceptuelle de cette notion, afin de comprendre à la fois son importance dans la vie psychique et aussi son importance dans la théorie psychanalytique.

Il est d'usage, et il est d'ailleurs conforme aux faits, de distinguer trois étapes dans le cheminement de la pensée de Freud à ce sujet.

1° La première étape est caractérisée par le dualisme entre pulsions sexuelles d'une part, pulsions du Moi et d'autoconservation d'autre part.

2° La deuxième étape est marquée par l'introduction du narcissisme dans la théorie des pulsions.

3° La troisième étape institue l'opposition entre pulsions de vie et pulsions de mort.

On peut d'ailleurs remarquer, dans cette perspective historique, que la notion de pulsion ne s'est précisée qu'assez tardivement. Freud avait près de 50 ans quand il en a donné les premières définitions claires, dans les *« Trois essais sur la théorie de la sexualité »* (1905). Certes, il avait déjà étudié auparavant le conflit psychique qui intervient entre le Moi (1) et l'inconscient et précisé que ce conflit faisait intervenir des énergies, mais leur nature restait imprécise.

■ La première élaboration théorique introduit donc cette distinction entre ***pulsions sexuelles et pulsions d'autoconservation.*** La formulation la plus claire de ce dualisme, on la trouve en 1910 dans un travail sur « *La conception psychanalytique des troubles visuels d'origine psychique* ». Il y écrit : « Les pulsions ne sont pas toujours d'accord entre elles et cela aboutit souvent à un conflit d'intérêt. D'une importance tout à fait spéciale pour nos efforts d'élucidation s'avère l'indéniable opposition qui règne entre les

(1) Au sens courant : la personne consciente.

instincts qui servent les desseins de la sexualité, l'obtention du plaisir sexuel et ces autres instincts qui visent à la préservation et à la conservation de l'individu, c'est-à-dire les instincts du Moi. Le poète disait que l'on peut ranger derrière la faim ou derrière l'amour tout instinct organique actif dans notre âme. »

A la suite de Freud, on peut aussi comprendre cette dualité comme une opposition entre les pulsions qui servent à la sauvegarde de l'individu et les pulsions qui assurent la conservation de l'espèce. Cette opposition, qui sera explicitée un peu plus loin, vient banalement de ce que les pulsions sexuelles, par leurs exigences, peuvent compromettre la sécurité du sujet, en tout cas sa quiétude à l'intérieur de son milieu social. Il faut bien voir que, s'il était clair depuis longtemps dans la théorie analytique que la force de l'inconscient reposait sur les pulsions sexuelles, c'était une nouveauté que de préciser que le Moi tirait, lui aussi, d'une certaine catégorie de pulsions, la force qui permet de s'opposer à l'inconscient. Donc, au moment de cette première théorie des pulsions, le conflit entre pulsions recouvre exactement le conflit entre les instances de l'appareil psychique.

Toutefois, un apport majeur de cette première élaboration est la notion **d'étayage.** En effet, pulsions sexuelles et pulsions du Moi ne s'opposent pas d'emblée. Bien au contraire, au début de la vie, les pulsions sexuelles s'étayent sur les fonctions d'autoconservation, c'est-à-dire qu'elles ont en commun avec elles et qu'elles leur empruntent à la fois leur source corporelle et leur objet; à ce moment, les pulsions sexuelles ne se définissent, en somme, que par un certain mode particulier de satisfaction qui n'est, pour ainsi dire, qu'une sorte de bénéfice obtenu en plus. L'exemple type est celui de la succion. Le petit enfant tète pour satisfaire sa faim; mais cette activité lui procure un plaisir en soi et plus tard, en l'absence même de faim, il cherchera à téter ou sucer à la recherche de ce seul plaisir. Dès cette recherche, la satisfaction sexuelle se sépare donc du besoin physiologique. Si la fonction alimentaire fournit un exemple d'étayage type, il faut savoir que toutes les fonctions organiques peuvent fonctionner de même et, singulièrement, les fonctions d'excrétion, miction et surtout défécation. Plus encore, ce ne sont pas seulement les fonctions organiques mais aussi les fonctions de la vie de relation qui étayent les premières satisfactions sexuelles. Ainsi de la vision, du toucher, de l'activité musculaire, voire de l'activité intellectuelle. Ainsi, dit Freud, « il se peut que rien d'important ne se passe dans l'organisme sans fournir une composante à l'excitation sexuelle» (*Trois essais sur la théorie de la sexualité).*

Une des conséquences importantes de cet étayage sur diverses fonctions du corps est la notion de **pulsions partielles.** Il faut entendre par là qu'il n'y a qu'une sexualité, qu'une pulsion sexuelle, mais que chez l'enfant, et jusqu'à la phase œdipienne, les composantes de cette pulsion peuvent fonctionner de façon tout à fait autonome, indépendamment d'un principe organisateur. A ce stade autoérotique, chaque zone érogène est donc susceptible d'apporter un certain plaisir sexuel appelé « plaisir d'organe ».

Une autre conséquence intéressante de cette identité des supports organiques des deux fonctions sexuelle et de conservation, c'est l'étiologie des **troubles fonctionnels d'origine psychique.** Dans un article déjà cité de 1910, Freud a notamment étudié les cécités psychiques. Si le Moi juge que les exigences sexuelles qui s'expriment dans la vue sont trop grandes, il va sévir contre cette utilisation de la vision par l'instinct sexuel. Mais le refoulement, dit Freud, va souvent trop loin, le Moi abandonne, en quelque sorte, l'organe de la vue aux pulsions sexuelles et la fonction de la vision se trouve impliquée tout entière dans le refoulement. C'est, dit-il, comme si le Moi avait jeté le bébé avec l'eau du bain. C'est, dit-il encore, comme si une voix accusatrice s'était élevée chez la personne intéressée pour lui dire : « Puisque tu as choisi de mésuser de l'organe de la vue pour te livrer au plaisir coupable des sens, ce sera bien fait pour toi de ne plus rien voir du tout. » Un mécanisme analogue se retrouve dans un grand nombre de troubles déficitaires hystériques (paralysie, anesthésie, anorexie, etc.).

Certains (dont Freud dans les « Trois essais... ») voient aussi dans cette relation entre les deux fonctions une explication de la sublimation (1), c'est-à-dire la possibilité, pour une composante sexuelle partielle, de s'exprimer dans des activités non sexuelles.

Sur le plan du développement de la personnalité, ou plus précisément de la relation de la personne à un objet, il ressort de la notion d'étayage que la satisfaction sexuelle, étant à l'origine liée aux fonctions de conservation et, plus particulièrement, à l'alimentation, requiert un objet situé en dehors du sujet : c'est le sein maternel. C'est-à-dire qu'à une pulsion partielle correspond également un objet partiel. Mais, très vite, la pulsion sexuelle, en se séparant de la fonction d'autoconservation, n'a plus besoin d'un objet extérieur et peut se satisfaire de façon autoérotique. Ce n'est, dit Freud, qu'après la période de latence (mais plus tard il nuancera cette opinion) qu'apparaît de nouveau la recherche d'un objet extérieur, qui est à ce moment-là un objet total. Il conclut : « Trouver l'objet sexuel n'est en somme que le retrouver. »

Ce que nous venons de dire à propos de l'objet nous permet déjà d'apercevoir pourquoi les deux grandes pulsions vont non seulement se séparer mais s'opposer. Freud a dit ce qu'il en pensait dans un article de 1911 « *Formulation concernant les deux principes du fonctionnement mental* ». Pour les fonctions du Moi, le principe de réalité supplante très vite le principe de plaisir car ces fonctions, pour se satisfaire, ont impérativement besoin d'un objet extérieur. Tandis que les pulsions sexuelles, non seulement continuent à pouvoir se satisfaire de façon autoérotique mais une satisfaction leur est même possible en dehors de la réalité, sur le mode fantasmatique. (Nous y reviendrons à la fin de ce chapitre). Elles peuvent donc plus facilement rester attachées au principe de plaisir.

---

(1) La sublimation est étudiée avec les mécanismes de défense, chap.3.

Cette notion d'étayage (1) marque le développement libidinal bien au-delà de ses phases prégénitales et, chez l'adulte, on parle très couramment d'un érotisme à caractère oral ou anal, par exemple lorsque la pulsion partielle domine dans la relation à l'objet.

Il faut bien voir que la pulsion sexuelle seule a donné lieu à une étude analytique. Quant aux pulsions d'autoconservation, elles n'ont jamais été étudiées comme telles, mais seulement dans leur relation avec les pulsions sexuelles. Il semble tout au plus que, de la même façon que Freud distinguait des pulsions sexuelles partielles, il distinguait aussi des pulsions d'autoconservation partielles, liées aux grandes fonctions organiques.

Nous ne nous étendrons pas davantage sur la première étape de l'élaboration de la théorie des pulsions, l'étude détaillée de ces pulsions ayant été faite à l'occasion de l'étude du développement de la personnalité (chap. 1).

■ Cette première construction du champ pulsionnel était encore en gestation que paraissait, en 1914, ce long article intitulé «***Pour introduire le narcissisme***». Il a été difficile d'en situer d'emblée l'importance pour les gens de l'époque. Toutefois, ils ont bien senti qu'il s'agissait de bien autre chose que d'une simple précision de la théorie. Jones rappelle dans son livre (2) qu'il avait alors écrit à Freud que «ce travail avait assené un coup bien désagréable à la théorie des pulsions». La conception d'un dualisme pulsionnel semblait remise en cause. Peu après la rupture avec Jung, Freud semblait se rallier à sa conception moniste.

Dans une première approche, pourtant, les choses paraissent assez simples. Premièrement la dualité, instincts de conservation, instincts sexuels, est maintenue. Deuxièmement, c'est la compréhension de l'objet de cette pulsion sexuelle qui est remaniée. C'est-à-dire qu'auparavant Freud distinguait une satisfaction autoérotique (plaisir d'organe) et une satisfaction objectale. Il introduit maintenant une autre modalité qui est l'investissement global du Moi par la libido. Notons au passage que cette introduction du narcissisme a conduit à préciser, sinon à remanier, le modèle topique et la conception du Moi.

C'est à partir de diverses considérations, essentiellement génétiques et économiques, que fut élaborée cette notion de narcissisme (3). Dès 1910-1911 *(«Trois essais sur la théorie de la sexualité»,* l'analyse du «Cas Schreber») il est admis, à la suite d'Abraham qui avait postulé ce mécanisme dans les démences précoces, que la libido se retirant des objets du monde extérieur peut refluer, réinvestissant le sujet lui-même. Ceci conduisait à émettre l'hypothèse, au cours du développement, d'une étape où

---

(1) Etayage et anaclitisme sont synonymes : les termes «anaclitique» et «anaclitisme» semblent plutôt affectés par l'usage au domaine clinique.

(2) «*La Vie et l'Œuvre de Sigmund Freud*».

(3) Voir aussi le narcissisme au chapitre I.

ce ne sont plus les zones érogènes mais la personne dans son entier (le Moi-corps) qui est investie.

Ultérieurement, et dans une sorte de dialectique de l'identification, l'investissement est déplacé sur un objet extérieur « identique » : c'est le stade du choix d'objet homosexuel. Plus tard se ferait l'investissement d'un objet hétérosexuel. Mais le Moi demeure toujours partiellement investi et les investissements objectaux lui restent reliés, selon l'image classique, comme les pseudopodes d'une amibe restent reliés à la région du noyau. Il y a comme une sorte de balancement entre ce que l'on appelle dès lors libido du Moi et libido d'objet. « Plus l'une absorbe, précise Freud, plus l'autre s'appauvrit ». (On remarque au passage qu'il s'établit donc là une autre application du principe de constance). « Le Moi doit être considéré comme un grand réservoir de libido, d'où elle est envoyée vers les objets et qui est toujours prêt à absorber de la libido qui reflue à partir des objets ».

La libido étant l'énergie des pulsions sexuelles, elle tire son origine du Ça; c'est donc cette instance qui en est, en quelque sorte, le réservoir originel; ce n'est qu'après son premier investissement narcissique que le Moi dispose vraiment d'une réserve libidinale. Notons que ce premier investissement massif et exclusif laisserait une trace, la nostalgie d'une plénitude et d'une absolue félicité qui donnera, après remodelage par l'éducation; l'Idéal du Moi évoqué à propos de la seconde topique.

En fait, cette théorisation révèle certaines difficultés. Ce que nous venons d'en dire implique un double aspect du narcissisme : étape de l'évolution libidinale mais aussi donnée structurale permanente du Moi. (Pour certains auteurs, le narcissisme serait une entité plus ou moins comparable à une instance et disposant d'une énergie propre). Mais comment concevoir, dans l'une comme dans l'autre perspective, les notions de narcissisme primaire et de narcissisme secondaire, notions pourtant bien établies et utilisées par la quasi-totalité des auteurs après Freud?

Le **narcissisme secondaire** semble le moins embarrassant : concept essentiellement clinique, il s'entend de toutes les situations où se rencontre un reflux sur le Moi de la libido objectale. L'expression **narcissisme primaire** veut désigner la situation initiale où la libido investit le sujet lui-même. A quel moment placer cette étape? Il semble que nous l'ayons déjà vu : pour Freud, jusque vers 1915, elle se situe après l'autoérotisme. Mais lui-même, dès 1916, invoque un investissement narcissique beaucoup plus archaïque, antérieur à tout investissement du monde extérieur. Cette conception a généralement prévalu; ce stade, dont le prototype sera la vie intra-utérine, serait caractérisé par une double indifférenciation : entre le Moi et le Ça et entre le Ça-Moi et le monde extérieur.

Cette conception soulève quelques problèmes. D'abord, les notions d'investissement et de narcissisme (au sens d'un mouvement réfléchi) y perdent leur signification. Par ailleurs, pour certains analystes, à la suite de M. Klein, le nourrisson a d'emblée des relations de type objectal et présente un Moi fonctionnellement actif. Donc l'état indifférencié devient un état fœtal hautement hypothétique. Aussi, certains auteurs se rapprochant des premières vues de Freud, ont situé le narcissisme primaire au moment où se constitue (par intériorisation d'une image de l'autre) un Moi-personne (un Je) unifié et nettement « identifié », en liaison avec l'acquisition du schéma corporel (cf. le stade du miroir de J. Lacan).

Quoi qu'il en soit de ces débats, on peut retenir que le narcissisme nous a amené à considérer trois ordres de faits :

– un état totalement indifférencié (Moi-Ça et sujet-monde extérieur);
– la constitution d'une image unifiée de soi (par « fédération » des autoérotismes et/ou par intériorisation d'une image de l'autre);
– le retrait sur le Moi de la libido investissant les objets extérieurs (narcissisme secondaire).

Avec un peu de recul, il faut bien admettre que les craintes exprimées par Jones étaient fondées. Les pulsions d'autoconservation avaient déjà une importance modeste et une individualité assez fragile mais, dès lors que les voici investies d'une énergie sexuelle — puisque le narcissisme dit Freud est le complément libidinal de « l'égoïsme » (ou « intérêt du Moi ») propre à l'instinct de conservation — elles semblent bien être totalement submergées par la sexualité. D'autant qu'on voit mal l'intérêt de distinguer autoconservation et amour de soi.

Par la suite, Freud dégagé du souci de rassurer ses disciples reconnaîtra lui-même que « le long progrès de la recherche psychanalytique avait semblé marcher dans les pas des spéculations de Jung sur la libido originaire, d'autant plus, ajoute-t-il, qu'à la transformation de la libido d'objet en narcissisme était inévitablement liée une certaine désexualisation » (1).

En fait, le mouvement analytique aura à peine commencé à digérer cette nouveauté que déjà interviendra une autre étape et un nouveau dualisme pulsionnel.

■ La dernière théorisation de Freud sur les pulsions s'inscrit dans un remaniement général de la théorie analytique. Ces modifications ont solidement pris forme dans l'article de 1920 « *Au-delà du principe de plaisir* », mais il est certain qu'elles étaient en gestation depuis longtemps. Dans l'article de 1915 sur « *Les pulsions et leurs destins* » la genèse du couple antagoniste amour-haine, en particulier, posait un problème dont la solution n'était pas pleinement satisfaisante.

Il est intéressant de remarquer que cette nouvelle conceptualisation du champ pulsionnel axée, nous l'avons dit, sur le dualisme ***pulsions de vie-pulsions de mort***, n'est pas le fait d'une méditation *a priori* mais apparaît

---

(1) De ce problème controversé de la désexualisation, nous relevons, outre son lien avec le narcissisme secondaire, sa corrélation avec la sublimation : c'est l'énergie désexualisée lors de son retrait narcissique qui permet ces investissements à but non sexuel (v. la sublimation au chap. 3).

comme l'aboutissement d'une série d'exigences logiques issues d'observations cliniques. Ici, en résumé, la pulsion de mort (1) est postulée à la suite d'une remise en cause du principe de plaisir par la **compulsion de répétition.** En effet, dans les rêves angoissants et répétitifs de la névrose traumatique, dans l'éternel retour de situations pénibles (névrose de « destinée », certaines phases des cures analytiques, voire certains jeux d'enfants) il n'apparaît pas que le principe de plaisir trouve en quelque manière son compte (contrairement à ce qui se produit pour le retour du refoulé : formation de substitution, formation de compromis). Il semble donc exister dans la vie psychique « une tendance irrépressible à la répétition qui s'affirme sans tenir compte du principe de plaisir, en se mettant en quelque sorte au-dessus de lui ». Certes, on peut essayer d'expliquer cette tendance à la répétition en y voyant des tentatives du Moi pour maîtriser des affects pénibles, ou encore en constatant que ce qui est déplaisir pour un système de l'appareil psychique peut être plaisir pour un autre (on parle volontiers, à propos de la compulsion de répétition, de « résistance du Ça »). Mais, pour Freud, ces explications, pour recevables qu'elles soient, ne sont pas suffisantes.

Par le détour de considérations biologiques et surtout économiques, où il reprend la conception du traumatisme et de l'angoisse, il en vient alors à supposer que la tendance à la répétition est une propriété générale des pulsions qui poussent l'organisme à reproduire, à rétablir, un état antérieur auquel il avait dû renoncer. Le changement, le progrès, serait dû à l'action de facteurs extérieurs, de facteurs perturbants qui obligent l'organisme à sortir de cette inertie. Mais alors, l'état antérieur à la vie étant l'état inorganique, on peut dire que la pulsion tend à ramener l'organisme vers l'inorganique, ou encore que la fin vers laquelle tend toute vie est la mort. Et c'est ainsi qu'il en arrive à postuler aux racines de notre vie psychique une pulsion de mort. A celle-ci s'oppose la pulsion de vie, l'Eros, force qui tend à organiser des ensembles de substance (vivante) de plus en plus complexes et à les maintenir tels.

Désireux de ne pas rester dans le domaine de la spéculation pure, Freud essaye alors d'étayer cette conception sur des considérations biologiques. Celles-ci n'étant pas pleinement satisfaisantes (les organismes unicellulaires pouvant être considérés comme virtuellement immortels) il revient à des considérations plus cliniques à propos du sadisme et du masochisme.

Jusqu'ici, le sadisme faisait partie de l'instinct sexuel. Mais il était tout de même bien particulier puisqu'il pouvait avoir pour but non seulement la maîtrise mais la destruction de l'objet, typiquement dans les relations de mode prégénital. Il apparaît donc directement antagoniste de cette pulsion sexuelle que Freud appelle maintenant « Eros ».

---

(1) L'expression s'emploie indifféremment au singulier ou au pluriel.

Alors, comment concevoir le sadisme-masochisme à partir du postulat de la pulsion de mort? A l'origine, cette pulsion serait dirigée contre le sujet lui-même : mais la libido (l'énergie de l'Eros) se lie à elle et, de ce fait, elle l'entraîne en même temps qu'elle vers le monde extérieur : une grande partie de la pulsion de mort est ainsi mise au service de la pulsion sexuelle. Ce mélange de pulsion de mort et de sexualité orienté vers un objet extérieur est donc le **sadisme.** Mais, une autre partie de la pulsion de mort, unie elle aussi à l'Eros, reste tournée vers le sujet : elle constitue le masochisme originaire érogène, ou **masochisme primaire.** Il apparaît donc que pulsions de vie et de mort sont toujours unies (ou fusionnées, ou intriquées). Cette *intrication* n'est pas le banal mélange de deux contenus à l'intérieur d'un même contenant; elle tient à l'action propre de l'Eros qui toujours cherche à lier, à assembler. Lorsqu'il y a désintrication des pulsions, apparaît l'ambivalence amour-haine; il s'agit en fait d'une éventualité exceptionnelle, illustrée cependant par le Surmoi du mélancolique, « culture pure de la pulsion de mort ».

Les deux pulsions de vie et de mort peuvent se trouver unies dans des proportions variables et ces variations modifient de façon considérable, on s'en doute, les comportements d'un sujet. Mais il reste qu'évidemment on ne saurait concevoir qu'une des pulsions fondamentales puisse se transformer en l'autre. Aussi, pour expliquer les faciles et rapides fluctuations de l'une ou l'autre tendance, Freud a pensé devoir faire intervenir une troisième sorte d'énergie, une énergie neutre, aisément mobilisable, qui peut s'ajouter soit à la tendance érotique, soit à la tendance destructrice pour en augmenter la charge énergétique totale (1).

Nous avons vu que la première théorie des pulsions faisait concorder un conflit d'instances avec le conflit pulsionnel. Dans ce nouveau dualisme pulsionnel, cette concordance disparaît. Le Ça est, en effet, l'origine des deux tendances. Par la suite, le Moi devient, nous l'avons dit, le réservoir principal de la libido, c'est-à-dire des pulsions de vie; tandis que les pulsions de mort, pour ce qui est de leur composante masochique, semblent être prises en charge par le Surmoi. Mais, dit Freud, « il ne saurait être question de limiter l'une ou l'autre des pulsions fondamentales à l'une des provinces psychiques. On doit pouvoir les retrouver partout ». Cette complexité, en fait, enrichit la dynamique intersystémique. Ainsi, le Moi peut obtenir de la satisfaction en déchargeant les pulsions du Ça mais à l'inverse le renoncement à la satisfaction pulsionnelle peut aussi lui valoir l'estime du Surmoi.

Pour fixer les idées, il peut être intéressant de voir ce que deviennent, dans la deuxième théorie, les concepts de la première théorie des pulsions. La pulsion sexuelle est devenue l'Eros, qui cherche à réunir les parties de la

---

(1) Nous rappelons le lien entre narcissisme et désexualisation de l'énergie, évoqué à la fin du paragraphe précédent.

substance vivante, ou, plus précisément, cette partie de l'Eros qui est tournée vers l'objet extérieur.

La notion de pulsions du Moi subit une transformation plus complexe. En effet, depuis la prise en considération du narcissisme, certaines pulsions du Moi étaient reconnues comme de nature libidinale mais ayant un objet intérieur, le Moi. L'opposition entre pulsions sexuelles et pulsions du Moi se transformait ainsi en une opposition entre pulsions du Moi et pulsions orientées vers les objets mais les unes et les autres de nature libidinale. Nous avons vu que les pulsions de destruction, primitivement attribuées également au Moi, l'ont été, par la suite, au Ça.

En prenant du recul pour considérer cette nouvelle théorisation dans son ensemble, nous remarquons, d'une part, qu'elle remet en cause l'importance du principe de plaisir, d'autre part, qu'elle hypostasie, comme on l'a dit, la notion **d'agressivité** qui, jusque-là, n'avait eu qu'un rôle relativement effacé dans la théorie analytique. La notion même de pulsion est modifiée. En 1905, Freud en faisait seulement une quantité susceptible de produire un certain travail dans la vie psychique. En 1920, il fait de la pulsion l'agent, le support d'une tendance inhérente à tout organisme vivant et qui le pousse à reproduire, à rétablir un état antérieur, auquel il avait été obligé de renoncer sous l'influence de forces perturbatrices extérieures. On peut remarquer que, fâcheusement, seules les pulsions de mort peuvent se ranger sous cette définition; nous verrons un peu plus loin comment Freud a cherché à tourner cet obstacle.

A la limite on peut dire que :

- dans la première conception pulsionnelle, la vie a son origine à l'intérieur de l'organisme et la pulsion est, en quelque sorte, à son service;
- dans la deuxième conception, la vie a son origine dans un accident extérieur à l'organisme et les pulsions tendent, au contraire à ramener cet organisme à un état inorganique antérieur à la vie.

Freud s'est engagé, comme il le dit lui-même, dans les havres de la philosophie schopenhauerienne et il en arrive à postuler que la mort serait « le résultat proprement dit et, pour autant, le but de la vie ». Ce n'est pas la mort qui est « l'accident », c'est la vie.

Toutefois, bien que Freud n'ait plus jamais renoncé à cette conception, on doit noter que, sur le plan clinique, elle a peu modifié sa compréhension de la psychopathologie Même après 1920, le conflit psychique sera compris comme une opposition entre pulsions du Moi et pulsions d'objet, chacune d'elles résultant de l'union entre des fractions de la pulsion de mort et de la pulsion de vie.

On peut remarquer aussi que, du point de vue ontogénique, cette nouvelle théorie ne modifiera en rien la compréhension du développement libidinal, notamment des stades prégénitaux : Freud a toujours admis que cette deuxième conception reposait essentiellement sur des fondements théoriques, mais c'est pour cette raison qu'il n'a jamais cru devoir l'abandonner, malgré toutes les critiques dont elle a été l'objet, même de la part des tenants de la psychanalyse. On lui a reproché, d'ailleurs, aussi bien son recours à une explication biologisante qui, outre qu'elle n'était pas convaincante était méthodologiquement contestable, que sa référence à des conceptions philosophiques (Schopenhauer), voire à des mythes : celui de l'Amour et de la Discorde, d'Empèdocle, et surtout le mythe des Androgynes du banquet de Platon, qui est à peu près le seul argument de Freud pour faire entrer la sexualité dans sa seconde conception de la pulsion. En effet, les pulsions de vie ne paraissent pas avoir ce caractère conservateur de retour à un état antérieur, dont Freud fait maintenant la caractéristique première de la pulsion. Pour l'Eros, dit-il, cela équivaudrait à postuler que la substance vivante, ayant d'abord constitué une unité, se serait plus tard divisée en deux moitiés différemment sexuées, qui tendraient maintenant à se réunir à nouveau. C'est alors qu'il évoque, en s'en excusant, le mythe de l'Androgyne.

En dernier lieu, dans *l'Abrégé*, il renonce à mettre ces deux instincts primordiaux sur le même plan. Le but de l'Eros, dit-il, est d'établir de toujours plus grandes unités, donc de conserver, c'est la liaison. Le but de l'autre pulsion, au contraire, est de briser les rapports, donc de détruire les choses.

Dans la démarche métapsychologique, il n'est pas douteux que cette dernière théorie des pulsions fait un peu tache. Longuement, avec ténacité, Freud s'était efforcé d'arracher sa conception psychologique à l'emprise métaphysique d'abord, ensuite à celle de la biologie. Et voici qu'il semble retomber sous leur double influence. Il n'est pas interdit de penser qu'arrivé à ce qu'il pouvait juger être la dernière étape de sa carrière, il se soit senti attiré par ses « amours de jeunesse», la biologie, qu'il a longtemps pratiquée, et la philosophie pour laquelle il avait une particulière dilection (1).

THÉORIE DE L'ANGOISSE

L'élaboration précise de la théorie de l'angoisse, ou tout au moins sa formulation définitive, n'est intervenue que tardivement dans l'oeuvre de Freud, puisque son livre *« Inhibition, symptômes et angoisse »* est paru en 1926, non qu'il n'ait abordé le problème auparavant mais il en était resté à une conception relativement simple et qu'il a lui-même récusée par la suite. Cette première conception, parfois appelée ***première théorie de l'angoisse***, n'est cependant pas sans intérêt pour la compréhension de la théorie psychanalytique et mérite qu'on la présente ici.

---

(1) Lettre à Fliess du 2 avril 1896, in « *La naissance de la psychanalyse* ».

■ Elle peut être énoncée de façon très simple. Dès 1905, dans les *« Trois essais sur la théorie de la sexualité »,* Freud en donne la formulation suivante : chez l'adulte comme chez l'enfant, la libido se change en angoisse dès le moment que la pulsion ne peut atteindre à une satisfaction. Dans une note ajoutée en 1920, il précise de façon imagée : « L'angoisse névrotique est un produit de la libido, comme le vinaigre est un produit du vin ». En fait, considérant le cas de l'enfant, il observe que l'angoisse, à l'origine, n'est pas autre chose qu'un sentiment d'absence de la personne aimée. Mais, il n'élabore pas davantage cette façon de voir et, d'autre part, il postule que ce sont les enfants dont la pulsion sexuelle est précoce ou excessive qui montrent une prédisposition à l'angoisse.

Une dizaine d'années plus tard, dans le chapitre consacré à ce sujet dans *« L'Introduction à la psychanalyse »,* il apporte un peu plus de précisions. D'abord, il s'efforce de distinguer clairement l'angoisse réelle et l'angoisse névrotique. L'angoisse réelle est déclenchée par la perception d'un danger extérieur et elle est associée à un réflexe d'autoconservation. Donc, elle apparaît comme quelque chose de parfaitement normal et compréhensible. Toutefois, dit-il, la réaction de protection pourrait intervenir sans s'accompagner de la sensation d'angoisse, laquelle, lorsqu'elle est trop intense, peut même constituer un obstacle en paralysant le sujet. Seule, dit-il, la fuite est rationnelle, l'angoisse ne répond à aucun but.

Il reprend la conception ontogénique exposée en 1905 en la précisant. **L'enfant** réagit à la perte de la mère, ce qui reproduit, dit-il, l'angoisse accompagnant l'acte de la naissance qui est une séparation d'avec la mère. Il précise que cette séparation d'avec la mère laisse la libido inemployée, n'ayant pas d'objet sur lequel elle puisse se porter. En cela, l'angoisse de l'enfant préfigure l'angoisse névrotique de l'adulte. En effet, chez l'enfant, l'angoisse réelle n'intervient pratiquement pas. Un enfant est assez indifférent devant des situations réellement dangereuses, ce qui tient simplement à son incapacité à apprécier ce danger.

Précisant davantage les choses, il remarque que cette perte de l'objet aimé peut être remplacée par une situation ayant la même signification. Ainsi, l'enfant qui, dans l'obscurité, ne voit plus sa mère, pense la perdre et il réagit par de l'angoisse chaque fois qu'il se retrouve dans l'obscurité.

Toutefois, il existe une différence majeure entre l'enfant et le **névrotique :** chez celui-ci il ne s'agit pas d'une libido momentanément inemployée mais d'une libido détachée d'une représentation refoulée. En parlant du refoulement (1) Freud avait, jusqu'ici, envisagé uniquement le sort de la représentation. Il dit maintenant que la charge affective, le quantum d'énergie qui est attaché à cette représentation, subit la transformation en angoisse, quelle qu'aurait pu être sa qualité dans des conditions d'expression normale. Il parle même d'une décharge sous la forme d'angoisse. Il note,

(1) Voir le mécanisme du refoulement au chapitre 3.

bien entendu, que le processus névrotique ne se résume pas à cette production d'angoisse et que, dans *la phobie* par exemple, il intervient ensuite une projection; c'est-à-dire que l'angoisse est rattachée à un danger extérieur et que, d'autre part, il y a formation de symptômes destinés à empêcher le contact avec cet objet extérieur phobogène (processus qu'il est intéressant de relever car nous le retrouverons dans la deuxième théorie de l'angoisse).

Notons qu'à cette époque Freud reprend la théorie d'Otto Rank, bien qu'il ne le nomme pas, en précisant que l'angoisse névrotique s'organise autour d'un noyau qui constitue la répétition d'un certain événement important et significatif, appartenant au passé du sujet; que, d'autre part, cet événement initial ne peut être que la naissance.

Du point de vue descriptif, il distingue ce qu'il appelle les angoisses d'attente, qui ne sont pas déclenchées par une situation particulière et, d'autre part, les phobies, où il existe un objet identifié comme cause déclenchante de cette angoisse.

D'un point de vue nosographique, et aussi étiopathogénique, il rappelle, d'une part, sa théorie des *névroses actuelles* à l'origine desquelles il place une insuffisance de décharge sexuelle. Il précise que l'abstinence sexuelle ne favorise la production d'angoisse que dans les cas où la libido ne trouve pas, par ailleurs, de dérivation satisfaisante, ou n'a pas été pour la plus grande partie sublimée.

Il remarque, d'autre part, qu'une catégorie de névrosés, les *obsédés*, semble être épargnée par l'angoisse. Cependant, lorsque ces malades sont empêchés d'exécuter leur rituel, leur cérémonial, on constate qu'ils éprouvent une angoisse intense qui n'était donc que dissimulée derrière le symptôme. Dans la névrose obsessionnelle, l'angoisse est remplacée par le symptôme. Il semble donc permis de conclure que les symptômes ne se forment que pour empêcher le développement de l'angoisse qui, sans eux, surviendrait inévitablement.

Pour conclure, et en nous plaçant dans la perspective du refoulement, on peut citer une phrase de Freud : « L'angoisse constitue la monnaie courante contre laquelle sont échangées, ou peuvent l'être, toutes les excitations affectives, lorsque leur contenu a été éliminé de la représentation et a subi un refoulement ». Ce que l'on a parfois résumé dans la formule : le refoulement crée l'angoisse.

■ Mais c'est évidemment dans « *Inhibition, symptômes et angoisses* » que Freud donnera la formulation la plus élaborée et la plus satisfaisante de sa théorie de l'angoisse (dite souvent ***deuxième théorie de l'angoisse***). L'angoisse y apparaît comme une véritable fonction du Moi. C'est comme un signal de déplaisir qui permet de mobiliser toutes les énergies disponibles afin de lutter contre la motion pulsionnelle issue du Ça, laquelle reste d'ailleurs isolée en face de cette mobilisation du Moi. En effet, le Moi seul est organisé, le Ça ne l'est pas et ne met donc pas toutes ses forces disponibles au secours de la motion refoulée. Donc, d'emblée, il est affirmé que le

Moi (l'instance) est réellement le siège de l'angoisse et la conception antérieure, qui voulait que l'énergie de la motion refoulée soit automatiquement transformée en angoisse, est repoussée.

D'ailleurs, le problème économique, énergétique, n'est plus au premier plan : l'angoisse n'est pas suscitée comme une manifestation chaque fois nouvelle mais elle reproduit, sous forme d'état émotionnel, une **trace mnésique** préexistante. Plus encore qu'auparavant, Freud va appuyer sa conceptualisation sur des considérations cliniques précises.

Ayant remarqué que l'angoisse n'apparaît guère dans l'hystérie de conversion, et que, dans la névrose obsessionnelle, elle est solidement recouverte, masquée par les symptômes, il s'appuie essentiellement sur l'étude de la **phobie** (1). Il prend comme exemple une phobie infantile d'animaux, la phobie du petit Hans (2). L'objet de cette phobie est précis, c'est la crainte d'être mordu par le cheval. Or, l'analyse met à jour une ambivalence et donc une agressivité contre le père. Freud postule que la motion pulsionnelle soumise au refoulement est cette agressivité dirigée contre le père et que le seul trait névrotique est la substitution du cheval au personnage du père. Au passage, il note que c'est ce déplacement qui constitue le symptôme. Cette crainte d'être mordu peut (« sans forcer», dit-il) être explicitée comme l'angoisse que le cheval ne lui coupe les parties génitales, ne le châtre. L'angoisse est donc une angoisse de castration et doit être replacée, en ce qui concerne la phobie (et plus généralement les névroses) dans le cadre du complexe d'Œdipe. Il note que l'autre composante œdipienne, la motion tendre vis-à-vis du père, entraîne également une angoisse de castration : impliquée par la position féminine, à la place de la mère (ce qui est encore plus net dans le cas de l'« Homme aux loups» (2).

Cette conception entraîne donc un changement notable. Non seulement l'angoisse n'est plus une production automatique, liée au refoulement, mais plus encore, c'est cette angoisse de castration qui produit le refoulement. L'angoisse névrotique est donc rapprochée de l'angoisse devant un danger réel, ou jugé tel par le sujet.

Cette conception semble pouvoir être élargie à toutes les catégories de phobies, notamment de type agoraphobique, où l'angoisse de castration semble pouvoir dériver directement de « l'angoisse de tentation». Cette filiation paraît évidente dans la syphilophobie.

Si l'on compare maintenant la **névrose obsessionnelle** à la phobie, on constate que la seule différence tient à ce que dans la névrose obsessionnelle la situation de danger est constituée par l'hostilité du Surmoi, c'est-à-dire que le danger n'est pas projeté à l'extérieur, il est au contraire intériorisé.

---

(1) Ou hystérie d'angoisse, à distinguer de la névrose d'angoisse (cf. chapitre 8).

(2) Pour l'exposé clinique détaillé, nous renvoyons évidemment aux «*Cinq Psychanalyses*».

Ceci amène à concevoir la punition du Surmoi comme une forme dérivée de la castration.

Élargissant encore le problème, Freud évoque les **névroses traumatiques.** Même en ce cas, le seul fait d'être soumis à un danger réel ne suffit pas à déclencher une névrose. En effet, l'angoisse réactive des traces mnésiques. Or, jamais quelque chose de semblable à la mort n'a pu laisser de traces assignables. C'est pourquoi l'angoisse de mort doit être conçue comme un analogue de l'angoisse de castration.

Quant à l'angoisse du petit enfant, réaction à l'absence de la mère, à la perte de l'objet, elle peut donc être rapprochée de l'angoisse de la naissance — séparation d'avec la mère — mais aussi de l'angoisse de castration qui est également déclenchée par la menace de perdre un objet hautement investi. Plus précisément, il y a entre la naissance et l'absence ultérieure de la mère un rapprochement à faire du point de vue économique. Dans les deux cas, il y a accroissement de la tension, ou par le brusque apport d'excitations extérieures lors de la naissance ou par le déplaisir de la faim, dans le cas de la séparation d'avec la mère. Plus tard, cette séparation déclenche l'angoisse, même s'il n'y a pas de sensation de faim, ce qui implique le passage d'une angoisse involontaire, automatique, liée à une situation menaçante, à une angoisse intentionnelle reproduite comme signal de danger. Cette notion de **signal d'angoisse** (au fond, angoisse-signal) est un apport important de cette élaboration théorique. L'angoisse devient ainsi un élément de la fonction de défense du Moi. Donc, de toute façon, c'est la perte de l'objet ou la menace de la perte qui est la condition déterminante de l'angoisse. Freud remarque que, dans cette perspective, l'angoisse de castration peut aussi se comprendre par le fait que la possession du pénis garantit la possibilité d'une nouvelle union avec la mère (en fait son substitut, la femme). Donc le perdre équivaut à perdre une seconde fois cette mère.

Il est plus difficile de dire comment l'angoisse de castration évolue en angoisse morale, c'est-à-dire en crainte du Surmoi. Il semble que la menace soit celle de la perte de l'amour du Surmoi dont on sait qu'il est l'héritier du complexe d'Œdipe, c'est-à-dire des instances parentales. Freud ajoute : « La forme ultime que prend cette angoisse devant le Surmoi est, m'a-t-il semblé, l'angoisse de mort, c'est-à-dire l'angoisse devant le Surmoi projeté dans les puissances du destin» (1).

Notons qu'à son habitude, il ne s'attarde guère sur le cas de la fille et du sexe féminin qui, selon lui, « est pourtant, c'est certain, davantage prédisposé à la névrose». Pour elle, dit-il, il ne s'agit pas de la menace de perdre un objet mais d'emblée, au contraire, de la menace de perte d'amour de la part de cet objet. Ce qui, par parenthèse, rapproche l'angoisse de la fillette de l'angoisse

(1) L'important apport de M. Klein et de son école à l'étude de l'angoisse de type psychotique (angoisse paranoïde, angoisse de morcellement du Self et de l'objet idéal introjecté) est évoqué dans les chapitres 9 et 10.

surmoïque, bien que Freud ait, dans *l'« Introduction au Narcissisme »*, prétendu que le Surmoi, chez la fille, est de constitution plus tardive que chez le garçon.

Dans les addenda de son ouvrage, qui sont en fait une mise au point et un résumé, Freud précise donc qu'il y a lieu de distinguer le danger réel (menace à partir d'un objet extérieur) du danger névrotique (né d'une exigence pulsionnelle). L'angoisse est liée, de toute façon, à notre détresse face à ce danger. Il appelle traumatique une situation de détresse réellement vécue et il appelle situation de danger une situation évoquant la situation traumatique, c'est-à-dire permettant à l'individu de prévoir le danger et de s'y préparer. A ce niveau, on peut distinguer deux modalités de l'angoisse. Dans un cas, il s'agit d'une angoisse involontaire, explicable économiquement, lorsque s'instaure une situation de danger analogue à la situation de détresse, c'est **l'angoisse automatique.** Le signal d'angoisse est, quant à lui, produit lorsqu'une situation de ce genre ne fait que menacer. Le Moi semble alors se soumettre à l'angoisse dans un but de « vaccination » mais aussi de mobilisation de ses défenses.

On remarquera, une fois encore, que la deuxième élaboration reprend certains aspects fondamentaux de la première. Mais la seconde théorie de l'angoisse apporte, nous l'avons vu, une notion importante : le point de vue économique ne peut rendre totalement compte du fonctionnement mental. Certaines fonctions doivent être abordées du point de vue de l'information. N'est-ce pas évoquer, d'ailleurs, les « petites quantités » d'énergie, dont Freud postulait qu'elles sous-tendent les processus de pensée, processus dans lesquels ce qui importe n'est pas le traitement de l'énergie (minime) véhiculaire mais celui de l'information véhiculée.

RÊVE, RÊVERIE ET FANTASME

Si Freud a souvent profondément remanié la théorisation de certains concepts ou mécanismes — nous l'avons constaté tout au long de ce chapitre — sa théorie du rêve n'a pratiquement subi aucun changement depuis l'étude approfondie qu'il en a donnée en 1900 dans *« La Science des Rêves »*. Il s'était intéressé à ce problème dès le début de ses travaux sur l'inconscient, mais son projet d'écrire un ouvrage sur ce sujet se précisa dans le même temps qu'il entreprit son autoanalyse (en 1897) ; on sait quel rôle important y revint à l'interprétation de ses rêves.

Avant de préciser « comment » s'élabore le rêve, nous nous demanderons d'abord « pourquoi » il apparaît, quelle est sa **fonction.** L'idée première est d'une extrême simplicité. Le rêve est une activité psychique qui appartient au sommeil. Le sommeil est un besoin physiologique, un état dans lequel le dormeur se retranche au maximum de toutes les excitations extérieures. Le sujet ne peut pas supporter indéfiniment la tension du monde et périodiquement il a besoin de retrouver une situation rappelant la vie utérine. Freud a même parlé d'un instinct qui pousse l'être à revenir à la vie intra-utérine, d'un instinct de sommeil. Le sommeil, dit-il, est en effet un retour au sein maternel.

Mais le désinvestissement de la réalité extérieure, la suspension de l'activité motrice, permettent un affaiblissement des contre-investissements défensifs, une atténuation de la censure puisque les motions pulsionnelles ne risquent plus d'être agies. Dès lors, le refoulement n'étant plus maintenu avec la même rigueur, les représentants pulsionnels vont faire issue hors du Ça, d'autant plus qu'à la faveur de cette régression (1) qu'est le sommeil, il y a comme un rapprochement du Moi et du Ça.

Comment apparaît alors la fonction du rêve? Il va se saisir en quelque sorte des pulsions issues du Ça et les aménager de manière à éviter que l'excitation représentée par l'émergence d'un désir ne stimule le Moi au point d'entraîner le réveil. Comment le rêve peut-il apaiser cette excitation? Tout simplement en apportant aux désirs une réalisation de type hallucinatoire. C'est ainsi qu'en résumé le rêve apparaît comme le **gardien du sommeil.** Dans une lettre à Fliess, lors d'un moment de découragement où il avait le sentiment d'aboutir à une impasse, Freud a même écrit : « Tout cela aboutit à un lieu commun, tous les rêves tendent à la réalisation d'un seul désir qui est le désir de dormir. On rêve pour ne pas être obligé de se réveiller, parce qu'on veut dormir. »

C'est donc l'émergence d'un désir qui risque d'interrompre le sommeil. Or, souvent dans le contenu du rêve, on retrouve des préoccupations évidentes de la journée précédente, les « restes diurnes ». Est-ce précisément à ce niveau que le rêve recherche la satisfaction? En fait, il semble que les circonstances extérieures n'interviennent que dans la mesure où elles s'associent à un désir inconscient beaucoup plus profond, beaucoup plus archaïque. Le désir inconscient « est comme le capitaliste qui fournit l'énergie psychique à la formation du rêve. Ce rêve est réalisé par un entrepreneur, qui est ici les restes diurnes, et qui décide de l'emploi de cette énergie ». Selon l'importance relative de ces restes diurnes et de la pulsion inconsciente, on a pu parler de « rêves du Moi » et de « rêves du Ça ».

Si le rêve tend à la **réalisation hallucinatoire** du désir (à un accomplissement du désir) il n'y arrive pas toujours de la même façon ni avec un plein succès. Dans les rêves infantiles, la réalisation est directe, immédiate. Dans le rêve de l'adulte, la réalisation est voilée, car si la censure est atténuée, elle n'est pas supprimée; ainsi le Surmoi continue à présenter lui aussi ses exigences et le rêve est une formation de compromis (2), tout comme le symptôme.

Mais voyons comment le travail du rêve transforme les pensées profondes du rêveur. Du point de vue descriptif, le souvenir que nous avons du rêve est appelé **contenu manifeste.** Ce que l'analyse cherche à découvrir derrière ce

---

(1) Dans le rêve, le processus de régression intervient selon plusieurs modalités; ici nous visons la régression « temporelle » de l'organisation du Moi.

(2) On peut considérer que le cauchemar en est une illustration; on y trouve le désir et sa sanction, l'angoisse douloureuse. Mais l'angoisse du rêve traumatique ressortirait à la compulsion de répétition.

contenu manifeste, les idées premières qui ont subi le travail du rêve, sont appelées **pensées latentes** du rêve. Interpréter un rêve, c'est retrouver ces pensées latentes, c'est découvrir l'organisation, le discours exprimant le désir qui est à l'origine du rêve. Contenu manifeste et pensées latentes apparaissent comme deux présentations différentes du même contenu, comme deux langages différents exprimant la même idée.

Corollairement, le ***travail du rêve*** consiste à transformer les pensées latentes du rêve de façon à les rendre acceptables par le Moi, à leur éviter le refoulement. D'autre part, le rêve représente, grâce à la régression du sommeil, une véritable effraction du Ça dans le Moi. Freud en voit diverses preuves : d'abord la mémoire est bien plus vaste dans le rêve que dans l'état vigile. On trouve dans le rêve des souvenirs qui pouvaient être oubliés du dormeur, et, en particulier, des éléments qui avaient succombé à l'amnésie infantile. Deuxième point, le rêve fait appel à un langage symbolique dont la signification reste le plus souvent ignorée du sujet lui-même quand il est éveillé; il semble aussi que le rêve puisse faire apparaître un matériel appartenant à l'héritage phylogénétique. Mais surtout ce matériel inconscient, en pénétrant dans le Moi, porte en lui les traces du travail du Ça. En effet, quand on analyse la façon dont les pensées latentes sont transformées en contenu manifeste, on découvre quatre mécanismes qui sont :

– la condensation,

– le déplacement,

– la prise en considération de la figurabilité,

– l'élaboration secondaire.

Nous avons déjà parlé de la **condensation** et du **déplacement** à propos du processus primaire. Nous n'y reviendrons donc pas, sinon pour relever que la condensation a pour conséquence la surdétermination du rêve ou de certains de ses éléments qui peuvent de ce fait admettre différentes interprétations également valables. On peut remarquer au passage que ces mécanismes qui appartiennent donc normalement au *processus primaire* font naturellement l'affaire de la censure puisqu'ils tendent à rendre le rêve inintelligible pour le sujet.

Un troisième effet de l'élaboration c'est de transformer des idées en *images visuelles*. On peut en distinguer deux aspects : d'une part la sélection, parmi toutes les ramifications d'une pensée, de celles qui se prêtent à l'expression visuelle, d'autre part la tendance à des déplacements d'une notion abstraite vers une représentation concrète se prêtant à l'expression visuelle. Freud remarque qu'on retrouve là un aspect archaïque du langage. En effet, à l'origine, les mots avaient une signification concrète et certains n'ont pris que par la suite un sens abstrait. De la même façon, le langage du rêve ne connaît pas les oppositions, l'illogisme. Parallèlement, à l'origine des langues, un même mot pouvait désigner des notions inverses (exemple, en latin : *altus* et *sacer*).

Le quatrième mécanisme porte la marque, lui, du processus secondaire. **L'élaboration secondaire** (dite encore prise en considération de l'intelligibilité) tend en effet à faire du rêve un tout cohérent et compréhensible. Plus encore que les autres, il signe l'intervention de la censure, du Surmoi, et corrélativement il semble que les rêves les plus cohérents sont ceux qui sont faits dans le sommeil le moins profond. En fait, l'élaboration secondaire intervient non seulement au moment de la formation du rêve, pendant le sommeil, mais elle intervient aussi au moment de la remémoration. Il n'est jamais certain que le rêve que l'on raconte soit exactement conforme à celui que l'on a rêvé. Cette élaboration secondaire, en tant que processus défensif, peut évidemment être rapprochée de la rationalisation.

Nous venons donc de dire que dans son mode d'élaboration même, le rêve a un caractère archaïque, régressif. Cet **aspect régressif** se retrouve à d'autres niveaux. D'abord et surtout à un niveau temporel, dans la mesure où il permet un retour du refoulé, c'est-à-dire le retour de formations libidinales appartenant à des stades précoces de l'évolution. Mais surtout le rêve est intéressant dans la mesure où il est l'illustration type de la régression topique (1). En effet, rappelons que dans l'état de veille, l'excitation part de la perception sensorielle et traverse en quelque sorte l'appareil psychique (ou neuro-psychique) pour déboucher sur la motilité, alors que dans le rêve l'excitation remonte en quelque sorte de l'idée à une perception sensorielle, plus précisément visuelle. C'est encore ce que l'on appelle le cheminement régrédient du rêve.

On peut évoquer parallèlement une régression formelle dans la mesure où l'on passe simultanément de l'abstrait au concret (de l'idée à l'image). Rappelons que Freud postulait même une régression qui dépassait l'individu et remontait jusqu'à des sources phylogénétiques : cet apport, c'est le **symbolisme** du rêve. Le représentant symbolique est non seulement une formation substitutive mais une formation qui se trouve dans un rapport constant avec le symbolisé, cette constance se trouvant non seulement chez un individu donné mais chez tous les individus, indépendamment même des formes de civilisation. On peut remarquer à ce propos que ces éléments symboliques se signalent à l'analyse par le fait qu'ils ne se prêtent pas à l'association.

Autre particularité : si ces symboles sont nombreux, leur champ est limité. Ils concernent essentiellement la sexualité (auto- et hétéroérotique), les organes sexuels, la naissance, la mort, les parents, les enfants. Nous n'avons pas ici à en faire une étude détaillée et une simple énumération serait sans intérêt (les plus importants sont d'ailleurs fort connus). Il n'y a pas au demeurant de frontière nette entre les représentations symboliques et celles obtenues par les voies communes du déplacement.

On comprend aisément que toute cette participation de l'inconscient dans l'élaboration du rêve ait fait dire à Freud que l'interprétation des rêves est « la voie royale qui mène à la connaissance de l'inconscient » (laquelle, rappelons-le, ne constitue qu'un aspect du travail psychanalytique).

---

(1) Ici, ce terme n'a rien à voir avec les instances de l'appareil psychique.

Il est certain que la similitude est grande entre le rêve nocturne et la rêverie éveillée, le ***rêve diurne***. Certes, au niveau des motivations apparentes, ils sont très différents puisqu'il ne s'agit pas pour ce dernier de préserver le sommeil. Mais ils ont en commun un caractère fondamental qui est de procurer au sujet une certaine satisfaction et ceci indépendamment de la réalité extérieure. De plus, il y a des parentés quant aux mécanismes de formation, le rêve diurne lui aussi fait souvent appel à des éléments de l'histoire infantile. On y trouve également des phénomènes de condensation, de déplacement et des représentations visuelles, encore que leur importance soit moindre que dans le rêve.

Mais surtout l'élaboration secondaire y prend une part beaucoup plus grande puisque d'emblée il se présente comme une histoire cohérente. On constate d'ailleurs que les rêves diurnes sont souvent repris dans le rêve nocturne. Ils peuvent même lui fournir un scénario autour duquel se développera l'élaboration secondaire. C'est ce que Freud appelait la « façade du rêve ».

En fait, pour lui, le rêve diurne ne se limitait pas simplement aux rêveries plus ou moins complaisantes du sujet, puisqu'il pensait qu'un grand nombre de ces rêves diurnes peuvent rester inconscients. En effet, cette rêverie n'est jamais que la façon plus ou moins élaborée dont s'exprime un ***fantasme***.

La fantasmatisation est une activité mentale fondamentale dont le moteur est le désir — plus précisément le désir non satisfait dans la réalité. Freud relie son apparition dans la vie psychique à l'introduction du principe de réalité. Celui-ci va s'imposer très vite dans le domaine des pulsions du Moi : la satisfaction hallucinatoire du désir de manger est bientôt décevante. En revanche, les pulsions sexuelles peuvent plus aisément s'y soustraire; une certaine modalité de pensée va s'employer à les satisfaire dans l'imaginaire : c'est la fantasmatisation. Il est intéressant de relever que cette découverte est corollaire de celle de l'Œdipe. La première conception de la névrose en fondait l'étiologie sur la réalité d'un traumatisme, la séduction par les adultes. Mais cela supposait une telle fréquence de la perversion chez ceux-ci qu'une autre réalité s'imposa bientôt : la réalité psychique du désir incestueux, du complexe d'Œdipe, et de son refoulement. Car, en effet, on peut noter que dans la démarche freudienne la découverte du fantasme révèle la défense contre le désir, en même temps que celui-ci. C'est-à-dire qu'ici encore apparaît la notion de formation de compromis. Cependant, cette formation fantasmatique, souvent trop marquée par son origine pulsionnelle, pourra subir un refoulement.

Et, en effet, la plus grande part de la production fantasmatique est inconsciente, au moins au sens descriptif, car le statut topique du fantasme qui n'accède pas à la conscience est variable. Il peut s'agir de fantasmes élaborés dans l'Ics, selon le processus primaire et qui n'en sont jamais sortis, ou encore de fantasmes qui ont eu accès à la conscience (ou tout au moins au système Pcs) et qui, refoulés dans l'Ics, pourront y subir de nouvelles transformations tout en conservant l'organisation dont les a marqués le processus secondaire. Enfin, certaines formations fantasmatiques, élaborées dans le Pcs, y poursuivent leur destinée sans jamais atteindre le système Cs. A moins qu'elles ne reçoivent un surcroît d'investissement, ce qui les rend dangereuses pour le Moi et suscite leur refoulement, leur rejet dans l'Ics (1). C'est essentiellement à ces fantasmes que convient la comparaison donnée par Freud dans son article sur «*l'Inconscient*» : «Il faut les comparer à ces hommes de sang mêlé qui, en gros, ressemblent à des blancs mais dont la couleur d'origine se trahit par quelque trait frappant et qui, de ce fait, demeurent exclus de la société et ne jouissent d'aucune des prérogatives des blancs.» Les fantasmes ainsi refoulés peuvent d'ailleurs «s'exprimer» sans accéder à la conscience : tels les symptômes névrotiques, les créations artistiques et les jeux de l'enfant qui sont alors au fantasme ce que le contenu manifeste est aux pensées latentes du rêve.

On peut remarquer à ce propos que le devenir d'un fantasme donné sera très différent selon la structure du sujet. Dans une structure dite normale, le fantasme sera agi lorsque son élaboration le rendra acceptable par le Surmoi et compatible avec la réalité; alors que pour une structure névrotique, une circonstance favorable à la réalisation du désir fantasmatique risque d'avoir un effet traumatique et d'entraîner une décompensation, c'est-à-dire l'apparition de symptômes. Le psychotique, quant à lui, hallucine son fantasme, nie la non-concordance entre la réalité et celui-ci.

Nous venons de marquer fortement la fonction défensive du fantasme. En fait, cette fonction peut sembler ne pas avoir une égale importance pour les tenants de l'école kleinienne puisque le fantasme est considéré par eux comme étant, tout au moins à l'origine, la simple expression mentale, la représentation psychique de l'instinct (considéré alors en tant que processus somatique). Il faut remarquer qu'à ces fantasmes primitifs, archaïques, ne correspondent pas des processus idéatoires mais des sensations, des vécus. Il y a donc une grande proximité entre la réalisation hallucinatoire du désir et ces fantasmes. Toutefois, il est certain que leur élaboration est très précocement marquée par ces mécanismes également archaïques que sont le clivage, l'introjection, la projection… Mieux même : c'est comme fantasme que ces mécanismes défensifs auront une existence psychique, l'introjection, par exemple, étant vécue sur le mode de l'incorporation orale. C'est dire qu'en fait le fantasme intervient non seulement au niveau de la fonction défensive du Moi mais aussi au moment de son élaboration (et de l'élaboration corrélative de l'objet primitif). Ainsi le rôle du fantasme paraît de première importance dans la perspective métapsychologique kleinienne. Un dernier fait peut encore le confirmer. Nous avons dit que pour Freud l'introduction du principe de réalité amène l'activité fantasmatique à s'autonomiser par rapport aux processus de la pensée (logique et réflexive); H. Segal suggère à l'inverse que c'est la mise du fantasme à l'épreuve de la réalité qui est le fondement de la pensée.

---

(1) Situer le fantasme dans le cadre de la première topique, pour plus de commodité et de précision, n'implique évidemment pas une mise en cause des instances de la deuxième topique.

Il nous reste un mot à dire concernant ces entités un peu particulières que sont les ***fantasmes originaires***. Il s'agit de scénarios imaginaires qui ont pour caractéristiques de se retrouver avec une extrême fréquence, sous un aspect quasi stéréotypé, et de chercher à répondre aux grandes énigmes contre lesquelles butent l'enfant. Ils ont essentiellement pour thèmes : la procréation, la scène du coït des parents (dite « scène primitive »), la séduction de l'enfant par un adulte et enfin la castration. Laplanche et Pontalis font remarquer que ces trois thèmes veulent apporter une réponse aux problèmes des origines : origine de l'individu, origine (émergence) de la sexualité, origine de la différenciation sexuelle. L'universalité de ces fantasmes peut être rapprochée de celle des symboles; comme pour ceux-ci, d'ailleurs, Freud évoquait une origine phylogénétique.

Pour terminer, nous voudrions souligner que la notion de fantasme non seulement n'est pas une spéculation accessoire mais qu'elle représente un continuum qui imprègne toute la psychopathologie. Dans une note des *« Trois essais sur la théorie de la sexualité »,* Freud assurait : « Les fantasmes clairement conscients des pervers — qui, dans des circonstances favorables, peuvent se transformer en comportements agencés —, les craintes délirantes des paranoïaques — qui sont projetées sur d'autres avec un sens hostile —, les fantasmes inconscients des hystériques — que l'on découvre par la psychanalyse derrière leurs symptômes —, toutes ces formations coïncident par leur contenu jusqu'aux moindres détails. » Plus largement encore, n'est-ce pas toute la vie psychique qui apparaît comme tissée sur la trame d'une fantasmatique?

BIBLIOGRAPHIE

FREUD (S.). — Esquisse d'une psychologie scientifique (1895). In *La naissance de la Psychanalyse,* 1956, P.U.F., Paris. — *La science des rêves* (1900), 1950, P.U.F., Paris. — *Trois essais sur la théorie de la sexualité* (1905), 1962, Gallimard, Paris. — *Cinq psychanalyses* (1905-1918), 1954, P.U.F., Paris. — *Métapsychologie* (1915), 1968, Gallimard, Paris. — *Introduction à la Psychanalyse* (1916-1917), 1951, Payot, Paris. — Au-delà du principe de plaisir (1920). In *Essais de Psychanalyse,* 1951, Payot, Paris. — Le Moi et le Ça (1923), In *Essais de Psychanalyse,* 1951, Payot, Paris. — *Inhibition, symptôme et angoisse* (1926), 1965, P.U.F., Paris. — *Nouvelles conférences sur la psychanalyse* (1932), 1936, Gallimard, Paris. — *Abrégé de psychanalyse* (1938). 1950, P.U.F., Paris.

JONES (E.). — *La vie et l'œuvre de Sigmund Freud* (1953-1957). 1959-1968, P.U.F., Paris.

LAPLANCHE (J.) et PONTALIS (J. B.). — *Vocabulaire de la psychanalyse,* 1967, P. U. F., Paris.

NACHT (S.) (sous la direction de). — *La théorie psychanalytique,* 1969, P.U.F., Paris.

SANDLER (J.) et NAGERA (H.). — Aspects de la métapsychologie du fantasme. *Rev. franc. de Psychanal.,* 1964, 28, n° 4, pp. 473-506.

SEGAL (H.). — *Introduction à l'œuvre de Mélanie Klein* (1964), 1969, P.U.F., Paris.

3

VIOLENCE ET ÉVOLUTION AFFECTIVE HUMAINE

PAR

J. BERGERET

On s'inquiète de plus en plus de nos jours des manifestations violentes diverses constatées dans notre société. Une telle attitude n'est point nouvelle car à toutes les époques de l'histoire et dans tous les pays du monde, on s'est employé à dénoncer les méfaits de la violence. La violence est universelle car elle est présente chez chaque individu; il s'agit d'une composante instinctuelle innée destinée à être intégrée progressivement dans d'autres finalités humaines au cours de l'enfance et de l'adolescence pour que l'adulte accède à un libre et à un efficient exercice de ses capacités amoureuses et créatrices. Mais il est évident que tous les sujets ne parviennent pas au même degré d'intégration de leur violence naturelle primitive.

Étymologiquement, le terme de violence ne connote aucune intention agressive. Il s'agit d'un radical grec et latin qui entend seulement signifier le désir de vivre (Bia-Via-Vita). La violence en soi ne comporte aucune volonté de nuire; il ne faut pas confondre la violence naturelle et universelle, nécessaire même à la survie de l'individu (et présente dès la naissance), avec la haine ou l'agressivité qui apparaissent chez l'être humain d'une façon plus tardive, et avec un statut plus complexe, au cours des différentes étapes tendant à constituer une personnalité spécifique à chaque être humain.

On a toujours conçu la haine comme une attitude affective antagoniste de l'amour alors que la violence fondamentale, innée chez l'être humain, ne comprend aucune position particulière de haine pas davantage d'ailleurs que la moindre parcelle d'amour. La haine ou l'amour concernent toujours un objet nettement identifié et auquel sont attribuées, avec plus ou moins d'objectivité, des caractéristiques de nature à justifier ces réactions de haine ou d'amour éprouvées par le sujet. La violence au contraire se présente comme une réaction beaucoup plus élémentaire et beaucoup plus globalement brutale : les caractéristiques propres de l'objet ne jouent pas tellement; il s'agit simplement pour le sujet de se sentir menacé par un objet extérieur plus ou moins précis et menacé de façon vraiment essentielle, vitale même dans les cas extrêmes. Seul l'intérêt immédiat et global du sujet compte; l'objet n'a pas de grande importance spécifique; le sort qui sera celui de l'objet soumis à la violence ne préoccupe pas le sujet; le sujet n'a aucune envie très précise de nuire à l'objet, et si les réactions de défense du sujet entraînent soit directement, soit indirectement, la destruction de l'objet, ceci n'entre nullement en compte dans les préoccupations du sujet qui ne s'attache qu'à sa pure protection personnelle.

Si le sujet retire toujours un certain degré de satisfaction des sentiments de haine qu'il dirige sur l'objet, la violence au contraire n'apporte au sujet aucun avantage de cette sorte car il ne s'agit pour lui que d'une réaction de défense déployée sans joie et sans culpabilité.

Cette distinction entre haine et violence est tout aussi valable en ce qui concerne les attitudes individuelles que les attitudes collectives. On en retrouve des exemples à tous les registres des relations humaines, tout autant au registre personnel qu'au registre de la vie familiale ou sociale; il en est de même dans l'histoire des nations ou des conflits entre nations.

D'un autre côté, il apparaît nécessaire de ne pas confondre la violence avec l'agressivité, car bien plus que la haine encore, l'agressivité apporte au sujet des satisfactions de nature érotique retirées du fait de voir souffrir un objet avec lequel sont entretenus des liens extrêmement ambivalents, où se mêlent toujours une bonne part d'attaque de l'objet et de plaisir à attaquer le lien érotique qui relie le sujet à l'objet. L'agressivité peut être considérée comme une activité mentale assez élaborée, assez secondarisée, alors que la violence fondamentale demeure une simple réaction automatique de mode très primitif destinée à diminuer une angoisse de destruction par l'autre et n'apportant en soi aucune satisfaction de nature libidinale. L'agressivité nécessite un au moins relatif degré d'intégration de la dynamique sexuelle et l'accession à l'ambivalence affective; la violence ne va pas si loin et demeure fixée aux positions préambivalentes qui caractérisent, ou qui ont caractérisé les premiers moments de la vie de l'enfant.

La haine ou l'agressivité incluent la problématique triangulaire et « œdipienne » classique donc la « pulsion » amoureuse prise dans un sens élaboratif alors que la violence demeure de l'ordre d'un élémentaire « instinct » existant déjà chez l'animal et fort bien décrit par les éthologistes à la suite des travaux de Lorentz ou Tinbergen. La violence entre donc dans le groupe des très primitifs instincts de vie et ne correspond nullement à une quelconque pulsion de mort telle qu'on l'évoque parfois dans un sens dérivant plus ou moins vers la métaphysique.

Les théories psychanalytiques demeurent centrées sur un modèle d'économie psychique correspondant à la structure névrotique (1) donc triangulaire, génitale et œdipienne : il s'agit de considérer l'enfant comme en proie à une désir sexuel concernant le parent de sexe opposé et à une agressivité, assez complexe d'ailleurs, à l'égard du parent de même sexe, avec la culpabilité et la menace de punition (castration) que ces réactions supposent. De telles positions théoriques sont admises, non seulement par les psychanalystes eux-mêmes, mais par pratiquement l'ensemble de la psychologie contemporaine. On ne peut contester leur bien-fondé au niveau d'une problématique spécifiquement névrotique.

Par contre, on a pris l'habitude de considérer qu'il s'agirait là d'une position relationnelle qui serait commune à toutes les structures d'une part et qui d'autre part se trouverait efficiente dès les premiers moments de la vie imaginaire de l'enfant. Il ne paraît pas possible de procéder à l'extension à toutes les situations rencontrées en clinique d'un modèle certainement exact, mais limité à un mode de fonctionnement fantasmatique qui ne se voit pleinement efficient et organisateur de l'ensemble de la personnalité que dans les structures névrotiques et il ne paraît pas possible non plus de considérer le modèle imaginaire œdipien comme étant à l'œuvre dans les plus primitives relations existant entre l'enfant et son environnement. Ainsi que l'a montré Freud lui-même, la problématique imaginaire œdipienne ne peut se montrer active qu'en s'étayant sur la problématique autoconservatrice, ce qui suppose donc qu'elle lui demeure historiquement seconde.

Le modèle triangulaire œdipien ne constituerait donc pas l'alpha de toute psychogenèse et il ne constituerait d'autre part l'oméga réussi que d'une partie des modèles structuraux rencontrés en clinique. Si l'Œdipe est sans aucun doute présent partout à partir d'un certain moment de l'évolution affective individuelle, le modèle triangulaire œdipien n'assure le primat de l'ensemble de l'organisation mentale que dans les structures névrotiques seulement.

Selon les principes de « l'épigenèse interactionnelle » définis par les éthologistes, le nouveau-né bénéficie d'une équation génétique porteuse de modèles imaginaires divers d'ordre socio-culturel, dont le modèle œdipien constitue un prototype de particulière importance. Mais ces modèles ne sont pas spontanément opératoires. Ils n'entrent en activité qu'au sein d'un jeu relationnel réciproque entre l'imaginaire naissant de l'enfant et l'imaginaire

(1) Cf. chapitres suivants.

très actif de l'environnement. C'est ainsi qu'entrent en efficience, progressivement, les modèles apportés génétiquement par l'enfant pour parvenir à constituer peu à peu des structures mentales originales et actives. Les premiers modèles imaginaires innés à devenir utilisables ne sont pas les modèles œdipiens mais les modèles violents, sur lesquels vont s'articuler par la suite les modèles œdipiens qui intégreront à leur profit (dans les cas heureux) les modèles violents plus archaïques et plus brutaux. Sinon on assistera à un balancement sans issue entre les imaginaires violent et œdipien (solutions dépressives) ou, pire encore, à une récupération d'une partie des éléments libidinaux (demeurés éparpillés) au sein et au profit de la problématique imaginaire violente. Cela donnera naissance à titre fragmentaire à l'agressivité, au sadisme et au masochisme, et à titre plus solidement organisé à la problématique psychotique sous ses différentes formes.

Une lecture attentive des principales versions du mythe d'Œdipe, et du drame de Sophocle en particulier, met en évidence que la violence fondamentale constitue pour l'inconscient primaire qui nous est commun à tous le conflit fondamental existant entre les parents et l'enfant. L'épisode du Cithéron le montre, et le vers 1176 d'Œdipe-Roi l'exprime clairement. La rivalité violente entre générations est un drame initial commun à toute l'humanité : le premier fantasme lié à toute naissance, c'est qu'il risque de ne pas y avoir place au soleil à la fois pour l'enfant et pour ses parents. Le fantasme d'infanticide est naturel chez toutes les mères comme chez tous les pères bien avant qu'intervienne la problématique génitale; le fantasme de matricide tout autant que le fantasme de parricide est présent chez tous les enfants du monde pour des raisons foncières qui n'ont rien de sexuel encore.

La violence fondamentale c'est la loi du « moi ou lui » ou plutôt du « moi ou rien », analogue au principe de base de l'ordinateur « zéro ou un », or l'ordinateur ne s'embarrasse pas de sentiment.

Bien entendu il demeure difficile de retrouver la violence fondamentale à l'état pur chez l'adulte, mais de nombreuses situations témoignent d'un retour du refoulé violent. C'est le cas de ce qu'on appelle les « psychoses puerpérales » (situations où l'accouchée a peur de ses pensées meurtrières à l'égard de son enfant) c'est le cas des accouchements difficiles : qui faut-il sauver (c'est-à-dire qui faut-il tuer) la mère ou l'enfant? Le sacrifice demandé à Abraham ou le sacrifice chrétien du fils de Dieu nécessaires à la sauvegarde matérielle ou spirituelle de l'humanité témoignent des mêmes racines symboliques. Les affirmations bruyantes de « non-violence » correspondent parfois à un contre-investissement compensatoire devant la résurgence du fantasme violent. Le statut socio-culturel traditionnel de la femme comporte la même réaction dénégative; vouloir qu'elle soit réduite à l'état de « bonne » mère seulement et par là même de « bonne » épouse, c'est lui interdire du même coup toute une partie de son imaginaire naturel qui ne saurait être à ce point monolithique.

Il ne conviendrait pas de confondre le cadre des exactions violentes qui sont de l'ordre des comportements secondaires et qui prennent tant de place dans le discours contemporain, avec la violence fondamentale qui, elle, demeure d'ordre primitif et fantasmatique. Cependant un lien assez étroit existe entre ces deux niveaux; les violences agies surgissent en effet lorsque la violence naturelle ne trouve pas le moyen de s'intégrer au sein d'une problématique affective et mentalisable de façon plus mature et plus libidinale en débouchant sur la créativité relationnelle.

Si les adultes échouent dans leur rôle inducteur de projets féconds capables de motiver une évolution affective incluant la violence naturelle et innée au profit d'une dynamique libidinale créatrice et gratifiante pour l'ensemble de la personnalité du jeune et pour son originalité aussi, alors la violence va demeurer pour le moins flottante, inoccupée et dépressivante engendrant cette morosité très répandue et mal comprise chez les adolescents et les post-adolescents et au pire la violence tentera de s'organiser pour récupérer un peu de libido en s'accordant un plus ou moins intense plaisir à attaquer, à détruire tout ce qui représente le monde des adultes.

Il est possible de comprendre ainsi toute une partie des désordres qui peuvent se rencontrer à toutes les époques dans les esprits ou dans les rues.

On peut se rendre compte aussi que la simple répression de la violence (et surtout des sentiments violents existant naturellement chez tous les humains) ne peut constituer une prévention positive des exactions violentes.

La violence fondamentale n'est pas une composante « mauvaise » de la personnalité, bien au contraire; seule importe l'utilisation que chacun pourra en faire; il s'agit de savoir si le sujet se verra aidé, ou non, par ses environnements successifs et concentriques dans ses efforts et ses envies d'utiliser sa violence naturelle à des fins positives et créatrices ou bien s'il se verra contraint à traduire sa violence naturelle dans des comportements négatifs et destructeurs pour les autres, et en fin de compte pour lui-même.

Une question grave est ainsi posée non seulement aux adolescents bien sûr, mais aussi à tous les parents, à tous les adultes ainsi qu'aux différentes formes de volontés et de réponses collectives qu'on appelle pudiquement les « pouvoirs publics », comme s'il s'agissait d'une génération spontanée de persécuteurs dont personne ne serait responsable.

BIBLIOGRAPHIE

Abraham (K.). — *Œuvres complètes,* tr. fr. Payot, Paris, 1966 (2 t.).

Bergeret (J.). — *La violence fondamentale,* Dunod, Paris, 1984 (251 p.).

Bergeret (J.). — L'imaginaire originel in *Bull. de Psychologie,* Paris, t XXXIV, nº 350 (pp. 602-609).

Bergeret (J.). — L'imaginaire primaire in *Psychanal. à l'Université,* Paris, 1981, *6* (pp. 635-657).

Freud (S.). — *Trois essais sur la théorie de la sexualité,* tr. fr. Gallimard, Paris, 1949.

Freud (S.). — Les théories sexuelles infantiles, tr. fr. in *La Vie Sexuelle,* P.U.F., Paris, 1969.

Freud (S.). — L'organisation génitale infantile, tr. fr. in *La Vie Sexuelle,* P.U.F., Paris, 1969.

Girard (R.). — *La violence et le Sacré,* Grasset, Paris, 1972.

Grunberger (B.). — *Le Narcissisme,* Payot, Paris, 1971.

Klein (M.). — *Envie et gratitude,* tr. fr. N.R.F., Paris, 1968.

4

PROBLÈME DES DÉFENSES

PAR

J. BERGERET

Anna Freud présente la défense comme une activité du Moi destinée à protéger le sujet contre une trop grande exigence pulsionnelle. Bien sûr, les défenses habituellement décrites apparaissent sous forme de comportements psychopathologiques quand il existe un conflit aigu entre les différentes instances de la personnalité psychique (Ça, Moi, Idéal du Moi, Surmoi) ou entre certaines de ces instances et la réalité. Mais nombre de défenses courantes sont utilisées aussi de façon permanente et banale en donnant naissance aux « traits de caractères » des personnalités non morbides.

Les « **mécanismes de défense du Moi** » ne bénéficient pas, en général, d'une bonne réputation. On les considère trop vite sous leur seul aspect conflictuel, voire pathologique alors que tout le côté adaptatif de leurs fonctions se trouve passé sous silence. Un sujet n'est jamais malade « parce qu'il a des défenses » mais parce que les défenses qu'il utilise habituellement s'avèrent comme soit inefficaces, soit trop rigides, soit mal adaptées aux réalités internes et externes, soit trop exclusivement d'un même type et que le fonctionnement mental se voit ainsi entravé dans sa souplesse, son harmonie, son adaptation.

D'autre part on confond souvent les défenses du Moi (utilisées pathologiquement ou non) avec les « **résistances** », notions qui ne concernent que les défenses employées dans le transfert (et dans la cure psychanalytique en particulier) par un sujet qui se défend spécifiquement contre le contact thérapeutique et les prises de conscience des différents aspects de ce contact, en particulier dans le jeu des associations d'idées qui se trouve ainsi entravé de manière à diminuer l'angoisse relationnelle.

E. Bibring et D. Lagache distinguent d'un côté les **mécanismes de défense,** automatiques, inconscients, sous la dépendance des processus primaires et dont le but demeure la réduction de la tension pulsionnelle et de l'angoisse qui en résulte, et d'un autre côté les **mécanismes de dégagement** régis par les processus secondaires (principe de réalité) visant aux aménagements des conditions internes du sujet en fonction d'une adaptation souple aux conditions externes et ne nécessitant pas un évitement quelconque de cette situation : par exemple le travail du deuil ou la familiarisation avec la situation anxiogène, autrement dit son intégration et son contrôle.

Il serait par ailleurs sans doute fâcheux de réduire le rôle des mécanismes de défense aux seules dimensions du classique *« conflit névrotique »* : quand il s'agit en effet d'organisations de mode névrotique, génital et œdipien, le conflit se situe évidemment entre les pulsions sexuelles et leurs interdictions (introjectées dans le Surmoi). L'angoisse est alors l'angoisse de castration et les défenses tendent à diminuer cette angoisse, soit en facilitant la régression à l'égard de la libido, soit en aménageant des exutoires régressifs, par exemple auto-, ou allo-agressifs.

Par contre dans les *organisations psychotiques* toute une partie prédominante du conflit profond se joue avec la réalité. L'angoisse est une angoisse de morcellement soit par crainte d'un impact trop violent de la part de la réalité, soit par crainte au contraire de la perte du contact avec cette même réalité. Les défenses contre une telle angoisse demeurent tant qu'il est possible du mode névrotique; mais ceci ne suffit souvent pas et apparaissent alors les défenses propres au système psychotique : autisme (essai de reconstitution du narcissisme primitif avec son circuit fermé) déni de la réalité (en tout ou partie) nécessitant parfois la reconstruction d'une néoréalité, l'ensemble de ces démarches conduisant à la classique position délirante.

Dans tout le groupe des *états limites* enfin, le conflit se situe entre la pression des pulsions prégénitales sadiques orales et anales dirigées contre l'objet frustrant et l'immense besoin idéal que l'objet répare cette blessure narcissique par une action extérieure gratifiante permettant enfin d'aborder l'œdipe dans de bien meilleures conditions d'équipement affectif. L'angoisse qui en découle est l'angoisse de perte d'objet, c'est-à-dire l'angoisse de dépression. Les défenses seront donc essentiellement centrées sur les moyens d'éviter cette perte et conduisent à un double manichéisme : clivage interne entre ce qui est bon (Idéal du Moi) et mauvais (immédiatement projeté vers l'extérieur) et clivage externe (entre gentils et méchants). A ceci s'ajoute une habile tartufferie pulsionnelle inversée : défense contre le prégénital gênant par des éléments pseudo-génitaux de couverture et de façade. On assiste à un essai de pansement de la blessure narcissique archaïque par un narcissisme secondaire en circuit ouvert, avide, mais impuissant à colmater le manque narcissique fondamental…

Ce rapide tour d'horizon doit nous permettre de mieux comprendre le rôle réel et relatif des défenses dites « névrotiques », les plus évidentes et les mieux décrites, mais qui ne signent pas pour autant dans tout contexte structurel un mode d'organisation authentiquement névrotique, génital et œdipien.

Il est classique de considérer que le refoulement entre en jeu de façon spectaculaire dans les névroses en général et l'hystérie en particulier : la régression anale, les formations réactionnelles et l'isolation dans la névrose obsessionnelle, la projection dans la paranoïa, l'introjection dans la mélancolie; dans la schizophrénie la régression tend vers l'état fusionnel initial; chez les états limites (et nombre de phobiques qui s'y attachent) le clivage des imagos permet autant les évitements que les surinvestissements compensateurs et idéalisés.

L'ordre dans lequel sont présentées les opérations défensives que nous décrirons ici tiendra compte avant tout des ressemblances de terminologie pouvant entraîner des confusions (comme les « faux amis » dans le vocabulaire anglais). Ceci nous permettra de mieux préciser en quoi ces processus diffèrent sur le plan économique et profond alors que certains aspects extérieurs semblent les rapprocher.

Contre-investissement

Les mécanismes de défenses constituent des opérations de protection mises en jeu par le Moi pour assurer sa propre sécurité; ce sont donc, au double sens de l'expression, des « défenses du Moi ». Ces défenses ont à jouer contre l'émergence jugée interdite, et en cela dangereuse, des représentations pulsionnelles provenant du Ça (v. ch. 2, « La topique »).

La théorie freudienne décompose le contenu de la pulsion en deux éléments distincts : l'affect (ou teinte affective émanant de la pulsion et non refoulable dans l'inconscient) et la représentation (contenu concret d'un acte de pensée). Seules les représentations, par le jeu des traces mnésiques liées aux perceptions antérieures et significatives, subissent un sort très varié, selon le droit qui leur est reconnu par les censures de demeurer ou non fixées aux affects correspondants, c'est-à-dire aux mêmes pulsions de départ, aux mêmes objets, et aux mêmes buts pulsionnels. C'est sur les représentations que portent nombre de mécanismes de défense et en particulier le refoulement.

Lorsque le Surmoi et l'Idéal du Moi s'opposent à l'investissement par le conscient de représentations pulsionnelles indésirables, il y a d'abord *désinvestissement* de la représentation pulsionnelle anxiogène. Une certaine quantité d'énergie psychique va donc être rendue disponible et ne peut demeurer ainsi. Elle sera aussitôt réutilisée dans un *contre-investissement* par le Moi du sujet portant sur d'autres représentations pulsionnelles, d'aspect différent, pouvant être parfois conscientes parce que édulcorées et autorisées. Le tour ainsi joué aux représentations interdites les élimine du champ conscient au profit d'autres représentations « contre-investies » et sans danger.

Formation réactionnelle

C'est le contre-investissement dans une attitude autorisée de l'énergie pulsionnelle retirée aux représentations interdites : par exemple la sollicitude peut être une formation réactionnelle contre des représentations haineuses, les exigences de propreté de l'obsessionnel constituent une formation réactionnelle contre son désir de souiller.

C'est un mécanisme précoce mais fragile qui se développe avec prédilection pendant la période de latence au profit des valeurs mises en avant par les contextes historiques, sociaux et culturels (1), et au détriment des besoins pulsionnels frustes, agressifs ou sexuels directs tout en cherchant à les drainer de façon indirecte. Cet aspect fonctionnel et utilitaire contribue à l'adaptation du sujet à sa réalité ambiante.

A un degré de plus, il contribue aux originalités du caractère par rapport aux autres. Si les formations réactionnelles deviennent trop systématiques, trop impératives, trop rigides, on entre alors dans la pathologie caractérielle; dans les névroses classiques, elles demeurent puissantes mais limitées à un type déterminé spécifique du mode de relation d'objet de chaque norme de névrose.

Formation substitutive

La représentation du désir inacceptable est refoulée dans l'inconscient. Il existe, sur le plan du principe de plaisir, un manque que le Moi va chercher à combler dans une double opération subtile et compensatoire : apporter d'une part une satisfaction de remplacement et d'autre part s'arranger pour que cette représentation consciente de remplacement se trouve tout de même évoquer le plaisir interdit sans que cela apparaisse clairement, grâce au jeu des associations d'idées. Par exemple, la transe mystique peut très bien constituer seulement un substitut de l'orgasme sexuel : en apparence il n'y a rien de sexuel, en réalité le lien avec l'extase amoureuse et physique se trouve conservé, l'affect demeurant identique.

La formation substitutive constitue un des modes de retour du refoulé.

Formation de compromis

C'est aussi un mode de retour du refoulé, ici sous une forme où il ne pourra pas être reconnu, non par substitution mais par déformation. Ce processus cherche à allier ainsi dans la compromission et les désirs inconscients interdits et les exigences des interdicteurs, ce que nous rencontrons dans le rêve

(1) Ces valeurs ne sont pas forcément parentales : elles peuvent émaner tout aussi bien et très souvent des comportements à la mode sur le moment dans la tranche d'âge intéressée.

en particulier mais aussi dans certains symptômes (besoin d'un objet contraphobique par exemple) ou dans nombre de réalisations artistiques.

Formation de symptômes

C'est encore un mode de réapparition du refoulé. Que ce soit sur un mode physique ou psychique ou mixte, le symptôme n'est jamais causé par le refoulement en lui-même. Il signe seulement un échec du refoulement; il ne constitue que le résultat de cet échec.

Le symptôme résulte à la fois des trois mécanismes précédents : formation réactionnelle, formation substitutive et formation de compromis. Il ne peut donc être placé sur le même plan qu'eux, sa nature s'avérant d'emblée plus complexe.

De plus, le symptôme prend d'emblée, grâce au jeu du compromis et de la substitution, un sens particulier dans chaque entité psychopathologique; il est impliqué étroitement dans le mode de relation d'objet propre à chaque organisation morbide. La défense constituée par le symptôme va dans le sens de la lutte contre l'angoisse spécifique : éviter la castration dans la névrose, éviter le morcellement dans la psychose, éviter la perte d'objet chez l'état limite. Les modes de formation de symptômes ne sont jamais beaucoup interchangeables tant que l'économie intrapsychique demeure stable. Une variation nette de la symptomatologie nécessite un changement d'économie interne, ce qu'il est primordial de rechercher dans toute relation thérapeutique, même en apparence strictement organique.

Refoulement

C'est le mécanisme de défense le plus ancien et le plus important décrit par S. Freud dès 1895. Il reste étroitement lié à la notion d'inconscient et de ce fait utilise à lui tout seul la part principale des énergies défensives en éliminant du champ de notre conscience des îlots entiers de notre vie affective profonde mais combien réelle.

Il convient pourtant de noter, d'une part, que le refoulement, sous son aspect strictement fonctionnel, est indispensable à la simplification de notre vie courante et n'implique pas à tout coup une présomption morbide. D'autre part, quand il entre en jeu de façon pathologique, il s'agit par présomption d'organisations névrotiques ou tout du moins de systèmes défensifs de *mode névrotique* même dans les structures différentes. Dans les autres organisations, moins élaborées génitalement que les névroses, on a découvert justement peu à peu d'autres mécanismes de défenses plus spécifiques; nous les décrirons ultérieurement. Mais nous ne saurions trop insister d'emblée, avec S. Freud, sur le fait que le refoulement authentique demeure quant à lui essentiellement centré sur une dialectique génitale, qu'il intéresse avant tout la libido. On considère souvent le refoulement comme un mécanisme habituel, banal, allant de soi. Les choses ne sont pas si simples car le refoulement ne fait justement pas partie des processus défensifs les plus primaires et les plus archaïques. C'est un mécanisme assez « noble » d'abord parce qu'il touche aux élaborations génitales, ensuite parce qu'il se révèle comme coûteux (en énergie psychique), enfin parce qu'il se présente comme assez confortable par rapport à tout un autre groupe de mécanismes plus élémentaires.

Le refoulement peut être défini comme un processus *actif* destiné à conserver *hors de la conscience* les représentations *inacceptables*.

On distingue trois niveaux auxquels joue ce mécanisme :

■ ***Le refoulement primaire,*** reste d'une époque archaïque, individuelle ou collective, où toute représentation gênante (images de la scène primitive, de menaces ou de séductions par l'adulte) se trouvait automatiquement et immédiatement refoulée sans avoir eu à devenir consciente; c'est le pôle attractif par la suite, les points de fixation des refoulés ultérieurs touchant aux mêmes genres de représentations.

■ ***Le refoulement proprement dit*** qui consiste en un double mouvement et d'attraction par les fixations du refoulement primaire et de répulsion par les instances interdictrices : Surmoi (et Moi dans la mesure où il devient l'allié du Surmoi).

■ ***Le retour du refoulé :*** c'est soit une simple « échappée » du processus de refoulement, soupape fonctionnelle et utile (rêve, fantasmes), soit une forme parfois déjà moins anodine (lapsus, actes manqués), soit des manifestations franchement pathologiques d'échec réel du refoulement (symptômes).

Le refoulement ne porte que sur les représentations des pulsions interdites, grâce à un jeu de *désinvestissements* d'abord des représentations angoissantes par le préconscient (par exemple les filles des rues dans les phobies), puis de *contre-investissement* de l'énergie pulsionnelle disponible, aussitôt réinvestie sur d'autres représentations autorisées (objet contraphobique). Ce contre-investissement crée une dépense énergétique constante indispensable sans laquelle le refoulé réapparaîtrait aussitôt sous les formes décrites plus haut.

Le refoulement proprement dit n'organise ni les formations substitutives ni les formations de compromis ni les symptômes. Ces phénomènes signent seulement le retour du refoulé, c'est-à-dire l'échec du refoulement, son débordement et non pas sa simple mise en jeu.

Le refoulement ne joue qu'après la distinction entre conscient et inconscient, l'apparition du langage. L'inconscient, c'est ce qui n'est pas verbalisé, les représentations de choses; le conscient au contraire correspond au verbalisé, aux représentations de mots.

Aussi efficace soit-il, le refoulement ne saurait empêcher que les représentations refoulées dans l'inconscient s'y organisent, nouent entre elles des liens subtils et donnent même naissance à de nouveaux rejetons qui vont tenter de se manifester à leur tour au niveau du conscient.

S. Freud avait d'abord pensé que le refoulement se trouvait à l'origine de l'angoisse. Mais l'élaboration de sa deuxième topique et le rôle déterminant attribué au Moi comme instance refoulante l'ont amené (Inhibition, symptôme et angoisse) à montrer comment, au contraire, l'angoisse créait le refoulement et à décrire le refoulement comme un jeu mobile et vivant, sans cesse en action, d'investissements, désinvestissements et contre-investissements des représentations les plus variées liées aux pulsions et aux affects désagréables pour les instances interdictrices.

On ne peut concevoir un paragraphe consacré au refoulement, mécanisme de défense principal des névroses, sans décrire comment ce processus s'articule dans l'économie des deux seules névroses authentiques :

Hystérie : *a) Hystérie de conversion* (type « Dora ») : on assiste à une disparition totale de la représentation liée à la pulsion gênante : le refoulement est complet (le souvenir de la verge de M. K... appuyant contre son pubis est éliminé). Une formation substitutive est mise en jeu (la cage thoracique remplace le pubis) et la formation du compromis (pression sur la cage thoracique au lieu de pression sur le pubis) donne naissance au symptôme devenu inoffensif sur le plan surmoïque. Le refoulement a complètement réussi et suffit à lui seul (« la belle indifférence » de l'hystérique devant son symptôme) dans l'hystérie de conversion, alors que dans les autres formes de névrose une partie de l'angoisse réapparaît et nécessite la mise en marche d'autres mécanismes de défense complémentaires. Cette efficacité (pas toujours absolue) du refoulement dans l'hystérie de conversion explique pourquoi les hystériques vrais viennent aussi rarement consulter les psychopathologues et se trouvent si facilement fixés par les organicistes.

b) Hystérie d'angoisse (type « petit Hans ») : les pulsions originelles sont ambivalentes. Prenons seulement le cas du père : l'amour du père et la haine du père coexistent en rapport avec la situation œdipienne. Seules les représentations de la haine du père (et de sa conséquence, la crainte du père) sont refoulées. Mais ce refoulement n'est pas assez bien réussi car la formation substitutive (cheval) ne correspond pas à un déplacement suffisant : un degré de désagréable persiste et il faut faire jouer en plus l'évitement, la fuite (phobie des chevaux).

Névrose obsessionnelle : le refoulement s'y trouve encore beaucoup moins bien réussi car on assiste à la mise en jeu successive de quatre facteurs complémentaires : la *régression* d'abord (régression pulsionnelle sur le sadisme anal) (« non je ne veux pas désirer mon parent œdipien, je veux le souiller »), puis *refoulement* de ces tendances sadiques (non je ne veux pas connaître mon envie de le souiller), puis *formation réactionnelle* (« je suis scrupuleux, je veux le protéger, le soigner »), enfin *déplacement* (de l'objet pulsionnel sur un conjoint ou un enfant à « protéger » ou la maison tout entière « à tenir propre » comme substitut).

Il y a lieu de ne pas confondre le refoulement (« répression » en anglais) :

- avec la RÉPRESSION (en anglais *« suppression »)*, mécanisme actuel et assez conscient concernant l'affect (et non sa représentation) et consistant non à le refouler mais, en l'inhibant, à le supprimer pratiquement. Par exemple : « Non, je ne veux pas penser au plaisir sexuel que j'aurais à sortir avec telle jeune fille; c'est une camarade et c'est tout. » La représentation est conservée, l'affect est réprimé;
- avec la CONDAMNATION, élaboration consciente et motivée de l'interdiction. Par exemple : S. Freud nous montre comment, grâce à sa cure, le petit Hans passe du refoulement (processus primaire automatique et inconscient) à la condamnation de ses désirs incestueux (processus secondaire d'adaptation et d'intégration à la réalité).

Identification

Ce n'est pas un mécanisme de défense mais une activité du Moi indispensable à son développement et qui se trouve étudiée par ailleurs dans cet ouvrage. Comme toutes les autres activités du Moi, l'identification peut, bien sûr, être utilisée également à des fins défensives.

Il existe une **identification primaire** liée à l'incorporation orale. L'objet doit être dévoré sans distinction préalable entre tendresse et hostilité, ni entre Moi et non-Moi dans ce mouvement essentiellement prégénital qui vise à préciser l'identité de base du sujet.

Avec l'arrivée de l'Œdipe survient ensuite le mode **d'identification secondaire** destiné à affirmer l'identité sexuelle du sujet avec tous ses avatars possibles en psychopathologie. L'enfant, en renonçant d'abord à incorporer le parent aimé, puis en renonçant à l'idée d'un commerce sexuel avec lui va se consoler en absorbant les qualités représentées pour lui par cet objet. Ce mouvement peut aller jusqu'à une régression défensive avec toutes les perturbations dialectiques possibles (en particulier homosexualité, inhibitions et perversions) mais cependant les identifications secondaires liées au parent du même sexe viennent normalement compléter et organiser génitalement les identifications primaires et faire le lit des relations ultérieures de type véritablement objectal et génital.

A partir de la psychologie collective, S. Freud a décrit un troisième type d'identification : le sujet identifie ici ses propres objets aux objets d'un autre sujet et principalement aux objets d'un groupe tout entier. Ceci se produit par imitation et contagion, en dehors de tout lien libidinal direct.

Quant à l'identification dite « hystérique », elle ne concerne qu'un des aspects communs à l'objet et au sujet.

Identification à l'agresseur

On devient celui dont on avait jadis peur, du même coup on le supprime, ce qui rassure. Ce mécanisme décrit par S. Ferenczi et A. Freud peut aller de la simple inversion des rôles (jouer au docteur, au loup, au fantôme) à une véritable introjection de l'objet dangereux.

Il est certain que cette défense présuppose une toute-puissance magique chez l'autre et se trouve en rapport avec des distorsions des instances idéales préparant secondairement aux conduites masochistes et avec des instances interdictrices sévères appelées souvent « Surmoi sadique » bien qu'il ne s'agisse sûrement pas encore d'un véritable Surmoi génital post-œdipien authentique.

Identification projective

C'est un mécanisme décrit par M. Klein à la phase schizoparanoïde comme un fantasme de projection de l'enfant à l'intérieur du corps maternel pour le maîtriser, le posséder et éventuellement le détruire en voulant contrôler les mauvais objets qui s'y trouvent déjà eux-mêmes projetés (pénis du père, excréments, autres enfants).

Le rôle de la réponse maternelle serait essentiel : si sa propre capacité de rêverie lui permet d'accepter de tels fantasmes, il en résultera secondairement un besoin naturel chez l'enfant de réparation et de tendresse. Si la mère au contraire interdit ces fantasmes, on assiste à une réintrojection, chez l'enfant, d'un sein menaçant et d'un vagin cloacal et avide. Le Moi, au lieu de gagner en expériences d'échanges positifs, ira en s'appauvrissant vers les phénomènes de claustrophobie (peur d'être enfermé dans la mère), de dépersonnalisation (peur de perdre l'objet maternel), ou même de morcellement (psychose), le Moi se trouvant sans cesse projeté de façon fragmentaire dans la mère.

Projection

Pour S. Freud il existe dans ce mécanisme trois temps consécutifs : tout d'abord la représentation gênante d'une pulsion *interne* est supprimée, puis ce contenu est déformé, enfin il fait retour dans le conscient sous la forme d'une représentation liée à l'objet *externe*.

La projection joue à tout moment dans la vie psychique, soit dans les phénomènes non pathologiques (superstition, mythologique, animisme), soit dans la cure « vous allez me dire que… » constitue la classique projection du patient, aussitôt suivie d'un mouvement de négation : « mais ce n'est pas vrai »). En pathologie, la projection prend des aspects particuliers selon les différentes organisations : par exemple dans les phobies hystériques, la projection déplace le danger pulsionnel de l'intérieur (envie sexuelle) vers l'extérieur (danger des objets sexuels) puis joue le déplacement (qui change subtilement la représentation de l'objet en le rendant non sexuel) et enfin l'évitement de cet objet; le cycle protecteur est ainsi achevé. Dans la paranoïa il se produit un mouvement régressif des pulsions sexuelles sur les pulsions sadiques et ce procédé brutal et appauvrissant suffit pour ne pas avoir recours au déplacement : le même objet demeure mais devient menaçant (« il me persécute », « il veut me sodomiser »), les mouvements de haine à son encontre (inversion protectrice des mouvements d'amour) se trouvent donc justifiés devant les censures intérieures. Les hystérophobiques font ainsi une interprétation fausse mais limitée de la réalité dans la projection; les paranoïaques au contraire arrivent aux interprétations du réel les plus perturbées, leurs altérations sont pratiquement sans limites.

La projection signe pratiquement un échec du refoulement. En effet, grâce aux défenses plus élaborées, comme le refoulement principalement, le Moi se défend normalement contre les dangers intérieurs par des moyens utilisant directement l'inconscient, immédiats, automatiques. Si ces procédés ne suffisent plus, il devient alors nécessaire de transformer par la projection le danger intérieur en danger extérieur contre lequel jouent les moyens de protection plus archaïques, plus élémentaires, utilisant et dupant le conscient, tels la projection, le déplacement, l'évitement.

On distingue, en fait, (M. Benassy) une **projection primaire** qui n'a pas recours au refoulement; elle contribue à établir la distinction entre Moi et non-Moi en attribuant au monde extérieur les causes de sensations que nous ne voulons localiser en nous; c'est un processus normal, qui fortifie le Moi et précise le schéma corporel; et d'autre part, une **projection secondaire** qui nécessite des mouvements d'inhibition ou de refoulement; l'objet extérieur est alors inondé de la haine projetée (M. Klein) et devient persécuteur. Chez l'adulte, cela peut aller jusqu'au délire : par exemple, dans la jalousie, la représentation interdite du désir de tromper l'autre peut se manifester dans trois degrés d'affirmation d'être trompé par l'autre : la jalousie simple, la jalousie morbide, le délire de jalousie.

On a pu dire que la projection constituait une forme de retour de refoulé. Peut-être faudrait-il se montrer plus précis : si l'on constate que les formations de compromis, les symptômes, les actes manqués, etc. sont authentiquement des retours du refoulé *après refoulement normal,* il est nécessaire de distinguer dans la projection au contraire un retour de ce qui *aurait dû* être refoulé mais n'a pu l'être : c'est somme toute comme d'autres mécanismes moins élaborés que le refoulement (comme le déplacement, la condensation, le déni, le clivage des imagos, etc.), un échec « avant coup » du refoulement rendu difficile à utiliser (plutôt que fonctionnant incomplètement). On pourrait peut-être considérer de façon plus précise la projection et ces autres mécanismes archaïques comme une façon de traiter ce *non-refoulé,* qui, demeurant gênant, doit être éliminé par des procédés certes moins efficaces que le refoulement mais aussi moins coûteux en contre-investissement parce que plus « brutaux » et plus près des processus primaires.

Introjection

C'est un mécanisme décrit par S. Ferenczi et répétant dans un but défensif et régressif chez l'adulte le mouvement alors élaboratif rencontré au cours du développement infantile, mouvement qui consistait à faire entrer dans l'appareil psychique une quantité de plus en plus grande du monde extérieur. Mais alors que chez l'enfant le Moi s'en trouvait enrichi, chez l'adulte il se crée ainsi toute une série de fantasmes intérieurs inconscients organisant une image mentale intime que le sujet va finir par traiter comme s'il s'agissait d'un objet réel extérieur.

L'introjection serait une défense contre l'insatisfaction causée par l'absence de l'objet (Ajuriaguerra, Diatkine, Badaracco); l'introjection y porterait remède par une présence incorporée. C'est l'exemple du deuil est surtout celui de la mélancolie où les reproches que le sujet s'adresse (S. Freud) sont ceux-là même qui en réalité n'ont pas le droit d'être adressés à l'être aimé.

Pour les auteurs kleiniens il existe un jeu d'interactions constantes entre les mouvements projectifs et introjectifs de même qu'entre les mondes objectaux interne et externe, ce qui contribue au maintien de bonnes relations objectales, vitales pour le sujet.

Il semble exister au niveau de l'introjection un certain nombre de confusions possibles : tout d'abord avec *l'incorporation* orale décrite par M. Klein essentiellement comme un fantasme lié des représentations plus corporelles que psychiques et non comme un mécanisme psychique proprement dit. Ensuite, avec *l'identification* secondaire dont nous avons parlé plus haut (qui porte sur les qualités du sujet et non les reproches à son égard). D'autre part, quand on parle « d'introjection » de l'agressivité ou des « interdits parentaux » on devrait plutôt employer les termes de retournement contre soi ou bien d'internalisation.

L'internalisation (ou intériorisation pour Laplanche et Pontalis) concerne le mode de relation à autrui, par exemple rivalité œdipienne au père alors que l'introjection comporte l'établissement à l'intérieur de soi d'une image paternelle remplaçant le père manquant.

L'introversion décrite par C. J. Jung et reprise par S. Freud porte sur les phénomènes de retrait de la libido par rapport aux objets réels. Un tel retrait peut s'effectuer de deux façons : vers le Moi (narcissisme secondaire) ou vers les objets imaginaires internes, des fantasmes (introversion).

Pour Freud la psychose est une « névrose narcissique », pour Jung c'est une « névrose d'introversion »; la différence reste notable.

En réalité le névrosé aime un être extérieur, objet œdipien déformé par les conflits; le psychotique ne peut que chercher à tourner son amour sur lui-même mais sans succès; quant à l'état limite, lui, il aime un être imaginaire, ressemblant à son Idéal du Moi et ressemblant en même temps à un être réel mais choisi parce que justement éloigné et inaccessible. Il semble que ce soit là le véritable domaine de la défense par introversion, c'est-à-dire un retrait non strictement autique mais constitué par des fantasmes intérieurs.

Annulation

S. Freud nous dit que c'est un processus actif qui consiste à défaire ce qu'on a fait. Il convient ainsi que des représentations gênantes évoquées dans des actes, des pensées ou des comportements du sujet soient considérés comme n'ayant pas existé. Pour cela le sujet met en jeu d'autres actes, pensées ou comportements destinés à effacer magiquement tout ce qui était lié aux représentations gênantes.

C'est ce qui se passe dans les actes expiatoires dans l'animisme, dans certains besoins de vérification et en général dans tout mécanisme obsessionnel : une attitude est annulée par une seconde attitude destinée à supprimer non seulement les conséquences de la première attitude mais cette attitude en soi du fait même qu'elle constitue un support pour la représentation interdite.

Tout ceci se passe au niveau de la toute-puissance magique de la pensée, comme chez le petit enfant, et entraîne secondairement un sentiment de toute-puissance de l'action, car la pensée, dit S. Freud, peut être considérée comme une action opérée avec le minimum d'énergie (des images et des mots).

L'annulation constitue un mécanisme très régressif; elle doit jouer en effet quand les processus mentaux plus classiques à base de désinvestissement et de contre-investissement (portant le plus souvent sur des représentations objectales) ne suffisent plus; l'annulation porte sur la réalité elle-même puisque c'est la temporalité, élément important du réel, qui se trouve niée, altérée.

Dénégation

C'est aussi un mécanisme plus archaïque que le refoulement : le représentant pulsionnel gênant n'est pas refoulé, il apparaît donc dans le conscient mais le sujet s'en défend en refusant d'admettre qu'il puisse s'agir d'une pulsion qui le touche personnellement. Par exemple, dans une cure, le patient déclare : « Cette femme qui apparaît dans mon rêve, non ce n'est pas ma mère. » Une représentation peut donc ainsi devenir consciente à condition que son origine soit niée : « je n'ai pas pensé cela » vaut souvent plus qu'une affirmation.

A. Freud considère ce mécanisme comme un précurseur du refoulement. M. Klein lie dénégation et dédoublement du Moi dans la défense contre le mauvais objet. Mais pour M. Klein bon et mauvais objets sont tous deux extérieurs, alors que pour S. Freud il s'agit seulement d'introjecter ce qui est bon et de rejeter ce qui est mauvais; ce qui est dedans demeure subjectif, ce qui est dehors devient l'objectif. La dénégation agirait surtout au niveau des perceptions externes alors que le refoulement porterait sur l'ensemble des deux versants pulsionnels.

Déni

Il convient de bien différencier ce mécanisme et de l'annulation et de la dénégation : il s'agit d'éliminer une représentation gênante non en effaçant (annulation) ou en refusant de la reconnaître comme nous concernant (dénégation), mais en niant ici la *réalité* même de la *perception* liée à cette représentation.

Dans son travail sur la « différence anatomique entre les sexes » S. Freud montre comment ce mécanisme joue automatiquement et brutalement chez le petit garçon dès qu'il se trouve pour la première fois apercevoir un sexe féminin : tout se passe comme s'il n'avait rien vu; ainsi il n'est pas censé savoir qu'il existe des êtres castrés, donc que la castration existe sur le plan d'abord du narcissisme élémentaire, de l'intégrité corporelle.

Il n'y a pas besoin de refoulement, le déni portant sur la réalité elle-même qui n'a jamais eu à devenir consciente.

Dans l'évolution du jeune garçon on rencontre obligatoirement ce premier temps initial de déni : je n'ai pas vu que la castration (narcissique) pouvait exister. Au moment de l'Œdipe survient un second mouvement affectif parallèle mais différent : la crainte de la castration (génitale) par le père; les défenses du Moi qui prédominent à ce moment dépendent du choix structurel : refoulement dans les névroses, régression pulsionnelle dans les états limites et nouveau déni de la réalité dans les psychoses alors que dans les perversions le déni initial archaïque semble demeurer intact.

Le déni est donc un mécanisme jouant essentiellement dans les psychoses (déni de toute réalité gênante sans spécificité) et dans les perversions : mais dans ces dernières organisations le déni ne porte que sur une partie très focalisée de la réalité : le sexe de la femme comme chez le tout jeune garçon; le reste du champ perceptif du pervers demeure intact et il s'y ajoute un surinvestissement narcissique compensateur du phallus alors que chez le psychotique les altérations de la réalité par les dénis perceptifs peuvent porter sur n'importe quel domaine et que, si nécessaire, le délire vient surinvestir une néoréalité compensatrice.

A côté du déni il y a lieu de citer trois mécanismes dont les descriptions ont connu des succès divers :

La forclusion : de même que le déni concerne sélectivement le sexe de la femme. J. Lacan a décrit sous le nom de forclusion une forme de rejet de la représentation, sans refoulement qui concernerait en particulier « le nom du père ». Mais nous ne nous trouvons pas dans l'un et l'autre mécanisme au même niveau élaboratif : ici la démarche s'avère plus génitale et fantasmatique que narcissique et perceptive. Ce rejet hors du sujet serait lié également à l'impossibilité de symboliser et très voisin de certains processus psychotiques puisqu'une partie de la réalité se trouve ainsi désinvestie et rejetée vers l'extérieur. Mais la forclusion ne peut faire le lit des processus délirants que si le Moi est poussé à une désorganisation encore plus régressive, ce qui n'est pas habituel. La forclusion semble au contraire s'associer davantage au dédoublement des imagos qu'au dédoublement du Moi.

Le renversement de la pulsion et **le retournement contre soi** sont deux mécanismes décrits par S. Freud comme difficilement séparables. Le premier concerne le *but* de la pulsion; par exemple le passage de l'amour à la haine, du voyeurisme (actif : voir) à l'exhibitionnisme (passif : être vu), du sadisme (torturer) au masochisme (être torturé). Le second mécanisme concerne *l'objet* de la pulsion : passer du sadisme au masochisme consiste à retourner le sadisme contre soi-même, passer du voyeurisme à l'exhibitionnisme c'est se dénuder soi-même au lieu de dénuder l'autre.

Isolation

Dès 1894, S. Freud décrivait ce mécanisme consistant à séparer la représentation gênante de son affect. En 1926 il précise le sort de cette représentation qui peut demeurer dans le conscient du fait même qu'elle s'y trouve privée de toute connexion associative.

Isoler c'est aussi, sur le plan moteur, écarter la possibilité de toucher (M. Benassy); c'est éviter tout contact (tabou du toucher). L'isolation empêche la relation angoissante entre l'objet et les pensées.

L'isolation fait partie du lot des processus mis en œuvre quand le refoulement ne suffit plus : par exemple, dans une névrose obsessionnelle une patiente s'éprend d'un jeune homme revêtu d'une chemise blanche le jour de leur première rencontre. A la suite d'une interdiction violente dans la situation parentale œdipienne, la patiente refoule mais c'est un échec et on voit se développer alors toute une série de mécanismes obsessionnels, dont une isolation typique : le tabou de voir et de toucher « le blanc », ce qui constitue un « symptôme-compromis » puisque le sujet peut ainsi récupérer la représentation aimée et s'en protéger à la fois sous la forme du blanc isolé de toute apparence sexuelle.

L'isolation constitue également une forme de résistance fréquente dans la cure analytique par interruption défensive du processus associatif dès qu'il met en évidence des éléments angoissants.

Déplacement

Il s'agit encore d'un mécanisme de défense très primitif et très simple lié aux processus primaires : la représentation gênante d'une pulsion interdite est séparée de son affect et celui-ci est reporté sur une autre représentation, moins gênante, mais liée à la première par un élément associatif.

L'exemple du « petit Hans » demeure classique : la haine (pulsion interdite) du père (représentation) est désagréable et déclenche la peur du père (affects). Par le déplacement l'affect désagréable va quitter la représentation-père pour se fixer sur la représentation-cheval; liaison associative : tous deux ont un gros « fait-pipi ».

Le déplacement joue habituellement dans les phobies (les vraies, c'est-à-dire les hystérophobies seulement) devant l'échec du refoulement. Il en est de même dans les rêves : la censure jouant de façon étroite dans le refoulement diurne devient beaucoup plus permissive au cours du sommeil et le déplacement vient parer à cette insuffisance en aidant à l'élaboration du rêve pour protéger le repos du sujet.

L'isolation chez les obsessionnels et le déplacement chez les phobiques vrais se trouvent complétés par un mécanisme également élémentaire : **l'évitement** destiné à éviter au sujet de rencontrer même la représentation isolée ou déplacée. C'est le cas du « blanc » dans l'exemple précédent ou du cheval chez le petit Hans.

Condensation

C'est le dernier de ces mécanismes primitifs courants que nous citerons. Liés aux processus primaires demandant peu d'énergie de contre-investissement mais très imparfaits, ces processus s'appuient en général les uns sur les autres et jouent davantage *à la place* du refoulement, quand le manque d'élaboration psychique ou la régression rendent ce mécanisme plus noble peu efficace, beaucoup plus qu'*après échec* du refoulement (retour du refoulé) donnant lieu à des formations de compromis ou de symptômes, etc.

La condensation a été mise en évidence par S. Freud à propos du rêve : une même représentation se trouve habilement déplacée de façon à remplacer à la fois plusieurs autres représentations plus gênantes. Or ce processus se trouve assez simple en réalité et correspond tout à fait à des démarches mentales primaires : la représentation condensée n'est que le résultat automatique de la rencontre de plusieurs lignées d'associations d'idées en cours de déplacement. La représentation unique sur laquelle ces divers mouvements de déplacements successifs se recoupent constitue la représentation « condensée ». Par exemple un patient (philosophe imprégné de lectures analytiques) dit à son analyste : « J'ai vu hier à la télévision le cas de Anna von Ritter ». Il y a condensation évidente c'est-à-dire rencontre de la chaîne d'associations sur Anna O… (mal soignée par Breuer) avec la chaîne d'associations sur Elisabeth von Ritter (guérie par Freud) avec enfin la chaîne liée à l'ambivalence du patient à l'égard de son thérapeute, la plus gênante à représenter.

Un tel mécanisme a également été mis en évidence par S. Freud dans les actes manqués, les plaisanteries, les jeux de mots, etc.

Dédoublement du Moi

La confusion est fréquente entre morcellement du Moi, dédoublement du Moi et dédoublement des imagos. Les termes de « *Spaltung* » (Bleuler),

« *dédoublement de la personnalité* » (Janet), « *Splitting* » (M. Klein) ont été employés dans des sens bien différents. Le **morcellement du Moi,** par éclatement véritable, n'est plus un mécanisme de défense mais déjà un processus de décompensation psychotique achevé. Par contre le **dédoublement du Moi** demeure un mécanisme de défense (de mode psychotique) contre l'angoisse de morcellement et de mort; le **dédoublement des imagos,** quant à lui, constitue un mécanisme de défense habituel chez les états limites pour lutter contre l'angoisse de perte d'objet et le risque d'arriver ainsi au mode psychotique de défense par dédoublement du Moi.

Le morcellement du Moi correspond à la non-intégration primitive du Moi et à la régression à ce niveau (M. Benassy). C'est un état de non-unification du Moi qui demeure franchement fragmenté dans les grandes psychoses déficitaires autistiques de l'enfant. Mais le Moi peut aussi se trouver morcelé de façon plus ou moins inapparente (parce que tant bien que mal recollé, mais à tout moment réellement et visiblement morcelable) dans ce qu'on considère comme les états « prépsychotiques » variés de l'enfant et de l'adolescent (structures psychotiques authentiques mais non décompensées); le premier temps de la décompensation de tels états, celui où le Moi lutte encore avec efficacité contre le morcellement effectif, c'est le temps du dédoublement du Moi.

Il existe enfin des états où le Moi ne s'est jamais trouvé morcelé (de façon ni évidente ni latente), et qui correspondent à une intégration primitive non pas absente mais seulement incomplète : le narcissisme primaire a pu jouer de façon suffisante pour éviter le morcellement mais pas assez totale pour obtenir un Moi assez complet, assez intégré, assez « entier ». Il reste une vacuole non remplie par le narcissisme dans ce Moi, une blessure, un manque narcissique initial qui fait flotter ces états entre le morcellement psychotique dépassé sans pouvoir arriver toutefois à une structuration névrotique (où le Moi se trouve soumis à toutes sortes de distorsions sous la pression du Surmoi mais demeure complet). De telles dysharmonies évolutives se défendent contre le risque de régression vers la voie psychotique principalement par le dédoublement des imagos comme nous le verrons plus loin.

Le dédoublement du Moi correspond (W. H. Gillespie) aux reliquats d'une étape où les relations primitives à la mère s'avéraient insuffisantes pour faire échapper le Moi de l'enfant à son organisation primitive fragile, organisation dans laquelle ce Moi se montrait aussi difficile à se constituer de façon autonome que facile à dissocier.

Le refoulement (mécanisme névrotique) évite l'angoisse de castration en créant une séparation entre conscient et inconscient; le Moi demeure déformé et parfois affaibli mais intact dans son intégrité. Le dédoublement des imagos (états limites) lutte contre l'angoisse de perte d'objet en mettant à part les représentations gênantes et en entretenant ainsi à l'intérieur du Moi une vacuole de vide affectif, répétitive de la vacuole du manque narcissique primitif.

Le dédoublement du Moi (mécanisme essentiellement psychotique) opère une amputation plus sérieuse : une partie du Moi va demeurer en contact opératoire avec la réalité non gênante pendant qu'une autre partie de ce même Moi va perdre tout contact avec cette réalité dans ce qu'elle présente d'angoissant pour lui, cherche à dénier tous les aspects trop angoissants et, au besoin, reconstitue (délire) en compensation une néoréalité plus rassurante et plus désirée à la fois.

Le dédoublement du Moi demeure donc le dernier rempart contre le grand éclatement psychotique, la perte des limites du Moi (selon Federn). C'est un processus qui utilise le déni et parfois le délire.

Ce qui distingue le dédoublement *a minima* du Moi dans les perversions, phénomène bien décrit par Freud (v. déni) du classique dédoublement psychotique, c'est que dans le premier cas il s'agit d'un déni de réalité ne portant *que* sur le sexe de la femme (déni de castration narcissique avec phallus substitutif surinvesti) alors que dans le deuxième cas (psychose) le déni peut porter sur n'importe quel aspect (génital ou non) du réel de même que les déplacements compensatoires d'investissement des contenus pulsionnels.

Dédoublement des imagos

Comme il a été exposé au paragraphe précédent, c'est le mécanisme typique des états limites, aménagements (et non structure vraie) intermédiaires entre les structures névrotiques (où joue essentiellement le refoulement aidé de ses mécanismes auxiliaires) et les structures psychotiques dans lesquelles se retrouve le dédoublement du Moi quand les autres mécanismes, moins coûteux sur le plan régressif, refoulement d'abord, puis tous les mécanismes plus archaïques ensuite, se sont révélés inefficaces.

Sous des appellations diverses (clivage de l'objet, clivage de la réalité, etc.) le dédoublement des imagos a été mis en évidence par l'école kléinienne principalement à propos de l'objet partiel de la phase schizoparanoïde et à propos de l'objet total de la phase dépressive.

C'est sous ce dernier aspect qu'il paraît le plus intéressant à étudier chez l'adulte : l'état limite pour lutter contre la dépression par perte d'objet n'opère ni un refoulement (trop élaboré génitalement) ni un dédoublement de son Moi (trop coûteux économiquement). Comme l'a montré S. Freud en 1924, pour ne pas avoir à se dédoubler, justement le Moi se *déforme*. Il va fonctionner en distinguant deux secteurs dans le monde extérieur : un secteur adaptatif avec lequel le Moi joue librement et un secteur anaclitique avec lequel le Moi se limite à des relations organisées selon la dialectique dépendance-maîtrise. Sans avoir à opérer de déni de la réalité dans ce dernier secteur le Moi va distinguer à propos du même objet tantôt une imago positive et rassurante tantôt une image négative et terrifiante sans possibilité de concilier à la fois les deux imagos contradictoires.

Nous sommes très près de la conception kleinienne du « bon » et du « mauvais » objet et O. Kernberg pense qu'on arrive ainsi à une situation tripartite où une partie du Moi demeure organisée autour des *introjections positives* pendant qu'une autre partie du Moi, tournée vers l'extérieur, considère d'une part comme réalité extérieure les aspects positifs de cette réalité bien investis par la libido et d'autre part rejette, dès que perçus comme tels, les objets externes frustrants et menaçants.

Ce dernier processus constituerait le véritable dédoublement des imagos. Un tel clivage utiliserait donc davantage la forclusion que le déni comme mécanisme auxiliaire à son profit.

Sublimation

On peut tout aussi bien ranger ce processus mental dans les mécanismes de défense et le reconnaître alors comme le seul mécanisme de défense réellement « réussi » puisqu'il ne nécessite aucun contre-investissement pour être maintenu ou bien considérer au contraire la sublimation, du fait même qu'elle n'exige plus de contre-investissement, comme ne pouvant s'inscrire parmi les véritables mécanismes de défense. Le débat ne sera clos ni ici ni demain, mais, quoi qu'il en soit, la sublimation mérite une place à part dans notre étude.

Ce mécanisme, décrit par S. Freud à propos du cas « Dora », ne touche pas seulement la représentation mais le but pulsionnel : le but interdit est abandonné au profit d'un nouveau but, autorisé par le Surmoi. S. Freud pense que les pulsions agressives peuvent se trouver sublimées tout comme les pulsions sexuelles.

La sublimation nécessite la formation du Surmoi, donc le primat du génital dans l'organisation du Moi et l'intégration des pulsions partielles sous ce primat. Elle suppose l'association d'un Moi fort, maître de l'organisation de l'économie psychique, un Ça assez satisfait par ailleurs et non tyrannique, un Surmoi lui-même satisfait aussi (et non trahi) et enfin un Idéal du Moi bien intégré.

Comme dans le cas des perversions, la sublimation ne nécessite aucun refoulement; mais dans les perversions le but sexuel demeure alors qu'il disparaît dans la sublimation.

L'énergie pulsionnelle apparaît comme neutralisée. S. Freud pense qu'il s'agit cependant toujours d'une libido « sexuelle » et objectale alors que H. Hartmann estime qu'il ne faut plus parler de libido mais d'énergie *neutralisée* conduisant à son concept de « *Moi autonome* ».

La notion de sublimation entraîne souvent des confusions : par exemple ce qui est sublimé n'est pas l'œuvre d'art réalisée mais l'activité artistique en elle-même; peu importe la valeur reconnue au résultat. F. Pasche estime que l'artiste suscite chez les autres un plaisir sublimé par des images offertes en nombre illimité alors que le pervers se donne pour lui seul (ou pour ses seuls semblables) des images du réel toutes du même type. C'est bien ce qui distingue l'expression pornographique (statique et assez précise) de l'érotisme artistique (suscitant chez l'autre les représentations les plus libres et les plus variées). La perversion rétrécit les processus mentaux, la sublimation les élargit, de même qu'elle enrichit le Moi.

C'est un processus *normal,* et non pathologique, à condition, bien sûr, qu'elle ne supprime pas, à elle seule, toute activité sexuelle ou agressive proprement dite.

Et à ce sujet encore faut-il bien s'entendre sur ce que renferme le concept de sublimation : la sublimation n'est ni la *formation réactionnelle* (nécessitant un contre-investissement où le Ça est brimé), ni une *formation substitutive* (satisfaction de remplacement), ni une *formation de compromis* (le conscient demeurant seulement méconnaissable), ni une *symbolisation* (expression symbolique du retour du refoulé), ni une *intellectualisation* (formulation abstraite), ni une *rationalisation* (justification des affects) ni un *déplacement* (changement de représentant pulsionnel), ni un *évitement* (fuite du représentant pulsionnel), ni surtout une *inhibition quant au but* avec laquelle on la confond souvent et dans laquelle le but réel se trouve inhibé mais conservé, ni non plus, autre confusion fréquente, une *idéalisation* qui concerne l'objet et non le but de la pulsion et se rapporte non à la libido objectale et au Surmoi mais à la libido narcissique et à l'Idéal du Moi.

Ainsi limitée, la définition de la sublimation se résume à des buts pulsionnels nouveaux et à l'intégration du Surmoi.

En conclusion, pour procéder à une rapide revue des principaux mécanismes de défense sans se limiter à une simple énumération de processus épars, on peut considérer de façon économique et génétique qu'il existe à la fois une constante articulation de nombreuses défenses entre elles et à la fois aussi une hiérarchisation à différents degrés des principales défenses : le refoulement constitue incontestablement la défense principale d'une part parce que c'est la plus élaborée génitalement, d'autre part parce qu'elle revêt dans l'économie des différentes organisations une place quantitative primordiale, même dans les états non névrotiques.

Le refoulement possède un réseau de défenses accessoires et satellites comme l'isolement, le déplacement, la condensation, l'évitement.

Un autre groupe de mécanismes de défense correspond à des mesures plus radicales, plus archaïques que le refoulement et sortent nettement de l'orbite névrotique et essentiellement génitale; ce sont principalement le dédoublement du Moi et le dédoublement des imagos avec leurs satellites d'annulation, de dénégation, de déni, de forclusion, d'identification projective, d'identification à l'agresseur.

La projection et l'introjection conservent une place à part en raison de leur relation avec la dialectique identificatoire du Moi et du non-Moi.

Enfin la sublimation ne peut être classée que de façon isolée étant donné ses caractères tout à fait particuliers.

Tout ceci nous montre l'aspect vivant, la richesse et la variété des défenses possibles chez un même sujet. Ce sujet ne pourra en définitive être considéré comme « malade » à cause de la seule présence de tel ou tel mécanisme à réputation sévère si d'autres mécanismes jouent plus librement à côté. La pathologie demeure essentiellement le fait du manque de diversité, de souplesse, de subtilité et d'efficacité des différents mécanismes habituels de défense d'un individu.

Le sujet « normal » est celui qui possède de « bonnes » défenses, c'est-à-dire assez diversifiées et assez souples pour permettre un jeu pulsionnel suffisant n'opprimant pas le Ça et tenant compte de la réalité sans inquiéter le Surmoi tout en permettant au Moi de s'enrichir constamment dans une relation aux autres suffisamment mature pour autoriser les échanges et les satisfactions à un niveau d'élaboration authentiquement génital.

Bien sûr cet être « normal » ne peut être idéalisé sans failles : tout mouvement régressif, obligatoire et bien banal dans ce qui reste « humain », doit automatiquement être corrigé par une mise en action momentanée plus précise de telle ou telle défense, si possible pas trop coûteuse mais assez efficace pour revenir au plus tôt à l'état d'équilibre et de réalisme décrit plus haut qui ne saurait être considéré comme statique de façon utopique ou inquiétante mais correspondre à un axe moyen autour duquel le Moi normal ne peut cesser d'osciller pour s'enrichir mais aller au-devant, du même coup aussi, de nombre d'incidents plus ou moins sérieux de parcours qui demeurent les risques de son destin.

La régression

PAR

P. DUBOR

L'idée d'un *cheminement rétrogressif* de l'excitation a été emprunté à Breuer, mais c'est à la présentation beaucoup plus précise de Freud dans la *« Traumdeutung »* que nous nous arrêterons en décrivant les *trois aspects classiques* et *« toujours entremêlés »* de la régression :

a) Une **régression dite topique,** parce que l'excitation paraît y parcourir « à rebours » *l'appareil psychique :* allant habituellement de son extrémité perceptive vers le pôle moteur, l'excitation parcourt au contraire, lors du rêve, un *cheminement rétrograde.* L'accès à la motilité lui étant refusé, l'énergie reviendrait essentiellement activer le *système perceptif* dans une création *d'images sensorielles,* presque hallucinatoires qui caractérise l'aspect imagé du rêve (ou, à un moindre degré, de la mémoire).

Conception donc, *spatiale et synchronique* du cheminement libinal dans un *appareil psychique,* d'où l'appellation de « *topique* ».

b) Dans la **régression temporelle** sont reprises les étapes dépassées du mode d'organisation libidinale. Le sujet utilise alors cette forme particulière de la régression qui s'appuie sur le postulat d'un *développement génétique et diachronique* des individus. Elle est en rapport avec les mécanismes de défense prédominants, propres à chaque stade (telle que l'introjection orale ou la maîtrise anale) et elle implique naturellement des niveaux de fonctionnement du *Moi* correspondants qui apparaissent dans les différents aspects de la relation d'objet (orale, anale, etc.).

c) Dans la **régression dite formelle** on voit des modes d'expression et de figuration archaïques remplacer des modalités expressives plus évoluées (tel l'agir prenant la place de la mentalisation, ou l'hallucination remplaçant la représentation du désir etc.).

Ces trois formes classiques de la régression montrent bien en fait les aspects multiples de cette notion qui concerne : tantôt l'idée d'un appareil psychique (c'est le cas de la régression topique), tantôt l'idée d'un processus maturatif et génétique des individus, tantôt enfin elle concerne les modalités fonctionnelles particulières de l'activité psychique comme c'est le cas de la régression formelle.

Pour aborder, sur le plan des investissements *topiques,* le problème de la régression, force nous est de la situer à mi-chemin entre l'investissement *objectal* proprement dit, *progrédient,* visant à acquérir à l'extérieur un *objet de désir qui est temporairement absent* dans un *éprouvé de manque,* et la situation inverse, qui, sous les traits de la *répétition* se caractérise comme pure reprise d'un trajet déjà totalement parcouru, par l'éternel retour au même et par *l'absence de progression* (investissement en fait d'une fonction pour elle-même plus que « découverte » véritable d'un objet qui n'est pas en question dans la répétition).

La répétition ne « lie » pas au sens d'un processus de liaison progrédient, source de plaisir dans une représentation de désir, la répétition est investissement du même, du déjà là, c'est-à-dire en fait, du sujet lui-même : plaisir de maîtrise et de fonction plus que plaisir d'objet.

A mi-chemin donc, *la régression* se présente comme *retour sur un objet familier* (qui n'est donc pas véritablement absent comme l'objet qui manque), auquel s'ajoutera l'éprouvé fonctionnel du *retour sur soi* par le trajet familier qui y mène.

Dans la régression, l'investissement porte autant sur le plaisir de parcourir un chemin bien connu (où le sujet pour ainsi dire *se retrouve narcissiquement)* que de retrouver l'objet; investissement donc, à double visée : mi-narcissique, mi-objectale et dans lequel le contingent des investissements narcissiques reste important par rapport à l'investissement des objets plus aléatoire (un prétexte, dirais-je en exagérant quelque peu...).

Nous devons également souligner la relative proximité (et les différences) existant entre la *régression* et *les phénomènes transitionnels.*

L'investissement de l'objet transitionnel (qui est à la fois — d'après *Winnicott : Soi* et *non-Soi* est à rapprocher de l'objet régressif qui est aussi objet (c'est-à-dire *non-Soi* et familier (c'est-à-dire *Soi*). Il est intéressant de noter que le mouvement spécifique de la transaction progressivement développée grâce au narcissisme est toujours soutenu par *l'anaclitisme* de la situation vis-à-vis de l'objet, alors que le Moi régressif implique d'abord un renforcement narcissique (par le fait qu'il s'agit d'un investissement connu) qui peut (mais pas obligatoirement) permettre un *réinvestissement objectal secondaire.*

Le phénomène transitionnel n'est pas régressif en soi : il représente une façon particulière (et encore très narcissique) d'aborder la perspective objectale progrédiente; par contre, la régression est une forme particulière de relation transitionnelle, toujours déterminée par la double appartenance de l'objet au soi et au non-Soi... mais caractérisée par la *double polarité qu'elle implique quant à son orientation narcissique/objectale.*

La régression devra également être différenciée de la *fixation.* La première différence, la plus fondamentale, consiste dans *l'éventualité d'un retour ultérieur au progrédient* qui est contenu dans l'idée de régression, alors qu'il est pratiquement « barré » dans celle de fixation. Ceci nous permet d'aborder la différence de statut *métapsychologique* de ces deux éléments fort distincts à ce niveau bien que souvent confondus *phénoménologiquement* et source de bien des confusions par le caractère imprécis de leurs limites (différence entre l'état et le mouvement régressif).

Comme de nombreux auteurs l'ont fait remarquer *(Barande, Pasche,* etc.) *la notion de régression implique son pendant progrédient comme possible,* et avec lui, un retour ultérieur vers l'objet externe et l'objectalisation qui le connote et que la régression prépare. Le « *mécanisme de défense* » qu'est la régression se présente en cela d'une façon très particulière puisque, contrairement aux autres, elle ne se contente pas d'éviter des plaisirs ou des représentations dangereuses pour le Moi (position qui en soi n'a que l'avantage *d'éviter une source de déplaisir ultérieur :* on peut dire qu'en plus, elle ouvre temporairement au Moi une dimension que je gratifierais de « *consolatrice* », c'est-à-dire, *gratifiante d'une manière ou d'une autre pour le narcissisme,* ce en quoi l'on peut parler d'une dimension *réparatrice de la régression.* C'est là en effet une de ses fonctions primordiales, sinon la fonction primordiale de ces modalités existentielles).

Ceci implique son extrême fréquence en pathologie et dans les comportements les plus normaux où elle représente un mécanisme de *renforcement narcissique* préludant l'investissement ultérieur du monde objectal dont elle apparaît comme le *temps préparatoire.*

Cet aspect expliquera également qu'on retrouve la régression à chaque instant comme mécanisme précoce de la réparation d'un traumatisme tendant à éviter l'apparition d'une véritable névrose traumatique, soit au contraire, à faciliter la liquidation de cette dernière lorsqu'elle s'est manifestée (et si, pour ainsi dire, la régression n'a pu s'avérer d'emblée et par elle seule, efficace).

En cas d'échec de cet ordre, on sait qu'il y a, ainsi que *Freud* l'a bien montré, apparition d'une tendance à *assumer (de manière active)* le *traumatisme en le « répétant »* de nombreuses fois. On peut sans gros risque d'erreur dire que, ultérieurement, le traumatisme commencera à être vraiment

« dépassé » quand la maîtrise répétitive laissera peu à peu la place à une position d'ordre régressif.

Une même problématique est à considérer avec les manifestations *dépressives* où la régression, par son aspect *renforçateur du narcissisme,* viendra soit empêcher l'apparition du mouvement dépressif en s'y opposant, soit permettre ultérieurement, sa liquidation (ou, en tout cas, son amenuisement) par l'enrichissement narcissique qu'elle implique. La régression permettra le *réajustement narcissique* indispensable à l'amélioration du vécu et son maniement, bien conçu, représentera dans la thérapeutique, une arme de premier plan.

La pathologie de la régression trouve sa pleine expansion dans la *chronicisation* en tout genre : qu'elle soit *asilaire, pseudo-obsessionnelle, institutionnelle* ou autre. L'agir régressif et la satisfaction qu'il entraîne peut en effet, par le déficit d'objectalisation qu'il implique, aider à maintenir un système de vie relativement fermé sur lui-même et finalement peu compatible avec une existence adaptée aux réalités.

BIBLIOGRAPHIE

BARANDE (R.). — Le problème de la régression. *Rev. Fr. Psychanal,* 1966, n° 4, p. 351.

BENASSY (M.). — *Le Moi et les mécanismes de défense,* in NACHT (S.). *La théorie psychanalytique,* 1969, P.U.F., Paris, pp. 285-338.

BERGERET (J.). — *La Personnalité normale et pathologique,* 1974, Dunod, Paris. — *La Dépression et les Etats limites,* 1975, Payot, Paris.

FENICHEL (O.). — *La théorie psychanalytique des névroses,* 1953, P.U.F., Paris, (2 vol.).

FERENCZI (S.). — *First contributions to psycho-analysis,* 1952, Hogarth Press, London, pp. 40-43.

FREUD (A.). — *Le Moi et les mécanismes de défense,* 1949, P.U.F., Paris, pp. 38-45.

FREUD (S.). — *Les psychonévroses de défense,* 1894, S.E. III, pp. 45-61. — *Etudes sur l'hystérie* (1895), 1956, P.U.F., Paris. — *La science et les rêves* (1900), 1950, P.U.F., Paris. — *Cinq psychanalyses,* 1954, P.U.F., Paris. — *Métapsychologie* (1915), 1952, Gallimard, Paris. — Psychologie collective et analyse du Moi (1921). In *Essais de psychanalyse,* 1951, Payot, Paris. — La négation (1925). *Rev. Fr. Psychanal.,* 1934, 7, n° 2, pp. 174-177. — Inhibition, symptôme et angoisse (1926), 1965, P.U.F., Paris.

GREEN (A.). — Névrose obsessionnelle et hystérie. *Rev.. Sr. Psychanal.,* 1964, 28, n° 5-6, pp. 679-716.

KLEIN (M.). — On the development of mental functionning. In *Int. J. Psycho-Anal.,* 1958, 39, pp. 84-90.

KLEIN (M.). — *La psychanalyse des enfants,* 1959, P.U.F., Paris.

LAPLANCHE (J.) et PONTALIS (J. B.). — *Vocabulaire de la psychanalyse,* 1967, P.U.F., Paris, 520 p.

NACHT (S.) et coll. — *La psychanalyse d'aujourd'hui,* 1956, P.U.F., Paris.

WINNICOTT (D. W.). — Processus de maturation chez l'enfant, 1970, Payot, Paris.

DEUXIÈME PARTIE

CLINIQUE

5

ENTRETIEN AVEC LE PATIENT EN PSYCHOLOGIE PATHOLOGIQUE

PAR

J. BERGERET et P. DUBOR

Il ne s'agit pas pour nous de traiter ici des examens particuliers propres aux psychologues (tels les tests projectifs ou de niveau, etc.), mais de demeurer, une fois les examens strictement médicaux terminés, ou simplement *à coté* d'eux, très près de l'entretien de type *psychologique*.

Les « observations » classiques peuvent se situer à divers niveaux depuis l'observation de type « botanique » par exemple qui considère son objet du dehors jusqu'à l'observation de type psychanalytique (où se trouve intégrée la dimension historique de l'objet vu, grâce au transfert, par l'intérieur, en sujet) en passant par l'observation phénoménologique du patient considéré « en situation ».

L'entretien psychologique demeure commun au psychiatre et au psychologue clinicien, soit avant un examen médical pour préparer celui-ci, soit après un examen médical pour le compléter, soit sans examen strictement médical dans certains cadres institutionnels non médicaux (problèmes scolaires, orientation, etc.) où des difficultés pathologiques peuvent cependant être détectées, ce qui nous ramène au premier cas.

L'entretien psychologique, nous ne le répéterons jamais assez, ne doit surtout pas être considéré dans sa conduite, dans sa forme comme dans son but comme un examen médical; mais il ne peut constituer non plus pour le médecin une façon très tentante de s'esquiver et d'aliéner une partie de ses responsabilités; il lui est possible de les partager afin de les assumer sur la base d'un éventail plus large, non de s'en dessaisir.

Dans le cadre de l'entretien psychologique nous ne sommes intéressés ni par le symptôme en soi ni par les expressions somatiques seulement. Le patient ne se limite pas à un rôle d'objet passif, comme dans un banal interrogatoire ou un examen technique; il se place d'emblée en *sujet actif* organisateur réel de son propre *mode de communication* avec le psychologue, ce dernier étant vécu comme « receveur » et comme « témoin » C'est une position nettement intersubjective.

Le psychologue doit se garder d'interpréter d'emblée (surtout en termes « d'Œdipe » alors que le plus souvent il s'agit de « pseudo-Œdipe » défensif) les propos du patient avant de connaître *l'ensemble* du discours. Il convient de ne rien imaginer *à sa place* ou *à l'avance*.

Première partie de l'entretien

Ce n'est pas un interrogatoire mais une *écoute*. Le sujet doit être placé, le plus possible, à l'aise. Les conditions matérielles (temps, lieu, distance, argent) ou affectives (disponibilité, authenticité, empathie) revêtent une importance extrême. La durée peut aller de quelques minutes (quitte à répéter les entretiens quand l'angoisse est trop marquée et semble insurmontable) à une heure mais il ne convient jamais de dépasser cette limite. Le paiement (direct ou indirect) ou la gratuité de l'acte présentent tous deux des avantages comme des inconvénients qu'il ne faut pas méconnaître.

Le patient doit disposer de la liberté d'organiser spontanément son mode d'expression relationnelle (fusionnelle, anaclitique, triangulaire), son type d'angoisse (de morcellement, de perte d'objet ou de castration) qu'il ne faut pas confondre, et doit pouvoir mettre en avant ses principales défenses habituelles pouvant aller du refoulement (principal mode du névrosé) au dédoublement du Moi (chez le psychotique) en passant par le dédoublement des imagos ou le déni (de quoi ?) ou la projection (dans les états intermédiaires) et aussi des mécanismes satellites du refoulement comme le déplacement, la dénégation, etc.

Du symptôme, il vaut mieux ne pas parler soi-même tout en autorisant, bien sûr, le patient à nous en entretenir quand il veut et comme il veut. La « chasse aux renseignements » est un style à redouter.

Par contre on ne saurait oublier l'importance pour le psychologue de bien remarquer le mode d'expression verbale, le niveau d'évolution affective, le degré d'adaptation aux réalités, la densité du discours, la souplesse ou la rigidité de l'attitude, le climat plus ou moins érotisé du dialogue, la mimique.

La façon dont ces remarques sont recueillies et vécues par le psychologue lui-même nécessite de sa part un réexamen personnel et intérieur dans un deuxième temps comportant un recul nécessaire à l'écoute de ses propres sentiments en face de l'autre, c'est-à-dire son propre contre-tranfert.

On notera, dans les mêmes conditions, le débit verbal du patient, le ton, les prises de distances dans le discours (silences, repos, rejets, coups d'arrêt des échanges), le besoin d'isoler l'interlocuteur, de le maîtriser, de le neutraliser (certains parlent sans cesse pour fuir le dialogue), la façon de négocier l'angoisse ou l'agressivité, les possibilités d'identifications, les inhibitions (intellectuelles ou affectives), les facultés défensives ou adaptatives dans une situation nouvelle et imprévue, les facilités d'évocation et d'élaboration des souvenirs, le mode de fonctionnement mental (fantasmes, rêves, comportements, réticences et projections), les conflits et les défenses mises en œuvre à leur encontre.

On recherchera comment s'établit le mode de cloisonnement entre conscient, inconscient et représentations fantasmatiques; on resituera le symptôme au niveau mental, ou bien au niveau du comportement, ou encore au niveau du somatique.

On distinguera « l'agir » de décharge (destiné à éviter le temps du désir et ses représentations) de « l'agir » en tant que prélude à l'élaboration verbale.

Deuxième partie de l'entretien

Cette deuxième partie concerne ce qui n'a pas été dit spontanément et qu'il nous faut savoir cependant, sans toutefois soumettre le patient « à la question » par une technique plus ou moins inspirée du classique « interrogatoire » toujours ressenti comme accusateur et policier, ce qui ne peut aider même un masochiste.

Nous tenons à bien préciser que « l'entretien », objet de cet article, concerne en réalité l'ensemble de l'investigation psychologique par un dialogue direct au sens très large du terme, et non pas obligatoirement une *seule* séance de face à face (si possible sans intermédiaire ni personne, ni table, ni encore moins de « bureau »). Il est parfois souhaitable et même indispensable (surtout en ce qui concerne cette deuxième partie) de multiplier les séances de dialogue, sans que cela prenne non plus une allure de psychothérapie (en centrant à cette fin les zones d'intérêt sur des points précis et non sur un hasardeux « racontez-moi votre vie »).

Il y a lieu parfois de relancer certains sujets puis de laisser le patient parler seul si possible. Des grognements ou une mimique d'interrogation font souvent fort bien l'affaire.

Il s'agit de combler les principales lacunes du discours (autant que faire se peut — sans zèle ni désir de perfection, ce qui s'avérerait inquiétant et rapidement inutile) en essayant de remarquer d'abord sur quoi portent les « trous » de la première partie.

Au premier entretien ou au cours de ceux qui suivront, cela n'a pas d'importance, il nous faut connaître un certain nombre de points :

Les antécédents personnels du sujet. – Où il est né ? De parents originaires de quelle région ? Où il a vécu successivement ? Comment s'est déroulée son enfance ? Puis son adolescence ? Ses études ? Leurs difficultés ? Son éventuel service militaire ou civil ? Bien entendu, comme allant de soi, il doit nous exposer son âge, sa profession, ses difficultés ou ses désirs.

Les parents. – Il nous faut recueillir de la façon la plus spontanée des renseignements sur le père et la mère : vivants ou non ? Présents ou absents au foyer ? Leur profession ? Leur âge ? Leur santé ? Leur caractère ? Comment ils s'entendaient ? Qui imposait sa volonté à l'autre ? Le mode de relations anciennes et actuelles du sujet avec les deux parents ? A qui il pense davantage ressembler ?

La fratrie. – Combien de frères et sœurs ? Vivants ? Décédés ? (de quoi ? à quel âge ?) la place du sujet dans cette fratrie ? Leur sexe, âge, profession, santé ? Mariés ou non ? A qui ? Leur mariage est-il heureux ? Ont-ils des enfants ? Les relations anciennes et actuelles du sujet avec ses frères et sœurs ?

Le conjoint éventuel. – Age ? Profession ? Santé ? Caractère ? Date de mariage ? Durée et conditions des fiançailles ? (les « agis » qui y furent liés : « coup de foudre », mariages précipités, drames familiaux ou incidents insolites, etc.). Comment ils se sont connus ? Comment était l'entente au début du mariage ? Par la suite ? Qui a décidé le mariage ? L'un des conjoints seul ? Les parents ? Une autre personne ? L'enfant à venir ? Comment a été fait ce choix ? Répète-t-il une relation avec un parent ? Est-ce réellement pour s'aimer ou plus subtilement pour s'opposer, dominer l'autre ? (conjoint faible, malade, sans avenir…).

Quels furent les avatars de la situation du couple ? Physiques, sociaux ou sentimentaux ? Les éventuelles liaisons extraconjugales de l'un ou de l'autre côté ? Comment furent-elles vécues par chacun des conjoints ?

Les enfants. – Leur nombre ? Leur âge ? Leur sexe ? Leur santé ? Leurs études ou professions ? S'ils ont été désirés ou non ? Les problèmes relationnels avec eux et entre eux ? Comment s'en occupe-t-on ? (Les laisser faire ? Tout leur imposer ? Ne rien leur imposer ?).

La santé actuelle du patient. – Son poids par rapport à sa taille ? Son allure générale. Nos remarques morphologiques doivent être prises en considération, de même que nos réactions de sympathie ou de mise à distance de l'interlocuteur. Il nous faut connaître également les maladies antérieures, les éventuels accidents ou les interventions chirurgicales pratiquées. Puis on doit nous exposer l'état actuel, les éventuels troubles « digestifs », du « sommeil », des « règles », de « l'appétit », le comportement devant le tabac, l'alcool, le café, etc., tout cela de la façon la plus banale et la plus spontanée qui soit. Cette partie de l'entretien ne doit trancher en rien sur le reste du dialogue :

Prégénitalité. – Oralité (appétit alimentaire et affectif, besoins, avidité, résistance aux frustrations) et analité (digestion physique et « morale », propreté, méticulosité, ténacité, argent, mode de transit digestif et d'expression affective).

Génitalité. – C'est d'une façon toute naturelle, comme allant de soi, que doivent être abordés les problèmes de la masturbation (obsédante, absente, banale, avec quels fantasmes ?) des attirances sexuelles successives (masculines, féminines ou inversement selon le cas), des relations sexuelles (à quel âge la première ? quel en fut le vécu ? et depuis comment les choses se passent-elles ?), des éventuelles liaisons (pour quelles raisons précises ? à la place d'un manque pour fuir la solitude ou pour fuir au contraire le contact à deux seulement).

La difficulté pour le psychologue réside souvent dans le choix, devant un excès de « discrétion » du patient entre la question à poser tout de suite ou l'attente d'un entretien ultérieur. S'il n'est nullement conseillé d'inquiéter en posant des questions précises, il serait encore plus fâcheux de pouvoir être ressenti comme inquiet et gêné de poser ces mêmes questions. L'important semble résider dans la simplicité et la « santé » du style employé dans l'écoute du sujet. Ni excès de pudeur, ni excès de « naturisme ». Il existe autant de façons maladroites d'être trop discret que trop curieux…

L'onirisme doit être rapidement abordé. Sans vouloir (ni pouvoir) interpréter les rêves, il nous faut cependant savoir où en est le patient sur le plan du sommeil et de l'élaboration onirique. Se souvient-il de rêves ? Quel type de rêve, surtout, revient-il le plus souvent au cours des nuits ? Autrefois ? Actuellement ?

Les rapports sociaux doivent ensuite être examinés avec soin et précision : problème de la profession (Avenir ? Satisfait ? Aurait voulu ? Souhaiterait ?) Rapports avec les supérieurs ? Les collègues ? Les subalternes ? Le patient a-t-il des amis ? (des « vrais » ou de simples « camarades » ? Peu ou beaucoup ? Autrefois ? Actuellement ?). Quels sont ses loisirs ? (Dimanches ? Vacances ?) Ses violons d'Ingres ? (Sports ? Arts ?) Et une question importante, à poser adroitement et à enregistrer avec tact et précision : préfère-t-il vivre *seul* ou en *groupe ?*

Il y a lieu de toujours terminer l'entretien en demandant au sujet trois choses : ce qu'il aimerait dire de plus ? Ce qu'il attend de cet entretien ? Ce qui, *à son avis à lui,* ne va pas *en lui ?*

Réflexions

Ce qui s'est déroulé au cours de l'entretien n'est ni un « accident » ni une « épreuve » ni une « mise en cause », C'est une *tranche de vie.* C'est une expérience relationnelle typique et répétitive du patient quant à ses conflits, ses échecs, ses désirs et ses manques, ses adaptations ou ses défenses moins heureuses.

Peu à peu, pendant que se déroule cet entretien (ou *ces* quelques entretiens successifs) le sujet ne va plus pouvoir jouer avec la situation de manière à masquer son personnage profond. Si toutes les précautions requises sont respectées par le psychologue, le sujet va se trouver progressivement et automatiquement amené à *vivre* ici son mode de relation avec ses angoisses et ses frustrations, ses colères et ses revendications. La structure profonde ne peut faire autrement que de se mettre lentement en évidence devant celui qui sait attendre, écouter, ne rien imposer, tout accepter sans réaction sélective.

Le psychologue ne devra manifester ni angoisse ni agacement, il devra réinventer, spontanément et avec chacun, un style naturel et détendu, reflet non pas d'un jeu superficiel, aussi astucieux soit-il, mais d'une *sérénité affective* réelle et profonde en lui, ce que détecte parfaitement et très vite tout interlocuteur.

Mais ne soyons pas trop ambitieux ni surtout trop pressés ou trop « pressants »; même en voulant éviter soigneusement la trop fréquente « tauromachie » des entretiens menés par des enquêteurs trop zélés, même en acceptant de ne pas arriver trop vite à un « but » (comme s'il s'agissait d'une « mise à mort »), l'écoute demeure forcément incomplète, fragmentaire, à poursuivre et à compléter avec le temps. Il convient de savoir s'arrêter après trente à cinquante minutes (le plus souvent) selon les sujets, avant que le patient n'ait eu l'impression fâcheuse d'être vidé, « vampirisé » par un inquisiteur sadique.

Le problème des silences est rarement évoqué par les auteurs; pourtant il faut savoir les supporter sans impatience mais sans excès de complaisance non plus. Le patient a parfaitement le droit de se taire mais la réalité de l'entretien implique qu'il est là pour parler. « *L'écoute du silence* » ne doit déclencher chez le psychologue ni colère ni complicité.

A ce propos nous ne saurions trop insister sur les dangers d'afficher une quelconque « *bonté* » à l'égard du patient. Cette forme souvent raffinée de mépris est tout aussi douloureusement ressentie par le sujet qu'un raptus hostile et la réaction de protestation du patient se trouve le plus souvent fort justifiée.

Il y a lieu d'éviter rigoureusement de répondre aux provocations soit sadiques soit masochiques du sujet, d'écarter la tentation de le dominer (ne serait-ce qu'en voulant « tout savoir » sur lui).

Il faut connaître un autre piège bien classique en se rendant compte que toutes les fois qu'un patient met en avant des éléments génitaux et œdipiens trop spectaculaires, c'est pour masquer l'importance primordiale de ses conflits prégénitaux bien cachés et que toutes les fois qu'un patient met en avant des éléments prégénitaux (oraux et anaux) trop manifestes, c'est pour masquer l'importance de ses conflits œdipiens et génitaux sous-jacents. Ce subterfuge est tout à fait courant mais des analystes chevronnés eux-mêmes ne manquent pas d'y tomber, surtout ceux qui s'occupent d'enfants ou de grands immatures.

Il est obligatoire pour tout « psychiste » de prendre garde (et malgré tout de succomber parfois) aux provocations du sujet sur le plan des émois agressifs, amoureux ou homosexuels de la part du patient. Bien sûr les cas « d'agis » à ce niveau demeurent tout aussi exceptionnels que célèbres, mais des vécus fâcheux peuvent s'établir sans aucun agi et la bonne conscience ne doit pas être sauve pour autant. Un vécu agressif ou amoureux inconscient de la part du psychiste peut bloquer ou conflictualiser de façon durable ou même définitive une situation.

« **La fin de l'entretien** » constitue une expression fort mal adaptée au mode de séparation entre les deux interlocuteurs : un entretien psychologique ne peut en vérité avoir de « fin »; même si le psychologue ne doit jamais revoir le sujet par la suite, l'entretien ne peut que rester *ouvert.* Son but est de poser au patient des problèmes plus authentiques et plus profonds que ceux pour lesquels il était venu à nous. Le patient doit comprendre qu'il n'y a aucun intérêt à faire semblant de résoudre sur-le-champ et *à sa place* les difficultés, réelles mais superficielles, qu'il ressent et qu'il met en avant.

L'entretien psychologique ne peut constituer une psychothérapie en profondeur. S'il revêt parfois l'aspect d'une psychothérapie d'urgence et de soutien narcissique, ce n'est là qu'un effet secondaire et sans suites durables. L'entretien psychologique se situe le plus souvent comme *prélude,* autant chez le patient que dans l'équipe thérapeutique, à une réflexion et à des décisions touchant au choix des solutions de traitement et, bien sûr, d'une éventuelle psychothérapie comme aux modifications à apporter, le cas échéant, aux habitudes du patient (changement de profession, de mode de vie ou même hospitalisation).

*

* *

Quant à la question des ***notes*** résumant et matérialisant (tant bien que mal) l'entretien, leur volume et leur mode de rédaction dépend essentiellement et de la personnalité du psychologue et du genre de cas présenté par le sujet. Il est toutefois utile de savoir que prendre le minimum de notes devant le patient et le maximum après son départ constitue la pratique la plus sage autant pour éviter trop d'angoisse au malade que pour assurer une meilleure synthèse de son problème du côté du psychologue.

6

NOTION DE SÉMIOLOGIE

PAR

P. DUBOR

DÉFINITION ET COMPRÉHENSION D'ENSEMBLE

C'est d'une manière générale l'étude des ***signes***, des manifestations cliniques *dotées de significations* (semaïno : je signifie).

Véritable découpe *différentielle* [7, 1], organisatrice de sens, taillée dans le vécu du patient, qu'il s'agisse du vécu extérieur, *comportemental,* et objectif, ou de son vécu intérieur, de son *éprouvé subjectif* proprement dit, la sémiologie étudie dans sa « présentation », aux yeux, à la sensibilité et aux affects de l'observateur des manifestations perceptibles de l'organisation psychopathologique des patients.

Découpe, elle introduit déjà dans sa démarche l'ébauche d'un regroupement, d'une première *organisation signifiante* qui place d'emblée le signe en question dans un ensemble plus vaste dont il ne sera qu'un modulateur.

Différentielle, elle apportera comme le mot dans la phrase (et si l'on me permet de pousser plus loin cette comparaison linguistique qui n'apparaît pas ici de façon fortuite), comme le *paradigme* s'inclut dans l'organisation syntagmatique, pour apporter dans la *structuration* qui s'ébauche des *valeurs significatives* qui lui sont propres.

C'est dans cette double perspective de *signe,* élément perceptible de différenciation positive, à valeur *sémiotique, paradigmatique* d'une part et du même *signe,* élément syntagmé d'un ensemble plus vaste dans lequel il apparaît comme la *partie de tout* plus grand que l'ensemble de ses parties respectives, telle est la dimension dite *sémantique,* le deuxième volet de cet élément signifiant.

Telles seront électivement classées les deux opérations « majeures » de cette appréhension clinique des signes. Nous nous proposons maintenant d'en aborder l'étude, non sans avoir auparavant spécifié qu'il s'agissait en fait d'une certaine manière d'envisager la question, qui ne préjuge nullement d'un quelconque rejet des autres taximonies *sémiologiques* qui sont comme le fait si bien remarquer H. Ey [2] dans son traité, multiples et complémentaires.

Comme dans toute entreprise visant à saisir les modalités relationnelles d'une personnalité en cours d'évolution, cette étude du sujet en *situation relationnelle* ne pourra être qu'arbitrairement séparée de son activité thérapeutique, dans la mesure même où toute mise en contact relationnelle entraîne au niveau de la personnalité du patient des manifestations dynamiques susceptibles de modifier la constitution de son moi.

Pour des raisons didactiques, nous progresserons ici de *l'extérieur vers l'intérieur, de l'objectif vers le subjectif,* ou plus exactement d'un niveau *d'objectivation maxima* vers une approche de sa *subjectivité,* sans oublier jamais qu'il s'agit bien d'une seule et même expérience.

Partant de la description globale et comportementale, nous remonterons à travers *l'expérience vécue* du patient dans le décours de son *moment actuel d'organisation,* pour aboutir plus tard à la saisie plus fondamentale *de sa relation d'objet* et à son *organisation structurale* dite de base.

Il est à noter que si ce programme n'est pas antinomique avec la notion médicale de *diagnostic,* elle doit cependant s'en différencier de façon notable par le sens *donné à cette élaboration :* je veux parler ici encore de l'aspect essentiellement *pragmatique* de cette *dénomination structurale* qui ne doit en aucun cas être considérée comme une fin en soi, faisant oublier le *patient et sa vérité* en cours de constitution : tel est bien finalement l'objet de toute approche en psychologie pathologique qui ne peut en aucun cas rester *simple observation* ou simple *classification.*

Cette élaboration diagnostique épurée de toute visée *taxinomique* et *chosifiante* ne doit en fait matérialiser pour l'observateur ou le thérapeute qu'un *certain modèle de référence,* se présentant à lui comme « un pointillé du sujet à silhouetter », *découpe organisatrice de sens* et non *carcan nosographique.*

De même que dans la *nomination* [4], le mot rassemble dans un *signifiant préétabli* de manière culturelle certaines aires de *représentation sémantiques,* capables d'enrichissement dans le développement ou le *procès* du mot, de même la nomination diagnostique, base de départ dans la compréhension du sujet doit s'efforcer d'en préciser les contours sans en limiter pour autant l'expansion et surtout sans en empêcher la restructuration éventuelle.

Dans cette introduction relativement longue, nous avons voulu souligner la signification profonde du travail sémiologique qui nous paraissait importante à préciser. La façon dont est conduit cet abord sémiologique présente, comme nous l'avons vu, une incidence directe sur le patient et sa personation, nous tenions pour ces raisons à bien l'expliquer ici.

Nous exposerons par contre dans une brièveté voulue dont nous nous excusons d'avance auprès du lecteur le contenu même de cet abord sémiologique. Cette étude a d'ailleurs été fort bien faite dans un certain nombre de traités auxquels il nous arrive fréquemment de nous référer, je ne ferai que rappeler celui déjà cité de H. Ey [2] qui, à mon sens, est certainement le plus complet et le plus mûri sur cette importante question. Notre position *complète* l'abord d'une sémiologie descriptive classique, elle ne la supprime en rien.

SÉMIOLOGIE DU COMPORTEMENT

Elle sera le premier volet auquel nous nous arrêtons quelque peu, soulignant au passage les premiers éléments significatifs perçus dans le contact avec le patient.

■ ***L'aspect général*** tout d'abord, l'impression subjective première qui en découle, la sympathie, l'antipathie immédiate, l'impression de malaise ou de désagrément qu'un premier contact peut déclencher chez nous, représentent le cadre réel de la relation qui s'ébauche. L'impression de force ou de faiblesse que l'on perçoit, sa richesse ou sa pauvreté précéderont dans une estimation globale, synthétique, ce que nous pouvons apprécier de la tenue générale du patient, de sa gestuelle, de sa mimique, de sa vêture aussi naturellement, de ses possibilités d'expression verbale ou infra-verbale enfin.

■ ***Dans l'affectivité perçue :*** il y a **les sujets en expansion,** ceux qui bougent beaucoup, qui parlent beaucoup, ceux qui s'agitent, ceux qui crient, ceux qui sont euphoriques, ceux qui sont clastiques, ceux qui sont habillés de façon fantaisiste (« débraillés » ou déguisés), adaptés ou non adaptés, exprimant ainsi par ce comportement général et vestimentaire leur *conservatisme ou leur transgression…*

Il y a ceux qui rient, ceux qui chantent, ceux qui ne peuvent plus parler tant ils ont crié fort (comme chez les maniaques), ceux qui jouent avec les mots dont ils « assomment » l'entourage de façon parfois agressive ou caustique, ceux pour qui tout est prétexte à paroles ou à cris de joie…

Il y a les béats, qui sont heureux une fois pour toutes, comme cela peut se voir chez certains déments organiques on non, toujours satisfaits, un éternel sourire figé sur les traits sans rapport avec le réel...

Il y a ceux qui sont en contraction, figés, guindés et froids, sans mouvements, sans paroles, et sans intonations, désespérément vides, neutralisés et *neutralisants,* devant lesquels on ressent d'emblée une impression pénible et mortifère, ceux qui n'ont pas de *désirs* (ou qui sont *discordants),* ceux qui ne sont *qu'événements* extérieurs à eux ou *qu'agir* (ça ne désire pas) comme on en rencontre beaucoup parmi les schizoses ou *dans les névroses* dites *de caractère.* Bien souvent ils ne parlent pas (la parole comportant en soi l'ébauche d'une *démarche,* d'un *désir*) ou s'ils parlent, c'est d'un ton glacial ou figé pour « débiter » de façon mécanique certaines banalités (ça va... ça va) ou certaines généralités (parlant alors *comme un livre)* ou encore pour exprimer l'avis des autres *(cf. la voix de son maître...),* il est curieux de constater chez eux l'insuffisance majeure de *la fonction fantasmatique* qui, en tant que structure d'organisation des désirs s'avère comme c'était le cas pour la parole considérablement diminuée. Ces patients ont la possibilité d'utiliser des *décharges affectives* sous forme [6] *agie* (1)ou dans des manifestations hallucinatoires ou délirantes dans lesquelles ils ne sont manifestement plus *en position de sujet.* La question de l'agir et de sa signification a été particulièrement étudiée dans le rapport de Rouart et dans les interventions qui suivaient au Congrès des Psychanalistes de Langue Romane de 1967.

D'autres, enfin, sont en **dépression,** tristes et effondrés, ils offrent à notre perception, un vécu douloureux et souffrant, tel celui du mélancolique qui va toujours *vers la mort et la perte d'amour,* à l'opposé du schizophrène du paragraphe précédent qui « *est mort* » ou qui n'existe pas réellement...

Il y a leur mimique triste et douloureuse, leurs gestes pauvres, leurs *paroles* à tonalité effondrée, à rythme lent, à contenu toujours noir, *leur désir de mort* exprimé ou non, leurs soupirs, ou leurs gémissements qui sont parfois leur seul langage exprimé.

Il y a ceux qui ne peuvent ni se lever, ni manger, qui se laissent mourir de faim, incapables qu'ils sont du moindre geste extérieur *vers la vie* (parler, marcher, etc.). Ceux qui ne s'habillent pas, ne se lavent pas... Ceux qui se disent ruinés, ceux qui *s'accusent de tout,* qu'il s'agisse de crime au sens légal, de vol, ou de tout comportement d'indignité. Il y a ceux qui sont *damnés,* ceux qui n'ont *« plus d'intérieur,* plus de ventre, plus d'estomac... plus de toit à leur maison... plus de sexe... ».

Il y a ceux qui **se suicident** enfin, agissant dans cet acte mortel le devenir mortifère de leur vie.

---

(1) Il est capital de bien différencier les deux aspects extrêmes des agirs :
– agirs de décharge à valeur presque exclusivement *économique* et les
– agirs maturants, temps premier de la mentalisation ultérieure (à valeur *sémantique*).

■ En ce qui concerne l'organisation proprement dite du *vécu psychiatrique actuel,* il est classique d'apprécier la valeur générale de la *fonction* ***intellectuelle*** (appréciée ou non par les tests).

Tout d'abord le degré plus ou moins grand de *vigilance, l'éveil ou le sommeil, la présence ou l'absence, la clarté ou la confusion, l'obnubilation,* mouvementée ou non (cf. : le délire onirique survenant électivement au cours d'une obnubilation comme un rêve survient pendant le sommeil) :

– L'orientation temporo-spatiale bonne ou mauvaise du confus.
– Les troubles de mémoire (ancienne ou récente), les fausses reconnaissances des confus, les fabulations compensatrices de certaines amnésies démentielles comme cela se voit dans le syndrome de Korsakoff.
– Les troubles de l'attention spontanée ou non.
– Les troubles du jugement et de l'autocritique.
– Les troubles de l'activité intellectuelle seront à analyser; en particulier, en ce qui concerne la fonction de symbolisation et d'abstraction, le déficit ou l'inexistence de la pensée conceptuelle, toutes ces manifestations pathologiques auront comme on s'en doute une incidence majeure sur les capacités de pensée du patient.

Il sera surtout fort important de bien apprécier les valeurs respectives et complémentaires de l'activité de **mentalisation,** chargées de représenter dans un premier mouvement *fantasmatique et figuratif* les différents désirs ainsi constitués et les élaborations secondaires de l'ordre du symbolique qui les signifient. Cette mise en forme langagiaire dans laquelle interviendront outre l'aptitude à la figuration l'activité de *généralisation* et *d'abstraction* du sujet sont les deux temps majeurs du *phénomène de mentalisation consciente ;* complémentaires et non antinomiques ces deux fonctions concourent dans un renforcement mutuel à l'établissement *d'une fonction de mentalisation* valable à la fois sur le plan *économique* par la décharge tensionnelle qu'elle amène et sur le plan *sémantique* par l'intention qu'elle dessine... Leur articulation représente le point de « flexion de la force et son sens... » dont parle Ricœur [5].

On verra plus loin combien cette élaboration s'avère complexe, traduisant à la fois l'activité d'expression pulsionnelle du sujet placé *au prix d'une indispensable distanciation* dans son univers de *communication,* à soi-même (dans la *prise de conscience)* et aux autres dans le *langage.* Cette distanciation s'avère parfois difficile, voire impossible pour des raisons affectives que nous envisagerons dans le chapitre suivant; il est fort important d'étudier ces modalités expressives du sujet qui vont de pair avec une organisation pathologique de pensée.

Dans les structures préobjectables, l'impossibilité de mise à distance empêche la *prise de conscience* et naturellement le *discours* sur la prise de conscience qui pourrait s'ensuivre. Le patient est amené dans ce cas à exprimer différemment ses manifestations affectives, c'est généralement le cas de l'expression par les *agirs,* dans lesquels le patient « évacue » sa pulsion (valeur économique de décharge) sans en prendre conscience à proprement parler, cela se faisant *sans désir, sans manque reconnu,* sans blessure pour la *toute-puissance narcissique du sujet* éminemment fragile.

Dans la psychose, le temps du désir et des fantasmes est escamoté; dangereux qu'ils sont par les implications qu'ils soulèvent, ils sont parfois remplacés par une certaine « *intellectualisation* » (au mauvais sens du terme) stérilisé : *le résultat symbolique* de cette opération paraissant alors parfaitement inoffensif de par son caractère *désincarné* perçu comme moins dangereux que les contenus fantasmatiques vivants.

Ces deux attitudes également défensives donnent lieu à des modalités expressives diverses; **la première** amènera volontiers une utilisation du réel pour nier l'aspect du désir présent dans tout fantasme, elle conduit comme on l'a vu plus haut à des comportements par *l'agir,* comportements de décharge (sans *insight* ou presque).

La seconde amènera plus volontiers à un intellectualisme morbide, qui peut privilégier de façon pseudo-obsessionnelle l'intellect au détriment du vécu émotionnel véritable : le signe remplace l'objet, ce qui est certes moins nourrissant (cf. « le mot chien ne mort pas » d'Aristote).

■ Enfin, ***le degré d'adaptation au réel*** c'est-à-dire la possibilité réelle de distanciation entre le sujet et le monde extérieur, limite entre la névrose et la psychose, ou si l'on parle en terme de relation d'objet entre le niveau préobjectal de celle-ci et son niveau objectal, sera certainement un temps fondamental de l'appréciation clinique du niveau *de personation* du patient.

Dans cette même perspective, l'angoisse devra être appréciée selon son double aspect que nous classerons, de façon trop schématique il est vrai, en névrotique ou psychotique :

- La première : **l'angoisse névrotique,** survient, après la constitution du Moi séparé, comme risque d'une *perte d'avoir* (sans préjudice pour l'existence même du patient), il s'agit d'une angoisse par *perte de plaisir* dont le type même sera l'angoisse de *castration œdipienne.*
- La deuxième : **l'angoisse psychotique, existentielle,** survenant chez les sujets à relation d'objet préobjectale, c'est-à-dire avant l'autonomisation du Moi, traduit une *perte d'être* dans laquelle le sujet (dit de façon malheureuse en *perte d'objet*) se voit remis en question du fait même de cette perte de l'objet (partie de lui-même à ce stade). Sur le plan de *son existence :* c'est l'angoisse caractéristique *du psychotique.*

Dans une même problématique, nous aurons à considérer l'existence des manifestations psychopathologiques traduisant encore la non-différenciation de la *projection* venant de l'intérieur (non encore advenue comme vrai fantasme différencié) et la *réalité externe* qui sont encore confondues dans les personnalités préobjectales.

■ Nous rencontrerons ainsi au niveau de la pensée proprement dite les ***manifestations délirantes*** qui consistent à imaginer comme réel ce qui, en fait, est la projection sur le dehors non différencié des intentions du patient, intentions qu'il ne reconnaît pas comme siennes : c'est le classique délire dont il faudra apprécier *l'existence, la nature, le degré de systématisation, la force de la conviction délirante* et enfin *le thème d'organisation...* Il peut s'y ajouter des fausses perceptions également délirantes dites perceptions sans objet ou *hallucinations,* celles-ci seront soit les classiques hallucinations sensorielles (auditives, visuelles, olfactives ou tactiles), parfois il s'agira *d'hallucinations psychiques* (voix intérieure, transmission de pensée, contenus automatiques de conscience rapportés à autrui, etc.), troubles que De Clerambaut avait particulièrement définis dans sa description de *l'automatisme mental* en hallucinations psychosensorielles et manifestations d'automatisme (moteur, idéique, ou idéo-verbales...).

Enfin, faisant pendant aux manifestations projectives mais se déroulant pour ainsi dire dans l'autre sens, nous aurons les manifestations *introjectives,* en particulier au niveau des Moi dépressifs. *L'introjection du mauvais* objet que nous reverrons dans la partie clinique se caractérise par l'impossibilité de projeter dans le milieu extérieur la mauvaise partie du sujet ou la mauvaise relation, et le maintien au niveau *même du Moi des qualités mauvaises de l'objet* [3], lequel objet n'est par forcément mauvais en soi (il peut être mauvais par son absence). Dans ces cas, le Moi tout entier a repris en lui les mauvaises qualités de cet objet manquant ce qui explique la *position dépressive* qui les caractérise. Le sujet maintient dans ce cas les relations avec l'objet défaillant mais il acquiert par *identification* la valeur *mauvaise de son objet.* Ceci explique le côté fondamentalement « dévalorisé » et l'effondrement de la *self estime* qui accompagne ce type de relation.

BIBLIOGRAPHIE

[1] BARTHES (R.). — *Éléments de sémiologie,* 1964, Gauthier, pp. 2-71.

[2] EY (H.). — *Manuel de psychiatrie,* 1970, Masson et Cie, Paris.

[3] FREUD (S.). — *Deuil et mélancolie* (1917), *Rev. Fr. Psychanal. Métapsychologie,* 1952, Gallimard, Paris.

[4] JACOBSON (R.). — *Essais de linguistique générale* 1963, Les Editions de Minuit, Paris.

[5] RICOEUR (P.). — Une interprétation philosophique de Freud. In *La Nef,* n° 31, p. 122.

[6] ROUART (J.). — « Agir et processus psychanalytique ». Rapport au *Congrès des psychanalystes de langue romane,* Paris, 1967. Publié dans la *Rev. Fr. Psychanal.,* no spécial, 1968, 32, n° 5-6. Communications au Congrès publiées dans le même volume, de M. de M'UZAN, J. BERGERET, Ch. DAVID, M. FAIN, etc.

[7] SAUSSURE (F. de). — *Cours de linguistique générale,* 1968, Payot, Paris.

7

NOTION DE NORMALITÉ

PAR

J. BERGERET

En médecine somatique, il a souvent été débattu du « normal » et du « pathologique », G. Canguilhem a consacré une étude à la recherche des variations de l'homogénéité et de la continuité au niveau de ces deux notions; il a conclu dans la maladie à la réduction de la marge de tolérance au milieu; pour lui l'homme « normal » est celui qui reste adapté à son milieu. Cette conception semble pouvoir être reprise en psychopathologie.

Avant les travaux de S. Freud, les psychiatres considéraient d'une part les gens dits « normaux », et d'autre part les « malades mentaux » qui groupaient globalement, malgré toutes les distinctions admises, les névrotiques et les psychotiques au milieu d'autres entités moins nettement définies.

Les publications de S. Freud et de son école ont porté essentiellement sur le complexe d'Œdipe et les névroses et ont démontré qu'il n'existait aucun fossé fondamental entre l'individu réputé normal et le névrosé quant aux grandes lignes de la structure profonde. On a donc eu tendance par la suite à ranger d'un même côté les gens « sains » et les névrosés (c'est-à-dire les sujets chez lesquels la personnalité s'organise autour du complexe d'Œdipe et sous le primat du génital) et d'un autre côté ceux pour lesquels le complexe d'Œdipe ne se trouve pas en position d'organisateur et pour lesquels l'économie génitale n'est pas l'essentiel.

Mais les recherches contemporaines ont étendu peu à peu le champ d'application des découvertes freudiennes au domaine des psychoses et il est devenu de plus en plus évident qu'il existait tout autant de termes de passage entre psychose et une certaine forme de « normalité » qu'entre névrose et une autre forme de « normalité ».

Il est amplement démontré par l'observation quotidienne qu'une personnalité réputée « normale » peut entrer à tout moment de l'existence dans la pathologie mentale, y compris la psychose, et qu'inversement un malade mental, même psychotique, bien et précocement traité, conserve toutes ses chances de revenir à une situation de « normalité ». Si bien qu'on n'ose plus guère opposer maintenant de façon trop simpliste les gens « normaux » aux « malades mentaux » quand on considère leur structure profonde, au lieu de s'arrêter à des manifestations extérieures qui correspondent à l'état (momentané ou prolongé) dans lequel se trouve leur structure et non pas un changement de cette structure elle-même.

Les psychopathologues se montrent plus prudents et plus nuancés dans leurs distinctions et tendent à définir une conception de la « normalité » indépendante de la notion de structure. Ils se rapprochent ainsi de l'opinion fort sage de l'homme de la rue qui estime que n'importe quel humain se trouve dans un « état normal », quels que soient ses problèmes profonds, quand il arrive à s'arranger avec ceux-là et s'adapter à lui-même comme aux autres, sans se paralyser intérieurement dans ses conflits obligatoires, ni se faire rejeter (hôpital, asile, prison, etc.) par les autres, malgré les inévitables divergences encourues dans les relations avec eux.

Le bien-portant ainsi défini ne serait surtout pas un malade qui s'ignore mais un sujet portant en lui suffisamment de fixations conflictuelles pour être aussi malade que bien des gens, mais qui n'aurait pas rencontré sur sa route des difficultés internes et externes supérieures à son équipement affectif héréditaire et acquis, à ses facultés personnelles défensives et adaptives et qui se permettrait un jeu assez souple de ses besoins pulsionnels, de ses processus primaire et secondaire, sur les plans tout aussi personnels que sociaux, en tenant un juste compte de la réalité.

Cependant pour ne pas demeurer sur un plan trop théorique sinon idyllique, il y aurait lieu de distinguer les personnalités « normales » des personnalités « pseudo-normales ».

Les premières correspondent à des structures profondes, névrotiques ou même psychotiques, non décompensées (et qui ne le seront peut-être jamais), structures stables et définitives en soi qui se défendent contre la décompensation par une adaptation à leur originalité, ce qui colore d'ailleurs de « traits de caractère » leurs différents comportements relationnels.

Les « personnalités pseudo-normales » au contraire, ne correspondent justement pas à une structure profonde stable et définitive, de mode névrotique ou psychotique par exemple. Elles ne sont pas tellement structurées dans un sens ou dans l'autre et sont constituées, de façon parfois durable mais toujours précaire, par des aménagements divers, pas tellement originaux, qui les contraignent, afin de ne pas se décompenser dans la dépression, « à jouer aux gens normaux »; souvent même davantage à « l'hypernormal » qu'à l'original. C'est en quelque sorte un besoin protecteur d'hypomanie permanente. Nous en reparlerons à propos des états limites et des névroses de caractère en particulier. Mais le bon sens détecte facilement, dans des circonstances sociologiques diverses, ces « leaders exceptionnels » (auxquels tant d'autres déçus narcissiques s'agrippent) qui luttent simplement avec fougue contre leur immaturité structurelle et leurs frustrations, voulant éviter à tout prix une dépression dont le danger n'est pas écarté pour autant à tout jamais ni à tout coup. Et combien de « petits génies » se comportent de la même façon dans leur famille, leur quartier, leur milieu de vie ou de travail.

Nous risquons d'arriver ainsi à une conception doublement ambiguë de la notion de normalité. Aussi nous paraît-il plus raisonnable de prendre un recul supplémentaire par rapport à ce concept et de nous limiter à considérer le résultat fonctionnel global pour nous référer à l'appellation de « bien portant » quelle que soit la forme de bonne adaptation à une « normalité » ou à une « pseudo-normalité », telles que nous avons cherché à les préciser et à les définir.

BIBLIOGRAPHIE

BERGERET (J.). — Personnalité normale et pathologique. 1974, Dunod, Paris.

CANGUILHEM (G.). — Le normal et le pathologique. 1966, P.U.F., Paris, 226 p.

DIATKINE (R.). — Du normal et du pathologique dans l'évolution mentale de l'enfant. In Psychiatr. Enfant. 1967, n° 1, pp. 1-42.

MINKOWSKI (E.). — A la recherche de la norme en psychopathologie. In Evol. Psychiatr., 1938, n° 1.

8

NOTION DE STRUCTURE

PAR

J. BERGERET

On ne peut raisonnablement définir un tableau clinique particulier sans se référer à une conception claire et précise de l'organisation économique profonde du patient sur le plan psychique et sans se référer aussi à des repères structuraux connus pour leur stabilité. C'est ainsi seulement qu'il devient possible de se faire une idée de la façon selon laquelle le psychisme du malade est organisé et doit, en conséquence, se trouver à la fois compris et traité.

Une certaine confusion n'a cessé de régner au cours des dernières décennies sur les sens donnés aux qualificatifs de « névrotique » ou de « psychotique » :

■ On parle trop souvent de ***symptôme*** « psychotique » en pensant au délire ou à l'hallucination ou de symptôme « névrotique » en pensant à la conversion hystérique, au rituel obsessionnel ou au comportement phobique. Il y a là d'abord un risque d'erreur de diagnostic : un épisode délirant peut se rencontrer en dehors de toute structure psychotique; une phobie n'est pas toujours (et même assez rarement) d'étiologie névrotique, etc. Ensuite, et surtout, le symptôme présenté ne doit être considéré que selon sa valeur relative, relationnelle et économique, dans le jeu des défenses par exemple.

Il paraît prudent pour toutes ces raisons, tant qu'on ne se trouve pas certain d'un diagnostic structurel profond, de se contenter, dans un premier temps, d'employer des formules d'attente assez souples comme, par exemple, symptôme « *d'allure* névrotique » ou symptôme « *d'allure* psychotique » de manière à bien manifester notre réserve et notre souci de recherche, avec davantage d'exigences, du mode d'organisation économique profonde envisagé.

Ceci n'a rien à voir avec un stérile besoin de classification rassurante mais commande au contraire une meilleure compréhension des processus psychiques déterminant l'attitude réelle du malade à son propre égard et à l'égard des autres, et du même coup sa relation au thérapeute telle que nous devrons la concevoir, la subir et l'utiliser.

■ La même confusion semble jouer au niveau des ***défenses.*** Il n'est pas rare en effet de rencontrer des défenses de type dit « névrotique » (y compris des symptômes) dans le système de protection des structures psychotiques vraies contre la menace d'éclatement; ou inversement de reconnaître des défenses de type « psychotique » (y compris des symptômes) dans le camouflage de l'origine œdipienne des conflits au sein d'une véritable structure névrotique, ou tout simplement à l'occasion de la « déstructuration » aiguë et passagère (traumatique ou même thérapeutique) de n'importe quelle organisation.

Il semble préférable de parler dans tous ces cas de défenses « de *mode* névrotique » ou « de *mode* psychotique » de manière à ne pas anticiper fâcheusement et faussement sur le diagnostic structurel authentique.

■ Une autre confusion touche à la chronologie, à l'étiologie, au moment de l'histoire du patient où nous allons employer les termes de « névrotique » ou de « psychotique », en fonction de la signification historique et économique de l'***épisode*** présenté.

Ce qu'on connaît du contexte habituel à certains mécanismes de défense, ou bien ce qu'on sait du sens courant donné à un certain niveau régressif du Moi ou de la libido nous conduit parfois à parler trop vite de « structure névrotique » ou de « structure psychotique », ou plus simplement de « névrose » ou « psychose », dès qu'on rencontre un épisode au cours duquel émergent de tels mécanismes ou de telles régressions.

On anticipe de la sorte dangereusement sur la notion de structure en qualifiant déjà de « névrotique » ou de « psychotique » un état momentané de l'évolution (ou de la révolution) d'une personnalité, état encore bien inconsistant et bien incertain, au cours duquel le Moi n'a pas encore entièrement achevé sa maturation, établi solidement sa complétude et ses limites, ni fait un choix non plus de façon définitive parmi les mécanismes de défense auxquels on aura recours par prédilection pour commander sa relation d'objet intérieure.

A l'extrême, l'erreur et surtout la précipitation que nous dénonçons conduit à désigner en terme de « structures » une indifférenciation somato-psychique plus ou moins partielle et encore mal dépassée.

Un tel emploi de termes se référant à un mode d'organisation ultérieur et non atteint, plus élaboré et beaucoup plus fixé, constitue pour le moins une anticipation (et souvent une erreur de pronostic) susceptible de créer un certain nombre de confusions relationnelles, sociales et thérapeutiques. Quand une étiquette, parfois redoutable, a été placée à la tête de tel lit, il est par la suite difficile au patient d'échapper au rôle que tout le système médical, social ou éducatif lui a proposé. S'il s'y oppose, par son comportement ou une évolution non conforme aux prévisions, on risque de prendre sa légitime protestation pour une agressivité qu'on supporte mal narcissiquement et qu'on se sent conduit à réprimer.

Ce cas est courant chez les enfants ou les adolescents présentant des signes extérieurs pouvant évoquer la lignée psychotique. C'est aussi le cas, chez l'adulte, de certains états passagers avec des identifications mouvantes, ou même un relatif flottement du sens de l'identité, par exemple dans la période qui suit un accouchement, un traumatisme, une intervention chirurgicale (à cœur ouvert en particulier). Tout ceci peut amener quelques modifications du schéma corporel et mobiliser aussi des décharges pulsionnelles importantes sans qu'il soit possible de parler de fond structurel psychotique. Il ne s'agit que d'un simple épisode, souvent sans suite, n'engageant pas la structure.

Même les termes de « prépsychose » ou de Moi organisé de façon « prépsychotique » ou « prénévrotique » ne peuvent convenir. Ces appellations doivent être rigoureusement réservées déjà à des lignées structurelles dont on est déjà certain qu'elles ont toutes les chances de demeurer définitivement fixées à l'un ou l'autre mode d'organisation et d'évolution tels que nous les définirons plus loin.

■ Les deux termes de « névrotique » ou « psychotique » (ou plus simplement névrose ou psychose) s'emploient également de façon habituelle pour désigner une ***maladie***, c'est-à-dire l'état de décompensation visible auquel est arrivée une structure par la suite d'une inadaptation de l'organisation profonde et fixe du sujet à des circonstances nouvelles, intérieures ou extérieures, devenues plus puissantes que les moyens de défense dont il dispose.

Si le diagnostic est posé correctement quant aux données économiques profondes, et non seulement sur des signes extérieurs de surface, l'emploi des termes « névrotique » ou « psychotique » se trouve ici légitime dans la mesure où il se réfère justement à la structure authentique du patient.

■ Mais en dehors du problème des malades en évolution ou en traitement, il existe de nombreuses façons d'utiliser à bon escient les qualificatifs de « névrotique » ou de « psychotique », en se référant justement à la notion de ***structure*** dont la maladie n'est qu'un des aléas évolutifs, mais non le seul.

S. Freud, dans ses « Nouvelles Conférences », nous dit que si nous laissons tomber à terre un bloc de minéral sous forme cristallisée, il se brise, mais pas d'une façon quelconque; les cassures s'opéreront selon des lignes de clivage dont les limites et les directions, bien qu'invisibles extérieurement jusque-là, se trouvaient déjà déterminées de façon originale et immuable par le mode de structure préalable dudit cristal.

Il en serait de même pour la structure psychique. Peu à peu, à partir de la naissance (et sans doute avant), en fonction de l'hérédité pour certains facteurs, mais surtout du mode de relation aux parents dès les tout premiers moments de la vie, des frustrations, des traumatismes et des conflits rencontrés, en fonction aussi des défenses organisées par le Moi pour résister aux poussées internes et externes et des pulsions du Ça et de la réalité, peu à peu le psychisme individuel s'organise, se « cristallise » tout comme un corps chimique complexe, tout comme un cristal minéral, avec des lignes de clivage originales et ne pouvant plus varier par la suite.

On aboutirait ainsi à une véritable *structure* stable dont les deux modèles spécifiques sont représentés par la structure névrotique et la structure psychotique.

Tant qu'un sujet répondant à l'une ou l'autre structure n'est pas soumis à de trop fortes épreuves intérieures ou extérieures, à des traumatismes affectifs, à des frustrations ou à des conflits trop intenses, il ne sera pas « malade » pour autant. Le « cristal » tiendra bon. Mais si, à la suite d'un événement quelconque, le « cristal » vient à se briser, cela ne pourra s'effectuer, que selon les lignes de force (et de rupture) préétablies dans le jeune âge. Le sujet de structure névrotique ne pourra développer qu'une névrose et le sujet de structure psychotique qu'une psychose. De la même façon, inversement, pris en traitement à temps et correctement soignés, le premier sujet ne pourra se retrouver en bonne santé qu'en tant que structure névrotique à nouveau bien compensée, et le second qu'en tant que structure psychotique à nouveau bien compensée. Cette façon de voir les choses ne doit conduire à aucun jugement pessimiste; il s'agit d'une simple prise de conscience des réalités psychologiques universelles et quotidiennes.

La stabilité des structures vraies implique également du même coup une impossibilité foncière de passer de la structure névrotique à la structure psychotique (ou inversement) à partir du moment où un Moi spécifique est organisé dans un sens ou dans l'autre. La plus « névrotique » des psychoses et la plus « psychotique » des névroses n'arriveront jamais à se rencontrer sur une lignée commune d'organisation du Moi. Dans la structure névrotique, l'élément immuable demeure l'organisation du Moi autour du génital et de l'Œdipe; le conflit se situe entre le Moi et les pulsions, le refoulement des représentations pulsionnelles domine les autres défenses; la libido objectale se trouve en cause et le processus secondaire conserve un rôle efficace respectant la notion de réalité. Dans la structure psychotique au contraire, un déni (et non un refoulement) porte sur toute une partie de la réalité, c'est la libido narcissique qui domine, le processus primaire qui l'emporte avec son caractère impérieux, immédiat, automatique; l'objet est fortement désinvesti et il apparaît, selon les formes cliniques, tout un éventail de défenses archaïques coûteuses pour le Moi.

Bien sûr, en psychopathologie, il n'existe pas que les deux seules lignées psychotiques et névrotiques. D'autres organisations seront décrites plus loin comme occupant une ***position intermédiaire*** entre la structure névrotique stable et la structure psychotique stable : il s'agit de toute la vaste catégorie des états limites avec leurs aspects dépressifs ou phobiques et leurs aménagements dérivés sous forme de perversions ou de maladies du caractère.

Mais « position intermédiaire » veut dire ici situation nosologique proche de l'une ou de l'autre des deux grandes structures tout en demeurant entité spécifique et en ne pouvant nullement constituer un terme de passage de l'une à l'autre des structures étudiées plus haut.

Par contre, cette lignée intermédiaire se présente comme une organisation plus fragile que les deux autres structures et non comme une « structure » authentique, fixe et irréversible. Si l'expérience clinique confirme que ni la structure psychotique ni la structure névrotique ne peuvent évoluer vers d'autres lignées structurelles, cette même expérience clinique montre (v. ch. 7) que la lignée intermédiaire, organisation plus ou moins confortable et non réellement structurée au sens figé du terme peut par contre, à tout moment, se cristalliser définitivement dans l'un des cadres voisins et plus solides constitués par la lignée névrotique ou la lignée psychotique.

BIBLIOGRAPHIE

BERGERET (J.). — Les états limites. In *Encycl. Méd.-Chir,* Psychiatrie, tome III, 37.395 A 10, 1970, Paris, pp. 1-12.

BERGERET (J.). — *Personnalité normale et pathologique,* 1974, Dunod, Paris.

DIATKINE (R.). — Du normal et du pathologique dans l'évolution mentale de l'enfant. In *Psychiatr. Enfant,* 1967, n° 1, pp. 1-42.

FREUD (S.). — *Nouvelles conférences sur la psychanalyse.,*1932, Gallimard, Paris, 248 p.

GREEN (A.). — Pour une nosographie psychanalytique freudienne. *Conf. lnst. Psychanal.,* Paris, 1962.

9

STRUCTURES NÉVROTIQUES

PAR

J.-Paul CHARTIER

I. – NOTION DE NÉVROSE

La névrose est apparue relativement tard dans les descriptions cliniques et seulement à la fin du siècle dernier. Cette entité clinique a eu beaucoup de mal à se dégager :

– des maladies nerveuses proprement dites (épilepsie, maladie de Parkinson);
– de la folie elle-même, qu'en terme scientifique nous appelons psychose.

La névrose a en définitive acquis ses lettres de noblesse avec la psychanalyse.

Actuellement, cette entité a encore beaucoup de mal à récupérer une définition tant du point de vue théorique que clinique, elle s'est même vue écartée de la nomenclature des maladies mentales du DSM III.

On pourrait penser que la notion de névrose se serait extirpée de sa gangue maladive et qu'il faudrait d'abord et avant tout la considérer comme une structure mentale et même la structure mentale la plus évoluée.

Les avatars pathologiques de cette structure ne seraient, dans cette perspective, que les balbutiements inhérents à la constitution des destins vitaux.

Le psychisme serait à ranger dans le prolongement du biologique avec des ratés qui ne demanderaient qu'à récupérer par la suite le retard pris par rapport à une sorte de programmation de base.

Certes, cet aspect « récupératif » n'est pas absent du destin névrotique, mais cette perspective ne peut être prise au pied de la lettre : on est obligé de convenir qu'elle est en permanence pervertie par des phénomènes qui, de près ou de loin, sont en relation avec des rejetons incestueux.

Un regard un peu plus approfondi remettrait la notion de névrose en place et permettrait de considérer ces rejetons incestueux comme les racines essentielles de la névrose et du même coup des ratés du développement.

On pourrait ainsi définir la névrose comme la gangue incestueuse, plus ou moins inextirpable, de la genèse libidinale.

Pour variable qu'elle soit, l'importance de ces rejetons incestueux détermine le paradoxe qui demeure la pierre angulaire du désir humain, à la fois empreinte fondatrice et résidu parasitaire.

La découverte de l'inconscient n'a pas permis, dans un premier temps du moins, de saisir l'importance de cette gangue incestueuse dans la constitution de la personnalité alors que la consistance et l'épaisseur même du psychisme en dépendent.

Croire qu'il est possible d'extirper de l'inconscient, par la simple et directe prise de conscience, les rejetons incestueux est une redoutable naïveté, difficile à dépasser, mais qui persiste d'une manière mythique.

L'enracinement incestueux de la névrose s'avère en réalité un enjeu d'une solidité à toute épreuve d'autant plus que la plupart du temps le noyau œdipien typique n'est pas seul en cause.

Il ne s'agit plus seulement de rejetons plus ou moins régressifs d'un conflit œdipien mal engagé, peu conflictualisé, à peine ou pas du tout élaboré, mais de phénomènes actifs issus de l'inconscient des parents. Ils produisent ce que nous pourrions appeler des « formations incestueuses symboliques » et figent les images identificatoires dans des systèmes de répétitions plus ou moins inextricables.

Au-delà de la part incestueuse liée par nature à la naissance, qu'il s'agisse du désir des parents ou de l'enfant, de la nature biologique particulière de la naissance liée au coït des parents, de la traversée des organes génitaux de la mère, et des fantasmes qui l'accompagnent (théories sexuelles infantiles), les phénomènes de réappropriation incestueuse induits par des états de dépressions parentales sont d'une nature différente.

Ils peuvent être considérés comme des éléments constitutifs en tant que tels et sont particulièrement repérables dans les formes les plus pathologiques des névroses, qu'elles se soient ou non décompensées.

Allant de la réparation à l'investissement substitutif, voire addictif, cette réappropriation amplifie considérablement le destin habituel des avatars incestueux de la névrose.

Ces phénomènes de « réparation » sont particulièrement évidents dans les cas d'abandon anaclitique réel d'autant plus que le tiers réalité (institution, famille d'accueil, nourrice) laisse la place libre à des fantasmes de relations fusionnelles qui peuvent difficilement se confronter à la réalité.

Et cela tant du côté des parents que de celui des enfants. Mais bien évidemment il n'est pas nécessaire qu'on puisse mettre en évidence ce type d'abandon pour que ces réappropriations se produisent, tant s'en faut. Elles se caractérisent en tout cas par des relations où dominent maîtrise et dépendance et conditionnent des fonctionnements mentaux rigides, ou au contraire explosifs, qui caractérisent les névroses les plus graves.

■ *Symptomatologie névrotique*

La symptomatologie névrotique classique se réduisait classiquement aux trois entités : hystériques, obsessionnelles et phobiques.

Cette symptomatologie n'a pas disparu y compris en ce qui concerne l'hystérie. Pour plus discrète qu'elle soit, celle-ci n'en alimente pas moins ce qu'André Green appelle « la folie privée ». Et qui dit « privé » repère le lieu où le caractère insatiable de la névrose peut s'exercer sans trop de contraintes.

Il est cependant nécessaire d'apporter trois correctifs essentiels :

1. Hystérie, organisation obsessionnelle et phobies ne caractérisent pas spécifiquement la névrose mais peuvent se voir dans tous les registres de la psychopathologie, y compris la psychose, et principalement dans les économies dépressives.

On peut même dire que, plus les symptômes de ce célèbre trio sont intenses et plus ils apparaissent précocement, moins il y a de chance pour qu'ils aient quelque chose à voir avec une véritable névrose.

La névrose utilise, aussi, ces voies symptomatologiques fondamentales. Ce sont des chemins de frayages qui peuvent donc avoir des significations radicalement différentes suivant le type de structure sous-jacente. De plus, à l'intérieur de chaque forme de névrose, il pourra même y avoir toute une gamme de significations fort diverses correspondant à des symptômes pourtant identiques.

A l'inverse, pour un même cas clinique, on pourra avoir une symptomatologie variée tant il est bien rare qu'une symptomatologie dominante soit exclusive.

On peut, enfin, assister à des variations brutales : un comportement hystérique peut subitement s'obsessionnaliser, ou inversement, au gré des circonstances. On ne peut en déduire pour autant que le jeu des symptômes ait à voir exclusivement avec le destin des pulsions.

Le compromis entre pulsion et défense exprime en fait à travers des déguisements très divers les différentes facettes des objets incestueux intériorisés, fondement essentiel de la névrose telle que nous l'avons décrite.

L'envahissement des affects ou au contraire leur inhibition nous paraît être une ligne de partage essentielle entre hystérie et névrose obsessionnelle, en relation avec des perceptions identificatoires que nous tenterons de préciser.

2. La symptomatologie la plus voyante de la névrose est souvent de l'ordre de l'économie dépressive. C'est en tout cas l'expression majeure de sa décompensation. Du même coup, se profile l'importance de la fragilité narcissique, sous-jacente aux symptômes habituels.

Il ne s'agit plus seulement de la gestion des productions pulsionnelles, toujours en excès mais des hémorragies du moi et, par conséquent, de la précarité des imagos identificatoires en liaison avec la fossilisation des objets incestueux intériorisés.

On pourrait cependant s'égarer à vouloir différencier à tout prix dans un formalisme réducteur la dépression névrotique de celle des états limites (dépression essentielle). L'hémorragie narcissique fait partie intégrante des aléas de la névrose de même que dans les structures (en état de béance) narcissiques, l'œdipe demeure un point de mire, éloigné certes, mais potentionnellement présent dans l'imaginaire.

Ainsi existe-t-il tout un champ dépressif extrêmement large qui va de la névrose authentique aux états limites les plus graves (ce qu'on appelle « névroses de caractères » ou « psychopathies » entre autres).

3. L'étude de la symptomatologie névrotique s'est considérablement déplacée dès lors que le type d'objet incestueux internalisé devient un repère essentiel.

Tels les phénomènes d'idéalisation forcenée, accompagnés, dans un paradoxe qui n'est qu'apparent, d'images mortifères; ils caractérisent des objets internes extrêmement figés, peu mobilisables tant dans leur fonctionnement mental que dans l'expression des symptômes.

A l'inverse des personnalités apparemment plus fragiles montrent qu'elles ont opéré un travail de deuil dans ce qu'on pourrait appeler une véritable autoanalyse. L'élaboration mentale est beaucoup plus souple et les symptômes moins rigides.

L'intérêt de la symptomatologie se situe ainsi beaucoup plus dans le degré de plasticité ou au contraire d'adhérence et de viscosité psychique que dans la coloration hystérique ou obsessionnelle d'un symptôme.

Le repère de l'élaboration œdipienne a pour critère l'existence d'un travail de deuil quel que soit par ailleurs l'environnement symptomatologique.

A l'inverse, il existe toutes sortes de névroses particulièrement fermées qui paraissent entièrement piégées par le cercle vicieux « dépression – inceste symbolique ».

Le symptôme majeur se confond alors avec la seule issue narcissique possible à savoir le déni de fonctionnement mental ou du moins de certaines zones de fonctionnement (le clivage du moi appuyant le déni).

En conclusion, la symptomatologie qui doit retenir l'attention du clinicien concerne essentiellement la plasticité du noyau œdipien typique et du même coup les possibilités et les conditions fonctionnelles du travail psychique autour de ce noyau œdipien.

II. – LE NOYAU ŒDIPIEN TYPIQUE

Une première chose à préciser d'emblée est ***la nature sexuelle*** du conflit névrotique. Certes, cette place de la sexualité dans la névrose est souvent entendue comme relative à son étiologie, à savoir le traumatisme sexuel dans l'enfance. Freud lui-même est parti de cette conception à propos de l'hystérie. Mais progressivement il a dû revenir sur cette manière de voir : le traumatisme sexuel se situant davantage au niveau du fantasme que de la réalité. Tout se passe d'ailleurs comme si, le traumatisme ayant réellement eu lieu (ce qui n'est pas toujours le cas), c'était seulement le fantasme qui « après coup » le recevait comme tel.

Ainsi, l'histoire d'une patiente nommée Emma rapportée par Freud dont la phobie consiste à ne plus pouvoir entrer seule dans les magasins : petite fille, elle subit les manipulations d'un vieux commerçant (sans effroi semble-t-il puisqu'elle y retourne une deuxième fois). Plus tard adolescente, elle rougira et quittera précipitamment un magasin à la vue de deux jeunes commis qui « riaient entre eux ». Réactualisant en quelque sorte la scène infantile dans le contexte de l'adolescence, le souvenir devient traumatique et déclenche la conduite phobique.

Dire que la névrose se situe au niveau d'une problématique sexuelle n'est donc pas relatif à une anecdote de la sexualité infantile mais aux avatars de l'évolution libidinale face à la triangulation œdipienne. L'élément fondamental de la sexualité névrotique est son caractère génital c'est-à-dire relatif à une position relationnelle dans le conflit œdipien. Cette participation de l'enfant à l'énigmatique sexuel des parents est sans doute le caractère le plus choquant de la névrose : il est aussi son caractère le plus fondamental. Jean Laplanche insiste sur la séduction originaire que l'adulte propose à l'enfant à partir de multiples signifiants verbaux ou non verbaux émis en rapport avec des significations sexuelles inconscientes.

Cette manière de voir n'empêche pas de prendre en compte la fonction active, voire mégalomaniaque, de l'enfant qui se veut partie prenante dans un conflit dont il n'a pas les moyens biologiques.

Quoi qu'il en soit, le conflit sexuel de la névrose se situe donc au niveau génital de l'Œdipe même si les aptitudes défensives conduisent à emprunter les voies de régressions prégénitales (anales voire orales). Le conflit chez le garçon découle de la rivalité œdipienne avec le père dans le projet de conquête de la mère. Ce projet est abandonné en fonction à la fois des sentiments tendres existants vis-à-vis du père et de la crainte de mesure de rétorsion de ce dernier (castration). Joue enfin et surtout la place du père dans la tête de la mère.

L'interdiction du père est intériorisée, aussi on dit que le *Surmoi* est « l'héritier du complexe d'Œdipe ». En même temps l'identification à ce dernier projette sur l'avenir la possession de la femme. La masturbation infantile, sorte de participation hallucinatoire à la scène primitive, cesse le plus souvent avec la mise en place du Surmoi. Sa reviviscence à l'adolescence se trouve ainsi sous le coup d'une culpabilité considérable; la crainte de destruction ou de maladie des organes génitaux, en relation avec la masturbation, est l'expression la plus évidente de l'angoisse de castration. Chez la fille la position n'est pas exactement symétrique en raison du changement d'objet (des soins maternels à l'amour du père) et de la castration anatomique (cf. l'Œdipe féminin dans l'hystérie, p. 158).

Les identifications œdipiennes

L'identification du petit garçon au père et de la petite fille à la mère sont les héritiers les plus évidents du complexe d'Œdipe. En réalité, ce ne sont pas les seules issues et la mise en place de cet héritage reste hautement problématique.

Tout d'abord ce mode de résolution du complexe d'Œdipe reste partiel, le désir incestueux subsiste quoique déplacé (v. « Le blé en herbe » ou « Le dernier tango à Paris ») et c'est lui qui tombe sur le coup du Surmoi. Vu sous cet angle, les identifications aux parents du même sexe ne constituent qu'un destin particulier de l'investissement libidinal, insuffisant par rapport au retour inlassable de la pulsion dans son destin incestueux. Une des raisons en est que ces identifications « homosexuelles » ne vont pas de soi et sont même radicalement remises en cause, dans les deux sexes, et pour des raisons différentes.

Chez le garçon d'abord, l'identification au père met en question l'Œdipe inversé, c'est-à-dire la position féminine du petit garçon vis-à-vis du père. Or cette position est difficilement tolérée dans la mesure où elle stipule la castration.

Chez la fille, l'identification à la mère œdipienne n'est pas simple non plus car dans son ombre se profile l'image de la mère phallique préœdipienne. En particulier l'identification homosexuelle a beaucoup de mal à faire sa place au travers des arcanes de la maîtrise et de la dépendance qui caractérisent cet imago.

Mais il existe une troisième issue, sorte de voie de traverse qui prend une place considérable, c'est l'**identification au parent du sexe opposé**.

Qu'elle soit l'héritière naturelle de l'Œdipe inversé ne suffit pas à en rendre compte. Sa place est telle dans l'issue de l'Œdipe qu'on doit même à son propos parler d'identification œdipienne directe quoique hétérosexuelle. En effet, s'il y a renoncement à la réalisation incestueuse, l'identification hétérosexuelle n'en permet pas moins de conserver des liens privilégiés avec le parent œdipien ou du moins avec son image.

Il n'est pas question de considérer ce type d'identification comme pathologique. Il est en particulier très nécessaire à l'accomplissement de la vie libidinale hétérosexuelle : le coït dans les deux sexes nécessite en fait les deux types d'identification féminine et masculine. Il ne préjuge pas non plus de l'identification homosexuelle qui l'accompagne.

Ainsi certaines femmes, viriles dans leur vie sociale, n'en conservent pas moins dans le même temps une position féminine dans leur vie privée. A l'inverse, lorsque l'identification homosexuelle n'est qu'ébauchée, la féminité est revendiquée sur le plan social pour éponger l'échec, la virilité sur le plan privé pour l'assurer.

Si certains hommes craignent de perdre leur virilité en mettant un tablier de cuisine, d'autres revendiquent et réalisent « leur maternité » auprès de leurs enfants. Ces attitudes dans un sens comme dans l'autre ne préjugent en rien de celles qu'ils peuvent avoir en position virile.

Mais là encore, il faut faire une distinction entre les hommes et les femmes. En effet, l'identification virile de la femme est essentiellement œdipienne, c'est-à-dire proche de son issue génitale, d'où la prépondérance des phénomènes hystériques chez la femme. Chez l'homme, l'identification maternelle comporte de tels relents de la phase préœdipienne que l'identification hétérosexuelle est saturée en imagos beaucoup plus archaïques. L'analité défensive et en même temps identificatoire à la maîtrise de la mère phallique prend une place prépondérante, d'où l'issue préférentielle vers la névrose obsessionnelle et son lâchage que représentent les perversions.

La bisexualité, enfin, explique qu'on peut inverser toutes les situations décrites et que l'hystérie et la névrose obsessionnelles, s'ils sont statistiquement prépondérants, la première chez la femme et la seconde chez l'homme, n'en coexistent pas moins dans un sexe comme dans l'autre.

La castration œdipienne

La castration œdipienne s'incruste bien évidemment dans le destin biologique de la différence des sexes et le Surmoi masculin en conservera une rigueur que n'atteint pas son homologue féminin. En réalité la crainte concernant l'intégrité corporelle de son appareil génital existe aussi chez la femme et elle est décuplée vis-à-vis de sa progéniture.

Cette crainte de la mesure de rétorsion ne doit pas faire oublier le contexte de la maturation œdipienne ni les résonances qu'entraîne la castration dans l'organisation psychique et l'univers qui en découle. On peut reconstituer cette maturation, au travers des arcanes du refoulement, comme un renoncement à la toute puissance infantile de possession incestueuse, au moins pour partie, au profit de l'acquisition d'un Surmoi plus ou moins rigide et d'identifications plus ou moins problématiques. Ceci avec pour corollaire chez l'homme : je n'ai pas « le » phallus, et chez la femme : je ne suis pas « le » phallus (v. l'économie hystérique). En réalité, il s'agit là d'une première approximation car ce serait ne pas tenir compte du formidable renversement que comporte cet échange de « bon procédé ».

D'une part, le psychisme ne se résout jamais à se déposséder complètement d'un de ses moyens d'action — et encore le fait-il douloureusement. Ainsi la mégalomanie est un personnage, qui pour rester dans l'ombre, n'a de cesse de s'aménager un nouvel emploi (par exemple au niveau de l'Idéal du Moi).

D'autre part, l'entrée dans l'Œdipe — soit dit en passant une fois rentré dans l'Œdipe, on n'en sort plus, la névrose s'aménage, l'Œdipe ne se résout pas — est le début d'une histoire singulière dans la mesure où les personnes qui y sont impliquées sont elles-mêmes individualisées. Les schémas d'organisations psychiques ne sont que des bornes autour desquelles s'entremêlent les destinées humaines et c'est en ce sens que la névrose constitue un destin spécifique et une porte d'entrée dans la finitude. L'acceptation de l'appartenance à un seul sexe et de l'irréductible issue mortelle en sont de surcroît les jalons principaux.

Mais la finitude est aussi le témoin de la démarche à rebours du psychisme humain qui ne peut communiquer avec le monde qu'après s'être préalablement enraciné dans un univers qui lui est propre, donnant lieu, fût-ce à travers des vestiges épars, à une véritable mythologie individuelle.

C'est en ce sens que, malgré les apparences, la psychanalyse n'est pas une aventure autour du nombril, en ce sens que, seule, la singularité authentique d'une œuvre d'art débouche sur l'universel.

Ainsi, le conflit entre le Surmoi et les pulsions sexuelles n'est que la trame la plus évidente sur laquelle se construit la névrose. Le refoulement qui en est la première conséquence, souvent dépassé par les événements, laisse place au symptôme qui n'est pas seulement une formation de compromis entre la pulsion et la défense tant il exprime les relents d'identifications inconscientes issues du scénario œdipien imaginaire.

III. – FORMES PSEUDO-NÉVROTIQUES EN PATHOLOGIE MENTALE

Le succès de la névrose lui a, en quelque sorte, nui. Tout ce qui n'était pas de l'ordre de la psychose a été étiqueté névrose d'une manière abusive. Nous allons ainsi éliminer successivement :

– *la « névrose » d'angoisse,*

– *la dépression dite « névrotique »,*

– *les « névroses » phobiques,*
– *les « névroses » de caractère.*

■ ***La névrose d'angoisse*** a été décrite par Freud dans un travail intitulé « sur la justification d'isoler de la neurasthénie un complexe symptomatique particulier sous le nom de névrose d'angoisse » (Angstneurose).

a) **Clinique de l'angoisse.** – L'angoisse aiguë a ceci de particulier qu'elle est une angoisse sans cause, subite et souvent paroxystique qu'il faut donc distinguer de :

– l'angoisse ou mieux l'anxiété *relative à une difficulté réelle de la vie,* particulièrement intense dans la période précédant une épreuve quelle qu'elle soit (trac aux examens);
– mais aussi de l'angoisse *apparaissant au contact de certains objets ou dans certaines situations* (claustration) dont la valeur symbolique suffit à en produire le déclenchement alors qu'il n'y a pas de cause réelle évidente, on parle alors d'angoisse phobique bien différente de l'angoisse flottante ou de la bouffée d'angoisse qui reste sans objet;
– enfin de l'angoisse *liée à une douleur organique.* Il faut citer à ce sujet l'angoisse de l'angine de poitrine, véritable sensation de mort imminente qui pourra poser quelques problèmes de diagnostic au médecin, d'autant plus que l'angoisse dite névrotique s'accompagne volontiers de sueurs, dyspnée, palpitations, voire douleurs. Ces symptômes à eux seuls peuvent d'ailleurs constituer des crises larvées ou équivalents mineurs.

A ce propos, il est important de distinguer le symptôme somatique du symptôme psychique : plus le symptôme peut être *spécifié* et précis dans son déclenchement, son intensité, sa localisation, plus on doit suspecter son organicité; plus, au contraire, le symptôme est diffus, indiscernable dans l'ensemble corporel et à plus forte raison dans l'ensemble psychique, plus la probabilité d'une manifestation psychique est grande. Si cette distinction ne permet pas toujours une différenciation *hic et nunc*, l'un des versants n'excluant jamais l'autre, elle doit en tout cas permettre de comprendre qu'il n'est pas possible de traiter un symptôme psychique comme un symptôme organique. Ce dernier spécifie une maladie particulière alors que le premier n'indique qu'un *type de relation.*

b) **Signification de l'angoisse.** – Cette disgression permet de prendre la mesure exacte de la « névrose » d'angoisse. En effet, l'angoisse est à proprement parler un type de relation tout à fait intenable; elle ne peut s'organiser sans aménagements importants qui lui font perdre son caractère de crise aiguë.

C'est dire combien « la névrose d'angoisse » se réduit « *à une porte d'entrée* » dans la pathologie mentale.

Cette décompensation brutale ne préjuge en rien de la nature de la structure sous-jacente. Certes le caractère « réactionnel » de la bouffée d'angoisse vis-à-vis d'un événement porterait à la minimiser. C'est une erreur grave car l'événement n'est souvent qu'un prétexte à décompensation. Ainsi une crise d'angoisse peut très bien être la porte d'entrée vers une schizophrénie alors que la famille évoque un échec sentimental ou prétendu tel.

Freud lui-même a considéré la « névrose d'angoisse » comme une *« névrose actuelle »*, c'est-à-dire une névrose relevant d'un conflit immédiat aigu en relation avec l'abstinence sexuelle : l'accumulation de tension sexuelle qui ne peut se réaliser ni sur le plan physique ni en élaboration psychique est directement émise sur le plan somatique sous forme d'angoisse. Aujourd'hui cette vue réactionnelle vis-à-vis du comportement sexuel est abandonnée. La bouffée d'angoisse est considérée comme un échec du refoulement et de la mise en place de symptômes. La bouffée d'angoisse signe donc avant tout l'absence d'une structure névrotique suffisamment élaborée, voire inexistante.

En effet l'angoisse névrotique proprement dite, comme on l'a vu, c'est l'angoisse de castration. Son aménagement au travers des différents mécanismes de défenses névrotiques, fussent-ils inconstants ou précaires, laissent rarement l'angoisse à l'état pur.

Par contre l'angoisse schizophrénique est faite de sentiments de transformation intérieure et extérieure avec perte des limites du Moi d'où la dénomination d'angoisse de morcellement. La bouffée d'angoisse y est maximum et au plus haut degré communicative à l'entourage.

En position intermédiaire, il existe un troisième type d'angoisse. De déclenchement parfois brutal, pouvant donner le change à une maladie organique, — on parle alors d'attaque de panique — ou bien d'emblée installée dans un contexte dépressif, il s'agit essentiellement d'une angoisse de « manque à être » où la moindre perte d'objet affectif est vécue comme catastrophique. C'est l'angoisse dépressive des « états limites ».

Ainsi la grande bouffée d'angoisse est la porte d'entrée majeure de la psychose et de la dépression, à un bien moindre degré de la névrose. Elle peut aussi introduire à une évolution psychosomatique vraie (v. chap. 11).

■ ***La dépression « essentielle »*** (1) s'oppose par définition à la dépression mélancolique, caractérisée par un délire d'indignité mais également à la dépression névrotique vraie (cf. chapitre « La dépression névrotique », voir p. 166).

a) **Les idées dépressives** ici n'ont pas un caractère délirant, elles amènent le sujet à considérer soudain les difficultés de la vie comme insurmontables Il sous-estime tout d'un coup ses capacités et surestime l'effort. Cette dévalorisation lui permet dans une certaine mesure d'échapper à la lutte et par conséquent à l'angoisse. Mais cette perte de l'estime de soi ouvre la porte à l'éventualité suicidaire qui, sans avoir la même fréquence que dans la dépression mélancolique n'en reste pas moins un risque majeur.

(1) La dépression « essentielle » décrite par P. Marty a un sens plus strict en rapport avec « la maladie psychosomatique ». Ici nous l'utilisons dans un sens beaucoup plus large qui recouvre l'ensemble des dépressions non psychotiques et non névrotiques.

Souvent le tableau est moins évident dans la mesure où les troubles remontent à l'enfance. Il s'agit plus d'un état de détressse permanent que d'idées dépressives à proprement parler. Cette détresse se manifeste régulièrement par des tensions corporelles entrecoupées de malaises diffus, une instabilité, voire une incoercible nécessité de résoudre les conflits par le passage à l'acte.

Enfin si un facteur déclenchant « traumatique » donne l'allure d'un processus réactionnel c'est parfois au contraire ce qui est vécu comme la fin des malheurs qui produit la décompensation.

b) **La fatigue** et le cortège neurasthénique qui l'accompagne fait d'anorexie, impuissance ou frigidité, hypotension artérielle, rachialgies... s'associent en proportion variée avec les idées dépressives. Cette asthénie a ceci de particulier qu'elle est matinale et cède plutôt à l'effort; mais toute activité devient difficile et laisse la place à la rumination intérieure. Parfois l'asthénie prend toute la place cachant même les idées dépressives sous-jacentes dont le sujet n'a pas conscience. On a parlé alors de *psychasthénie*. Cette entité décrite en France par Janet a été reprise par Freud qui en a fait la deuxième « névrose actuelle » : l'épuisement psychique étant dû à l'excès de pratique masturbatoire. Cette vue est également abandonnée.

c) Le troisième élément de la dépression dite « névrotique » est **l'insomnie.** Maître symptôme il vient rarement à manquer. Tout se passe en effet comme si l'angoisse, annulée le jour par l'investissement psychique de la dépression et physique de l'asthénie, se réveillait la nuit, provoquant cauchemars et insomnie, augmentant ainsi la fatigue matinale et créant un véritable cercle vicieux dont il est difficile de sortir le malade.

En réalité c'est abusivement que toute dépression non mélancolique est considérée, peu ou prou, comme une dépression névrotique, même si la ligne de partage entre cette dernière et la dépression des états limites est souvent floue.

Dans le premier cas les confidences prennent rapidement le pas sur les symptômes. La dépression elle-même semble coïncider à la récupération d'une partie importante de la vie intérieure, fût-ce à l'occasion d'un deuil ou d'un échec de la vie sentimentale ou professionnelle.

Dans le second, il y a au contraire un effondrement de la vie psychique, vécue d'ailleurs comme une perte de l'énergie vitale. Toute la pensée est centrée sur le corps et il est très difficile de l'en faire sortir. La pauvreté des objets intérieurs est telle que seuls des objets extérieurs réels peuvent servir d'appui. La perte d'objet affectif ne fait que découvrir la fragilité narcissique sous-jacente. L'engagement précaire dans une situation génitale se révèle et les mécanismes de défense contre la dépression qui avaient pu donner le change ne jouent plus leur rôle (v. les névroses de caractère).

■ ***Les « névroses » phobiques*** apparaissent en réalité dans n'importe quel compartiment de la pathologie mentale. En effet, si l'existence des manifestations phobiques — peurs immotivées en relation avec la présence d'objets ou de situations dont seul le caractère symbolique peut expliquer le rôle — n'est pas discutable, par contre il n'est pas possible de les rattacher à une structure propre.

a) **L'histoire de la notion de phobie** avant Freud est d'ailleurs révélatrice à plus d'un sens.

Au départ les phobies étaient très mal isolées des idées obsédantes. Si Pinel parlait de « manie sans délire », Esquirol rangeait les phobies dans les « monomanies » en en faisant des obsessions particulières, les « obsessions craintes ». Cette assimilation à la névrose obsessionnelle à d'ailleurs fait carrière puisque Kraepelin et même Janet en ont poursuivi la tradition.

En réalité, il avait fallu attendre Westphal en 1871 pour que le terme de phobie apparaisse dans la description de l'agoraphobie (littéralement, peur de la place publique). En fait, la fin du XIXe siècle avant Freud s'est complu en une description minutieuse de toutes les phobies possibles et imaginables, édifiant un véritable catalogue (202 phobies auraient été dénombrées). Citons, outre l'agoraphobie, la claustrophobie, l'acrophobie (peur du vide), l'éreutophobie (peur de rougir en public), la phobie d'impulsion (peur de faire mal à autrui), la sidérodromophobie (phobie des voyages en chemin de fer), zoophobies (peur des animaux), etc. La disparité évidente de ces manifestations, pour troublante qu'elle soit, n'a pas suffi à faire disparaître le mythe de la névrose phobique.

b) **Freud et l'hystérie d'angoisse.** – La situation s'est éclairée avec lui dans la mesure où parmi ces descriptions, il n'a retenu qu'un seul type de phobie véritablement névrotique, « l'hystérie d'angoisse ». En fait, la démarche de Freud a procédé en plusieurs temps.

Dans un article de 1895 (obsessions et phobies), Freud à la fois sépare obsessions et phobies de la neurasthénie et les distingue entre elles (l'obsession reste indépendante de la présence de l'objet) mais il intègre en fait les phobies aux manifestations de la « névrose d'angoisse » dans le cadre des « névroses actuelles ».

Il faudra attendre 1909 avec « l'analyse d'un cas de phobie chez un garçon de cinq ans » (le petit Hans) pour que Freud révise sa position, ne parle plus de névrose actuelle et distingue l'angoisse phobique proprement dite toujours en rapport avec la proximité d'un objet ou d'une situation bien précise. Voici ce qu'on peut lire à la fin de l'histoire du petit Hans : « La place à assigner aux « phobies » dans la classification des névroses n'a pas été jusqu'à présent bien déterminée. Il semble certain qu'on ne peut voir en elles que des syndromes pouvant appartenir à des névroses diverses et qu'on n'a pas à les ranger au nombre des entités indépendantes. Pour les phobies de l'ordre de celles de notre petit patient, la désignation d'« hystérie d'angoisse » ne me semble pas inadéquate ». Il justifiera ce terme en montrant la similitude des mécanismes psychiques entre certaines phobies et l'hystérie de conversion, ceci dans la mesure où justement l'évitement phobique est comme dans l'hystérie *un évitement avant tout sexuel* (v. p. 152).

c) **Les autres phobies.** – Avec elles, il s'agit d'autres choses que de cette évidence sexuelle de l'hystérie d'angoisse :

– Soit de *symptômes* s'apparentant en réalité à ceux de la névrose obsessionnelle comme la peur des objets sales, des excréments, des microbes, voire du cancer, ou à l'hystérie comme l'éreutophobie ou la phobie d'impulsions;

– Soit de *peurs* qui s'intègrent dans un tableau plus complexe comprenant soit des bouffées d'angoisse, soit un état dépressif. Ces peurs des états limites comportent d'ailleurs une panique considérable à la fois en face d'une situation de solitude et de rencontre avec un autrui étranger, rappelant beaucoup en définitive les terreurs infantiles;
– Soit enfin des *processus* qui se situent franchement dans la lignée psychotique. Ainsi la cancérophobie quand elle revêt un aspect hypochondriaque marqué se rapprochant d'une somatisation quasi délirante. L'agoraphobie, elle-même, dans sa forme majeure, confine à l'impossibilité totale de sortir dans la rue sans être accompagné et peut être alors considérée comme un véritable symptôme de couverture, sorte d'ultime défense contre la psychose sous-jacente.

C'est dire combien les phobies ne sont que des symptômes qui doivent être rapportés à leur contexte. En dehors de « l'hystérie d'angoisse », dont la nature sexuelle est en principe évidente, elles ne peuvent être considérées comme des structures névrotiques.

■ ***La « névrose » hypochondriaque*** ou hypochondrie « névrotique » est une dénomination totalement injustifiée. L'hypochondrie correspond en effet à la croyance en une atteinte maladive organique en relation avec une simple augmentation des sensations cénesthésiques normales qui sont alors ressenties péniblement. Les examens cliniques, biologiques et radiologiques sont le plus souvent négatifs ou du moins les petites anomalies qu'ils peuvent mettre en évidence sont hors de proportion avec les malaises invoqués.

a) **L'hypochondrie psychotique.** — Freud avait proposé de ranger l'hypochondrie parmi « les névroses actuelles ». Il précisait qu'il ne s'agissait pas d'une sorte de précurseur des névroses de transferts (hystérie et névrose obsessionnelle) comme la « névrose d'angoisse » et la psychasthénie, mais que l'hypochondrie était « la névrose actuelle » renvoyant aux « névroses narcissiques », terme utilisé alors par Freud pour parler de ce que nous appelons à l'heure actuelle « les psychoses ». Ce renvoi à Freud, pour caduc qu'il soit au niveau de la nosographie, n'en porte pas moins des éléments de véracités incontestables. Ainsi une grande partie des hypochondries peut être rangée au niveau de structures psychotiques franches ou du moins prépsychotiques.

Il s'agit de sujets douloureux, quérulents pour lesquels tous les soins et toutes les meilleures volontés du monde sont inefficaces. La croyance dans leur trouble est enracinée et quasi délirante. Leur ténacité réussit à réunir un dossier considérable mais une nouvelle série d'examen ne les satisfait jamais. Ils continueront d'aller de médecin en médecin jusqu'à ce qu'un diagnostic d'organicité finisse, de guerre lasse, par être posé. Mais là encore l'hypochondriaque ne sera pas satisfait, tout en étant renforcé dans ses idées, et tous les traitements échoueront. L'agressivité contenue dans la douleur monotone qu'il présente inlassablement est le motif du rejet dont il est le plus souvent l'objet. On peut dire en effet qu'aucun malade ne déclenche une agressivité plus grande chez leur thérapeute. Arrivé à ce stade, le cycle persécutoire peut se clore par le passage à la psychose paranoïaque. Tout se passe d'ailleurs comme si l'agressivité qui s'étale au grand jour dans le délire paranoïaque n'était autre chose que celle contenue, masquée par la douleur chez l'hypochondriaque mais bien ressentie comme telle en tout cas par ceux qui le soignent.

b) **L'hypochondrie dépressive.** — En fait tous les hypochondriaques ne présentent pas un tel tableau nettement situé dans l'orbite de la psychose. Cela ne suffit pas cependant pour faire de ces hypochondries des névroses.

De quoi s'agit-il en effet si ce n'est de patients présentant des bouffées d'angoisse, un état psychasthénique avec le cortège plus ou moins varié de troubles « neurasthéniques » divers (troubles digestifs, rachialgies, céphalées, vertiges, etc.), tout ceci sur un fond dépressif plus ou moins intense. La croyance en la réalité somatique des troubles n'est pas entière, l'agressivité et même la simple demande d'aide est vécue d'une manière extrêmement coupable. Le retournement masochique est satisfait par l'intervention chirurgicale abusive.

Il s'agit donc de manifestations dépressives dont les éléments somatiques sont mis en avant sans qu'il y ait pour autant l'installation d'une maladie organique réelle, fût-elle « psychosomatique ».

■ ***Les « névroses » de caractère*** auraient ceci de particulier qu'il s'agirait de « névroses sans symptômes », latentes, muettes, tellement confondues avec les exigences de la société moderne (activité et rectitude morale) que, lorsque la décompensation apparaît, elle se produit dans l'étonnement général : c'est le gros chêne qui tout d'un coup se brise.

a) **La personnalité « de caractère ».** — Il s'agit donc de personnalités hypernormales, actives, solides, protectrices de leur entourage dont la seule discordance consisterait à une tendance à l'envahissement que parents et amis tolèrent le plus souvent de moins en moins bien. La fragilité d'une telle position n'apparaît réellement que dans l'incapacité évidente à une remise en question d'eux-mêmes et de leur conception de la vie. Tout se passe comme si le moindre mouvement dans ce sens devait accomplir l'irréparable. Cette sûreté en soi implique que tout doute soit supprimé. En particulier, le monde des « psy » (psychologues, psychiatres, psychanalystes) est abhorré :« Il vaut mieux oublier que penser car si on se laisse aller à ses pensées intérieures, où ira-t-on? Il faut agir, c'est la seule manière de ne pas laisser croupir sa volonté et de ne pas se laisser aller à la paresse. Se laisser aller c'est mourir ». Le résultat d'une telle attitude est de trois ordres :

- Hyperactivité avec dépense considérable d'énergie qui en met plein les yeux et est considérée comme un gage de réussite sociale;
- Dureté vis-à-vis de l'entourage d'autant plus contraignante qu'elle s'accompagne d'une dureté équivalente pour lui-même;

– Stérilisation totale de tout ce qui peut surgir de la vie inconsciente avec en particulier une sexualité pauvre, voire inexistante sans que cela fasse problème.

Un quatrième élément est à noter, il est sans doute le plus subtil mais en définitive le plus important : derrière la carapace d'autoritarisme et de sûreté en soi se profile une dépendance considérable vis-à-vis de l'entourage. Inavouable, d'où la surenchère autoritaire, elle ne fera ses preuves qu'en face d'une menace de perte d'objet.

Dans certains cas cependant l'empreinte libidinale persiste au travers du conformisme moral lui-même sans que jamais le moindre soupçon de complicité puisse être émis : contrôle de la sexualité d'autrui sous prétexte de moralité ou de pédagogie, condamnation sans appel et hors de propos de l'érotisme et de la pornographie, etc. La sexualité de ces sujets est moins inexistante mais tout aussi pauvre alors qu'elle est considérée comme normale.

b) **Économie.** — La personnalité de « caractère » est entièrement définie par une activité et une volonté qui se disent conscientes. Cette conscience, sûre d'elle-même, constitue un rempart solide édifié au niveau du Moi, sorte de ligne Maginot dont la rigidité évite l'émergence des affects et de tout ce qui concerne de près ou de loin la vie fantasmatique. La vie libidinale ne se manifeste plus que sur le mode de la formation réactionnelle (v. chap. 3), c'est-à-dire l'hypermoralisme. Mais à la différence de la névrose obsessionnelle où le contrôle s'exerce au niveau des objets, ici il s'exerce au niveau du moi laissant filtrer le moins d'éléments pulsionnels possibles.

C'est dire qu'en fait la personnalité de « caractère » peut recouvrir toute une gamme de structure :

– Avec les névroses authentiques, elle apparaît comme une défense de couverture (double défense) des mécanismes proprement névrotiques. Elle fait douter souvent avec raison de l'efficacité de ces derniers;

– Mais les symptômes névrotiques eux-mêmes peuvent avoir perdu tout ressort libidinal et n'être plus que des sortes de vestiges symptomatiques plaqués défensivement contre la dépression des états limites, voire une structure psychotique, et l'on peut alors parler de psychose blanche (A. Green);

– Enfin, l'absence de structure névrotique sous-jacente n'est pas rare, faisant de ces personnalités de caractère des aménagements d'états limites.

c) **Les différents types de décompensation.** — La décompensation, souvent, c'est l'orage dans un ciel serein. Il est en effet remarquable de voir combien la décompensation se produit chez ce type de personnalités, le plus souvent alors que le sujet n'a plus à affronter de difficultés majeures. Ou bien un facteur déclenchant peut être mis en cause et c'est l'ultime difficulté qui fait vaciller l'édifice considéré jusqu'alors comme d'une solidité à toute épreuve.

Un premier mode de décompensation est la *mise à jour d'une névrose obsessionnelle* sous-jacente ou parfois même d'une névrose hystérique.

Mais le mode principal de décompensation est la *dépression* dont l'élément psychasténique est souvent majeur. Cette faiblesse est considérée comme une blessure narcissique épouvantable. Tout se passe comme si quelque chose s'était cassé irrémédiablement La reprise d'activité n'est tolérée qu'à la condition de retrouver « le rythme d'avant ». La fantasmatisation reste pauvre et tourne autour de cette récupération des forces.

Il est cependant une troisième sorte de décompensation, c'est *l'issue «psychosomatique»*. Il s'agit là de véritables maladies organiques qui jalonnent souvent toute la vie de ces malades dont le volant de fantasmatisation est cette fois-ci quasiment nul; des maladies psychosomatiques classiques au long cours : asthme, psoriasis, hypertension artérielle, basedow, à la répétition incessante d'une multiplicité d'accidents organiques les plus divers. Ou bien c'est l'accident brutal de l'âge moyen. Le profil psychologique des infarctus du myocarde décrit par les cardiologues, par exemple, correspond assez bien avec notre description.

Enfin, il est une dernière issue chez la personne âgée cette fois; la *démence sénile mélancolique ou délirante,* en dehors des démences artériopathiques vraies, comporte dans l'immense majorité des cas des antécédents psychiques caractéristiques : autoritarisme, hyperactivité, rigidité. C'est dire combien nous sommes là aux confins de toutes les issues possibles névrotique, psychotique et sans oublier la troisième voie psychosomatique donnant son plein sens au terme d'état limite, fût-il aménagé.

IV. – NÉVROSES AUTHENTIQUES

Respecter la nosographie peut sembler quelque peu démodé au moment où la clinique des névroses ne correspond souvent plus à celle décrite habituellement. Il ne fait pas de doute en particulier que les comportements symptomatiques classiquement mis en avant doivent laisser la place à des organisations psychiques dont la révélation est plus délicate et la description plus complexe.

De plus, l'intrication des différents types d'organisations névrotiques est telle qu'on pourrait croire au caractère totalement artificiel des distinctions nosographiques. Il n'en est rien cependant dans la mesure où les organisations hystériques et obsessionnelles en particulier continuent de s'opposer non seulement sur le plan didactique mais également sur le plan clinique à la condition toutefois de préciser les intrications qui se font à leur niveau : l'importance de l'indice d'hystérisation dans la névrose obsessionnelle, l'importance du noyau anal dans l'hystérie.

A. – HYSTÉRIE DE CONVERSION

I. – HISTORIQUE

Depuis la plus haute antiquité et en particulier Hippocrate, l'hystérie désignait des troubles nerveux que l'on observait chez des femmes qui n'avaient pas eu de grossesses et qui abusaient des plaisirs vénériens.

Au Moyen Âge, une note particulière y a été ajoutée, c'est la possession par le démon avec en particulier les fameuses histoires de sabbats des sorcières.

En fait, c'est à Charcot qu'il revient d'avoir su distinguer au cours du siècle dernier l'hystérie de l'épilepsie. Il continue cependant de la classer dans les troubles physiopathiques du système nerveux.

Puis Babinsky en soulignant la suggestibilité (ou du moins ce qu'il considérait comme telle et qui est en réalité la labilité des symptômes) et en créant le terme de « pithiatisme » a permis de séparer ce qui appartient à la psychiatrie de ce qui revient à la neurologie. En fait les confusions persisteront et plusieurs directions seront prises confirmant les divergences jusqu'à nos jours :

■ Pour Janet qui n'a jamais abandonné les théories ***organicistes*** de Jackson, il s'agit essentiellement d'un affaiblissement de la tension psychique que peuvent favoriser des chocs émotionnels et des souvenirs traumatiques. Cet état expliquerait l'action suggestive et la guérison par l'hypnose de ces malades.

■ Pour d'autres « cette inconnue dans la maison », cette « mauvaise herbe de la médecine » selon Lasegue, sera considérée comme une simple attitude de ***simulation.***

■ Dans le même temps, elle fécondera le génie de Freud. Un instant élève de Charcot, il retournera à Vienne, pour écrire avec Breuer, quelques années plus tard les fameuses « études sur l'hystérie ». On pourra y lire, reprenant en quelque sorte la définition antique : « à peine sorti de l'école de Charcot, je rougissais de la connexion entre l'hystérie et la ***sexualité,*** à peu près comme les patientes elles-mêmes le font en général ». Dans un premier temps, il parlera de traumatisme sexuel pendant l'enfance pour, dans un deuxième temps abandonner l'explication traumatique directe et intégrer l'hystérie dans le cadre des avatars de l'évolution libidinale.

II. – CLINIQUE

■ ***Les symptômes médicaux ou dits « somatiques ».*** — Les symptômes hystériques de conversion ont d'abord été décrits sur le plan médical. Pour classiques qu'ils soient ce ne sont pas les manifestations les plus fréquentes de l'hystérie, aussi nous les décrirons rapidement.

Les accidents paroxystiques. — *La grande crise* décrite par Charcot : il s'agit d'une crise d'agitation spectaculaire dont la symbolique sexuelle est souvent présente et qui peut prendre toute sorte de formes, depuis l'accès somnambulique en plein jour jusqu'à l'imitation de la crise d'épilepsie. En général, la perte des urines et la morsure de la langue manquent dans la crise hystérique alors qu'elles sont présentes dans l'épilepsie. L'électroencéphalogramme et surtout le contexte (extravagance, théâtralisme, labilité) feront le diagnostic.

– *Les équivalents mineurs :* vont de la crise « nerveuse » d'agitation à l'évanouissement subit en passant par les tétanies sans substratum biologique (hypocalcémie) ou spasmophilies dont les liens avec l'hystérie sont certains quand on fait le tour des conduites psychologiques qui y sont associées. Enfin, les Narcolepsies (états de sommeil diurnes) prêteront à de nombreuses discussions avec les neurologues, mais semblent en fait le plus souvent se situer dans le cadre de l'hystérie.

Les troubles d'allure neurologique. — *Les paralysies* sont les troubles les plus fréquents, elles sont cliniquement rarement bien constituées, le plus souvent bizarres dès le premier abord; il n'y a évidemment pas de troubles des réflexes. Elles peuvent toucher les deux membres inférieurs (astasie-abasie), un membre (monoplégie), les cordes vocales (aphonie). On peut leur adjoindre la cécité hystérique avec rétrécissement concentrique du champ visuel. Le diagnostic différentiel avec la sclérose en plaques (paralysies en foyers) posera parfois quelques problèmes en raison du caractère disparate des symptômes de part et d'autre.

Les *anesthésies* et surtout les œdèmes localisés constituaient ce qu'on appelait « les stigmates hystériques ». La topographie aberrante des premières, le caractère provoqué des secondes ne trompent pas longtemps.

Les *manifestations algiques :* ne sont pas absentes et poseront de difficiles problèmes avec, en particulier, les douleurs hypochondriaques, sans compter les douleurs organiques réelles. Outre l'absence de signes d'organicité à l'examen médical c'est chaque fois le contexte qui fera le diagnostic, c'est-à-dire :

■ ***Les symptômes psychiques et le caractère hystérique.*** — Les manifestations d'ordre psychique si elles coexistent avec les « symptômes somatiques » se suffisent le plus souvent à elles-mêmes, elles sont d'ailleurs beaucoup plus fréquentes que les classiques accidents de conversion; aussi on a pu vouloir opposer à la conversion somatique les *symptômes psychiques* de l'hystérie. *Il n'existe en réalité pas de solution de continuité car ces symptômes psychiques restent essentiellement des mouvements du corps qui échappent à leurs auteurs et doivent donc eux aussi être considérés comme de véritables conversions somatiques.*

La séduction et l'avidité affective en sont le premier symptôme, premier dans la présentation et surtout dans ce qu'elle a d'essentiellement subjectif. Cette manière d'être de l'hystérique a été décrite de façons multiples : besoins d'attirer l'attention sur soi, égocentrisme, dépendance affective, manque de contrôle émotionnel, coquetterie, provocation, érotisation de la relation, etc. En fait, il s'agit d'un seul et même phénomène, sorte de précipitation affective qui a tendance à raccourcir spontanément les distances avec l'autre. Cette offre affective immédiate, quoique contenue — à la différence du psychotique qui fera sa déclaration d'amour et de haine sans transition — est à l'origine du mot hystérie. Mais en fait c'est une mystification car ce rapproché ne peut se survivre longtemps, la moindre réponse à cette « offre et demande » tout à la fois entraîne la rupture immédiate et la fuite éperdue.

La fuite ou l'amnésie caractérise en effet le second mouvement. Si l'attitude de retrait de l'hystérique peut parfois prendre l'allure de fugues véritables, le plus souvent il se manifeste d'une manière beaucoup plus subtile : c'est l'amnésie hystérique. Sans aller jusqu'aux classiques histoires du « voyageur sans bagages », il s'agit simplement de l'oubli d'un événement où le patient est trop engagé dans ses affects et à tout ce qui s'y rapporte. Parfois, il s'agit d'une véritable amnésie des mots que l'hystérique veut prononcer et oublie aussitôt. Mais le fantasme essentiel, parfois réalisé, reste la fuite par syncope ou mieux par inanition. A un degré mineur, la fuite dans le sommeil en est souvent l'équivalent.

Les relations sexuelles sont beaucoup plus fréquentes qu'on ne le dit classiquement et la frigidité beaucoup plus rare qu'on ne le croit. Mais le comportement sexuel ne peut se réaliser que dans une sorte de halo amnésique, il ne faut pas l'avoir prévu et en tout cas, il faut l'avoir tout de suite oublié.

Enfin, le plus souvent l'hystérique a besoin d'écrans qui le séparent de ses objets d'amour ce qui lui permet d'oublier ce qui est en question (cf. l'histoire de Dora dans les cinq psychanalyses). Il en résulte une multiplicité d'objets abandonnés les uns après les autres dès que la duplicité ne peut plus être soutenue.

Le caractère hystérique. — L'ensemble de cette attitude correspond donc à un double mouvement *séduction-retrait* marquant cette véritable *ambivalence au niveau du corps* qui est le signe distinctif de l'hystérie. La névrose obsessionnelle étant, elle, caractérisée par une attitude d'ambivalence au niveau de la pensée. Ce mouvement de provocation et de leurre, on le retrouve d'ailleurs au niveau du symptôme de conversion d'apparence médical, le double mouvement y est en quelque sorte condensé et du coup ininterprétable. Il en est de même dans les fabulations et les comportements mythomaniaques, voire dans la tentative de suicide, elle-même manière de fugue, et dont le caractère non préparé, à la sauvette, n'en contient pas moins des éléments de provocation.

L'hystérique mène ainsi une double vie (d'où sentiment de dédoublement de personnalité) :

- L'une, celle de ses symptômes, qu'ils soient physiques ou psychiques, semble lui donner une aisance, une insouciance enviables, c'est *la belle indifférence de l'hystérique.* La conversion a subtilisé totalement l'angoisse. L'aisance du corps doué d'une véritable ubiquité donne l'aspect théâtral qui souligne du même coup la nécessité d'avoir des spectateurs;
- L'autre, en fond de tableau, *qui paie l'automystification de la précédente,* car la victime de l'hystérique n'est pas tant l'objet délaissé qu'elle-même, d'où le sentiment d'abandon, d'impuissance et d'échec qui peut réveiller l'angoisse endormie. Mais cette dernière, lorsqu'elle apparaît est toujours labile, prête à disparaître à nouveau ou bien tellement disproportionnée qu'il faut la considérer comme un véritable symptôme parmi les autres. Il en est généralement de même avec des états dépressifs où dominent les éléments psychiques, c'est-à-dire la richesse de la fantasmatisation.

Enfin l'hystérie est souvent invisible. Elle n'en est pas moins douloureuse et cela pour une raison essentielle à savoir l'envahissement constant des affects. « L'hystérique vit de la dévoration de ces affects » écrit André Green, mais on peut renverser la proposition : l'hystérique est en même temps dévorée par ses affects alors même que le système de représentatation est apparemment manquant. Il s'agit peut-être là du symptôme le plus caractéristique de l'hystérie quoique le plus caché.

La conversion et l'inhibition intellectuelle d'une part, l'agressivité et la voracité allant jusqu'à la toxicomanie d'autre part, apparaissent dès lors comme des issues permettant d'échapper à la toute-puissance des affects.

Les mots deviennent des attributs bien particuliers, tabous parce que trop explosifs, ou au contraire exhibés dans leur violence nue pour du moins tenter de répandre et de faire partager l'immaîtrisable.

L'hystérie oscille ainsi entre une remémoration cachée et l'exhibition, elle-même relayée et soulagée par les processus de conversion.

III. — ÉCONOMIE

■ En effet, paradoxalement, on peut dire que si l'hystérique oublie tout le temps (amnésie, trous de mémoire) c'est pour se défendre d'une remémoration constante contre laquelle il lutte en relation avec les fantasmes touchant les objets sexuels incestueux. Cela dit, affects et représentations n'ont pas des destins aussi différenciés qu'on pourrait le croire :

- D'une part, les représentations subissent l'effet du refoulement, un refoulement réussi car l'amnésie est totale, c'est la « belle indifférence » de l'hystérique du moins dans les accès exhibés ou non de la conversion. Enfin ce qui subsiste des représentations est retourné en son contraire : le désir sexuel est transformé en dégoût sexuel.

– D'autre part, les ***affects*** sont détachés de la représentation psychique gênante pour se convertir dans le domaine corporel en symptôme somatique ou dans leurs équivalents psychiques. Malgré le refoulement des représentations, ces décharges d'affects conservent une sorte de relent de leurs origines, d'où le caractère symbolique des conversions somatiques, le caractère érotisé des conduites psychiques. Tout se passe comme si les représentations sexuelles refoulées du système conscient trouvaient une certaine résurgence dans la manifestation des affects et continuaient de parler au niveau des symptômes; mais ce caractère échappe totalement à l'hystérique car les symboles sont travestis par le déplacement (verge = cage thoracique, dans l'histoire de Dora). En somme, le langage change d'instrument mais il continue à tenir son discours (J. Lacan). Or, il peut, malgré tout, arriver que l'instrument parle trop fort et que l'hystérique ne puisse plus être dupe de l'affect qui le submerge. La solution d'urgence est l'inversion de l'affect : le dégoût sexuel à la place de l'attirance sexuelle.

Enfin, lorsque toutes ces solutions sont épuisées, il n'en reste plus qu'une : disparaître par l'amnésie, le sommeil ou l'inanition (A. Green).

■ Mais il ne suffit pas de dire qu'avec l'hystérie, la sexualité est là qui rôde ni que l'ambivalence du symptôme, son caractère de provocation et de leurre est l'expression du compromis entre la pulsion et la défense.

La dramatique de l'hystérique s'inscrit en fait dans un contexte beaucoup plus large. Le désir n'est pas seulement interdit — parce que coupable — mais parce qu'il est de désir insatisfait. C'est en ce sens que l'inceste est à la fois désiré et redouté comme image de l'impossible, en ce sens que la castration est toujours anticipée par la fuite éperdue et la mesure de rétorsion ainsi évitée, d'où la belle indifférence.

L'identification hystérique primaire au coït parental (M. Fain et D. Braunschveig) est sans doute un élément majeur de la constitution du noyau hystérique : tant par le refoulement qu'il implique que par le rejeton essentiel du retour du refoulé, à savoir l'investissement autoérotique et la fantasmatisation qui en découle.

Cependant il serait naïf de fonder la genèse des destins pathologiques de la névrose sur une causalité linéaire. L'absence de repérage de cette identification et la précarité de l'accompagnement anaclitique (J. Cosnier) sont des éléments dont il est nécessaire de tenir compte, mais ne constituent pas la trame de la névrose qu'il serait réducteur de décrire par une succession d'étapes obligatoires et bien précises.

Son noyau central reste le désir de désir insatisfait en prise directe avec le désir incestueux qui l'incarne. Tout dépend de la façon dont ce désir s'est enraciné dans une histoire et à ce titre toutes sortes de facteurs interviennent tour à tour.

Ainsi, l'oralité décelée par la plupart des auteurs s'affiche par une gloutonnerie affective dont le contrepoint peut prendre la forme d'une véritable incontinence psychique, ponctuée parfois de vomissements, voire de grossesses imaginaires.

L'hystérique est en particulier un grand dévoreur d'identifications, d'où la plasticité et la labilité des symptômes. Mais la dévoration essentielle concerne plus fondamentalement encore le Phallus imaginaire dont l'hystérique est « enceinte » afin d'éviter la castration. L'expression majeure en est bien évidemment la conversion : l'hystérique est alors le Phallus.

■ Ce qui frappe dans cette régression orale (régression topique : du vagin à la bouche), c'est la conservation de la dimension sexuelle au point qu'il vaudrait presque mieux parler d'ubiquité — oralité ? génitalité ? — que de véritable régression du Moi. Cette ubiquité est d'ailleurs fortement marquée par la prévalence des mécanismes de condensation (A. Green).

Quelques repères du déroulement de l'Œdipe chez la fille montrent en effet les rapports du changement d'objet — de la mère vers le père — dans la formation des mécanismes de condensation : la petite fille déçue de ce que sa mère ne lui a pas donné de pénis se tourne vers le père, démarche que n'a pas à opérer le petit garçon qui trouve dans le premier objet d'amour, la mère, également l'objet œdipien. Ainsi la castration est déjà à l'origine de l'organisation œdipienne chez la fille.

Elle va donc vivre l'aventure de la conquête du père qui donne à l'adolescente une maturité plus importante qu'à son homologue garçon. Il ne faut pas oublier cependant le caractère problématique de ce changement d'objet car l'objet maternel ne peut en réalité être abandonné. Pour s'en sortir il ne reste plus que la stratégie de l'ubiquité et de la condensation, d'où l'importance de la bisexualité dans l'hystérie : le corps du père œdipien est ainsi investi comme habitacle maternel et le corps de la mère, érotisé secondairement, au point que l'homosexualité latente est banalisée — tels les échanges de vêtements féminins.

La condensation maximum est atteinte selon l'exemple donné par Freud lui-même du pis de la vache à la fois sein et pénis, image retrouvée dans le désir de fellation réprimé ou non.

Chez l'homme le changement d'objet se pose également mais en tierce position seulement. C'est la raison pour laquelle l'hystérie est plutôt le devenir féminin.

■ Le saut à pieds joints de l'analité qu'opère la condensation hystérique masque les relations avec la mère préœdipienne. Ces dernières et toute la problématique qui en découle (v. l'économie de la névrose obsessionnelle) sont tout aussi fondamentales pour l'organisation du « noyau anal », point d'ancrage du Moi.

De l'existence et de la solidité de ce noyau anal dépend en réalité une large part du destin de l'hystérie. Sans ce recours à la pensée auquel procède la régression anale, l'hystérie n'est que fuite dans le comportement, l'inhibition intellectuelle, la dépression, voire la toxicomanie.

IV. – HYSTÉRIE ET PSYCHOSE

C'est pour les raisons précédentes d'ailleurs que la notion de « psychose hystérique » doit être considérée comme un véritable barbarisme. Il s'agit en fait soit de symptômes hystériques de conversion majeurs (symptômes médicaux) qui chez l'adulte hors de toute situation coercitive (prison, séminaire, caserne, asile, voire famille vivant sur le mode du clan) est éminemment suspecte de n'être qu'une façade défensive camouflant mal une structure psychotique; soit de symptômes particuliers itératifs, rigides et labiles tout à la fois, sortes de vestiges inopérants qui se situent en fait au niveau du registre de la schizophrénie. Aussi le passage de l'hystérie à la psychose reste-t-il très hypothétique et doit être considéré plutôt comme l'effondrement de symptômes de couverture, fussent-ils hystériques.

B. – HYSTÉRIE D'ANGOISSE

C'est la phobie placée sous le signe de la sexualité et par conséquent la seule phobie névrotique.

I. – CLINIQUE

L'hystérie d'angoisse correspond très exactement au cas de phobie des magasins, décrite par Freud, chez cette jeune fille nommée Emma et dont nous avons déjà parlé à propos de la structure névrotique. Le rire des jeunes commis qui déclenche sa fuite éperdue lorsqu'elle rentre dans un magasin représente la projection de sa moquerie intérieure (culpabilité) vis-à-vis de la scène de séduction du vieil épicier alors même que les jeunes gens représentent, eux, les objets sexuels qui risqueraient d'émouvoir la jeune fille.

La peur de sortir dans la rue procède du même rappel de la sexualité. Du point de vue de l'inconscient la rue signifie le trottoir et par conséquent sortir dans la rue, c'est faire le trottoir.

Pour le petit Hans, enfin, la phobie des chevaux nous restitue la trame œdipienne de l'hystérie d'angoisse. Pris entre ses sentiments tendres pour son père et l'agressivité à l'égard de celui qui vient troubler ses relations avec sa mère, le déplacement de l'agressivité — désir que le cheval tombe — lui permet de conserver intact le premier sentiment d'amour. Cela n'expliquerait en rien la phobie des chevaux si les mesures de rétorsion que l'enfant redoute de la part du père n'étaient elles aussi, symboliquement exprimées : le petit Hans refuse de sortir dans la rue à cause des chevaux qui vont le mordre. L'ambivalence vis-à-vis du père est ainsi résolue au prix de la peur des chevaux.

Enfin la symptomatologie de l'hystérie d'angoisse est complétée par le rôle de l'objet contraphobique. Si Emma ne peut rentrer seule dans un magasin, la présence d'un tiers familier le lui permet avec une disparition quasi totale de l'angoisse. Le phobique perd également sa peur dans la rue s'il est accompagné. Le petit Hans lui-même est beaucoup plus rassuré dans la rue avec sa mère qu'avec la bonne. L'hystérique se protège de la même manière des assauts d'assiduité masculine, mais dans l'hystérie d'angoisse ce n'est plus la relation elle-même qui est évitée mais un objet symbolique.

II. – ÉCONOMIE

Freud précise à la fin du petit Hans que la similitude entre l'hystérie d'angoisse et l'hystérie de conversion est complète à l'exception d'un seul point. « Il est vrai que ce point est d'importance décisive, ajoute-t-il, et bien fait pour motiver une distinction : dans l'hystérie d'angoisse, la libido détachée du matériel pathogène par le refoulement n'est pas convertie, c'est-à-dire pas détournée du psychisme vers une innervation corporelle mais libérée sous forme d'angoisse ». Plus tard, en 1926, dans « Inhibition, symptômes et angoisse », il reviendra sur cette conception. L'angoisse ne naît plus de la libido non utilisée, c'est-à-dire n'est plus un produit du refoulement comme il l'avait cru; au contraire, l'angoisse désormais située au niveau du Moi suscite le refoulement et c'est l'échec de ce dernier qui laisse filtrer l'angoisse.

Or, dans la phobie on n'assiste ni à la réussite de l'hystérique qui par la conversion, véritable succédané de passage à l'acte sexuel, leurre le Surmoi tout en réalisant malgré tout une sorte de destin libidinal, ni aux « astuces » et aux « acrobaties du déplacement obsessionnel » (Green). Le déplacement phobique est en quelque sorte un mécanisme simple mais inachevé intermédiaire comme le dit Green aux deux autres névroses, le refoulement est incomplet et l'angoisse n'est que déplacée. La conséquence en est que l'angoisse névrotique y est retrouvée quasiment à l'état pur. Freud d'ailleurs, à partir de l'histoire du petit Hans et de sa peur de la morsure des chevaux, introduit le concept de la menace de castration qui éclairera désormais sa conception des névroses.

Dans les autres phobies, l'érotisme, s'il se manifeste, n'est que de couverture, l'angoisse ne se situe plus au niveau de la perte d'un avoir, c'est une angoisse de difficulté d'être qui se situe selon les cas au niveau de la dépression (états limites) ou de la psychose.

C. – LA NÉVROSE OBSESSIONNELLE

I. – HISTORIQUE

La névrose obsessionnelle était considérée au début du siècle dernier comme faisant partie de la folie, c'est-à-dire que d'emblée elle avait été mise au rang des maladies mentales, Pinel parlait de folie raisonnante, Esquirol l'avait classée dans les monomanies, c'est-à-dire la considérait comme un délire partiel : on parlait de folie du doute, de folie du toucher. La première bonne description est due à Morel (1866), il parlait encore de délire émotif, mais c'est avec Luys (1883) que l'on voit apparaître le mot obsession à partir d'un article intitulé « Des obsessions pathologiques ».

Dès lors on se rapproche des névroses, mais l'origine intellectuelle ou émotionnelle des troubles va diviser les esprits. La névrose obsessionnelle pose en effet le problème des liens entre la vie émotionnelle et la vie intellectuelle d'une manière aiguë. Janet proposera sa théorie de la diminution de l'énergie psychique et essaiera de lier la psychasthénie et les obsessions qui ne sont pour lui qu'un produit de dégradation, une sorte de résidu du niveau de l'activité psychique le plus élevé.

Si l'origine émotionnelle a finalement été retenue en particulier grâce à Pitres et Régis, c'est seulement avec Freud que l'on commencera à entrevoir un début de solution, à partir de sa distinction entre les destins respectifs de la représentation et de l'affect qui prend dans la névrose obsessionnelle une importance capitale.

II. – CLINIQUE

■ ***L'isolation*** est le premier symptôme, c'est-à-dire qu'au cours d'une relation, la première chose qui frappe est la stérilisation de l'affectivité car chez l'obsessionnel, la pensée se substitue aux actes au point qu'il y a disparition quasi totale de la spontanéité. Cette pensée va lui servir de perpétuel écran entre lui et les autres, si bien que le premier mouvement de l'obsessionnel contrairement à l'hystérique est de se retirer, de prendre ses distances. Il pense et regarde. Cette attitude correspond en général à ce qui est décrit en psychologie sous le terme de *caractère schizoïde*. Minkowski dans son livre « La schizophrénie » décrit très bien ce caractère qui, de notre point de vue, concerne essentiellement l'obsessionnel, en particulier l'incapacité de s'adapter à l'ambiance affective et la poursuite indéfinie et hors de propos de la réalisation de ses idées.

Cette « isolation » permet en effet une mise à distance de toute proximité affective, d'où la froideur de ses gestes et l'absence d'émotivité, ce qui d'ailleurs ne confine pas forcément à l'isolement. Sa sexualité est pauvre et ne peut se manifester le plus souvent que dans un contexte sadomasochiste.

Par contre, au niveau de la parole, quand il s'y met, c'est l'inverse, l'obsessionnel fait montre d'un prolixité à toute épreuve. Son esprit est d'une logique intarissable même si elle n'est pas toujours très adaptée. La grivoiserie de propos ne le gêne pas, mais il s'agit là encore plus d'une aventure intellectuelle que d'un propos salace. Ce qu'il pourra dire de la sexualité est désaffectisé et sans aucune correspondance avec sa vie sexuelle réelle.

Plus profondément, l'isolation est une véritable inhibition des affects dont on peut se demander s'il s'agit d'un système défensif ou d'un véritable appauvrissement de la vie psychique. Il s'agit en tout cas d'une désaffection par rapport à lui-même qu'exerce l'obsessionnel au profit d'un ordre apparent du monde. En ce sens seulement, on peut considérer l'obsessionnel comme quelqu'un qui est coupé de la vie. Car l'affect latent est là qui veille; lorsqu'il réapparaît c'est le plus souvent dans le contexte du passage à l'acte et de la violence.

■ ***Le contrôle obsédant*** est le deuxième versant de la symptomatologie de l'obsessionnel. Tout se passe en effet comme si l'obsessionnel après s'être retiré à bonne distance plantait sa tente, en vérifiant toutes les issues, toutes les fuites possibles d'où le caractère obsédant de ses préoccupations, les thèmes d'ordre, de précision, de complétude, la manie des collections que l'on retrouve pêle-mêle avec toutes sortes de compulsions de vérifications. Il est nécessaire à ce propos d'éliminer deux acceptations courantes de ce contrôle obsédant : *l'obsession sexuelle* et *l'idée fixe*.

Si passer son temps à parler de ce qu'on ne fait pas est un moyen sûr « d'isoler » la sexualité, les obsessions, elles, ne sont en fait pas sexuelles, bien au contraire, elles caractérisent toujours des thèmes d'ordre qui, on le verra, sont des moyens de lutter justement contre les pulsions libidinales.

Quant à l'idée fixe, pour répétitive et obsédante qu'elle soit, elle n'est pas non plus une obsession. Ainsi un mari, craignant à tout moment à tort ou à raison que sa femme le trompe, ne présente pas une obsession au sens où nous l'entendons, mais un sentiment de jalousie.

L'obsessionnel amoureux n'osant pas s'approcher de l'objet de ses pensées peut par contre se créer tout un système de contrôle des faits et gestes de sa bien-aimée, s'attachant à des détails dérisoires à partir desquels il a l'impression de communiquer avec elle. Les sentiments de jalousie ne sont pas forcément présents : à l'extrême il peut se satisfaire de la réussite d'un rival qui lui permettra d'isoler définitivement ses sentiments et éventuellement de poursuivre ses contrôles obsédants en toute tranquillité : avec le mariage de « sa bien-aimée » tout est en quelque sorte rentré dans l'ordre!

■ ***Le caractère obsessionnel.*** — Tout se passe à l'inverse de ce qu'on a vu chez l'hystérique; après le premier temps de retrait, le deuxième est d'investissement et de contrôle incessant. Si l'hystérique n'est jamais là où l'on croit qu'il est, l'obsessionnel au contraire surprend par sa présence inattendue au moment et à l'endroit où on ne l'attendait plus ou encore par sa prodigieuse mémoire. Le contrôle incessant joue ainsi un rôle considérable depuis les acquisitions scolaires de l'enfant pendant la phase de latence jusqu'à la maîtrise d'un système économique ou industriel en passant par toutes les manies de collections, qu'il s'agisse de livres, timbres, meubles anciens, tableaux et autres objets d'art et plus encore la manipulation de l'argent. La méticulosité, la propreté, la parcimonie et l'entêtement sont en fond de tableau les éléments de caractère les plus fréquemment rencontrés.

Dans un tel système ce qui est le plus redouté est l'imprévu. L'aménagement de sa distance vis-à-vis de ses objets affectifs, ni trop près, ni trop loin, est remis en cause alors même que la toute-puissance de la pensée est mise en doute.

- **En surface** la réponse immédiate au lâchage du contrôle obsédant est une réaction brutale, voire destructrice pour ses propres objets d'amours. Si elle se réduit parfois à de simples débordements orduriers au niveau verbal, elle peut au contraire conduire à des agressions aussi caractérisées qu'imprévisibles dont le sadisme n'est jamais totalement absent.
- **Plus en profondeur** l'angoisse latente jamais totalement refoulée comme dans l'hystérie resurgit en masse. La dépression, si elle s'installe, et pour latente qu'elle soit le plus souvent, n'en est pas moins grave. L'obsessionnel se suicide d'une manière méthodique, sans tambour ni trompette à la différence de l'hystérique. Aussi ces suicides sont le plus souvent réussis. S'il en réchappe la blessure narcissique est intolérable et la récidive de règle.

■ ***Le rite obsessionnel*** est un autre destin de cette ambivalence de l'obsessionnel. Pour classique et démonstratif qu'il soit il n'est pas le symptôme le plus fréquemment rencontré à l'instar de la grande conversion chez l'hystérique. Il peut d'ailleurs être considéré comme un élément de gravité.

Il se présente d'abord sous forme **d'obsession-impulsion** décrite classiquement comme l'irruption du doute dans la pensée et avec lui, d'un ordre intérieur considéré par le sujet comme un phénomène morbide et en désaccord avec son Moi conscient; elle persiste malgré tous ses efforts pour s'en débarrasser et ne disparaît qu'avec sa réalisation. Cette dernière n'est souvent pas très différente de la manie de l'ordre et des vérifications décrites précédemment. En fait leur sens est complètement transformé car ils prennent désormais un caractère *conjuratoire*.

Qu'il s'agisse d'éteindre et de rallumer trois fois sa lampe avant de s'endormir, de répéter tel mot ou tel chiffre avant de traverser une rue, de ne marcher que sur les pavés impairs ou encore de toucher une certaine catégorie d'objet sur son passage : arbres, panneaux de circulation, nous avons là toute une série d'actes qui ont une valeur quasiment magique et dont la répétition constitue un véritable rite. Si l'on y regarde de près il ne s'agit en fait que de la condensation des deux symptômes précédents : isolation par le caractère arithmétique et artificiel de ces impulsions, contrôle obsédant par le besoin de répétition qu'elles comportent. Il s'y ajoute un troisième facteur : la toute-puissance de la pensée ou pensée magique.

Mais cette condensation, elle-même, s'avère souvent inopérante, l'angoisse en réinfiltre continuellement le processus, d'où ces répétitions à l'infini, ces lavages incessants, ces bizarreries d'habillage dont l'incomplétude demandera de nouveaux rites. C'est ce qu'on appelle *l'annulation par le rite* qui par contamination de proche en proche aboutit à un réseau compulsionnel tout à fait étranger à l'obsession initiale, tant le déplacement est considérable. C'est ainsi que la complexité de certains rites conjuratoires (toucher tous les arbres d'une forêt) peut amener le patient à de véritables états de dépersonnalisation.

III. – ÉCONOMIE

■ ***La représentation*** est « isolée ». Cette réduction de l'acte à la pensée est un mécanisme particulier du refoulement. La représentation amputée du désir est ainsi modifiée de façon à ce qu'elle puisse être considérée comme acceptable par le Surmoi; les pensées peuvent désormais comporter une thématique sexuelle, elles ont subi le mécanisme de l'isolation, le désir ne les suit pas. On voit combien ce refoulement est incomplet et l'isolation une sorte d'aménagement relativement précaire.

■ Quant aux ***affects,*** ils subissent une ***régression*** (dynamique et temporelle) ***sur les représentations anales.*** C'est-à-dire qu'il y a une véritable régression du Moi, l'intérêt génital étant « déplacé » sur l'intérêt anal. Il ne s'agit pas là d'une fixation des attitudes affectives de l'enfant avec sa mère, au moment de la phase anale, mais d'une fixation secondaire qui réutilise le matériel anal en fonction des besoins de l'organisation libidinale face au problème œdipien.

Ce qui différencie essentiellement la phase anale de la phase orale, c'est le rôle actif de l'enfant qui décide ou non de donner son bol fécal et prend possession ainsi d'une puissance autonome. C'est ce contrôle qui est repris dans la régression anale. En effet la complaisance de l'enfant vis-à-vis de ses fèces au moment de la phase anale semble, dans un premier temps du moins, complètement oubliée; la régression n'aurait conservé en quelque sorte que les manifestations de conservation et de contrôle : tel un enfant sur son pot qui refuserait de donner ses selles mais construirait à côté et avec minutie un immense château de sable, véritable « caca propre ». Cette transformation de la pulsion anale initiale en son contraire est le type de défense intitulé **formation réactionnelle.**

La pulsion anale ainsi maîtrisée réapparaît parfois mais d'une manière brutale, voire catastrophique, comme si elle avait dû se forcer un passage d'où la forte composante agressive qu'elle comporte. Tel ce monsieur parcimonieux et économe qui refuse habituellement de donner à sa femme l'argent dont elle aurait besoin mais va par contre accepter de prêter une grosse somme d'argent à un ami qu'il n'a pas vu depuis une éternité. Cela ressemble assez bien, certes, à l'enfant qui refuse de faire sur son pot quand il est avec sa mère, mais fait très bien quand il est chez sa voisine. En réalité, on pourrait tout aussi bien faire une comparaison alimentaire. En fait, la pulsion anale réelle, satisfaction et manipulation des fèces, a été complètement réaménagée avec la régression. La brutalité de cette pulsion anale a consacré la dénomination « sadique-anale ». Le contrôle obsédant n'est ainsi jamais à l'abri d'un orage pulsionnel et des mesures de rétorsion qui s'ensuivent, la castration est l'épée de Damoclès de l'obsessionnel.

L'ensemble de ces manifestations de rétention et d'expulsion correspond à ce que l'on appelle **l'érotisme anal** qui se retrouve dans tous les comportements qu'ils soient sexuels, affectifs ou sociaux. L'infiltration de ces mécanismes est en effet plus subtile (et à la fois plus économique d'ailleurs) qu'il n'y paraît. En effet, toute compulsion d'ordre comporte une certaine manipulation de la saleté et du désordre; ainsi le contrôle obsédant satisfait en même temps les pulsions anales authentiques, littéralement enfouies au travers d'un réseau serré de formations réactionnelles, et son implacable Surmoi.

Il ne faut pas oublier que cette analité n'est que la régression d'un conflit, qui, lui, *a priori* est bien génital. Comme le dit Bouvet « l'obsédé exprime un conflit œdipien en langage prégénital ». Serge Leclaire de son côté a particulièrement insisté sur l'importance de la relation de l'obsessionnel avec sa mère. L'obsessionnel serait ce fils préféré d'une mère insatisfaite qui semble retourner son attente déçue vers sa progéniture mâle. Dès lors, ils vivent tous deux dans un monde imaginaire comme une « prison bien-aimée » dira Leclaire. Sans aller jusque-là, il est nécessaire de souligner cependant l'importance des premières relations avec la mère et l'empreinte durable qu'elles laissent : celle d'une manipulation omnipotente où le nourrisson est entièrement livré aux soins maternels. Cette empreinte peut être réutilisée en fonction des besoins de la crise œdipienne. C'est le cas surtout pour le petit garçon qui n'a pas à effectuer de changement d'objet au moins dans l'Œdipe direct. L'image de la mère œdipienne est ainsi infiltrée d'imagos beaucoup plus archaïques. L'identification à « la mère sadique anale » permet de se défendre contre l'emprise de cet imago, mais également de satisfaire la conservation de l'objet œdipien.

L'identification à l'agresseur peut ainsi prendre des allures extrêmement variées. L'isolation, à l'instar de la fonction intellectuelle, peut remplir un double rôle : « perpétuer à la périphérie de la psyché, une mère activiste » et dans le même temps « maîtriser par les idées la dispersion tous azimuts de ses stimulations » (Didier Anzieu).

Dans ce cas, l'identification reste dans l'orbite de l'œdipe tel que nous le concevons habituellement. Beaucoup moins déjà lorsque la maîtrise a pour but essentiel de parer à l'envahissement de la dépression maternelle ouvrant la voie par là, à tous les mécanismes de réparation des images parentales. Que dire lorsque l'image incestueuse est proche de ce qu'André Green décrit par le concept de « mère morte » (identification mortifère à la mère dépressive). Dans cette perspective, l'isolation n'est plus une défense par rapport à une séduction primaire mais une inhibition des affects qui se retrouvent comme « gelés » par une sorte de cadavre intérieur.

La maîtrise consiste à préserver en l'état cette incorporation incestueuse sans en laisser échapper la moindre parcelle… La conservation fétichiste n'est pas loin. L'organisation obsessionnelle devient ainsi un point d'ancrage des avatars des perversions. A ce point, la névrose obsessionnelle s'éloigne du conflit œdipien classique et laisse la palme de l'authenticité névrotique à l'hystérie… C'est à cette dernière d'ailleurs que se réfère André Green lorsqu'il parle d'un noyau hystérique sur lequel seraient construites les névroses obsessionnelles de type génital : « L'indice d'hystérisation… (étant) d'autant plus important que cette névrose conserve plus d'attaches avec la génitalité ». Les autres névroses obsessionnelles renvoyant aux états limites, voire à la psychose.

IV. – NÉVROSES OBSESSIONNELLES ÉTATS LIMITES ET PSYCHOSES

Dans les cas où l'indice d'hystérisation est faible, voire inexistant, l'intensité des éléments dépressifs est constante. Les névroses obsessionnelles dont les éléments psychasthéniques ou de caractère sont fréquents apparaissent dès lors comme des états limites dont l'aménagement névrotique reste précaire.

Il en est de même dans la plupart des cas où les rites dominent la symptomatologie. Véritables passages à l'acte, ils marquent l'échec de la toute-puissance de la pensée tout en restant sous sa coupe : le rite obsessionnel, à la différence de la conversion hystérique, reste médiatisé par la pensée. Cette situation inconfortable constitue un équilibre instable dont l'épuisement conduit à la dépression grave plus d'ailleurs qu'à la psychose.

Lorsque enfin les symptômes de rites obsessionnels envahissent la scène avec mécanisation du comportement et apragmastisme ou bien si les convictions conjuratoires deviennent quasiment délirantes, il ne semble plus s'agir que de stigmates névrotiques, défensifs vis-à-vis d'une structure psychotique sous-jacente.

D. – LA DÉPRESSION NÉVROTIQUE

■ La dépression névrotique est difficile à décrire cliniquement tant elle peut prendre bien des masques.

– Elle représente d'abord et avant tout un élément majeur de la décompensation névrotique.

La souffrance liée à la dévalorisation de l'image narcissique, quel que soit le facteur conjoncturel, modifie les processus de pensée. Tout se passe comme si la vie psychique se coagulait dans un procédé unique qui a tendance à vouloir prendre toute la place : la rumination.

Il s'agit d'une machine infernale qui ronge le sujet de l'intérieur en choisissant électivement les recoins les plus douloureux et paralyse le fonctionnement mental au point de provoquer un véritable retrait de la plupart de ses investissements.

Malgré les apparences, il s'agit d'un processus très actif donc très coûteux : toute l'énergie psychique disponible est mise au service de la rumination.

– Dans les névroses fragiles mais non encore décompensées, la dépression demeure plus discrète et souvent masquée. Parfois, il s'agit d'une détresse latente et familière mais les rejetons les plus fréquents se manifestent par des réactions à type d'agressivité qu'on nomme dans le langage courant « des troubles caractériels » (à ne pas confondre avec la névrose de caractère).

Que la dépression se manifeste par une agressivité injustifiée, un mouvement d'impatience, est une expérience courante.

Nous y reconnaissons aussi un symptôme majeur de la névrose à l'état de latence ou en voie de décompensation, révélateur des failles narcissiques inapparentes.

– Il existe enfin toutes sortes de positions intermédiaires liées à un malaise général mal précisé voire à des troubles de nature fonctionnelle qui remplissent les cabinets médicaux.

Ces états qui peuvent prendre l'allure de névrose de destinées : névroses d'échec, névroses d'abandon, ne sont pas toutes à considérer comme relevant des dépressions essentielles.

■ La nature névrotique de la dépression se révèle par la capacité d'utiliser la douleur dépressive à des fins d'élaboration psychique malgré les symptômes, la rumination, voire même le déni.

L'introduction d'un tiers (réel ou imaginaire dans le fantasme) peut, momentanément du moins, rompre le cercle vicieux de la rumination pour des productions mentales plus associatives.

Inutile de dire que cette capacité peut demander d'importants préalables, de temps en particulier. Les situations d'échecs, de séparation, d'abandon peuvent ainsi, malgré les apparences, s'orienter vers un travail de deuil qui signe l'élaboration des conflits œdipiens : l'affect destructeur peut se muer en affect reconstructeur. On le voit, on est au cœur même des mutations transférentielles qui remobilisent les imagos œdipiens.

– Ces perspectives de mutation des affects permettent de souligner l'importance des hystéries méconnues en relation avec la dépression.

L'envahissement émotionnel peut être à lui seul le stigmate à la fois de l'hystérie et de la dépression. Mais cela n'est pas le cas de figure le plus fréquent; habituellement conversion *a minima* et dépression alternent au point qu'on pourrait dire que la dépression névrotique serait la deuxième nature de l'hystérie.

– La dépression chez l'obsessionnel est beaucoup plus grave, on l'a vu, d'où les renforcements de la maîtrise et de l'inhibition affective qui peuvent à eux seuls signer la dépression obsessionnelle.

Mais ce n'est pas toujours le cas, au travers de ses réseaux défensifs, des mutations d'affects sont perceptibles. La dépression chez l'obsessionnel est ainsi un moment clef qui permet de percevoir et de rendre opérationnel le volant névrotique encore utilisable, si du moins celui-ci existe.

L'affect dépressif peut ainsi, momentanément du moins, avoir raison de l'inhibition et de l'isolation obsessionnelle contrastant avec le mouvement inverse qui s'inscrit dans la stratégie de la sauvegarde des apparences.

La dépression irait ainsi au-delà d'une hystérisation défensive passagère, elle permettrait à l'obsessionnel dépressif, du moins dans les moments les plus favorables, de récupérer la perception de ses affects.

■ En conclusion, la dépression névrotique met en évidence :

– Au-delà de la sévérité du surmoi, l'importance de la béance narcissique du moi en rapport avec la précarité des identifications qui lui ont permis de se constituer.

– L'intégration ou non de la castration œdipienne à travers la capacité d'élaboration du travail de deuil.

– Enfin et surtout la dépression névrotique apparaît comme la pierre de touche des conditions de possibilité du travail d'élaboration du préconscient et, par voie de conséquence, le lieu spécifique de la vie psychique.

Sans l'expérience minimale de la dépression, sans le travail de deuil, l'émergence de la vie affective ne se produirait pas. L'énigme reste la capacité de transformation et d'élaboration de tout ce qui dans la vie imaginaire est lié aux affects dépressifs destructeurs.

Le paradoxe de la dépression n'est-il pas que d'un côté dans ses aspects les plus comportementaux (rumination, agressivité, suicide) elle met en évidence la prise en masse du psychisme dans sa gangue incestueuse et que d'un autre côté, et dans le même temps, elle peut être le détonateur des mutations possibles du psychisme vers l'élaboration, la culture, voire la création ?

La névrose se situe bien évidemment sur ces deux bords.

BIBLIOGRAPHIE

ANZIEU (D.). — Du fonctionnement psychique particulier à l'intellectuel. In *Topique*. La sublimation voies et impasses II, 34, janv. 1985, pp. 75 à 87.

BALINT (M.). — *Le défaut fondamental*, 1971, Payot, Paris.

BERGERET (J.). — Les états limites. *Rev. Fr. Psychanal.*, 34, n° 4, juillet 1970, P.U.F., Paris, pp. 600-634. — Les états limites. *Encycl. Méd.-Chir., Psychiatrie*, tome III, 37, 395, A 10, Paris, 1970, pp. 1-13. — *La personnalité normale et pathologique*, 1974, Dunod, Paris. — *Etats limites et dépression*, 1975, Payot, Paris. — *La violence fondamentale,* 1984, Dunod, Paris. — *Les interrogations du psychanalyste,* 1987, P.U.F., Paris.

BONNAFE (L.), EY (H.), FOLLIN (S.), LACAN (J.) et ROUART (J.). — *Le problème de la psychogenèse des névroses et les psychoses,* 1950, Desclée de Brouwer, Paris.

BOURDIER (P.). — Aspect du pessimisme freudien. *Rev. Fr. Psychanal., 34,* n° 2, Mars 1970, P.U.F., Paris.

BOUVET (M.). — *Œuvres psychanalytiques, la relation d'objet,* 1967, Payot, Paris.

BRAUNSCHWEIG (D.) et FAIN (M.). — *Eros et Antéros,* Payot, Paris, 1971.

BRAUNSCHWEIG (D.) et FAIN (M.). — *La nuit, le jour,* P.U.F., Paris, 1975.

COSNIER (J.). — *Les destins de la féminité*, 1987, P.U.F., Paris.

DIATKINE (R.). — L'abord psychanalytique de l'hystérique, Confrontations psychiatr., *Hystérie*, n° 1, sept. 1968, Specia, Paris, pp. 85 à 100.

ELLENBERGER (H.F.). — Living and dying 1972, New York International universities Press. *A la découverte de l'inconscient, histoire de la psychiatrie dynamique,* 1974, Simep Ed., Villeurbanne.

FENICHEL (O.). — *La théorie psychanalytique des névroses,* 1983, P.U.F., Paris.

FREUD (S.) et BREUER (J.). —*Etudes sur l'hystérie,* 1956, P.U.F., Paris.

FREUD (S.).—*Cinq psychanalyses,* 1967, P.U.F., Paris. — *Inhibition, symptôme et angoisse,* 1965, P.U.F., Paris. — La prédisposition à la névrose obsessionnelle. *Rev. Fr. Psychanalyse,* 1929, III, pp. 437-447. — *Etudes sur l'hystérie,* Paris, P.U.F., 1956. — Analyse terminée et analyse interminable. *Rev. Fr. Psychanalyse,* 1938-39, 10-11, n° 1, pp. 3-38.

GENDROT (J. A.). et RACAMIER (P. C.). — La névrose d'angoisse. *Encycl. Méd. Chir. Psychiatrie*, tome II, 37330 A 10, 1967, Paris, pp. 1-9.

GREEN (A.). — Névrose obsessionnelle et hystérie, leurs relations chez Freud et depuis, *Rev. Fr. Psychanal.*, 28, n° 5-6, sept.-déc. 1964, Paris, pp. 679-716. — *Le discours vivant,* 1973, P. U. F., Paris. — La mère morte. *In Narcissime de vie Narcissisme de mort,* Ed. de Minuit, Paris, 1983, pp. 222-253. — Passions et destins des passions. *In Nouvelle revue de Psychanalyse.* La passion, n° 21, Printemps 1980. Gallimard. Paris, pp. 5-41. — *La folie privée,* 1990, Gallimard, Paris.

GUILLAUMIN (J.). — *Entre blessure et cicatrice,* 1987, Ed. du champ vallon, 01420 Seyssel.

HOLLANDE (C.).—A propos de l'identification hystérique. *Rev. Fr. Psychan.,* 37, n° 3, mai 1973, pp. 323-330.

LACAN (J.). — *Ecrits,* 1966, Seuil, Paris.

LAPLANCHE (J.). — *Vie et mort en psychanalyse,* 1970, Flammarion, Paris. — *Nouveaux fondements pour la psychanalyse,* 1987, P.U.F., Paris.

LECLAIRE (S.). — L'obsessionnel et son désir. *L'évol. psychiatrique,* 1959, III, pp. 383-408.

MARTY (P.). — La dépression essentielle. *Rev. Fr. Psychan.* 32, n° 3, mai-juin 1968.

MINKOWSKI (E.).—*La schizophrénie,* Desclée de Brouwer, 1953, Paris.

PERIER (F.). — Structure hystérique et dialogue analytique. Confrontations psychiatriques, *Hystérie*, n° 1, sept. 1968, Specia, Paris, pp. 101-118.

SEGAL (H.). — *Introduction à l'œuvre de Mélanie Klein,* 1969, P.U.F., Paris.

10

STRUCTURE PSYCHOTIQUE

PAR

P. DUBOR

L'observation médicale « courante » du psychotique ne permet certainement pas de *saisir* l'essentiel de la psychose. Nous en voulons pour preuves les nombreuses et bien souvent excellentes *descriptions* qui en furent données dans la littérature médicale sans que l'on puisse vraiment prétendre en avoir atteint l'essentiel.

Bien avant d'être objet de description, vu du dehors ou pouvant en tout cas être *« reçu »* dans la syntaxe temporo-spatiale qui nous est habituelle, la manifestation psychotique aura pour première caractéristique d'être disposée dans une stratification *tout autre,* méritant vraiment en cela le qualificatif *d'aliéné* qui lui est accordé.

Aliénation de contenu, certes, telle qu'elle se manifeste dans l'hallucination, le délire, les « idées folles » de toute nature, mais surtout *aliénation quant au contenant* et c'est bien là je crois l'originalité de la psychose (et sa gravité aussi par rapport au fonctionnement habituel considéré comme normal); l'aliénation de contenant, porte primitivement sur la structuration même du phénomène mental, sur *l'élaboration de la pensée* telle que nous la vivons et la connaissons (bien mal encore...), elle se manifeste tout particulièrement sur la façon dont le système nerveux sensible physiologiquement aux *différences perceptibles* (et non aux *valeurs absolues),* est ancrée d'emblée dans la dimension différentielle et donc la *perception des distances des rapports et des structures.*

Cette sensibilité différentielle du système nerveux nous est restituée dans toutes les formes d'activité mentale.

■ ***Au niveau du réel ou de l'imaginaire.*** – Dans *l'activité* perceptive où les différences formelles sont ressenties dans la découpe spatiale synchronique de l'image.

– Dans *les fantasmes* où en plus des précédentes variations synchroniques s'ajoutent les variations d'ordre diachronique de l'histoire, de l'événement et de la mémorisation.

■ ***Au niveau du symbolique.*** – On retrouvera encore l'écho de cette perception différentielle *dans la structuration verbale* qui reprend dans *la découpe oppositionnelle du signifiant, les articulations différentielles du signifié* (cf. de Saussure [20], *Cours de linguistique générale,* p. 162).

Ainsi seront successivement *intégrés* dans un réseau de structures de plus en plus différenciées à *valeur sémantique croissante,* les perceptions inhérentes à la réception de formes réelles et aux investissements économiques qu'elles impliquent d'une part (génératrices du fonctionnement de la partie imaginaire du psychisme) au profit d'une *organisation de plus en plus symbolique* ne laissant subsister que les *lignes d'articulation schématique* structurales (leurs limites) pour ne retenir enfin que leurs représentants verbaux. Ils abandonnent ainsi en partie *l'ordre du réel* (et de l'économique qui lui est relié) en faveur de *l'organisation du sémantique :* ceci compense cela... ou plus exactement ceci complète cela.

Cette organisation différentielle reste la clé de voûte du fonctionnement psychique sain ou névrotique, elle nécessite *l'existence séparée et bipolaire* d'un sujet et d'un monde objectal (ou des représentations de celui-ci).

Dans l'impossibilité de fonctionner sur ce mode, nous nous trouverons en présence d'une *organisation unipolaire* [3] fonctionnant soit dans le clivage (1) absolu (fondamentalement *autre, aliéné),* soit dans la fusion (sans distanciation objectalisante et donc sans prise de conscience possible); telle apparaît dans son ensemble ce qui tient *lieu de pensée* chez le psychotique, tel nous paraît être le phénomène le plus remarquable que nous essayerons de

---

(1) La partie de l'objet et la partie du sujet en contact, séparées de leur totalité respective, forment une pseudo-totalité. L'*objet partiel*, fondamentalement séparé des autres (et donc *alienė*) va un peu comme dans la *métonymie*, servir temporairement ou de manière durable d'objet total pour un morceau de sujet (ou sujet partiel) qui tient également lieu, temporairement de *sujet* séparé (du reste du monde comme de la totalité même de son corps : en un mot morcellé et aliéné). Signalons au passage que le terme de sujet partiel n'est pas habituellement employé mais il ne paraît pas plus mauvais que le terme d'objet partiel qui à mon sens ne rend pas compte du fait que cet objet partiel fonctionne en fait à cette époque à la place de la totalité.

traduire dans ces quelques pages. La connaissance théorique de ce *mode d'organisation psychotique,* son approche dynamique et clinique nous paraît en effet devoir être considérée comme plus remarquable que l'explication directe des contenus ou que les descriptions cliniques qui les expriment.

Cet état de chose explique les difficultés toutes particulières rencontrées par les thérapeutes habitués avant tout à l'élaboration et à l'étude des contenus pour aborder celle des *contenants,* qui est, pour nous, le temps premier de l'abord du psychotique, *temps premier mais pas unique* bien sûr, car le temps à proprement parler du *« sens »* existe aussi chez le psychotique, mais relativement dissocié car il n'est pas toujours reçu comme tel par le patient qui pendant toute une période le *parcourt, l'agit,* plus qu'il ne le *comprend.*

C'est une entreprise éminemment hardie de vouloir décrire et traiter la psychose si l'on tient compte de ce que la particularité première du *vécu psychotique* tient comme nous venons de le voir dans la disparition relative du cadre mental de référence, celui que tout le monde reconnaît implicitement comme sien, comme contenu de ses éprouvés, celui à travers lequel on perçoit *(le fond,* sur lequel vient s'inscrire les *différences* dont on parlera), celui qui par conséquent régit la mise en forme la plus habituelle de nos contenus, et qui sert aussi de ce fait de cadre de référence implicite aux descriptions cliniques à envisager.

Ici ne seront plus seulement les personnages qui sont *«fous»;* dans la psychose, il n'y a, pourrait-on dire, plus de *personnage* et plus de *« monde » :* il y a fusion du tout ou fonctionnement de morceaux clivés. Comment décrire alors la psychose sans donner en premier un aperçu de ce fonctionnement particulier qui bien avant que de s'exprimer par ses contenus significatifs, commencera par imposer à l'interlocuteur un mode existentiel particulier de *mentalisation,* dans laquelle le caractère *préobjectal* imposera un *registre fonctionnel et structural* parfaitement inhabituel qui, je le répète, est spécifique de la *«folie» psychotique.*

C'est donc en premier lieu dans cet abord *formel* qui met en jeu des éléments de mentalisation qui lui sont propres, que nous situerons la première partie de cette étude de la psychose; je veux parler de la relation *d'objet psychotique* et de ses conséquences immédiates sur ses capacités représentatives et communicatives.

■ *La parole du psychotique*

L'agir et la pensée concrète. – L'inaptitude primaire à exister de manière différentielle (et par voie de conséquence à dialoguer) nous amènera à parler du langage du psychotique comme un *non-langage;* celui-ci ne fera en effet qu'*exprimer,* en dehors de la différenciation signifiante verbale, son ouverture insuffisante à toute *altérité* par l'immaturité de la relation d'objet fusionnelle qu'elle comporte. Nous nous attacherons donc davantage à *sentir* à la manière du psychotique l'expérience vitale qu'il parcourt et sa *façon de la traduire.* Nous nous introduirons aussi à ce niveau dans le registre *qui lui* *tient lieu de langage,* à valeur plus *expressive* qu'à proprement parler *communicative,* vraisemblablement plus proche comme nous l'avons vu du mode de fonctionnement par *l'agir* que d'un fonctionnement *verbal.* Nous déboucherons alors sur les aspects les plus archaïques de l'existence et de la communication, véritable *en deçà relationnel* proche de la fusion dans laquelle, à la différence de ce qui se passe chez le névrosé ou chez le sujet sain, il n'y a ici qu'une expérience fusionnée (et pour ainsi dire qu'un seul lieu de l'action), ou clivée.

Le thérapeute est d'abord partie prenante et par conséquent structurante du sujet dans son *être* avant qu'il ne soit introduit par le biais d'une distanciation naissante dans le registre *Personnant* et *personné* [16] *de l'avoir,* qui fonde, dans *l'altérité, la parole et la prise de conscience du réel.*

Chez le psychotique, l'insuffisance, voire l'inaptitude à la distanciation imaginaire et symbolique laisse naturellement la place à des systèmes équivalents d'expression directe des pulsions, non par mentalisation mais par *réification.*

En effet, il ne s'agit pas d'un phénomène mental vrai, d'une idée ou d'un désir (qui implique forcément l'évocation de l'absent) mais d'une véritable *chosification* de toute ébauche de mentalisation. Le caractère normalement imaginaire de la pensée laisse la place à la *réification hallucinatoire ou délirante* par laquelle une néo- et pseudo-réalité remplace dans *l'immanence perçue de sa matérialité* le caractère aléatoire et seulement *représentatif* de ce qui serait une activité imaginaire véritable, évocatrice de l'absent.

Cette tendance à la réification trouve également une issue dans l'organisation matérialisée et *« agie »* du champ existentiel, dans lequel une certaine découpe organisatrice (à valeur interprétative) du réel devient le dépositaire *externe et réifié* de ce qui aurait été normalement du domaine interne de *l'intention et du désir.*

Cette *extériorisation* (1) *réifiante* permet ainsi de remplacer la prise de conscience interne d'un désir : (c'est-à-dire *l'insight)* par une mise en scène dramatisée visant une certaine organisation du dehors (que j'appellerais pour cette raison : *out-sight,* modalité réifiée et transposée au-dehors dans un effet évidemment défensif, de ce qui aurait dû être du système interne et subjectif de la pensée et de l'affect; c'est ce que certains auteurs ont appelé la « *pensée réifiante du psychotique* » [21].

Une « découpe » interprétative et projective du réel tient lieu de pensée et servira de champ relationnel au psychotique alors que c'est au *champ du langage et de la pensée,* lieu habituel de rencontre électif et privilégié qu'est dévolue normalement cette fonction.

Pour toutes ces raisons, l'abord du psychotique se réalisera beaucoup mieux au niveau *concret* du geste, de la mimique, des exclamations ou des

---

(1) Ce mot est de Freud qui dit ailleurs que : « ce qui était dedans revient de l'extérieur » [11].

cris, des connotations ou des intentions qu'il perçoit électivement chez ses interlocuteurs, plutôt qu'au niveau verbalisé, triomphe de l'élaboration préconsciente des pensées conscientes dans une activité dénotatoire rigoureuse. En outre, c'est pour cette même raison qu'il pourra plus facilement « jouer » ses pulsions ou « être joué » dans une *actualisation mimée* et accentuée, proche du psychodrame qu'il ne sera à sa place dans une psychothérapie purement verbale. Chez le psychotique, *c'est l'articulation de ces deux registres qui s'avère primordiale à toute activité de communication.*

De plus, par son aptitude à *s'identifier* au fond plus qu'à s'ériger dans une forme séparée, le psychotique « s'intégrera » mieux par identification à la conversation entre deux interlocuteurs proches plutôt qu'à s'insérer dans un vrai dialogue (c'est pour la même raison qu'il préférera parfois aussi parler de lui à la troisième personne). Il y a là un temps maturant qu'il faut savoir respecter à tout prix chez le psychotique.

Plus sensible aux *valeurs absolues,* aux quantités d'énergie qui l'animent et qu'il perçoit directement dans son vécu corporel profond qu'à la *perception plus intellectuelle des différences et des qualités,* le psychotique sera toujours plus sensible à la « musique » qu'aux « paroles »... Disons, pour être plus explicite, que chez lui *l'un ne va pas sans l'autre* et que *l'accès au temps verbal secondaire doit être précédé ou accompagné* logiquement des *divers niveaux de l'agir.*

Cette notion doit rester à mon sens la pierre de touche de toute compréhension et de tout abord psychothérapique de la psychose et du psychotique.

Cette particularité du fonctionnement psychotique nous amène à considérer l'importance majeure de son abord thérapeutique en *institution* (et pas uniquement sous la forme d'entretiens). L'institution pour psychotiques devrait, par sa structuration comme dans son fonctionnement, être le *lieu privilégié des agirs,* de leur *récolte* et de leur intégration progressive dans une *organisation signifiante verbale secondaire,* lieu donc de passage électif de l'*out-sight* à l'*insight* par le jeu des introjections réussies.

Sans entrer dans le détail de ces méthodes, mais pour articuler la relation d'objet particulière du psychotique avec le volet thérapeutique qui ne concerne néanmoins pas cet Abrégé, je soulignerai, à titre d'exemple, deux modalités d'approche du psychotique par *l'agir* institutionnel que j'ai décrites par ailleurs, et auxquelles le lecteur intéressé pourra se référer :

– Il s'agit d'une part, sur le plan théorique de notre intervention au Colloque de Lyon : « Psychiatrie et Psychologie Médicale à l'Hôpital Général » — les 20, 21, 22 septembre 1974 — (parue dans la revue : *Psychologie Médicale,* 1975, tome 7, n° 4) où nous avons précisé les raisons théoriques de l'organisation « multicanale » (du « Faire et du Dire ») dans les institutions pour psychotiques, visant à *unifier, dans un effet de totalisation,* le sujet éparpillé dans des *agirs* multiples et clivés.

– D'autre part, dans un ordre d'idée voisin, nous avons décrit une méthode psychothérapique institutionnelle basée sur l'accentuation possible des *introjections structurantes* par l'utilisation successive, à *renforcement réciproque,* des deux temps de *présence et d'absence* dans l'institution ou hors l'institution.

Ayant repéré dans la pratique (et comme la théorie nous permettait de l'espérer) qu'après la période de traitement dans l'institution, le départ pour une certaine durée fixée à l'avance faisait passer le sujet d'un système thérapeutique institutionnel *réel* (par sa présence) à un système faisant appel à l'*évocation imaginaire* (pendant les périodes d'absence) on réalise en fait, lorsqu'on sait respecter un certain délai d'absence (ni trop court, ni trop long, variable selon les sujets et les périodes de traitement), une *accentuation considérable des introjections* par le *jeu renforcé des alternances de présences et d'absences,* reprenant en cela le développement génétique de la mentalisation normale également basée sur l'absence et la présence de l'objet.

Nous n'insisterons pas davantage ici sur cette application pratique : nous avons décrit cette disposition thérapeutique particulière que nous citons seulement pour exemple à propos des utilisations de l'institution comme lieu des *agirs,* dans la thèse d'un de nos internes (B. Estrabol [7]).

L'étude de la relation d'objet laissera progressivement la place à l'organisation clinique, sémiologique, constituant à proprement parler les modalités *cliniques* constitutives d'un certain *regroupement symptomatique* défini par la nosographie classique. Mais après les réflexions d'ordre sémiologique du précédent chapitre, nous éviterons de donner ici une description clinique de l'*« extérieur »,* qui aboutirait rapidement à reprendre ce que d'excellents traités ont présenté avec bonheur et d'une façon beaucoup plus complète bien avant nous, et qui de toute manière ne correspondrait pas à l'objet de nos préoccupations dans le présent travail.

Ici la visée descriptive pure intervient assez peu au regard de la « prise » *relationnelle* et du même coup *thérapeutique* qu'elle instaure en la posant. Enfin, c'est sur les particularités thérapeutiques qu'une telle compréhension laisse entrevoir que nous terminerons cet aperçu de la psychose, conscient de la brièveté clinique que nous nous sommes volontairement imposée au profit d'une *proximité dynamique maximale* dont l'intérêt clinique et l'efficacité thérapeutique compenseront la pauvreté académique.

A. – RELATION D'OBJET PSYCHOTIQUE

Sans reprendre ici complètement le développement de la relation d'objet normal (qui sortirait du cadre que nous nous sommes tracé) nous devons malgré tout situer la place de la psychose dans l'évolution génétique des individus.

Il apparaît manifestement (Freud [11, 12], Abraham [1], Federn [9], Ferencsi [10], Spitz [128], Fromm [16], Reichmann [3, 16, 21] et plus tard Bouvet [3], Nacht [21] et Racammier [7, 8], etc.) qu'elle est essentiellement caractérisée par une fixation et un non-dépassement du registre préobjectal tel que ces auteurs l'ont définie. On admet qu'à l'origine le nourrisson participe pour ainsi dire sur le mode de *la fusion* et de *l'identification* à une *totalité fusionnelle* où il n'existe pas encore de séparation entre le sujet et son entourage et où les échanges ne sont pas perçus comme une acquisition *(du registre de l'avoir),* mais comme une simple *expansion de son être.* On comprend ainsi la prédominance dans cette « dialyse » des mécanismes *d'absorption et de diffusion* propres à cette période qui ont amené à la définir comme appartenant à une *phase orale* du développement. Rappelons tout de suite que l'on entend sous cette appellation non seulement des *mécanismes* mais surtout un niveau de *structuration* (et donc de pensée). Ces mécanismes mettent précisément en jeu des manifestations de type oral (quelle que soit la voie d'introduction considérée (bouche, yeux, nez, anus, peau, etc.). Ils précèdent génétiquement la possibilité de distinguer un *dedans* et un *dehors* (avec les limites que cela implique et naturellement l'espace qu'elles entourent, base du *futur Moi).*

Les modes de fonctionnement de ce système, apparaissant comme essentiellement liés à l'entrée ou à la sortie, seront présidés par le phénomène à double polarité de *l'introjection* (mise en dedans) ou de la *projection* (mise en dehors) sans qu'il y ait pourtant jamais à ce stade, *unipolaire* par excellence, la constitution possible d'une *distanciation objectale véritable,* sans qu'il n'y ait non plus de *différenciation* entre la réalité intérieure et le milieu environnant. La répétition successive des périodes *d'absence,* puis de *retour* de la mère ou de la personne chargée de donner ses soins à l'enfant entraînera la mise en jeu successive de périodes *hallucinatoires de désirs* (avec l'insuffisance des satisfactions qu'elle entraîne) et leur différenciation de la *satisfaction véritable* par la présence *réelle* de l'objet extérieur dont l'enfant a besoin. Les alternances de périodes de satisfaction ou de besoin correspondant elles-mêmes aux *manifestations alternées des pulsions,* particulièrement de la pulsion alimentaire (sans cependant qu'il y ait à ce stade absence d'éprouvés d'un autre ordre) les sensations alternantes de plénitude et de vacuité, de bien-être et de manque ne tarderont pas normalement à *organiser* le sujet en *entité fonctionnelle,* comme *lieu d'éprouvé* et pour tout dire comme *sujet.*

Ce lieu est primitivement unique au début (seul existe le sujet d'impression qu'est le nourrisson dans son *vécu unipolaire).*

La répétition de la présence et de l'absence jointes à la satisfaction et au manque permettra peu à peu d'isoler le *sujet éprouvant* de son *pôle extérieur* qui du fait de ces expériences ne tarderont pas à se trouver dissociés selon une ligne fonctionnelle de démarcation définie par *l'absence* possible et le manque *(propre aux éléments extérieurs)* et la permanence de l'éprouvé et l'immédiateté de la perception (délimitant *le secteur propre du sujet et de son milieu intérieur).*

Chez le sujet normal le passage de cette situation *fusionnelle et narcissique unipolaire* à la reconnaissance progressive d'une *distanciation bipolaire* sujet-objet inaugure les premières manifestations de *l'autonomisation du Moi* séparé peu à peu du milieu environnant. L'existence « d'un Moi séparé de l'objet qui le fonde » (Lebovici [19]) signe le passage d'un mode d'existence unipolaire à la bipolarité objectale, ce passage tranche ce que les analystes appellent la situation préobjectale, caractérisant le mode de relation d'objet du même nom différenciée de la relation dite objectale caractérisée par la séparation du sujet et de l'objet.

L'heureux aboutissement de ce processus maturant, dit de *personnation* (Racamier [22]) délimite également le dépassement de la *zone de fonctionnement psychotique* et *l'entrée dans la problématique névrotique ou normale.*

Sur le plan du fonctionnement mental, l'organisation d'un *Moi* séparé du *non-Moi* va permettre la différenciation entre la réalité extérieure et la réalité intérieure (ou fantasmatique) d'une part, elle s'avère d'autre part contemporaine de la manière d'être comportementale et psychique particulière, articulée de façon fondamentale sur la reconnaissance implicite du sujet séparé des objets, séparation susceptible d'être exprimée dans ses contenus psychiques, par les *représentations* (distinguées des perceptions du réel extérieur) et enfin *transmissibles verbalement.* C'est précisément l'acquisition de cette existence séparée, de ce *Moi personne,* qui s'avère défaillante chez le patient psychotique

Mère du psychotique

Indépendamment des facteurs organiques qui peuvent toujours intervenir dans les troubles du développement mental, le facteur éducatif et par conséquent le rôle des éléments *génétiques,* en particulier de la *relation maternelle primaire* (comme objet premier *d'identification* structurante), s'avèrent extrêmement importants.

Une place toute particulière doit être faite dans cette perspective à la *mère du psychotique* qui peut par ses attitudes profondes maintenir le nourrisson et plus tard le patient dans une situation impropre à faciliter l'éclosion des manifestations *personnantes :*

■ ***Une mère hyperprotectrice,*** ne permettant pas à l'enfant d'accéder au registre du désir en étant toujours présente (et en prévenant ses moindres désirs qu'elle rend ainsi inexistants).

■ ***Une mère absente*** (plus rarement), qui ne permet pas à l'enfant de lier (c'est le *temps du désir)* l'attente pénible et les représentations de l'objet désiré.

Dans ces deux occurrences, l'élément notable s'avère être l'insuffisance manifeste de la fonction du désir.

Dans le premier cas : une insuffisance de motivation par la présence excessive de la mère prévient la « *béance* » dans laquelle le désir s'inaugure.

Dans le deuxième cas : la figuration est rendue inutile par le fait qu'elle n'est jamais complétée (et pour ainsi dire renforcée comme temps *intermédiaire)* et plus tard *comme sens* par l'expérience de satisfaction qui ne la connote plus pour l'enfant négligé.

C'est aussi le cas de l'enfant satisfait à contre-temps : cas de la mère qui « n'entend pas la demande » (celle qui lui donne à manger quand il a froid ou qui le couvre quand il a faim, etc.) et qui *injecte* son désir propre.

C'est là une forme de discordance entre le *besoin physiologique* qui s'exprime et le *sens (déviant)* que la mère lui apporte (un peu comme dans une interprétation fausse); l'enfant crie et *la mère ne sait pas reconnaître et nommer la pulsion* (1). Il ne pourra pas mieux intégrer plus tard par *identification* cette fonction génératrice de l'*insight.* On retrouve ici l'une des plus solides racines de *l'inaptitude à mentaliser* [4, 14] les pulsions, à les représenter, et à les dire. C'est aussi l'une des manifestations la plus fréquemment rencontrée chez le psychotique chez qui *la fonction du désir* perturbée s'avère incapable *de signifier réellement le mouvement pulsionnel.*

La fonction maternelle ne s'arrêtera cependant pas à ce rôle pourtant si important de liaison (ou si l'on préfère de *soudure)* de la motion pulsionnelle en cours d'émergence avec son objet signifiant.

A cette défaillance majeure dans son rôle structurant vis-à-vis *du contenant* (c'est-à-dire du *développement des capacités de représentation pulsionnelle)* s'ajouteront des défaillances importantes au niveau du *contenu,* consécutives à la nature propre de ses constituants et en rapport direct avec son organisation mentale : la mère du psychotique n'a pas su laisser s'installer l'ébauche d'une relation personnée, poussée comme on l'a vu, essentiellement par son propre besoin pathologique d'*exclusivité.* Cette disposition d'esprit tendra également à éloigner l'enfant de toute issue vers l'extérieur et tout spécialement vers cet *autre* que représente habituellement le *père du psychotique.* Non seulement *l'omniprésence maternelle* rendra impossible l'instauration de la relation entre l'enfant et son père mais de plus sur le plan *imaginaire* (sur le plan de la relation existant entre l'imaginaire de la mère et celui naissant de l'enfant), elle éliminera fondamentalement de ses

---

(1) Ni surtout la traduire en « Actes » où s'origine le *sens,* présent à cette époque dans cet *agir* premier. C'est là un point majeur dans la compréhension du psychotique et dans son traitement (v. communication au *Congrès de Psychanalyse de Langues Romanes :* P. Dubor, Lyon, juin 1971).

propres contenus tout ce qui peut rappeler et évoquer la place du *troisième personnage*, de *l'Autre*, du *père*, tout ce qui pourrait à ce niveau introduire l'enfant dans une dimension *triangulaire* par la présence reconnue d'un tiers dans *l'imaginaire* de la mère et dans son *discours*...

Ce phénomène qui a été introduit dans la problématique analytique par J. Lacan (1), sous le nom de *forclusion* revêt une importance décisive dans l'édification moïque insuffisante du psychotique.

Pour peu, en effet, que le père du psychotique s'avère à son tour défaillant, qu'il ne puisse aider par sa propre intervention l'enfant dans sa séparation d'avec la mère, ce dernier se trouvera irrémédiablement confiné (c'est ce que la pathologie nous montre) dans le registre *Unipolaire* et *fusionnel* impropre à une implantation objectale satisfaisante, impropre également à un bon fonctionnement mental. Gêné dans sa conquête de l'objet et dans l'instauration de son autonomie, le psychotique (partie non différenciée de la mère préobjectale) ne pourra jamais « accorder » une quête objectale quelconque à son besoin, aliéné par définition et pourrait-on dire par essence, ils constituera de manière discordante deux pôles de fonctionnement qui s'ignorent, entraînant une véritable *dissociation de l'économique et du sens* avec :

- **Un pôle interne** de «*poussée instinctuelle*» croissante, visant à la décharge spontanée des pulsions (se réalisant alors électivement par des passages à l'acte, directs mais non mentalisés) à valeur essentiellement *économique*.
- **Un pôle externe de représentation** (car il possède l'équipement mental nécessaire) qui n'exprime pas son désir, désaccordé comme sens mais qui ne sera que *l'écho aliéné* d'un dehors *irrémédiablement étranger,* non médiatisé par le désir et par la pulsion (d'où l'*hallucination et le délire).*

Cette dernière caractéristique explique l'aspect «*discordant*» particulier du psychisme psychotique qui n'est parfois qu'un *reflet du dehors et des autres* (2) assez proche sur ce point de ce que les psychosomaticiens ont décrit sous l'appellation de *reduplication projective* (Marty, De M'Uzan et Ch. David) [20].

Il s'agit là d'une élaboration de pensée amenée de l'extérieur pour ainsi dire *injectée* dans le courant de pensée par voie récurrente. Cette pensée n'exprime pas la perception du réel dans la dimension affective et sélective du sujet et de ses pulsions. Elle représente seulement l'organisation du champ mental sur un mode proche de la reproduction du perçu et selon les modalités fonctionnelles qui caractérisent cette fonction nerveuse.

Un peu comme l'ordinateur organise les messages qu'il reçoit en fonction de certains programmes reçus du dehors, sans pouvoir jamais y apposer une

---

(1) J. Lacan, Réponse au commentaire de J. Hypolite sur la « Verneinung » Freud. In « La Psychanalyse », P.U.F., Paris, I, 1946.

(2) *Reflet* non congruant vis-à-vis d'une quelconque motion pulsionnelle, pur *injectat* venant du dehors et des autres (« La voix de son maître »).

quelconque donnée qui serait personnelle (l'ordinateur n'a pas de désir, il exécute), le psychotique, organise souvent comme il en a la possibilité physiologique (c'est-à-dire selon une programmation d'ordre sensoriel qui est définie par l'existence d'un système nerveux, les images et les *perceptions* dans une *syntaxe* qui n'est pas l'expression d'un désir ou d'un choix ressenti comme personnel. Elle apparaît comme un reflet de l'organisation extérieure apportée pour ainsi dire *du dehors*.

Incapable qu'il est de produire et de reconnaître comme siennes les *représentations chargées de le signifier*, le psychotique n'a pas la possibilité de séparer nettement la perception réelle du monde extérieur, de ce qui serait le résultat d'une activité de *mentalisation figurant un désir* (et reconnu comme tel) comme *activité mentale d'origine interne*.

Il sera alors facilement le siège de la *méprise hallucinatoire ou délirante* qui ne fait qu'exprimer cette inaptitude à séparer le *réel* du *fantasmatique* non assumé comme tel : il *projettera*, c'est-à-dire qu'il constituera, sous la forme *perceptive d'une pseudo-réalité externe* les éléments figuratifs de ses mouvements pulsionnels (internes) sans ressentir, comme c'est le cas normalement, toute la subjectivité qui caractérise chez le sujet normal l'éprouvé habituel du *désir* dans son *élaboration fantasmatique et représentative*, en tant qu'image *mentale* différenciée de la *perception*.

Après avoir ainsi défini la psychose comme modalité de mentalisation caractérisant la non-séparation du sujet et de l'objet (sous le signe de la *fusion* et de la *non-personnation*) nous envisagerons les grands axes syndromiques regroupant sous des « appellations diverses » les grands ensembles fonctionnels correspondant aux formes particulières de relation d'objet précédemment définies et regroupées dans les découpes d'une *taxinomie nosographique*.

Organisation du Moi

Marquée comme nous l'avons souligné par l'absence plus ou moins grande de l'organisation objectale, c'est à niveaux différents de ce parcours, allant du *narcissisme primaire* vers l'organisation *anale*, en passant de la phase orale *schizoparanoïde* à la *dépression* diraient les *kleiniens*, sans oublier les aspects particuliers du passage de l'objet *dit partiel à l'objet total*, que vont se dérouler ces différentes stratifications de la relation objectale et leurs aspects cliniques.

Ces phases occupent, comme on le sait, toute la période dite *orale de l'organisation libidinale*, que nous retrouvons chez les patients psychotiques fixés aux différents degrés de cette structuration *préobjectale* (et naturellement *prégénitale*).

Nous devons cependant signaler ici que c'est seulement *l'organisation du Moi* qui n'a pas atteint le stade objectal et ses stratifications, organisation qui, dans ses différentes étapes (orales, anales et phalliques), permet d'accéder progressivement aux aspects essentiels de la *structuration objectale* (surtout *œdipienne*). Cette dernière soulève, comme on l'a vu par ailleurs, les aspects séméïologiques et cliniques de cette problématique qui vise essentiellement l'organisation normale ou l'organisation névrotique (traitée par ailleurs). Je voudrais insister sur le fait que c'est seulement la *progression maturante* de ces structurations successives et leur achèvement dans la *primauté du génital* qui manquent chez le psychotique, ce ne sont pas comme on pourrait le penser les *expériences* vécues de l'éprouvé anal ou génital qui sont naturellement présentes chez le psychotique (que l'on ne doit pas confondre avec le *nourrisson* comme on le voit faire trop souvent) : le psychotique a eu, durant sa vie, des *expériences* de la série anale ou génitale; ce sont les phases de structuration *anale ou génitale* qui sont mal définies chez lui.

Mécanismes d'emprunt

Selon les cas, nous retrouvons chez le psychotique des mécanismes de défense névrotiques, tels que Bergeret et Chartier les ont décrits (du type obsessionnel ou hystérophobique) ou des mécanismes beaucoup plus régressifs impliquant un certain retour au narcissisme primaire (tel qu'on le voit par exemple dans l'autisme et l'apragmatisme schizophrénique) toute symptomatologie n'ayant de valeur que *d'emprunt,* représentant pour le patient des tentatives de solution d'un genre ou d'un autre sans qu'il s'agisse d'une *organisation structurale véritable,* et en particulier sans la solidité qui caractérise les *vraies structures* (v. sur ce plan le travail de J. Bergeret).

Elle signifie en réalité l'utilisation *d'ensembles fonctionnels* existant chez le patient tels que la possibilité de « faire des obsessions » ou « faire de l'angoisse » dans lesquelles éventuellement l'*angoisse de castration* permettra de fuir temporairement l'*angoisse de morcellement* qui pourrait l'étreindre dans certaines conditions. C'est ainsi que l'on voit par exemple des authentiques psychoses schizophréniques « s'accrocher » désespérément à certaines *formations obsessionnelles* qui les aident à se maintenir « *in situ* » tel un piquet planté dans la terre meuble, présentant ce que l'on appelle alors pour les différencier des manifestations existant dans une véritable structuration obsessionnelle, des *obsessions dites dégénératives* qui sont très différentes quant à leur compréhension.

Nous nous bornerons dans ce qui va suivre à présenter les principaux regroupements symptomatiques apparaissant sous des appellations diverses et dans des entités cliniques différentes comme *modalités d'organisation* à différents niveaux de la *structuration préobjectale*.

B. – ORGANISATION CLINIQUE

Autisme

Le premier et le plus archaïque de ces niveaux d'organisation est certainement caractérisé par l'*autisme schizophrénique* dont la manifestation essentielle réside, pour fuir le « trauma » d'une impossible bonne relation avec les objets environnants, dans une *fixation* élective et persistante à un mouvement de désinvestissement systématique du monde extérieur et dans le retour *hors représentation et hors mentalisation* (laquelle met en scène les objets et le dehors) à un vécu proche du biologique. Cela se trouve réalisé dans le retour à l'état *narcissique primaire* invoqué pour le *sommeil*, sommeil qui peut d'ailleurs être manifeste chez certains sujets qui « dorment » ou qui du moins se maintiennent dans un *clinostatisme* à peu près permanent, dans la classique « *position en chien de fusil* » également appelée « *position fœtale* », qui indique bien l'extrême niveau de régression de leur vécu habituel. Cette position *autistique* peut d'ailleurs s'accompagner dans les formes extrêmes d'un rejet systématique de tous les contacts et en particulier d'un refus alimentaire qui peut venir compliquer considérablement le pronostic sur le plan vital...

Une remarque s'impose à ce niveau quant aux possibilités de compréhension de tels états régressifs. Si l'on peut en effet invoquer sur de telles manifestations le retour à une situation fœtale, avec la relation maternelle intra-utérine qu'elle implique, il serait profondément erroné de penser à une quelconque *intentionnalité signifiante* de la part du patient (ce qui les différencie des manifestations hystériques pouvant réaliser la même symptomatologie extérieure).

Il s'agit en effet bien plus d'un essai de retour au *zéro objectal* assumé dans une réification à valeur d'*agir* primaire, déchargeant hors toute *mentalisation* et toute *intention signifiante*, hors *communication* aussi, la *néantisation* systématique de tout ce qui pourrait de près ou de loin impliquer une quelconque dépendance objectale ou relationnelle, même au niveau purement représentatif (destruction de la pensée).

Elle supprime en outre comme on peut le constater dans cet *agir néantissant*, toute possibilité de *constituer un quelconque désir*, dont l'élaboration se trouve pour ainsi dire escamotée. Ce dernier est remplacé par sa réification immédiate : *l'agir remplace le désir qu'il empêche ainsi d'apparaître.*

C'est ainsi que la passivité *totale et agie* qu'on rencontre dans ces apragmatismes schizophréniques *remplace par avance tout désir* (et toute prise de conscience du désir) de retourner, dans un mouvement vers un *narcissisme premier*, à la totalité bienheureuse d'une position omniprésente d'avant la dépendance objectale. C'est à cette attitude que l'on peut rattacher je crois l'essentiel du *processus de chronicisation* [3] (hospitalière ou non) que l'on attribue à la passivité du patient vis-à-vis de sa maladie et de son monde extérieur. La solidité à toute épreuve de ces états bien connus en milieu « asilaire » traduit en fait une *stabilité économique majeure,* obtenue dans le confort relatif de cet éprouvé de toute-puissance que cette position anobjectale (1) leur confère.

Catatonie

Un autre niveau de cette position anobjectale est obtenu je crois dans la *catatonie* où comme on le sait le phénomène prédominant s'avère être une contracture musculaire quasi totale avec rigidité du tronc et des membres, dont l'essentiel réside sur le plan de la musculature en une contraction simultanée des muscles agonistes et antagonistes, fixant d'une manière curieuse toute motricité segmentaire et donnant au patient une apparence statufiée (dite conservation des attitudes).

Ce phénomène musculaire au demeurant classique dans ces formes cliniques de schizophrénie implique un vécu bien particulier dont l'un des aspects majeurs est certainement constitué par le « blocage » anticipé de tout mouvement, par conséquent de toute *démarche* vers un quelconque objet. La position catatonique implique, je crois, *sur le mode musculaire agi*, la disparition réelle de toute initiative motrice (et donc du désir qu'elles impliqueraient) chez un sujet ainsi dispensé d'avance de toute *quête objectale*.

Délire paranoïde

Un autre élément de cette relation d'objet préobjectale s'avère certainement (et c'est probablement le plus connu) la *création hallucinatoire ou délirante* qu'on rencontre en clinique dans la *schizophrénie paranoïde.* Tout se passe à cette période comme si le sujet, qui n'a plus la possibilité de se maintenir dans *l'anobjectal* (comme c'était le cas précédemment) n'est pas encore capable de se situer dans *l'objectal vrai* (c'est-à-dire comme *Moi-sujet,* séparé de son objet qui serait éprouvé comme *objet-séparé* du milieu ambiant, phénomène dans lequel on pourrait parler de l'existence d'un *objet séparé et total*).

A ce stade intermédiaire, entre les deux extrêmes que nous venons de définir, se situe un niveau de relation d'objet particulière, dans lequel les objets existants ne sont plus niés, mais dans lequel ils ne sont pas non plus perçus comme séparés du sujet (et appartenant donc au monde extérieur différencié), il s'agit d'un stade par lequel *l'objet, consubtantiel* au sujet, est ressenti comme appartenant à son *être* (perçu) mais non encore à son *avoir.* Dans cette expérience il est impossible de séparer *a priori* l'objet *externe*

(1) Et donc *sans manque* conscient.

véritable, source de satisfaction pulsionnelle, de sa *représentation hallucinatoire,* préfiguration externe du désir, dans lequel il y a réactivation hallucinatoire d'origine interne) de la trace mnésique d'une satisfaction antérieure éprouvée à son contact.

A ce niveau le sujet n'est pas capable de dissocier son désir ou son fantasme de la perception extérieure qui a même valeur pour lui. Il en résultera généralement une confusion profonde du *réel* et du *fantasmatique,* de *l'intérieur* et de *l'extérieur,* de l'expérience *objective* et *subjective,* qui précisément à ce stade intermédiaire ne sont pas séparés.

Ceci explique la richesse particulière de ces formes cliniques en manifestations hallucinatoires ou délirantes.

Les objets ne sont appréhendés séparément et comme totalité séparée que par un sujet total (entendre par là : *séparé* du milieu ambiant et en relation avec lui après la constitution du *Moi*). Chez le psychotique, les objets sont au contraire perçus comme partie constitutive de son être et l'on rejoint ici la qualité dite *d'objet partiel* (1), mise en valeur par Mélanie Klein [17]. La qualité d'objet partiel étant je crois coextensive à cette notion de *sujet partiel,* qui caractérise précisément le *pôle du sujet,* avant la constitution véritable d'un Moi séparé, fondant dans le même mouvement comme on le sait le *sujet total* séparé de ses *objets* également *totaux.*

C'est précisément cette caractéristique de l'objet partiel qui justifie je pense l'aptitude toute particulière à la *projection hallucinatoire ou délirante* d'une partie du sujet dans cette autre *partie de lui-même* qui est à ce stade le monde extérieur dont il n'est pas différencié. Je me dois de préciser que cette définition du caractère partiel de l'objet (partie de Moi non différenciée) n'est pas exactement la définition que Mélanie Klein en a faite, mais nous avons préféré conserver cette appellation qui explique de la sorte le rapport du sujet avec son objet partiel et qui vient à mon sens s'adjoindre aux études kleiniennes sur la question (sans s'y opposer d'ailleurs). La définition kleinienne de l'objet partiel est plus précisément basée sur la possibilité, telle que Freud l'avait montré, de placer dans un processus de clivage *la partie mauvaise du Moi au-dehors du sujet* (la partie bonne restant de ce fait intériorisée). L'opération ainsi réalisée est ce que l'on convient d'appeler *la projection du mauvais objet.* Cette projection du mauvais objet n'est réalisable à ce stade qu'en raison précisément de la non-séparation du sujet et de l'objet telle que nous l'avons définie plus haut. Ce mouvement de projection à l'extérieur sous forme hallucinatoire ou délirante de *l'objet mauvais* représente l'un des mécanismes les plus typiques du *mouvement oral* qui est représenté comme on le sait pendant toute cette période par la possibilité de déplacement dans un mouvement de dialyse allant de l'un des pôles vers l'autre (pôles pas encore séparés à ce stade comme *subjectal* et *objectal*) dans certains de leurs éléments constituants. L'avantage de cette projection

(1) Dont nous avons déjà parlé précédemment : v. p. 163.

psychotique réside dans la possibilité d'éloignement vers le *bout distal de la partie mauvaise,* c'est la projection *dans* le milieu extérieur, *consubstantiel* (et non *sur* le milieu extérieur comme cela se voit dans la projection phobique névrotique par exemple).

Cette attitude se caractérise sur le plan clinique par l'apparition de manifestations délirantes ou hallucinatoires dans lesquelles le sujet vit comme *« exogène »* ce qui pourrait être ressenti comme mauvais (c'est le cas par exemple des idées délirantes de persécution ou *l'agressivité du sujet* est rapportée aux autres, à l'extérieur...), il conserve aussi pour lui-même les avantages indiscutables sur le plan économique d'une telle situation » *le dedans est toujours bon...,* le sujet peut ainsi toujours s'aimer et s'estimer digne d'amour dans cette situation privilégiée.

Il est intéressant de constater qu'à ce stade spécifique de la relation d'objet schizophrénique, tout semble montrer un flou considérable de la *fonction du sujet* topiquement dispersé dans de *multiples îlots* caractérisant le vécu dit *« morcelé »* de l'existence schizophrénique dans son contexte clinique majeur : *l'aliénation.* Celle-ci représente le fonctionnement caractéristique de ces Moi astructurés fonctionnant de ce fait uniquement sur le mode parcellaire du sujet partiel et de l'objet partiel sans pouvoir jamais aboutir à une élaboration plus complète d'un *Moi* différencié de son monde objectal. Sur le plan clinique cette attitude se traduira par l'aspect particulièrement « flottant » des patients qui ne peuvent pour ainsi dire jamais « mettre au point » sur la réalité du moment.

Délire paranoïaque

Il en sera tout autrement dans l'organisation dite *paranoïaque* de la personnalité. Celle-ci caractérisée cliniquement par la surestimation de soi-même et le mépris des autres, représente, comme Racamier [24] l'a dit : l'évidence d'un «*Moi organisé et non aliéné » (c'est-à-dire* d'un Moi *topiquement érigé)* capable «*d'une démarche organisée, d'un acte réfléchi, moulé dans une forme sociale connue »...*

Dans ces structures plus « évoluées » que les précédentes, le Moi est apparemment constitué comme existant (je dis bien apparemment) mais il ne peut admettre l'existence objectale que dans la mesure où l'objet lui permet d'assumer la toute-puissance de son contrôle sur lui. Ceci est une condition essentielle de l'organisation objectale du paranoïaque.

Il s'agit en fait d'une contrepartie *narcissique* évidente pour un Moi particulièrement fragile dont la *toute-puissance* affirmée peut seule compenser la perte (toujours blessante pour le narcissisme) de l'omniprésence primitive. Si le sujet n'est plus partout, au moins faut-il qu'il soit le *centre, l'agent déterminant et créateur,* auquel l'objet (tel l'esclave libéré) « devra sa vie et sa fonction »...

Dans cette phase importante et délicate de l'histoire du Moi « ... *l'objet n'est pas considéré pour lui-même, il n'est jamais qu'un instrument...* ». J'ajouterai volontiers qu'un instrument qui ne sera jamais séparé de son créateur que pour lui *confirmer* ainsi à peu de frais l'impression de sa *toute-puissance* et de sa formidable *valeur* dont il ne peut se départir.

De même que le paranoïde peut, s'il le désire, en s'éparpillant, séparer la bonne partie de lui-même de la mauvaise qu'il a clivée, de même le paranoïaque *(se constituant fictivement en sujet séparé)* n'y arrive qu'à la condition expresse de contrôler la répartition des biens, en s'adjugeant à tout prix ce qui peut être bon. Il y a deux ou plusieurs sujets *morcelés* chez le paranoïde pour qui la constitution de l'objet reste aléatoire et il n'y a qu'un *sujet parfait* et qu'un *objet-poubelle* (ou dépotoire selon Racamier) pour le paranoïaque qui ne peut s'ériger en entité séparée qu'à la condition d'être la meilleure partie du système.

Ceci explique en outre le choix *homosexuel* préférentiel de ces patients qui *se* cherchent partout dans cette démarche Il est à noter que ce choix homosexuel du paranoïaque parfaitement signalé par Freud [13] dans son étude du cas Schreber, représente en fait, comme il l'avait dit, un choix intermédiaire et pour ainsi dire un terme de passage entre le *narcissisme* ou amour de soi-même et *l'amour objectal.*

Sur le plan également de la relation à la mère, on peut dire que le schizophrène représente une partie non séparée de cette dernière. Il semble pour le paranoïaque, qui apparaît comme tout récemment séparé de son objet primaire, qu'il doive éviter à tout prix la rencontre affective et engloutissante avec cette dernière jugée beaucoup trop dangereuse parce que encore trop importante. Il défend ainsi la fragilité de *son autonomie* récente par la *projection* rejetante vis-à-vis de cette dernière (ou de toute situation qui peut être évoquée).

Faute de pouvoir maintenir *la fusion totale* et le confort *narcissique* qu'elle représente, le *paranoïaque* maintient dans cette position son statut de *bon sujet* protégé des attaques de la mauvaise mère-objet ainsi tenue à distance.

Il peut ainsi s'affirmer comme *sujet* relativement *séparé* tout en conservant les avantages narcissiques que cette projection lui confère : faute de continuer à tout posséder il ne peut finalement fonctionner qu'à la condition expresse de se sentir possesseur de *tout ce qui est bon*..

Cette dernière précision rend inutile de préciser, je pense, le côté *déréel* (au sens de délirant) de ces personnalités apparemment fort assurées, de leur incommensurable et pathologique *orgueil,* de leur *mépris* des autres qu'ils observent avec une curiosité *méfiante,* et dont ils ne peuvent s'approcher qu'avec les plus extrêmes réserves (cf. : leur *réticence* habituelle) et pour en détecter les éventuelles *turpitudes...*

Inapte à tout désir qu'il considère comme dangereux, le paranoïaque, faible sous sa pseudo-puissance, essayera sans cesse de se faire confirmer dans sa bonne conscience par autrui : il n'aura pas ainsi à découvrir son désir d'être aimé. Il utilise pour cela volontiers la voie désaffectivée de la *justice* qu'il ira chercher dans d'interminables *procès,* ou de la *raison* dans des discussions *logiques,* parfois surprenantes, et où la rectitude de son raisonnement voudrait cacher à lui-même et aux autres l'indigence tragique de sa duplicité.

Cette brève description du paranoïaque *hyperstructuré et systématisé* dans ce que l'on pourrait considérer comme une « carapace caractérielle » rigide, nous entraîne fort loin du *flou, de l'absence de limite, pour tout dire de l'irréalité et de toute immatérialité* de son pendant schizophrénique : *le paranoïde.*

Dépression

Un autre niveau de l'organisation préobjectable du Moi pourra être représenté par la position clinique dite *dépressive* dont *l'organisation orale* s'exprime selon l'autre modalité fonctionnelle qui la caractérise : je veux parler, par opposition à la *projection,* de l'activité dite *introjective.* Dans cette éventualité qui, d'après Mélanie Klein, est la plus proche de la position objectale vraie, tout se passe comme si le sujet perdant ses illusions mégalomaniaques et narcissiques d'omniprésence et de toute-puissance constituerait une première *relation réelle* et objective avec le monde extérieur dans laquelle il se découvrait par contrecoup *faible* et *impuissant,* dépendant, parfaitement *incapable* d'affirmer son Moi dans l'assomption et la domination (1) réelle des objets, objets désormais *séparés* (et à conquérir) fondamentalement différents des premiers objets constitutifs de l'identification primaire.

C'est au contraire dans l'éprouvé amenuisant et dangereux de dépendance vis-à-vis de l'objet maternel tout d'abord, puis des objets tout court ensuite, qu'est perçu dans un vécu fondamental *de faiblesse tragique* et de *dépréciation,* le nouveau sentiment d'exister qui s'élabore.

A *l'utopie déréalisante du schizophrène* (utopie au sens étymologique d'absence de lieu) ou à *l'hypertopie manichéenne du paranoïaque,* basées toutes deux sur le déni du réel échappant à la toute-puissance du Moi, nous opposerons le *vécu dépressif* comme étant caractérisé par la reconnaissance réelle de l'objet comme existant séparément et plongeant du même coup le sujet qui se voit ainsi « *réduit à ses propres dimensions* » dans le *sentiment dramatique* de son *impuissance.* Chez certains patients, il est courant de rencontrer à la suite d'événements divers (deuils, échecs, pertes d'êtres aimés ou d'objets aimés, ou parfois même à l'opposé : satisfaction ou réussites inattendues, etc.) un retour à *la position dépressive* que nous venons d'entrevoir et dans laquelle, comme Freud [12] l'a bien montré dans son travail intitulé « *Deuil et mélancolie* », le préjudice subi par le sujet (qui ne peut se résoudre

(1) Au sens de possession.

à abandonner définitivement *l'objet frustrant)* l'entraînera dans le mouvement régressif inverse, caractérisé par la reprise à l'intérieur de lui-même, sur le mode de *l'identification, par introjection du mauvais objet,* destiné à le *conserver malgré tout.*

Cette identification contenant le *caractère mauvais* de la nouvelle introjection se traduira par la coloration affective particulière à la dépression : par la *dépréciation fondamentale, la tristesse, le pessimisme foncier et l'absence de tout élan vital...,* elle se manifestera sur le plan clinique par *l'effondrement psychomoteur, le ralentissement de la parole et du geste, l'idéation lente,* et la *douleur morale.* Elle caractérise, avec l'effondrement physique et la fusion avec le mauvais objet dans la mort, le tableau classique de la *mélancolie.*

Cet effondrement durera, selon les sujets, un temps fort variable, il se résoudra souvent dans le mouvement inverse dit *mouvement maniaque,* dans lequel le caractère pénible de *l'évidence objectale* sera *dénié.* Un peu comme dans la non-différenciation schizophrénique ou dans la projection du mauvais au-dehors du paranoïaque, on retrouve ce mouvement d'une certaine manière dans la manie (et ce, malgré la constitution de l'objet comme existant réellement et séparément, *pseudo-dépassement* magique de la dépendance objectale déniée).

Vécu dans l'excitation et le *triomphe maniaque* dans la joie bouillante et parfois clastique, *l'agitation psychomotrice, la fuite des idées,* les associations *ludiques,* les *jeux de mots, le débit verbal et gestuel augmenté,* ces états maniaques constituent pourrait-on dire la *négation défensive de la dépression.*

Il permet de comprendre l'existence chez les mêmes patients de périodes tantôt maniaques, tantôt dépressives, l'une étant pour ainsi dire la position défensive par rapport à l'autre, réalisant le tableau classique de la *psychose maniaque dépressive* de Kraeplin.

Ceci nous explique également toutes les variétés possibles de cette association clinique, allant du simple tableau de mélancolie récidivante sans épisode maniaque, avec entre ces deux extrêmes *l'alternance* dite *cyclique* de l'une ou l'autre de ces formes pathologiques entrecoupées d'épisodes de normalité clinique habituellement complète. L'existence chez ces patients d'une relation d'objet total déjà constitué peut expliquer en outre la possibilité de guérison clinique ultérieure dans laquelle le commerce objectal normal en dehors de ces périodes de décompensation permet de retrouver dans une certaine limite des périodes caractérisées par un vécu non psychotique (ni mélancolique, ni maniaque) et ayant fait justifier par les auteurs anciens, pour la psychose dite maniaco-dépressive, un pronostic clinique relativement favorable.

RELATIONS ENTRE DÉRÉALISATION, DÉPERSONNALISATION ET DÉLIRE (1)

PAR

J. BERGERET

En passant rapidement en revue quelques mécanismes psychiques primordiaux dans leur ordre régressif, on peut envisager successivement que le refoulement, principal argument névrotique, se situe surtout au niveau du génital. En cas d'échec habituel du refoulement, le Moi recherche un mécanisme assez fréquent dans toute la pathologie limite (cf. chapitres sur « le problème des défenses » et sur « les états-limites et leurs annexes »), le dédoublement des imagos liés à d'autres mécanismes annexes de projection, de forclusion, de déni. Freud a dit qu'ainsi le Moi acceptait de se déformer plutôt que d'avoir à se fragmenter. Pourtant si ces mécanismes échouent, nous risquons d'aller plus loin dans les atteintes à l'intégrité du Moi, en direction des processus psychotiques : ce Moi commence par se cliver, par se dédoubler avant d'en arriver éventuellement à son ultime dégradation : l'éclatement, le morcellement en noyaux épars ayant perdu toute liaison entre eux.

Le stade de dédoublement des imagos correspond à une double relation avec la réalité : une partie de la réalité extérieure, vécue comme positive et rassurante, est appréhendée correctement par le Moi, mais une autre partie de la réalité, considérée comme gênante, frustrante, inquiétante ou dangereuse, se trouve soit déformée dans un sens plus rassurant, soit plus ou moins déniée. C'est là une attitude bien courante chez les immatures de tous âges en dehors même de (et je dirais avant même) toute organisation structurelle nettement définie. Un tel clivage portant sur les représentations objectales peut conduire à des phénomènes de *déréalisation* souvent confondus à tort avec la dépersonnalisation. Un exemple tout à fait typique nous en est donné par S. Freud dans sa lettre à Romain Rolland : « Un trouble de mémoire sur l'Acropole ».

(1) Il s'agit de notions très controversées en psychopathologie, les confusions sont fréquentes en effet entre dépersonnalisation, déréalisation, délire, morcellement du Moi, clivage du sujet, clivage du Moi, clivage de l'objet, clivage des imagos et un certain nombre de données voisines ou mises en avant tout au long des théories ou des années...

La dépersonnalisation proprement dite constitue une opération psychique plus régressive encore. Si cette dichotomie portant sur les imagos n'arrive pas à endiguer la pression anxiogène, le Moi du sujet doit aller jusqu'à sa progressive fragmentation; il en arrive à se dichotomiser lui-même. Ce n'est plus seulement l'objet externe avec lequel il est nécessaire de prendre des précautions et des distances, mais l'objet interne, lié au narcissisme primaire, se trouve peu à peu sacrifié, plus ou moins perdu. Si cette perte narcissique va jusqu'à une récupération fantasmatique sur le corps du sujet, on s'arrête aux mécanismes hypocondriaques; ou bien si cet essai de récupération fantasmatique demeure au niveau du psychisme lui-même, on en arrive à la position autique. Mais il existe une situation, en général peu stable, où il n'y a pas encore besoin de « délire » corporel ni psychique, dans laquelle l'objet narcissique a été perdu (ou est en train d'être perdu) sans avoir pu obtenir encore de récupération compensatoire, ni dans le sens régressif préobjectal ni dans le sens salvateur objectal; c'est le moment de la crise de *dépersonnalisation.*

Il s'agit, dit M. Bouvet, d'échapper à la situation anxiogène en ne s'y trouvant plus, tout en n'ébranlant pas trop encore la structure du Moi. Au-delà de ce stade, on arrive au *dédoublement de la personnalité* s'accentuant parfois jusqu'à sa *fragmentation* complète en noyaux épars. A partir de ce moment toute une partie du Moi reconstruit une néoréalité fantasmatique plus rassurante; c'est le *délire.*

Déréalisation, dépersonnalisation, dédoublement du Moi, fragmentation et délire ne sont que des étapes successives dans le sens régressif d'un Moi non pas en simple conflit de manipulation génitale des objets (comme dans les névroses classiques), c'est-à-dire en conflit interne, avec lui-même, mais en réelle difficulté de *contact* avec les objets externes et internes, l'ensemble de leurs représentations se trouvant plus ou moins externalisées dans tout ce qu'elles présentent de trop angoissant.

La déréalisation, nous dit S. Freud, peut facilement survenir chez une personne normale, c'est une simple faille du fonctionnement mental; une partie de la réalité devient étrangère à sa propre personne; alors que la dépersonnalisation correspond à une partie du Moi qui devient étrangère à soi-même; c'est un « doute de conscience ». Lorsque les défenses contre les pulsions (en particulier de refoulement) ou contre la réalité (en particulier le déni) ne peuvent suffire, une partie des représentations pulsionnelles et objectales précédemment éliminées fait retour au conscient qui ne les reconnaît pas. C'est là le côté « étrange » ressenti par le sujet aussi bien dans les phénomènes de déréalisation que dans la dépersonnalisation. C'est un effondrement régressif du Moi devant l'échec des défenses anciennes, le sujet n'osant plus investir sa libido sur les objets externes ni sur son propre corps et ne pouvant non plus s'identifier à un objet maintenu total. Une partie de ce qui était « intérieur » doit être vécu comme « extérieur » aux limites du Moi. Nous nous trouvons très près des descriptions des enfants en « dépression anaclitique » (R. Spitz) ou des enfants « symbiotiques » (M. Mahler). De même que l'image de soi, le sentiment du « soi total », se constitue chez l'enfant à partir de la connaissance de l'objet; plus tard, toute difficulté de reconnaissance, d'appréhension, de perte de l'objet, peut conduire à un trouble du sentiment de réalité (déréalisation) ou du sentiment de soi (dépersonnalisation).

Cependant, la dépersonnalisation n'est nullement contemporaine du délire car le statut fantasmatique de l'objet n'y est pas encore totalement occulté; la place où devait se trouver l'objet demeure, quoique vide; le patient le sait encore, dans la mesure où justement il sent que cette place se trouve inoccupée (hallucination négative).

On se garderait de conclure ce paragraphe sans distinguer nettement la *dépersonnalisation vraie* (crise aiguë opérée par un mouvement régressif préobjectal fantasmatique important) avec la simple *angoisse de dépersonnalisation* si fréquente dans les organisations immatures, encore instructurées du type par exemple des diverses variétés d'états-limite.

Ces deux phénomènes sont liés aux problèmes de la perte de l'objet mais le premier se situe au niveau d'une régression préobjectale alors que le second demeure le plus souvent arrêté à une dialectique orale. La dépersonnalisation vraie correspond à un affaiblissement primaire du narcissisme, étape d'alarme, et défense contre le délire. La simple angoisse de dépersonnalisation ne signe qu'un affaiblissement progressif et secondaire du narcissisme; c'est surtout une étape, un signal et une défense dans le registre dépressif (plutôt que délirant) ce qui ne veut pas dire, bien sûr qu'on ne puisse passer éventuellement de la seconde à la première série de phénomènes (cf. états-limites).

L'UNIVERS PSYCHOTIQUE

PAR

J.-Paul CHARTIER

Sans être univoque la psychose constitue un univers psychique étrange inhabituel et inconnu.

L'étrangeté, le psychotique lui-même peut l'éprouver en particulier dans les débuts de schizophrénie où l'insolite se mêle au sentiment de transformation du monde. P.-C. Racamier insiste sur le fait que l'émergence hors de la psychose présente également une phase de retour au sentiment d'étrangeté.

En réalité l'étrange pour le psychotique c'est la malléabilité habituelle du psychisme humain, il s'en échappe en faisant éruption hors de l'histoire individuelle. La continuité de sa propre existence ne peut prendre corps que par la maîtrise de la nouveauté (Binswanger) en une pétrification du temps dont la forme ultime est la statue catatonique.

Dans la névrose, l'énergie pulsionnelle peut s'amarrer dans une intériorité psychique par l'intermédiaire d'un système pulsion-défense : on peut ainsi parler de « conflits intérieurs ». Dans la psychose, les motions pulsionnelles n'arrivent pas à constituer un système pulsion-défense en raison de la carence d'images d'identifications. Ces dernières, en effet, aménagent le fondement, l'étayage primordial de l'intrication pulsion-défense. Or, ici, elles sont labiles, peu fiables ou terrifiantes. Il existe, en effet, toujours une introjection d'imagos et ceci même dans le cas de la psychose, à la différence près toutefois, que seuls les plus archaïques — issus de la projection de la mégalomanie infantile — prennent pied sous forme d'un surmoi sadique et tout-puissant. Dans la névrose, le sédiment archaïque est recouvert par un surmoi œdipien, humanisé par les images d'identifications paternelles et maternelles. Dans la psychose, les motions pulsionnelles ne sont confrontées qu'au surmoi archaïque terrifiant et aucun système intériorisé ne peut être constitué. Il existe une véritable « schize » — peut-être la schize la plus fondamentale du monde psychotique — entre pulsions et ce qui pourrait servir de défenses. Aussi, il ne reste plus qu'une solution, l'évacuation à l'extérieur et en ordre dispersé de tous ces éléments d'où le primat des mécanismes de projection.

Il faut cependant bien s'entendre sur les mots : la projection névrotique est fondamentalement différente dans la mesure où il y a projection de l'ensemble du système pulsion-défense, c'est-à-dire de l'image préformée due au travail d'intériorité psychique (par exemple : le jeu du gendarme et du voleur). Rien de tel dans la psychose où la projection est d'emblée morcelée en éléments épars : pulsions, surmoi sadique, vestiges d'identifications. De plus, la projection est une nécessité vitale puisqu'il n'y a pas comme dans la névrose, un système tampon aménagé permettant de capitaliser l'énergie pulsionnelle sans qu'elle devienne pour autant trop persécutive.

Ainsi, il faut opposer à l'histoire singulière de l'Œdipe dans la névrose, la géographie totalitaire de la projection dans la psychose et en tirer toutes les conséquences. Cette géographie explique le dilemme essentiel de l'organisation psychotique : comment projeter à l'extérieur sa substance sans en perdre le contrôle, c'est-à-dire sans subir une hémorragie définitive.

Le système paranoïaque obtient une certaine réussite dans la résolution de ce dilemme en plaçant sur orbite les produits de ses projections sans les perdre de vue. Le contrôle paranoïaque consiste donc à maintenir les objets projetés à bonne distance, ni trop près en raison du risque de retour de la projection qui prend la forme d'une persécution, ni trop loin en raison de la perte de substance et de la perspective du morcellement effectivement réalisé.

Les moyens pour maintenir coûte que coûte cette bonne distance sont considérables et divers. Les auteurs de la psychiatrie classique parlaient de phénomènes de « barrages », notion que nous pouvons extrapoler pour l'ensemble des mécanismes de défense contre le retour de la projection. Ils peuvent consister simplement à refuser d'entendre la parole d'autrui dont les phrases sont dilacérées, les mots morcelés, les lettres pouvant dès lors tomber goutte à goutte dans son estomac sans aucun danger. Ou encore à s'enfermer dans le mutisme et à n'en sortir que lors d'une conversation entre des tiers de manière à échapper au risque d'une intrusion directe tout en surveillant le développement des événements. D'autres moyens plus subtils peuvent consister à prendre le sens figuré pour le sens propre et inversement. Enfin en cas de détresse, le patient psychotique peut essayer de gaver son vis-à-vis en lui transmettant des associations folles afin de l'y perdre ou de le rendre fou (S. Resnik).

Mais la réussite la plus grande revient à envahir le corps de l'autre, en particulier celui du thérapeute, et à le manipuler de l'intérieur par l'angoisse qui y a été littéralement injectée. C'est l'identification projective décrite par Mélanie Klein.

Parfois, les objets satellisés cessent d'être persécuteurs et sont momentanément considérés comme de bons objets, du seul fait de leur équilibre géographique (ni trop près, ni trop loin). C'est ce qui peut se produire lorsqu'un nouveau venu apparaît dans l'entourage du psychotique et qu'il est pris pour un « bon objet ». Le psychotique semble y placer ses trésors, mais rapidement la situation se normalise, c'est-à-dire que le nouveau venu fait bientôt, lui aussi, partie des persécuteurs : les bons objets semblent avoir été contaminés par les mauvais.

Ainsi, l'existence des bons objets n'est souvent qu'une apparence due à un équilibre momentané du système. Par contre, celle des mauvais objets, c'est-à-dire la nécessité pour le psychotique de s'entourer de ses persécuteurs n'est plus un mystère lorsqu'on a compris qu'il s'agit du retour des projections que le psychotique doit en quelque sorte garder sous la main. Le caractère persécutoire des projections est de règle pour deux raisons déjà connues :

- d'une part, les motions pulsionnelles sont originellement persécutoires dans la mesure où il n'est pas possible d'y échapper : il n'est donc pas étonnant que le produit de leur projection le révèle au grand jour;
- d'autre part, les lambeaux de surmoi archaïque et mégalomane introjectés vont reconstruire un monde persécutoire dont la seule fin va être d'édifier un dieu vengeur ou du moins un chef de bande tout-puissant, les autres personnes de l'entourage et la population tout entière n'étant en définitive, que des pantins. C'est la raison pour laquelle le psychotique a un tropisme exacerbé pour toute image d'autorité, lieu d'élection de ses projections mégalomanes : il y trouve la seule reconstitution d'une image narcissique qui, fut-elle folle, lui permet de retrouver une certaine unité de l'univers.

Les pulsions sexuelles, elles-mêmes, sont également évacuées et souvent d'une manière élective sur le corps des parents ou de leurs substituts donnant une apparence de liens œdipiens : « ma mère est une putain », « le tracteur, c'est mon père qui vient me violer la nuit». Ce vestige œdipien n'est plus sous le coup du refoulement d'où cette émergence de l'inconscient chez le psychotique, mais il ne s'intègre plus dans la singularité d'un devenir individuel, il tombe dans la généralité et n'est plus qu'un cadavre car il y manque le travail des pensées latentes (préconscient).

L'érotisation des conduites psychotiques, latentes ou déplacées (anorexie, boulimie) ne doivent pas être prises non plus pour l'expression d'un conflit œdipien; il s'agit d'une érotisation secondaire qui prend souvent une forme toxicomaniaque. Seul un contenu visuel est parfois dépositaire d'une trace authentiquement œdipienne (voyeurisme, vestiges d'imagos infantiles).

Il existe cependant des projections qui échappent réellement au registre persécutoire, on retrouve alors souvent des vestiges d'identifications (fausses reconnaissances). La question de l'existence de bons objets réels se pose en effet dans un certain nombre de cas et on parle alors de l'existence d'une partie saine. Elle se manifeste essentiellement par la recherche de moyens de contentions échappant au registre paranoïaque et faisant appel à des objets intermédiaires, voire transitionnels : qu'il s'agisse de l'encadrement du lit, des limites de la pièce de psychothérapie, de «l'enveloppe hôpital» (S. Resnik) ou simplement des vêtements; des mots du thérapeute dans lesquels le patient s'enveloppe comme dans une couverture, éventuellement de la camisole quand il la demande lui-même, des médicaments ou même de certificats administratifs d'internement alors qu'il est en sortie d'essai. Il s'agit en fait par cette contention de « se bricoler » un moi substitutif externe, point d'appui des vestiges d'identifications.

Ultime moyen de reconstruction du monde, le mécanisme de clivage permet de préserver les bons objets de la contamination des persécuteurs. Tout est utilisable pour se faire qu'il s'agisse de la différence des sexes ou de la distinction de territoires : les lieux d'activité professionnelle peuvent par exemple échapper aux persécuteurs à la différence de la vie privée ou inversement.

Enfin en dernier ressort, le clivage fondamental consiste à rejeter à l'extérieur les mauvais objets et à ne conserver qu'un bon objet en peau de chagrin dont l'ultime ressource reste bien évidemment la toute-puissance mégalomaniaque.

La schizophrénie signe, elle par contre, l'échec de la contention paranoïaque et par conséquent, de toute tentative de reconstruction d'une cohérence possible de l'univers. En face de l'hémorragie morcellante qui domine, la mégalomanie n'a plus qu'une voie : la néantisation (délire de négation) de l'intériorité psychique qui se projette dans un premier temps sur le corps : «corps sans organes», dira Antonin Artaud, sans poumon, sans estomac, sans cerveau. Mais, cette néantisation intérieure est encore de trop : elle est projetée elle-même sur l'univers qui devient à son tour vide. Tel est le recours autistique qui n'a rien à voir, comme le croyait Bleuler, à un repli sur soi mais correspond au contraire à l'évacuation la plus totale possible de ce qui risquerait de constituer l'embryon d'une existence psychique : marche à grands pas stéréotypés, yeux perdus dans le vague, indifférence totale à l'environnement. Voilà pour l'autisme, pièce essentielle de la schizophrénie hébéphrénique. La catatonie, elle, présente la tentative ultime et implacable du surmoi archaïque : sujet vide statufié qui n'a plus rien à échanger avec un univers vide et mort. Quant à la schizophrénie « paranoïde » elle représente une tentative avortée d'organisation paranoïaque d'où son nom : il subsiste des vestiges délirants atypiques et morcelés mais souvent d'autant plus riches qu'ils échappent au stéréotype paranoïaque.

La conclusion de cette description sera de trois ordres et chaque fois en contrepoint de la position névrotique :

■ Supporter l'existence de conflits dans son psychisme suppose une bonne image de soi-même, c'est-à-dire un narcissisme suffisamment développé. Dans la psychose, comme cette image vient à être défaillante, c'est la mégalomanie, seule arme de rechange, qui assure la relève.

■ L'absence d'une élaboration du sens œdipien à travers les avatars de la vie libidinale réduit le mécanisme de la psychose à la priorité absolue de l'économique sur le sens. Le symbolisme se réduit à une géographie des projections : évacuation et contention.

■ L'ubiquité de l'univers psychotique est l'arête centrale de la structure psychotique :

D'une part, il s'agit d'un univers délivré du refoulement où l'inconscient semble mis tout cru sur la table, les communications sans borne : avec les parents morts depuis plusieurs années, les voisins distants de plusieurs kilomètres, ou avec la lune et les étoiles. C'est *l'univers fusionnel.*

D'autre part, cette relation au monde faite de contention, de négation (au sens de déni) et de projections éparses aboutit à un univers complètement morcelé, autistique ou réfugié dans une paranoïa imprenable. C'est *l'univers vide.*

Univers fusionnel et univers vide se répondent exactement comme « le corps passoire » et « le corps sans organe » décrits par Gilles Deleuze à partir de l'univers d'Antonin Artaud.

La communication tous azimuts correspond à la négation de toute communication. A l'inverse de la névrose, où la castration, cheville ouvrière de la finitude, permet la communication avec le monde.

BIBLIOGRAPHIE

[1] Abraham. — *Les états maniaco-dépressifs et les niveaux prégénitaux de la libido,* 1924, Collected Papers Hogarth Press, London, 1949.

[2] Binswanger (L.). — *Le cas Suzanne Urban,* 1957, Desclée de Brouwer, Paris.

[3] Bouvet (M.). — « La clinique psychanalytique. La relation d'objet. » In *Psychanalyse d'aujourd'hui,* 1956, P.U.F., Paris, pp. 41-121.

[4] Deleuze (G.). — *Logique du sens,* 1969, Ed. de Minuit, Paris.

[5] Dubor (P.). — « Dissociation de l'économique et du sens chez le psychotique : utilisation du réel dans l'agir. » Communication au colloque sur les psychoses au *Congrès des psychanalystes de Langues Romanes,* Lyon, juin 1971.

[6] Dubor (P.). — Psychiatrie et Psychologie médicale à l'Hôpital général. Intervention au *Colloque de Lyon,* les 20, 21, 22 sept. 1974.

[7] Estrabol (B.). — *Les Hospitalisations alternantes.* Thèse 1974, Lyon.

[8] Fain (M.) et David (Ch.). — « Les aspects fonctionnels de la vie onirique... » Rapport au *Congrès des psychanalystes de Langues Romanes,* Barcelone, 1962.

[9] Federn (P.). — *Ego, psychologie and the psychoses,* (1928-1949). 1953, Imago Publication, Londres.

[10] Ferenczi. — Définition de la notion d'introjection, 1912. In *Final Contribution* to *the problems and methods of psycho-analysis.* 1955, London, Hogarth Press, p. 316-318.

[11] Freud (S.). — *Trois essais sur la théorie de la sexualité* (1905). 1923, Paris, Gallimard.

[12] Freud (S).—Deuil et Mélancolie (1917). *Rev. Fr. de Psychanal.,* 1936, Métapsychologie. 1952, Gallimard, Paris.

[13] Freud (S.) — « Remarques psychanalytiques sur un cas de paranoïa : Le Pt. Schreber. ». In *Cinq psychanalyses,* 1936, Denoël et Steele, Paris.

[14] Freud (S.). — Quelques mécanismes névrotiques de la jalousie, la paranoïa et l'homosexualité, 1922. *Rev. Fr. de psychanal.,* 1932, *5,* p. 391-401. *Collected Papers,* tome II, 1953, Hogarth Press, London, p. 232-243.

[15] Freud (S.). — *Weitere Berner Kungen über die Abwehr Neuropsychosen*, 1896, G. W., I, 392-403, S.E., III, 174-185.

[16] Fromm-reichmann. — Thérapeutique Management in a Psychoanalytic Hospital. *Psycho-analytic quaterly,* 1947, 16, p. 325-356.

[17] Klein (M.). — *Contribution to psychoanalysis,* 1920-1945. 1948, Hogarth Press, London, trad. franç. : *Essais de psychanalyse,* 1967, Payot.

[18] Lacan (J.). — *Ecrits.* 1966, Seuil, Paris.

[19] Lebovici (S.). — *Une observation de psychose infantile : Evol. psychiatr.,* fascicule IV, oct.-déc. 1956.

[20] Marty (F.), De M'Uzan (M.) et David (Ch.). — *L'investigation psychosomatique,* 1963, P.U.F.

[21] Nacht et Racamier. — « La théorie psychanalytique du délire ». Rapport *XXe Congrès des Langues Romanes*, 1958 In *Rev. Fr. de Psychanal.* 22, n° 4, 5.

[22] Racamier (P.-C.) — Le Moi, le soi, la personne et la psychose. *Evol psychiatr.,* 1963, n° 4, 525-550.

[23] Racamier, Diatkine, Lebovici et Paumelle. — Le psychanalyste sans divan. 1970, Payot, Paris.

[24] RACAMIER (P.-C.). — Esquisse d'une clinique de la paranoïa. *Rev. fr. Psychanal.*, 30, nº 1, 1966, p. 145-149.
[25] RESNIK (S.). — *Personne et psychose.* 1973, Payot, Paris.
[26] ROUART. — « Agir et processus psychanalytique ». Rapport au *Congrès des Langues Romanes,* 1967, Paris.
[27] F. DE SAUSSURE. — *Cours de Linguistique générale,* 1968, Payot.
[28] SPITZ — Genèse des premières relations objectales. *Rev. Fr. Psychanal.*, 18, 1954, 4.

11

LES ÉTATS-LIMITES ET LEURS AMÉNAGEMENTS

PAR

J. BERGERET

1° *Leur existence*

Les appellations de « cas-limites », « états-limites » ou de « border-lines » correspondent aux mêmes entités morbides. Le terme de « border-lines » fut employé pour la première fois par V. W. Eisenstein en 1949, mais l'évidence de tableaux cliniques ne correspondant ni à la lignée psychotique classique, ni à la lignée névrotique classique était apparue bien avant cette date aux psychiatres; dès 1883 avec les « formes atténuées de Schizophrénie » de Kraepelin et 1885 avec l'Héboïdophrénie de Kahlbaum.

On a compté plus de quarante termes utilisés pour désigner des formes pathologiques mal répertoriées et en marge autant des états névrotiques que des états psychotiques. Certains termes « personnalités psychopathiques », « personnalités *as if* », « personnalités perverses », etc.) mettent l'accent sur la notion de « personnalité », incontestablement pour marquer une différence avec la notion de « structure », ou bien insistent sur l'aspect « caractériel » de ces patients. Une autre tendance se réfère essentiellement à une position « paraschizophrénique » (Schizomanie, Schizoïdie, Schizothymie, Schizose,

Schizophrénie pseudo-névrotique, apsychotique, larvée, mitis, latente, bénigne, ambulatoire, simple, etc.); c'est la catégorie la plus féconde en adjectifs variés et imprécis situant nos entités *à côté* de la schizophrénie. Une tendance plus récente décrit aussi des syndromes atypiques pouvant survenir *avant* une éclosion psychotique proprement dite. On se réfère déjà à la notion de prépsychose mais dans un sens équivoque qui recouvrirait à la fois de véritables structures psychotiques non décompensées et d'autres organisations non psychotiques mais pouvant éventuellement évoluer vers une psychose vraie; d'où une incontestable confusion.

S. Freud est parti de sa définition du conflit névrotique (« Psychonévroses de transfert ») pour établir peu à peu des distinctions entre les différentes catégories non névrotiques. L'introduction du concept de Narcissisme, la mise en relief du rôle de l'Idéal du Moi, la description du choix d'objet anaclitique, la découverte du rôle joué par les frustrations affectives de l'enfant amènent S. Freud à reconnaître en 1931 l'existence d'un type libidinal « narcissique » sans Surmoi complètement constitué, où l'essentiel du conflit postœdipien ne se situe pas dans une opposition entre le Moi et le Surmoi, de même qu'il avait dépeint en 1924 une *déformation* du Moi se présentant comme intermédiaire, justement, entre l'éclatement psychotique et le conflit névrotique. Les derniers travaux de S. Freud décrivent le clivage et le déni et font allusion justement à un type « narcissique » de personnalité auquel nous ne cesserons de nous référer.

Du côté des névroses, les post-freudiens ont décrit de plus en plus de « personnalités » ou de « caractères » ne cadrant plus tellement avec les critères classiques et œdipiens de la névrose. La ligne générale des travaux de M. Klein et de ses élèves se montre caractéristique à ce point de vue. M. Bouvet, de son côté, a développé la notion d'une relation d'objet « prégénitale » très distincte de la relation d'objet psychotique mais fort différente aussi de la relation d'objet du névrotique car les références à l'Œdipe demeurent bien fragmentaires ou occasionnelles. Dans les descriptions, pourtant si vraies cliniquement, de M. Bouvet, la triangulation œdipienne ne peut pas arriver à jouer le rôle d'un véritable organisateur comme c'est le cas dans la névrose.

Il en est de même des recherches en tous sens portant sur la pathologie du caractère, sur les comportements pervers, sur la dépression, sur le fonctionnement mental des malades psychosomatiques. On peut citer aussi les travaux de R. Spitz sur la dépression anaclitique, de G. Gueix sur les « névroses d'abandon » et l'évolution des enfants « symbiotiques » décrite par M. Mahler.

Du côté des psychoses, les auteurs insistent essentiellement, à l'heure actuelle sur le conflit entre le Ça et la réalité, sur le refoulement de la réalité objective et sur la reconstruction d'une néoréalité subjective. L'éclatement fragmentaire du Moi, achevé ou non, mais inscrit dans la psychose, permet d'éliminer de cette catégorie des entités voisines dans lesquelles le Moi se défend par le dédoublement des imagos et déni mais sans dédoublement vrai du Moi, sans fragmentation, réalisée ou potentielle, en îlots multiples et épars. La notion de prépsychose elle-même semble se préciser dans le sens d'un état antérieur à l'explosion du Moi en ses divers morceaux, mais déjà dans la ligne de cette fragmentation préalablement inscrite dans le Moi lui-même dès qu'il s'agit d'une véritable structure psychotique.

Les états-limites se trouvent ainsi de plus en plus cernés économiquement comme des organisations autonomes et distinctes à la fois des névroses et des psychoses.

2° *Point de vue génétique*

Nous avons développé au chapitre concernant la notion de « structure » les confusions possibles concernant les adjectifs « névrotique » et « psychotique » et nous avons précisé ce qui caractérisait la fixité, la stabilité et l'originalité des deux seules structures authentiques : la structure psychotique d'une part, la structure névrotique de l'autre.

Dans une première étape, les états initiaux du Moi du petit enfant, après sa distinction du non-Moi, demeureraient encore plus ou moins indifférenciés, sans structure stable. Dans une seconde étape, il y aurait ensuite des états où les lignes de force déterminées par les conflits, les frustrations, les effets des pulsions et de la réalité, les défenses du Moi et ses réactions aux poussées internes et externes, commenceraient à s'orienter vers la constitution d'une structure authentique. Dans une troisième étape, on aboutirait enfin à une véritable *structure* (décompensée ou non). A ce moment-là, de même que dans la cristallisation d'une substance minérale, les lignes de clivage se trouveraient solidement et définitivement constituées et ne pourraient plus varier.

De même que lorsqu'un cristal minéral se brise, il ne peut le faire que selon les lignes de forces préétablies, de la même façon quand une structure névrotique se décompense, elle ne peut donner naissance qu'à une névrose et quand une structure psychotique se décompense cela ne peut donner lieu qu'à une psychose. Il n'y a pas de communication possible entre la lignée névrotique et la lignée psychotique une fois la structuration véritablement achevée, autrement dit après la troisième étape décrite plus haut.

3° *Situation nosologique*

Par rapport à de telles définitions qui constituent pour nous des points fixes, les états-limites se situent à la fois *entre* la structure névrotique et la structure psychotique mais au niveau de la première et de la deuxième étape seulement de l'organisation du Moi, telle que nous venons de la définir plus haut, c'est-à-dire *avant* qu'il y ait déjà constitution d'une structure au sens véritable et figé du terme.

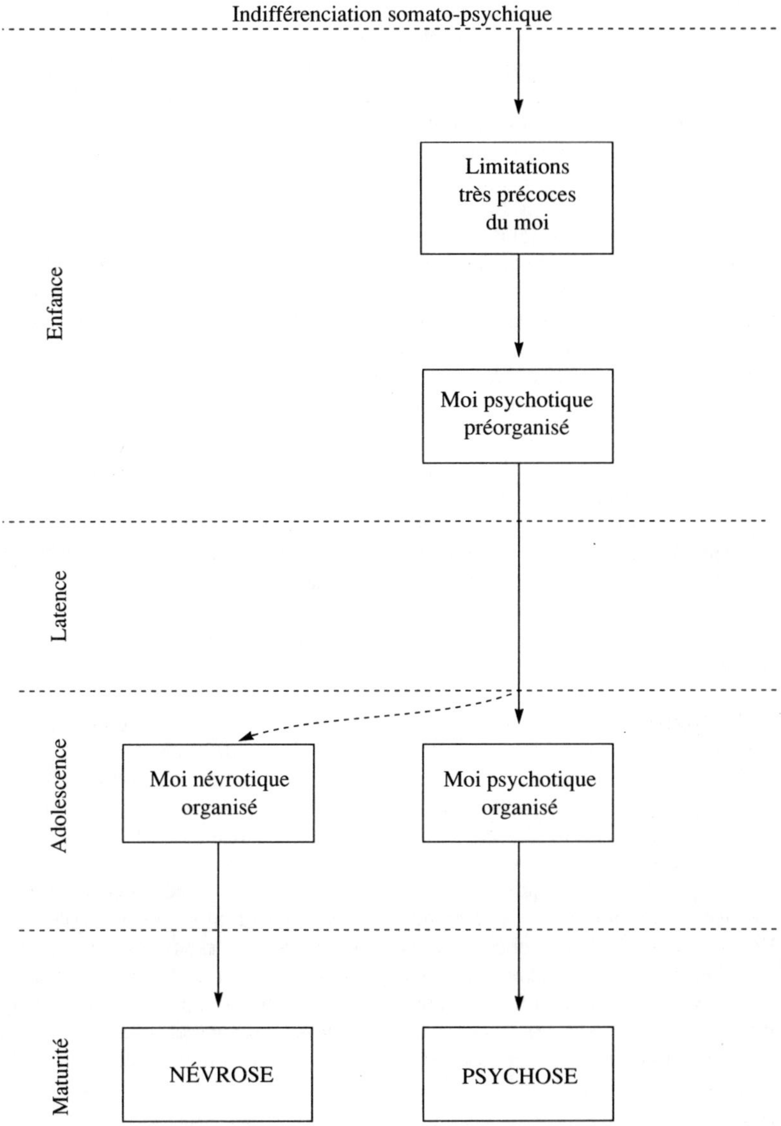

FIG. 2. — *Mode de structuration psychotique.*

■ ***La lignée psychotique*** (1) est considérée par les auteurs contemporains comme marquée à son point de départ par des frustrations précoces, tirant habituellement leur origine du pôle maternel. Un Moi ayant subi de sérieuses fixations ou d'importantes régressions à ce niveau se *préorganise de façon psychotique* (fig. 2). Ceci se déroule au cours de la phase orale ou au plus tard pendant la toute première partie de la période anale (phase de réjection anale). Une telle ébauche d'organisation subirait un silence évolutif pendant la période de latence et l'adolescence qui survient ensuite amènerait les bouleversements considérables que l'on sait sur le plan structurel et, à ce moment-là, tout pourrait à nouveau être mis en question : le sujet garderait encore une petite chance de voir l'axe d'évolution de son Moi quitter la lignée psychotique, pas encore complètement fixée, et aller figer sa progression ultérieure dans le cadre d'une structure névrotique, à ce moment, définitive, et pouvant, en cas de maladie, donner naissance à une névrose classique de type hystérique ou obsessionnel.

Cependant, au moment de l'adolescence, dans l'immense majorité des cas, un Moi préorganisé psychotiquement va tout simplement poursuivre son évolution au sein de la lignée psychotique dans laquelle il se trouve déjà suffisamment engagé; il s'organisera ensuite, de façon définitive, sous forme de structure psychotique véritable et stable. Il ne sera plus possible de revenir là-dessus ultérieurement : si le sujet tombe malade, si « le cristal se casse » à la suite d'un accident intérieur ou extérieur, nous ne pourrons voir éclore qu'une *psychose* sous des formes variées certes, mais sans autre possibilité pathologique.

■ ***La lignée névrotique*** (fig. 3) poursuit quant à elle une évolution assez banale jusqu'au moment du conflit œdipien, c'est-à-dire, chez le garçon, la période correspondant à la fin du stade anal (phase anale de rétention) et au stade phallique. Si, par suite du conflit œdipien et de ses avatars, il existe de trop fortes fixations ou des régressions trop importantes à ces deux stades, le Moi va se préorganiser selon un système relationnel et défensif de mode névrotique. De même que pour la lignée psychotique, la période de latence va opérer ici un arrêt de l'évolution structurelle, alors qu'au contraire l'arrivée dans l'adolescence déclenchera des bouleversements structuraux identiques à ceux qui étaient décrits plus haut au sujet de la lignée psychotique. Si, à ce moment, les conflits internes et externes s'avèrent trop intenses, le Moi peut être amené à se détériorer davantage, à recourir à des systèmes défensifs et relationnels plus archaïques dépassant la simple

---

(1) Il n'est traité ici que du problème de la psychose de l'adulte. Il est bien fâcheux que le même terme de « psychose » puisse être employé dans des conditions si différentes chez l'adulte (Moi morcelé) ou chez l'enfant pour recouvrir, dans ce dernier cas, des entités bien diverses allant des grands déficits neuro-affectifs aux dysharmonies évolutives profondes (demeurant proches de nos états-limites pendant tout un temps) en passant par les véritables désorganisations du Moi, voisines des psychoses de l'adulte.

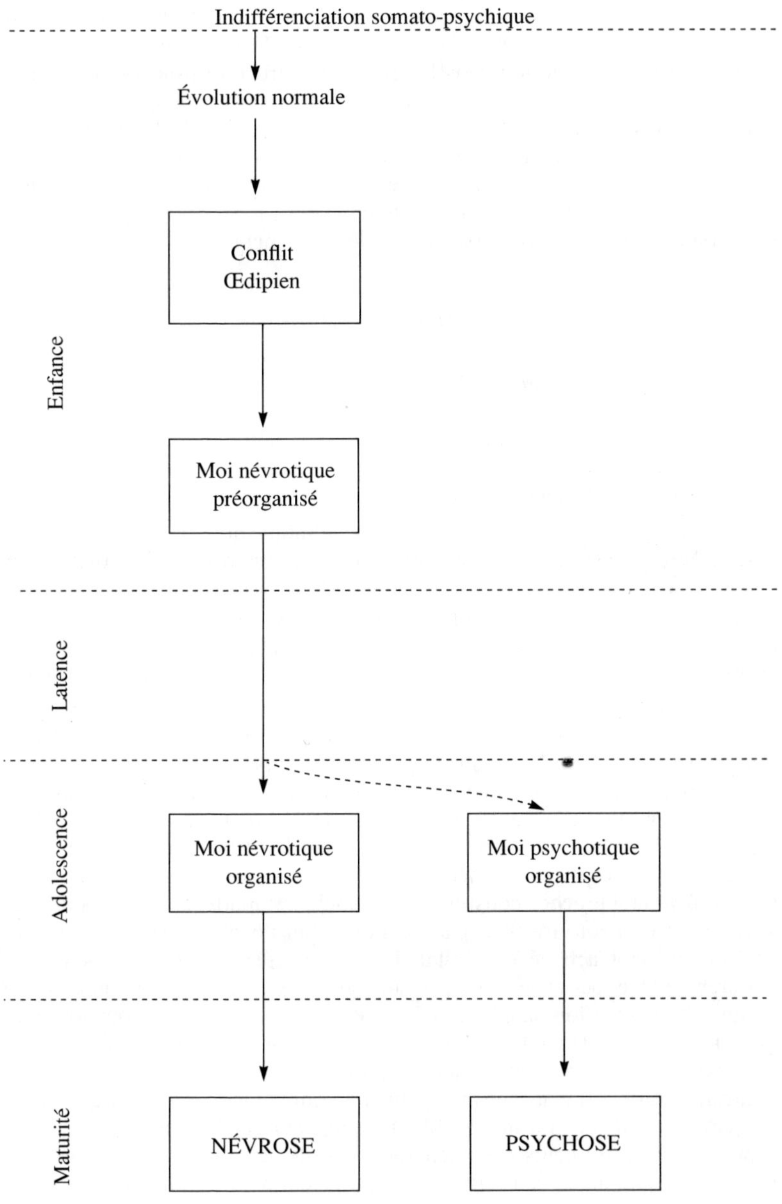

FIG. 3. — *Mode de structuration névrotique.*

économie pulsions-Surmoi au profit d'une mise en question plus ou moins sérieuse de la réalité et nous repassons ainsi dans la lignée précédente conduisant à une évolution dans le sens d'une structure psychotique définitive. Cependant, dans la majorité des cas, le Moi névrotiquement préorganisé demeure dans le cadre névrotique et tend à s'organiser de façon définitive selon la ligne de structuration *névrotique*. Cette organisation ne pourra plus varier par la suite et si un sujet de cette lignée tombe malade, il ne pourra faire qu'une des formes habituelles de névroses : hystérie d'angoisse ou de conversion ou bien névrose obsessionnelle, seulement.

4° *Aménagement limite*

Mais le problème reste posé sur le sens de l'espace vide laissé entre les deux lignées structurelles névrotique et psychotique. C'est un domaine beaucoup moins rigide, beaucoup moins solide structurellement et beaucoup moins définitif, beaucoup plus mobile aussi, le domaine des *états-limites* et de leurs divers aménagements plus ou moins bien réussis.

On rencontre en effet très couramment en clinique quotidienne des patients dont le Moi a dépassé, sans trop d'encombres, le moment où les frustrations du premier âge auraient pu opérer des fixations prépsychotiques tenaces et fâcheuses et qui n'ont pas, non plus, dans leur évolution ultérieure régressé à de telles fixations. Cependant au moment où s'engageait pour eux l'évolution œdipienne normale, ces sujets ont subi un *traumatisme psychique* important.

Ce traumatisme doit être pris au sens affectif du terme, c'est-à-dire qu'il correspond à un émoi pulsionnel survenu dans un état du Moi encore trop inorganisé et trop immature sur le plan de l'équipement, de l'adaptation et des défenses : par exemple une tentative de séduction sexuelle quelconque de la part d'un adulte. C'est entre autres le cas de « l'homme aux loups ». Autrement dit, l'enfant est entré, à ce moment-là, trop précocement, trop brutalement et trop massivement en contact avec des données œdipiennes. Cet émoi génital précoce constitue un véritable traumatisme affectif à lui tout seul, car il ne peut être reçu par l'enfant selon un mode perceptif et relationnel, objectal achevé et génital. Le Moi ne peut alors que chercher à intégrer cette expérience anticipée aux autres expériences du moment, il range cette perception du côté des frustrations et des menaces pour son intégrité narcissique. Un tel sujet n'aura pas de possibilité de négocier cette perception dans le contexte d'une économie triangulaire et génitale comme pourrait le faire, un peu plus tard et mieux équipé, une structure névrotique. En particulier il lui sera impossible de s'appuyer sur l'amour du père pour supporter des sentiments éventuellement hostiles envers la mère et inversement. Il lui sera difficile d'utiliser le refoulement pour éliminer du conscient l'excès de tension sexuelle ou agressive. Il se verra obligé de recourir à des mécanismes proches de ceux qu'emploie le psychotique : déni, identification projective, dédoublement des imagos, maniement omnipotent de l'objet.

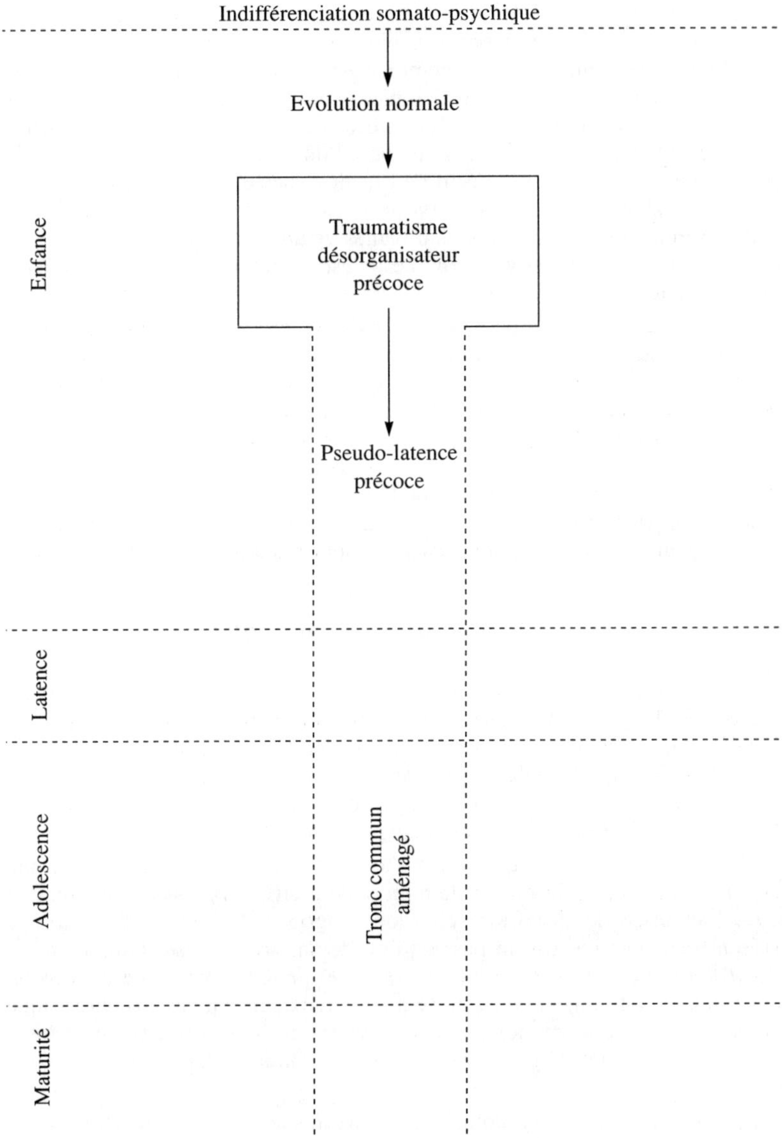

FIG. 4. — *Mode d'organisation-limite.*

Ce traumatisme (fig. 4) jouera en quelque sorte le rôle de «*premier désorganisateur*» de l'évolution psychique du sujet. Il arrêtera sur-le-champ l'évolution libidinale, pourtant commencée dans des conditions normales. Cette évolution se trouvera figée d'emblée et parfois pour très longtemps, dans une sorte de «pseudo-latence» plus précoce et plus durable que la latence normale; elle recouvre en effet ce qui aurait dû correspondre par la suite à la période de bouillonnement affectif de l'adolescence et se prolonge également souvent pendant toute une partie (voire la totalité) de l'âge adulte, dans ces sortes d'immaturités affectives charmantes et un peu inquiétantes que nous connaissons bien dans la vie courante. C'est ce que nous considérons, dans notre optique, comme le «*tronc commun aménagé*» de l'état-limite.

Un tel tronc commun ne peut pas être envisagé comme une véritable structure, au sens où nous l'entendons pour une structure soit psychotique, soit névrotique, c'est-à-dire en fonction des critères cliniques de fixité, de solidité dans la catégorie, de spécificité définitive de telles organisations. L'état-limite demeure dans une situation seulement «*aménagée*» mais non structurellement fixée. C'est un simple effort relativement instable et coûteux pour le Moi de se maintenir en dehors des deux grandes lignes de structures vraies dont l'une (la lignée psychotique) s'est trouvée dépassée et l'autre (la lignée névrotique) n'a pas pu être atteinte quant à l'évolution, tant pulsionnelle que maturative, du Moi.

5° *Organisation économique*

L'état-limite se situe avant tout comme une maladie du narcissisme. Ayant dépassé le danger de morcellement, le Moi n'a pu accéder cependant à une relation d'objet génitale, c'est-à-dire au niveau des conflits névrotiques entre le Ça et le Surmoi. La relation d'objet est demeurée centrée sur une dépendance *anaclitique* à l'autre. Le danger immédiat contre lequel se défend l'état-limite, c'est essentiellement la *dépression.*

L'angoisse du psychotique, c'est l'angoisse de morcellement; c'est une angoisse sinistre, de désespoir, de repli et de mort. L'angoisse du névrotique c'est l'angoisse de castration; c'est une angoisse de faute, vécue dans le présent mais centrée sur un passé qu'on devine très érotisé. *L'angoisse de l'état-limite* (tableau I) c'est une angoisse de perte d'objet et de dépression qui concerne à la fois un vécu passé malheureux sur le plan plus narcissique qu'érotique et, en même temps, reste centrée sur un avenir meilleur, teintée d'espérance, de sauvetage, investie dans la relation de dépendance vis-à-vis de l'autre.

La relation d'objet psychotique demeure fusionnelle à l'objet maternel; elle est de type narcissique intégral en ce sens qu'elle est incluse dans le narcissisme de la mère ou de son représentant; elle conduit à l'autisme, au désinvestissement des objets de réalité et à une néoconstruction objectale. La relation d'objet névrotique suppose une triangulation connotant le conflit œdipien et nécessitant un potentiel génital suffisant. *La relation d'objet de*

TABLEAU 1

	Symptômes	*Angoisse*	*Relation d'objet*	*Défenses principales*
PSYCHOSE	Déperson-nalisation Délire	de morcellement	Fusionnelle	Déni Dédoublement du Moi
ÉTAT-LIMITE	Dépression	de perte d'objet	Anaclitique	Dédoublement des imagos Forclusion
NÉVROSE	Signes – obsessionnels – hystériques	de castration	Génitale	Refoulement

l'état-limite demeure une relation à deux, mais différente de la dyade primitive rencontrée dans les psychoses. Il s'agit d'être aimé de l'autre, le fort, le grand, en étant à la fois séparé de lui en objet distinct, et à la fois en « s'appuyant contre lui » (étymologie du terme « anaclitisme »). Souvent c'est même des deux parents (non génitaux) dont il faut se trouver aimé à la fois et nous arrivons ainsi à une *triade narcissique* (B. Grunberger) souvent confondue, à tort, avec la véritable triangulation génitale œdipienne, pourtant fort différente.

De nombreux auteurs (V. Eisenstein, R. Knight, W. D. Fairbain, H. Hartmann, O. Kernberg, M. Gressot, A. Green) ont décrit chez l'état-limite une division du champ relationnel en deux secteurs distincts, l'un conservant une évaluation correcte de la réalité, l'autre fonctionnant sur un mode moins réaliste, plus idéaliste et plus « utilitaire » à la fois. Une telle division du champ des imagos ne constitue nullement un éclatement consommé (ni même commencé) du Moi, mais simplement un mode de défense contre une menace d'éclatement ainsi que S. Freud l'a lui-même défini en 1924 : pour ne pas avoir à se morceler, le Moi se *déforme* sans éclater pour autant et va fonctionner avec le monde extérieur en distinguant dans celui-ci deux secteurs : un secteur adaptatif et un secteur anaclitique.

Le refoulement, mécanisme de défense plus tardif et plus élaboré, joue dans les états-limites un rôle moindre que dans les névroses au profit du dédoublement des imagos, des réactions projectives, de l'évitement, de la forclusion et d'autres mécanismes accessoires qui s'avèrent tous plus archaïques, moins réussis, mais aussi moins exigeants en formations réactionnelles que le refoulement. Le besoin de séparer les objets extérieurs en rassurants d'un côté et inquiétants de l'autre nous rapproche des attitudes d'identification projective de M. Klein et de l'idéalisation prédépressive de O. Kernberg.

La *régression de l'état-limite* ne porte pas, comme dans les névroses, sur la simple représentation pulsionnelle mais constitue, bien plus que dans la névrose obsessionnelle, une dégradation partielle de la pulsion. C'est ce qui nous a amené à considérer que nombre de comportements phobiques où ce problème régressif particulier se trouve engagé (c'est le cas par exemple de « l'homme aux loups » par rapport au « petit Hans ») ne constituent pas de simples « névroses phobiques » mais doivent être rangés résolument du côté des états-limites.

La névrose classique correspond à la *lignée génitale :* Œdipe, pénis, Surmoi, conflits sexuels, culpabilité, angoisse de castration, symptômes, alors que l'état-limite se situe dans une suite plus élémentaire de mécanismes psychiques, une *lignée narcissique* et non génitale et œdipienne, la lignée : narcissisme, phallus, Idéal du Moi, blessure narcissique, angoisse de perte d'objet, dépression (B. Grunberger).

Le Surmoi classique de la névrose, héritier et successeur du complexe d'Œdipe (M. Roch) ne peut se former de façon complète chez l'état-limite puisque l'Œdipe, mal abordé, plus éludé qu'organisateur, ne peut apporter ses éléments maturatifs. Les régressions devant l'Œdipe entraînent les éléments précurseurs du Surmoi en formation vers les fixations antérieures à un *Idéal du Moi* puéril et gigantesque décrit par G. L. Bibring.

La constatation de leur échec dans leurs tentatives idéales n'amènera les états-limites ni à la modestie (comme chez les « normaux ») ni à la culpabilité (comme chez les névrotiques), mais à la *dépression* (dite improprement « névrotique ») qui demeure leur lot.

6° *Évolutions aiguës*

L'aménagement des états-limites demeure toujours assez instable. Cependant, au prix de bien des renoncements, de compromis, de déguisements, d'évitements et de ruses psychopathiques (1) diverses, certains états-limites réussissent à se maintenir pendant toute leur vie dans cette situation inconfortable mais assez habilement *aménagée.* Il y a des patients qui ne se décompensent qu'à la période de la sénescence, à l'occasion d'un des traumatismes ou d'une des blessures narcissiques si fréquentes à cette époque. Pour d'autres, la décompensation à un moment quelconque de la vie s'effectue si brutalement qu'elle les conduit au suicide, parfois imprévu et inexplicable pour l'entourage.

A l'occasion d'un *deuxième traumatisme psychique désorganisateur,* survient la grande crise d'angoisse aiguë improprement appelée « névrose d'angoisse » et décrite par J. A. Gendrot et P. C. Racamier comme un état paroxystique et transitoire à la fois prépsychotique, prénévrotique et prépsy-

(1) Les fameux « psychopathes » qu'on a souvent eu du mal à classer se situent incontestablement au niveau des hésitations identificatoires du tronc commun des états-limites.

chosomatique. C'est également un état de régression du Moi proche des ébauches de dépersonnalisation (M. Bouvet).

La cause extérieure (post-partum, mariage, deuil, bouleversements sociaux, accidents affectifs ou corporels) réveille par son vécu intérieur une situation narcissique prédépressive, soigneusement évitée jusque-là.

Devant un tel excès de surcharge pulsionnelle, dans une situation rappelant le premier traumatisme, l'aménagement provisoire et imparfait du Moi se trouve complètement bouleversé; les défenses non spécifiques utilisées jusque-là se présentent comme totalement inefficaces dans leur archaïsme et leur superficialité.

On pourrait considérer cela comme une caricature de la crise d'adolescence : une crise d'adolescence tardive, intense, brutale, raccourcie, remettant en cause toute l'organisation structurelle profonde du Moi et ses aménagements antérieurs.

A partir de ce moment-là, il n'y a plus aucun aménagement médian possible : il faut trouver au plus vite un système défensif plus efficace et les trois voies psychopathologiques bien connues s'ouvriront ainsi à l'état-limite décompensé, c'est-à-dire dont l'angoisse dépressive a atteint un « point de non-retour » par rapport à l'aménagement antérieur :

- La **voie névrotique** (v. fig. 5) si le Surmoi se montre assez consistant pour autoriser une alliance avec la partie saine du Moi contre les pulsions du Ça. Le niveau de l'organisation œdipienne peut enfin être atteint, de force, en utilisant l'énergie accessoire du traumatisme.
- La **voie psychotique,** au contraire, si les forces pulsionnelles balaient la partie du Moi jusque-là restée bien adaptée à la réalité grâce à ses défenses anciennes.
- La **voie psychosomatique** si les manifestations mentales se trouvent désexualisées, désinvesties et autonomisées au profit d'une régression vers un mode à la fois somatique et psychique, mal différencié, d'excitation et d'expression.

Il est évident que ce ne sont pas là les modes habituels d'entrée dans de telles entités pathologiques, mais la clinique nous montre la réalité et la fréquence non négligeable de ces sortes d'évolution.

Il convient également de remarquer que le premier comme le deuxième traumatisme peuvent parfois se trouver remplacés par une série de « microtraumatismes » répétés et rapprochés dont la somme des effets correspond pratiquement à un traumatisme unique et plus important.

7° *Évolutions stables*

Mais, en dehors de ces accidents aigus succédant à un traumatisme tardif, l'évolution du tronc commun des états-limites se fait très souvent sans incident médical notable, vers l'un ou l'autre des deux aménagements plus stables et plus originaux dans leurs défenses qui se détacheront progressivement du tronc commun : l'aménagement caractériel et l'aménagement pervers (fig. 5).

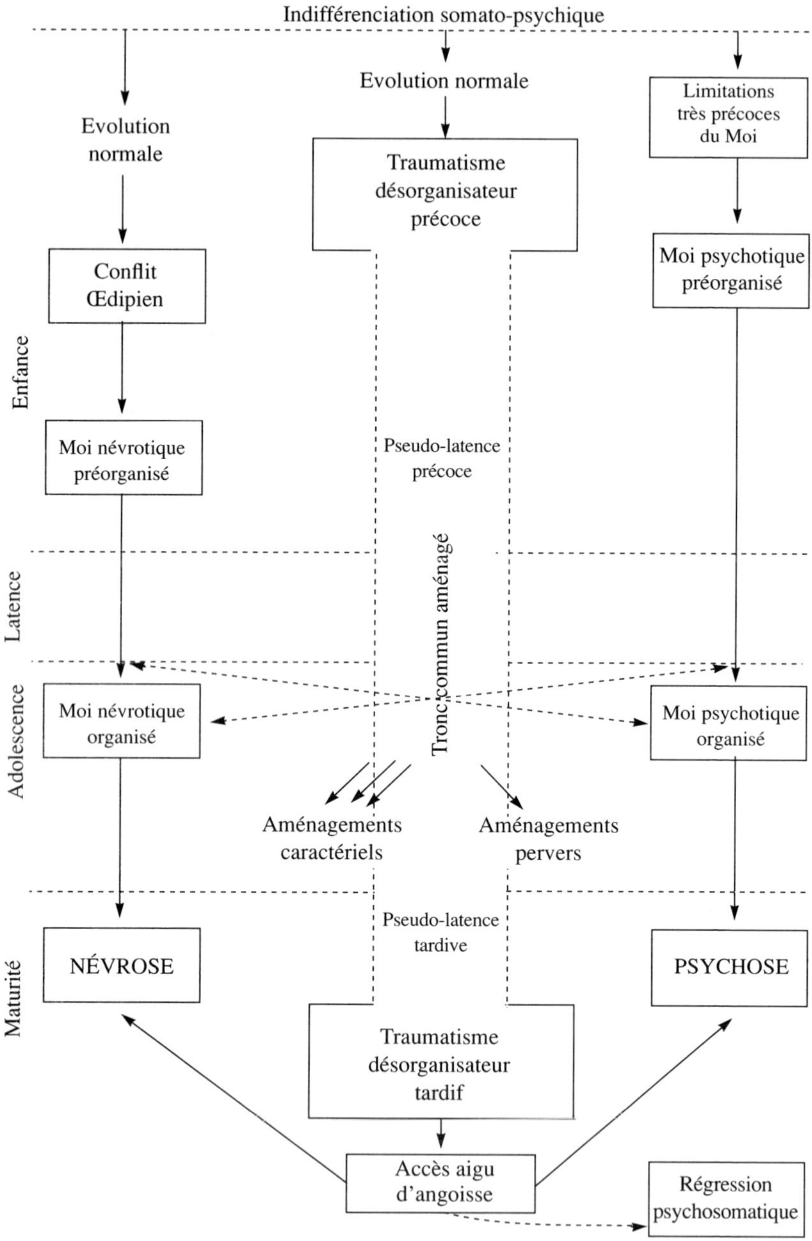

FIG. 5. — *Tableau général de l'évolution des modes d'organisations.*

■ ***L'aménagement caractériel,*** lorsque, comme l'a exposé G. Zilboorg, l'angoisse de dépression par peur de la perte de l'objet, arrivera à être rejetée vers l'extérieur et restera maintenue ainsi de façon durable par la réussite de formations réactionnelles subtiles, constamment entretenues, au prix d'une grande dépense énergétique, mais bien adaptées au réel. P. C. Racamier a décrit trois « maladies du caractère » qui correspondent à nos aménagements caractériels : la « névrose » de caractère, la « psychose » de caractère et la « perversion » de caractère. Bien que contestant vigoureusement les appellations de « névrose », « psychose » ou « perversion » pour des maladies du caractère qui ne relèvent justement ni d'une structure névrotique, ni d'une structure psychotique, ni d'une structure perverse, mais, comme il y a lieu de tenir compte de la réalité des définitions actuelles, même fâcheuses, pour être sûr de parler des mêmes entités, nous nous référerons ici à ces mêmes termes sans, bien sûr, leur donner pour autant notre aval.

a) **La « névrose » de caractère** ne doit pas être confondue avec les divers caractères névrotiques. Les « caractères névrotiques » (1) correspondent à ce qui perce, malgré l'adaptation à la réalité, d'une structure sous-jacente névrotique (obsessionnelle ou hystérique) non décompensée et demeurant dans le cadre de la « normalité ». La « névrose » de caractère, au contraire, correspond à un aménagement plus stable et plus sûr du tronc commun des états-limites, en direction des comportements névrotiques mais tout en demeurant toujours hors d'une structure névrotique; autrement dit, il s'agit d'un état-limite qui recherche davantage de stabilité en « jouant à la névrose » alors qu'il n'en a pas les moyens structurels, génitaux et œdipiens. Ce n'est donc *surtout pas une névrose;* s'il nous donne le change, c'est que ses efforts et ses formations réactionnelles antidépressives ont réussi. C'est une maladie de la *relation* avec l'objet, non un conflit entre Ça et Surmoi. La souffrance est reportée vers l'extérieur par une réussite assez notable du dédoublement des imagos décrit plus haut (1re partie, chap. 3). Le plus souvent une telle « névrose » demeure sans symptôme névrotique classique; il existe parfois seulement des épisodes dépressifs, ou bien des symptômes apparaissent quand le traitement psychanalytique est commencé (E. Kestemberg), c'est-à-dire quand l'organisation elle-même se transforme par régression puis par découverte d'un mode relationnel jusque-là inconnu. Ce sont des sujets le plus souvent hyperactifs (avec des moments ou des risques de dépression), à la vie fantasmatique faible, manipulant essentiellement le comportement, portant des jugements moraux défensifs rigides, ne se déclarant presque jamais « malades » et encore moins anormaux, mais accusant de telles faiblesses leur entourage, voire le monde entier. Quand ils viennent

(1) Le « caractère névrotique » correspond à l'ensemble d'une structure névrotique et le « trait de caractère névrotique » (sublimatoire ou réactionnel selon le cas) n'est qu'un aspect original mais non pathologique n'impliquant pas une identité de structure ni la totalité de celle-ci; par exemple une structure hystérique peut fort bien manifester des traits de caractère obsessionnels, ou inversement.

consulter (rarement en dehors d'épisodes dépressifs), ils cherchent surtout à mettre en avant leur conjoint, ou leurs proches. La base pathologique, comme chez tous les états-limites, demeure l'incomplétude narcissique; ils cherchent à la combler ici par des formations réactionnelles utilisant subtilement l'anaclitisme (sous allure de domination) et l'imitation plus que l'identification. Leur entourage souffre en général plus qu'eux-mêmes et se plaint davantage.

Un exemple différentiel assez clair nous est fourni par les deux modes de caractères oraux :

Le caractère névrotique oral (de véritable structure névrotique mais bien adaptée au réel) se présente comme « oral satisfait » : le narcissisme est entier, les pulsions jouent assez librement; ce sont des sujets « repus » à la bouche gourmande, à gros ventre bien souvent, manifestant bienveillance, générosité et assurance.

Par contre *la « névrose » de caractère oral* correspond à une oralité insatisfaite, ce n'est pas une névrose, les pulsions ne jouent pas librement du tout; le narcissisme est en défaut et le sujet demeure en général maigre, la bouche sèche et contractée; il affiche avidité, jalousie et pessimisme; il se présente en lutte constante avec son besoin de s'occuper de lui-même et son besoin qu'on s'occupe de lui. La différence entre ces deux positions paraît évidente.

b) **La « psychose » de caractère** répond non pas, comme dans le caractère psychotique, à une difficulté de contact avec la réalité, mais à une difficulté *d'évaluation* de cette réalité. Ce n'est pas, comme dans la structure psychotique, le déni d'une partie plus ou moins grande du réel qui se trouve en cause, mais, par le jeu (comme dans tout état-limite) du dédoublement des imagos, de la projection vers l'extérieur de tout élément gênant, de la distinction entre une partie « toute bonne » et une partie « toute mauvaise » du monde extérieur, le sujet en arrive non à se détacher de *la présence* de la réalité gênante mais à commettre des *erreurs d'évaluation* portant sur les côtés désagréables pour le narcissisme présentés par tels aspects objectifs de cette réalité.

Certains hommes « d'action » de toutes les époques, taxés de psychotiques par leurs adversaires et de génies par leurs adeptes, correspondent à cette catégorie. Tant qu'ils n'ont pas été soumis à des traumatismes narcissiques trop sérieux, leur sens de l'acrobatie relationnelle, leur hyperactivité (physique et psychique), leurs façons de déconcerter l'interlocuteur inaverti (car n'évaluant pas comme eux les réalités), leur besoin d'être aimés ou craints pour des motifs sans cesse nouveaux, tout cela les conduit à des situations sociales éminentes, malheureusement inégalement durables, et le plus souvent à des fins marquées par la brutalité chez les moins adaptés et par la solitude chez ceux qui l'ont été davantage.

c) **La « perversion » de caractère** correspond, par exemple, à ce qu'en termes parfois agacés on appelle le « petit paranoïaque » pour marquer l'évidence de l'aspect narcissique des agressions, souvent minimes mais sans cesse répétées, que le sujet manifeste non pour se faire directement aimer mais pour demeurer indirectement respecté. Ce qui correspond au même besoin narcissique profond. On pourrait même dire que ce sont souvent des « agressifs gentils » tant on sent qu'il n'y a pas de méchanceté foncière dans leur comportement (même insupportable) mais simplement un immense besoin de restauration phallique. Et de fait, on ne rencontre en eux, comme chez les pervers, ni souffrance ni culpabilité, mais les motifs d'un tel manque demeurent radicalement différents dans l'un ou l'autre cas (1). Le « pervers » de caractère présente comme le pervers authentique un déni très focalisé et très partiel de la réalité; cependant son déni à lui porte non pas sur le droit de la femme d'avoir un sexe authentique bien à elle, mais sur le droit des autres à posséder un narcissisme des autres dans la mesure où il est ressenti comme barrière à l'utilisation des autres au service de son propre narcissisme exclusivement.

■ ***L'aménagement pervers***, lorsque l'angoisse dépressive sera surtout évitée par la réussite du déni portant sur une partie seulement, très focalisée, du réel : *le sexe de la femme*. Cet objet partiel ne doit pas exister, en même temps que l'objet partiel phallique se trouve farouchement et complémentairement surinvesti, selon un mode narcissique.

Ceci se situe très près des psychoses, le pervers « délirant », somme toute comme un psychotique, mais exclusivement autour d'un déni sensoriel unique, dans le champ strictement limité au sexe de la femme. Le narcissisme primaire se trouve ainsi mal intégré et fixé au niveau d'un objet partiel situé entre l'autoérotisme non totalement dépassé et un stade objectal très imparfaitement atteint; la précocité libidinale a été telle que pulsion et objet partiel se sont trouvés trop tôt liés et que l'objet total n'a pu être formé. Comme l'a montré S. Freud, une partie du Moi reconnaît la castration, mais une autre partie la nie et cette dualité coexiste toute la vie, engendrant deux séries parallèles de défenses, l'une portant sur l'intérieur du sujet (refoulement et mécanismes annexes), l'autre sur ce qui est extérieur (déni et forclusion) et si S. Freud a pu dire que « la névrose est le négatif de la perversion » ou bien que « l'enfant est un pervers polymorphe » c'est justement en raison des fixations existant chez le pervers à la fois au niveau des tendances partielles et des zones érogènes partielles, fixations liées aux premières expériences de l'enfant et non intégrées sous le primat et la totalité du génital à cause de l'incomplétude narcissique et maturative que nous n'avons cessé de déceler dans tout le groupe des états-limites et de leurs dérivés. Avec plus d'évidence encore que dans tout autre variété de ce groupe, le Surmoi du pervers n'a pu être formé dans le sens post-œdipien du terme. Le pervers fonctionne surtout avec un Idéal du Moi : narcissique,

---

(1) En français, l'adjectif « pervers » correspond à deux substantifs : perversion et perversité. On pourrait dire que le « pervers » de caractère est atteint de perversité alors que le pervers tout court souffre de perversion.

maternel, féminin-phallique. Faute d'avoir pu réparer son narcissisme, rencontrer un objet total et élaborer des processus secondaires suffisamment efficaces, le pervers se voit obligé de prendre ses satisfactions bien incomplètes avec des objets partiels et sur des zones érogènes partielles, tout en obéissant aux impulsions impératives immédiates et sans lendemains de son processus primaire. Le pervers n'est jamais complet (F. Pasche), son pénis ne peut pas être investi; il se réfère au phallus maternel. Le manque d'intégrité narcissique, commun à tous les états-limites, s'incarne ici dans le manque d'intégrité corporelle touchant le pénis. La relation d'objet demeure essentiellement duelle (à la mère phallique) et l'angoisse concerne la castration phallique (c'est-à-dire *la dépression)* et non la castration génitale névrotique.

Dans le voyeurisme névrotique, il y a recherche de l'inceste avec la mère en tant qu'épouse du père; dans le voyeurisme pervers il s'agit d'un corps féminin impersonnel; il n'y a ni Surmoi actif ni culpabilité mais besoin narcissique compulsif et agressif. L'obsessionnel lutte contre un désir de souiller l'objet œdipien; le coprophile souille délibérément n'importe quel objet (en réalité partiel). L'artiste non pervers crée des images plus ou moins détaillées et variées, destinées à un nombre illimité d'autres humains; le pervers constitue des images précises, toutes du même type, réservées à son plaisir et à celui de ses seuls semblables. Le fétichisme axé sur l'idéal du Moi maternel s'oriente vers une limitation à l'objet partiel féminin.

L'homosexualité, comme la phobie ou le masochisme, peut se retrouver dans n'importe quelle structure : l'homosexualité psychotique se rencontre dans la paranoïa par exemple et constitue un essai de resolidification du Moi sur des positions duelles irréelles; l'homosexualité névrotique n'est qu'une défense contre l'Œdipe positif; quant à l'homosexualité perverse, elle concerne la relation mère-enfant aux stades préœdipiens, une recherche de la complétude narcissique par le jeu de « l'image en miroir ».

Dans toute position perverse authentique, il n'existe ni organisation vraiment délirante, ni organisation vraiment œdipienne; tout se joue au niveau du seul déni du sexe féminin en tant que réactivant la faille phallique narcissique fondamentale; à travers tout le vaste groupe des états-limites et de leurs dérivés, c'est le pervers qui se défend contre l'angoisse dépressive la plus sinistre, car, de ce groupe, c'est l'aménagement pervers qui s'aventure le plus loin des arrangements prudents du tronc commun vis-à-vis des pulsions sexuelles; de plus, le pervers se risque très près de la position psychotique sans pouvoir profiter toutefois des redoutables mais solides défenses dont bénéficie cette dernière structure.

BIBLIOGRAPHIE

Bergeret (J.). — Les états-limites. In *Rev. Fr. Psychanal.*, 34, n° 4, juillet 1970, P.U.F., Paris, pp. 600-634.

Bergeret (J.). — Les états-limites. In *Encycl. Méd.-Chir.* Psychiatrie, tome III, 37395 A 10,1-13,1970, Paris.

Bergeret (J.). — *La dépression et les états-limites,* 1975, Payot, Paris.

Bouvet (M.). — Œuvres psychanalytiques, tomes I et II, 1967, Payot, Paris, p. 310-436.

Diatkine (R.) et Favreau (J.). — Le caractère névrotique. In *Rev. Fr. Psychanal.*, 20, n° 1-2, juin 1956, P.U.F., Paris, pp. 202-236.

Eisenstein (V. W.). — Psychothérapie différentielle des états-limites. In *Techniques spécialisées de la psychothérapie,* 1956, P.U.F., Paris, pp. 255-269.

Freud (S.). — Le problème économique du masochisme (1924). *Rev. Fr. Psychanal., 2,* n° 2, 1928, pp. 337-369.

Freud (S.). — *Nouvelles conférences sur la psychanalyse* (1932). 1936, Gallimard, Paris.

Freud (S.). — « Le clivage du Moi dans les mécanismes de défense », *Ges. W.,* tome XVII, Imago London, 1941, pp. 59-62.

Gendrot (J. A.) et Racamier (P. C.). — La névrose d'angoisse, *Encycl. Méd.-Chir.,* Psychiatrie, 37330 A 10, 1967.

Green (A.). — Névrose obsessionnelle et hystérie. In *Rev. Fr., Psychanal., 28,* n° 5-6, sept : 1964, P.U.F., Paris, pp. 679-716.

Gressot (M.). — L'idée de composante psychotique dans les cas-limites accessibles à la psychothérapie. *Encéphale,* juillet-août 1960, *42,* pp. 290-304.

Grunberger (B.). — Etude sur le Narcissisme. *Rev. Pr. Psychahal., 29,* n° 5-6, sept. -déc. 1965, P.U.F., Paris, pp. 573-588.

Kernberg (O.). — Organisation de la personnalité des états-limites, J. *Amer. Psychanal.,* juillet 1967, *15,* pp. 641-685.

Klein (M.). — *Développements de la psychanalyse,* 1966, Payot, Paris, 343 p.

Pasche (F.). — Régression, perversion, névrose. *Rev. Fr. Psychanal., 26,* n° 2-3, 1962, P.U.F., Paris, pp. 161-178.

Racamier (P. C.). — Propos sur la réalité dans la théorie psychanalytique, *Rev. Fr. Psychanal., 26,* n° 6, 1962, P.U.F., Paris, pp. 675-711.

12

MALADES PSYCHOSOMATIQUES

PAR

A. BÉCACHE

Pour comprendre les aspects psychopathologiques des malades psychosomatiques, il est indispensable de préciser tout d'abord un certain nombre de termes et d'élucider des notions qui ont donné lieu à de nombreuses discussions entre les chercheurs.

■ ***Évolution des idées.*** — Dès l'Antiquité, on a su que les sentiments et les émotions avaient un retentissement sur le corps, mais il a fallu attendre les progrès de la médecine moderne pour établir l'existence des mécanismes par lesquels l'émotion était à l'origine d'une maladie, avec ses caractères et son évolution propres.

Le terme psycho-somatique fut utilisé pour la première fois par Heinroth en 1818. Au siècle suivant, les découvertes de S. Freud permirent une meilleure compréhension de ces phénomènes, étudiés à Vienne par F. Deutsch, qui réintroduisit ce mot en 1922, par Groddeck, puis par de nombreux psychanalystes américains, tels que H. F. Dunbar; F. Alexander, de Chicago; Weiss et English, de Philadelphie. L'extension que connaît maintenant le mouvement psychosomatique a été le résultat des travaux de neuro-physiologistes comme Jackson, Cannon, Hess; de l'école réflexologique russe, orientée à la suite de Pavlov et Bykov vers la pathologie cortico-viscérale; des auteurs de langue allemande, Von Uexküll, Mitscherlich, M. Boss; des auteurs français, Fain, Marty, de M'Uzan, David; et en Grande-Bretagne, de M. Balint.

Actuellement, l'attitude psychosomatique correspond à une conception de la médecine. Plutôt que de considérer une médecine des organes, elle met l'accent sur une médecine générale de l'organisme, dans une approche globale, holistique, de l'individu malade. Cette conception, héritière de l'école hippocratique de Cos, postule l'unité psychosomatique de l'homme qui peut être le siège de phénomènes morbides; ceux-ci peuvent être étudiés de façon complémentaire sous l'angle psychologique ou sous l'angle physiologique. Dans cet esprit, on pourrait dire que tout malade est psychosomatique.

Mais il existe un courant de recherches pour lequel la médecine psychosomatique « est une branche de la médecine qui concerne l'étude des phénomènes de l'esprit et leur signification dans l'apparition et le développement des maladies affectant le corps » (Von Uexküll). Dans l'étiologie de maladies à manifestations somatiques, telles que l'hypertension artérielle, l'asthme, l'ulcère gastrique, les observations cliniques ont attribué un rôle important aux facteurs psychologiques et à la personnalité des malades. Chez ce type de malades psychosomatiques souffrant d'affections que l'on appelle aussi névroses d'organe, l'examen clinique met en évidence l'existence de conflits intrapsychiques.

■ ***Essai de définition.*** — Arrivé à ce point de notre étude, on ne peut manquer d'être frappé par la difficulté que l'on éprouve à cerner le champ psychosomatique, ainsi que par la contradiction existant entre les deux acceptions du terme psychosomatique, selon qu'on l'élargit à la médecine tout entière ou qu'on le restreint à certains troubles. Admettre l'existence d'un groupe de maladies psychosomatiques ne reviendrait-il pas à réintroduire le dualisme corps-esprit en rejetant la conception unitaire pour le reste de la médecine? Il y a là un paradoxe, auquel il est difficile d'apporter une réponse satisfaisante.

De même, il est délicat de situer la frontière entre les maladies psychosomatiques et les autres maladies, car l'importance des facteurs psychologiques varie par degrés insensibles d'un extrême à l'autre.

C'est ainsi que l'on peut parcourir la gamme des maladies, depuis celles où les facteurs biologiques, toxi-infectieux, traumatiques ou génétiques jouent un rôle étiologique prépondérant, jusqu'aux affections où les facteurs psychosociaux sont manifestement déterminants, sous la forme d'émotions, de conflits actuels ou anciens. Mais qu'il s'agisse d'organogenèse ou de psychogenèse prévalente, qu'il s'agisse d'expressions pathologiques somatiques ou mentales, il faudrait cependant ne pas perdre de vue l'unité psychosomatique de l'homme malade.

Quoi de plus mécanique qu'un traumatisme? Et pourtant combien d'accidents sont-ils des actes manqués, entrant dans le cadre de la psychopathologie de la vie quotidienne! Ce sont souvent les mêmes sujets qui sont victimes de traumatismes, leur propension aux accidents relevant d'un facteur émotionnel qui perturbe leur équilibre affectif.

Un autre exemple illustrant ces interactions est fourni par la tendance à souffrir de refroidissements. Les déséquilibres émotifs affectent le tonus vasculaire, notamment au niveau des voies respiratoires supérieures qui hébergent des bactéries ou des virus saphrophytes. L'état mental intervient donc de façon indirecte, mais réelle, dans la résistance aux maladies infectieuses, en influant sur le terrain où les germes pathogènes exercent leur action.

On peut retenir cette citation de Weiss et English : « La médecine psychosomatique n'accorde pas moins d'importance que la médecine générale aux facteurs organiques, mais elle en accorde plus aux facteurs psychiques, remettant ainsi en valeur un principe ancien, selon lequel l'esprit et le corps ne sont pas des éléments opposés, mais interdépendants ». Les malades psychosomatiques ne peuvent donc pas être définis comme des malades qui présenteraient des caractéristiques mentales particulières, ni comme des sujets qui souffriraient d'une pathologie à symptomatologie double, mentale et somatique, voire fonctionnelle sans substratum organique.

Pour pouvoir dire qu'une maladie est psychosomatique, il faut faire ressortir l'existence d'un *conflit*. On doit pouvoir établir « la relation précise qui existe entre la situation conflictuelle du malade et sa maladie, et cela jusque dans la forme même de cette maladie » (Marty). Pas plus qu'on ne peut soutenir comme naguère que toute pathologie est organique, on ne peut défendre actuellement une théorie purement psychogénétique déclarant que les troubles psychiques engendrent les troubles somatiques. En fait, il s'agit de conflits de l'individu, d'abord avec le monde extérieur, puis *intra-psychiques*. Ces conflits provoquent des manifestations mentales ou des manifestations somatiques, ou des deux sortes en proportion variable. Les psychiatres connaissaient de longue date des cas de balancements psycho-somatiques, où les symptômes des deux séries se succèdent dans le temps, mais sans que l'on soit pour autant en droit d'affirmer que les troubles névrotiques produisent les troubles somatiques.

■ ***Étiopathogénie.*** — On peut avoir à observer des malades qui présentent des troubles fonctionnels sans atteinte organique ou mentale décelable; ou bien des malades porteurs de lésions s'accompagnant de symptômes découlant de facteurs psychologiques; ou bien encore des malades qui ont des symptômes neuro-végétatifs, comme un asthme, une hypertension artérielle...

Si l'on veut comprendre les symptômes dans leur étiologie, c'est-à-dire leur cause, et leur pathogénie, c'est-à-dire leur mode de formation, il faut renoncer au schéma classique qui faisait découler les troubles fonctionnels d'une lésion tissulaire, mais envisager la lésion comme une conséquence des troubles fonctionnels. On pense que la modification répétée ou continue d'une fonction entraîne à la longue des altérations tissulaires qui peuvent devenir irréversibles; ainsi, par exemple, une contraction répétée ou constante des artérioles rénales finit par provoquer leur sclérose. A l'origine de ce mécanisme, on accorde une très grande importance à la notion de *stress,* c'est-à-dire la contrainte ou l'agression provenant du milieu extérieur qui déclenche chez le sujet une réaction de tension. Une émotion-choc est souvent invoquée à l'origine de certaines maladies (diabète, maladie de Basedow...). Mais il ne faut pas oublier qu'une situation donnée à une signification particulière pour un individu en fonction de son histoire et de son développement psychologiques. Des études cliniques, effectuées sur des malades dont on a pu établir tous les antécédents biographiques, ont montré l'existence d'un rapport chronologique entre l'évolution de leur maladie et les événements retentissant sur leur vie affective. La situation qui précipite le sujet dans la maladie revêt pour ce malade une signification affective particulière, parce qu'elle est liée à son passé ou à une problématique conflictuelle non résolue. C'est en raison de ces liens qu'elle a pour lui un effet de stress.

Les affects peuvent donc, par la tension émotionnelle chronique qu'ils entraînent, amener la production de troubles fonctionnels chroniques, puis de lésion organique.

D'autre part, si l'expression motrice ou verbale de l'agressivité ou de l'anxiété est bloquée, les décharges du système nerveux central sont détournées vers le système végétatif, amenant des désordres pathologiques dans le fonctionnement des organes.

On voit ainsi que la causalité de la maladie n'est pas linéaire, univoque, mais qu'elle est multifactorielle.

F. Alexander conçoit la maladie comme une fonction de plusieurs variables : constitution héréditaire; traumatisme obstétrical; maladies organiques de l'enfance; expériences primordiales de la petite enfance concernant les soins, l'éducation, le sommeil; accidents de l'enfance; traumatismes affectifs de l'enfance; climat affectif du milieu familial et traits spécifiques des parents et de l'entourage; traumatismes physiques ultérieurs; expériences affectives ultérieures, interpersonnelles et professionnelles.

On a pu tenter de dégager, par la méthode biographique, des corrélations entre certaines maladies et certains types de profils psychologiques (F. Dunbar).

Mais existe-t-il réellement une *spécificité* émotionnelle des névroses d'organe, c'est-à-dire, y a-t-il une relation spécifique entre la nature du stress psychologique et l'organe atteint? Les tenants de la théorie spécifique pensent avec F. Alexander que « la spécificité du trouble émotionnel engendre la spécificité du trouble organique fonctionnel, voire du dommage lésionnel ». En d'autres termes, chaque état émotionnel a son syndrome physiologique propre. Mais, en plus de la nature de l'émotion, interviendrait aussi la qualité de la structure prémorbide de l'individu. C'est ainsi que l'on a pu décrire les profils psychologiques de l'asthmatique, du coronarien, de l'obèse, du colitique, de l'ulcéreux, de l'hyperthyroïdien, du tuberculeux, du goutteux, de l'anorexique et de bien d'autres encore.

D'autres auteurs pensent, au contraire, que chaque émotion peut contribuer à la production de n'importe quel trouble organique. La question de la localisation improprement appelée choix de l'organe, dépendrait en fait, de façon non spécifique, de la vulnérabilité locale par suite de facteurs tels que la prédisposition génétique, l'infection ou un conditionnement préalable.

Le problème de la spécificité reste donc controversé.

■ ***L'organisation psychosomatique.*** — La psychanalyse a établi l'importance de la *relation d'objet* et permis de comprendre l'origine des troubles à partir de la relation du sujet et son milieu.

L'application de ces notions aux malades psychosomatiques a montré le rôle des frustrations précoces par carence affective. Les travaux de Spitz sur l'hospitalisme ont particulièrement mis en évidence le retentissement des carences affectives précoces sur l'état somatique des nourrissons. Les malades psychosomatiques paraissent bien avoir présenté une fragilisation de cet ordre au début de leur développement, au stade préobjectal plus précisément, âge préverbal de l'infans où l'organique et le psychologique, le physiologique et le relationnel sont indistincts, et où l'indifférenciation sujet-objet rend le sujet extrêmement dépendant de sa mère.

Lorsque le sujet est frustré à ce stade des satisfactions passives narcissiques indispensables, soit par maladie, soit par absence de soins ou de tendresse, il passera par un état de détresse hautement préjudiciable à son développement harmonieux, tant somatique qu'affectif avec possibilité de réactivation conflictuelle ultérieure.

On peut reconnaître chez les malades psychosomatiques une tendance à utiliser des mécanismes de défense se rapprochant de ceux que l'on rencontre dans les psychoses, clivage et identification projective par exemple. Certains types de réponses pathologiques correspondent soit à un désir de fuite par répétition de l'attitude de dépendance (tuberculose par exemple), soit à une attitude d'agressivité et de lutte (hypertension artérielle), soit à une contradiction entre ces deux attitudes (asthme, ulcère gastrique).

On considère que la maladie psychosomatique correspond à un niveau d'organisation de la personnalité plus archaïque que celui des symptômes névrotiques. Les malades psychosomatiques, pour lutter contre leurs pulsions, vont édifier un caractère manquant notoirement de souplesse et d'adaptabilité. Apparemment bien adaptés socialement, ils ne laissent filtrer aucune manifestation affective et leur froideur va barrer l'émergence des désirs ou des représentations. Leur profond besoin de dépendance et l'intensité de leur agressivité les mettraient en danger s'ils acceptaient l'intrusion dans leur vie consciente des pulsions libidinales et agressives. Leur vie mentale, intellectuelle, onirique, fantasmatique, est réduite à un rôle uniquement pragmatique et instrumental. Ce type de fonctionnement mental à été décrit par Marty, de M'Uzan et David sous le nom de *pensée opératoire*.

L'homme psychosomatique, coupé de son inconscient, se caractérise par une absence de liberté fantasmatique, avec pauvreté de la rêverie diurne et nocturne, par une dévitalisation du langage privé de toute charge émotionnelle et par un dessèchement de la relation. Il nie son originalité comme celle des autres; il apparaît nivelé, conforme, dans un monde sans attrait et sans horizon.

Proche de la pensée opératoire décrite par l'école de Paris, le concept américain d'*alexithymie* souligne les particularités psycho-linguistiques du discours, dans lequel prédominent les contenus pragmatiques de la pensée, alors que sentiments et émotions ne peuvent être décrits et exprimés par des mots. Des échelles de mesure et des hypothèses théoriques diverses ont tenté de préciser cette notion qui s'applique principalement, mais non exclusivement, au champ psychosomatique, et dont certaines implications psychothérapeutiques sont envisagées dans une perspective cogniviste.

Sur le plan économique, au lieu que la vie mentale prenne en charge l'énergie libidinale pour lui assurer des issues efficaces, ici « l'énergie échappe aux manipulations mentales d'élaboration et d'intégration, et perturbe telle ou telle organisation fonctionnelle somatique ».

■ ***Hystérie, hypochondrie et maladies psychosomatiques.*** — On voit ainsi nettement apparaître les différences qui existent entre les malades psychosomatiques et d'autres malades qui impliquent leur fonctionnement corporel, comme les hystériques ou les hypochondriaques.

Dans *l'hystérie de conversion,* la pathologie touche à la vie de relation, mais sans lésion organique. Dans cette névrose, les conflits inconscients s'expriment par des symptômes qui ont une signification symbolique. Ils correspondent à une organisation déjà évoluée, comprenant le langage et le geste. La régression n'affecte que les représentations.

Dans *l'hypochondrie,* où l'intérêt du malade est centré sur son corps dans l'inquiétude imaginaire d'une lésion qui n'existe pas, il y a une régression pulsionnelle partielle par désinvestissement objectal au profit d'un surinvestissement narcissique, avec désintrication pulsionnelle.

Dans le cas des *malades psychosomatiques,* la régression se fait à un niveau très archaïque, proche de la régression psychotique, mais sans éclatement du Moi. La notion de mentalisation considérée comme liée à la quantité et à la qualité des représentations psychiques permet de dégager les différences cliniques et évolutives selon les individus. Si l'on peut voir des affections somatiques de type régressif survenir chez des sujets bien mentalisés, on observe chez des sujets mal mentalisés, dont le système préconscient a perdu sa valeur fonctionnelle, une désorganisation progressive, psychique puis somatique, pouvant évoluer après divers prodromes, tels que dépression essentielle ou angoisses diffuses, vers une maladie grave. La pathologie affecte la vie végétative, mais la névrose d'organe est une réponse somatique qui n'a pas pour but d'exprimer une émotion et qui, à l'inverse de la conversion hystérique, est dépourvue de sens. On a pu dire que « le symptôme psychosomatique est bête ».

Depuis la conversion jusqu'à la somatisation, il y a refoulement progressif des affects. M. Boss pense que « la maladie psychosomatique est un enlisement dans la corporéité ». Quand on passe de l'hystérique au malade psychosomatique, il y aurait un enfouissement progressif des symptômes à l'intérieur du corps.

La guérison psychosomatique doit permettre le chemin inverse, avec la désincarcération des pulsions et la reprise de l'activité fantasmatique. Faute de quoi, le malade ira non pas de l'angoisse au symptôme ou au délire comme le névrosé ou le psychotique, mais de l'angoisse à la mort, pour reprendre une formulation de Brisset.

*
* *

Pour conclure sur une note ***thérapeutique***, nous dirons que le traitement de tels malades comporte un traitement somatique classique, qui doit s'insérer dans un contexte relationnel affectif avec le médecin praticien. La formation psychologique pratique des médecins en ce domaine est un élément majeur pour l'investigation psychosomatique, comme l'a montré la contribution capitale de Balint. Une compréhension profonde de la personnalité du malade en situation est nécessaire pour éviter une irruption psychotique ou un bouleversement de l'équilibre collectif de l'entourage.

Qu'il s'agisse d'affections réversibles ou évolutives, lorsque l'indication d'une psychothérapie réglée aura été posée parallèlement au traitement médical afin de rétablir le meilleur fonctionnement mental possible, cette psychothérapie devra être menée sans retard par un psychothérapeute formé à l'approche et au traitement des malades psychosomatiques.

BIBLIOGRAPHIE

ALEXANDER (F.). — *La médecine psychosomatique* (1950), traduction française, Payot, Paris, 1962.

BALINT (M.). — *Le médecin, son malade et sa maladie* (1957), traduction française, Payot, éd., Paris, 1966.

BESANÇON (G.). — Théories en psychosomatique, Editions Techniques. — *Encycl. Méd. Chir.* (Paris-France), *Psychiatrie,* 1992, 37400 C 10, 8 p.

BOSS (M.). — *Introduction à la médecine psychosomatique* (1954), traduction française, P.U.F., éd., Paris, 1969.

BRISSET (C.). — Hystérie et psychosomatique. Les rapports de la structure et de l'histoire. *Evol. Psy.,* 1970, 35, pp. 307-404.

CAÏN (J.).— *Le champ psychosomatique,* PUF, éd., Paris, 1990.

FAIN (M.). — Psychanalyse et psychosomatique. *Rev. Franç. Psychanal.*, 1990, 3, pp. 625-637.

HELD (R. R.). — *De la psychanalyse à la psychosomatique*, Payot, Paris, 1968.

McDOUGALL (J.). — Théâtres du corps. Gallimard, éd., Paris, 1989.

MARTY (P.). — *Les mouvements individuels de vie et de mort. L'ordre psychosomatique,* t. 2, Payot, éd., Paris, 1980.

MARTY (P.). — *Mentalisation et psychosomatique.* Collection « Les empêcheurs de penser en rond », Laboratoires Delagrange, éd., Paris, 1991.

MARTY (P.), DE M'UZAN (M.) et DAVID (C.). — L'investigation psychosomatique, P.U.F., Paris, 1963.

TAYLOR (G.J.). — La pensée opératoire et le concept d'alexithymie. *Rev. Fr. Psychanal.,* 1990, 3, 769-784.

VON UEXKÜLL (T.). — *La médecine psychosomatique* (1963), traduction française, Gallimard (Idées), 1966.

13

CLINIQUE INFANTILE

PAR

J.-J. LUSTIN

INTRODUCTION

On peut se demander où se situent l'originalité et la spécificité de la clinique infantile, depuis la révolution introduite par Freud : les cliniciens d'adultes comme ceux qui me précèdent dans cet abrégé se réfèrent en effet sans cesse à un enfant mythique dont l'histoire reconstruite *après coup* éclaire le présent et permet de prédire le « passé » (C. Stein [157]). Avec la vogue (culturelle) actuelle de la psychanalyse les adultes évoquent eux-mêmes avec facilité, même en dehors d'une situation de cure, cet « enfant imaginaire », qu'ils portent en eux et reconstruisent sans cesse (Stein ibidem).

Quel rapport y a-t-il entre cet enfant imaginaire et celui dont s'occupent les cliniciens d'enfants, soit dans leur rôle de thérapeute (individuel, familial ou institutionnel), soit dans le rôle d'observateur de l'histoire naturelle de l'enfant (méthodes d'approches plus récentes illustrées par Bowlby, Spitz etc.) ?

L'évidente sexualité infantile n'avait jamais été devinée avant que Freud ne lève chez ses patients adultes l'amnésie infantile et ne comble chez les médecins et les éducateurs cette tache aveugle, cet étrange scotome. C'est bien plus tard que l'observation directe (que nous évoquions plus haut et qui s'effectue en dehors de la cure) a retrouvé chez de jeunes enfants la plupart des éléments prédits « ou reconstruits après coup » (Lebovici [111]). Mais cette observation pourrait aussi confirmer certaines thèses sur l'instinct empruntées aux éthologistes (comme chez Bowlby à propos de l'attachement, voir plus loin : inné et acquis).

■ ***Genèse ou structure.*** — On pourrait être tenté de réduire le débat à une opposition entre une conception génétique et une conception structurale (au sens français du terme) et croire que les cliniciens d'enfants étudieraient seulement la genèse. Or il n'en est rien, les cliniciens d'enfants cherchent tout autant à mettre en évidence certaines structures significatives qui ne sont pas évidentes dans la diachronie du développement (tout comme les cliniciens d'adultes se réfèrent souvent à une genèse reconstruite). Synchronie et diachronie sont à la fois indissociables et complémentaires.

Nous voici donc renvoyé au problème de la spécificité de la clinique infantile. Le clinicien d'enfants serait-il donc condamné à être soit un observateur aux méthodes indécises et imprécises (volontiers tenté par des hérésies socio-génétiques et expérimentalistes), soit un clinicien au diagnostic vague (au pronostic aventureux faute d'une nosologie précise), soit un thérapeute qui ne parvient pas à instaurer un vrai processus analytique (v p. 303). En fait cette clinique va continuellement dans les deux directions notées plus haut — en définissant de nouveaux termes :

- Au niveau génétique celui de *structuration,* c'est-à-dire de structure en train de se constituer progressivement, par différenciation continue ou par sauts, avec des ratés, des régressions réversibles ou non. Cette structuration s'effectue par l'action de facteurs endogènes et exogènes, historiques et sémantiques (l'événement et le sens peuvent avoir le même poids).
- Au niveau clinique celui « *d'organisation* » pathologique, c'est-à-dire de configuration plus ou moins élaborée, souvent spécifique, mais souple. Ces organisations peuvent se remanier, et entretiennent souvent des rapports avec d'autres organisations apparemment éloignées (cf. plus loin les liens entre psychoses, perversions et maladies psychosomatiques). Des facteurs très hétérogènes (comme l'équipement, le milieu, etc.) définissent ces organisations, ordonnent leur avènement, règlent leur évolution.

Une structure n'apparaît donc jamais chez l'enfant comme un « cristal » mais comme un « plasma » faussement isotrope, ou un liquide en surfusion (qu'un cristal extérieur peut quelquefois faire prendre en masse) ou un syncitium (c'est-à-dire un tissu peu différencié où apparaissent seulement des « noyaux », mais non des membranes).

■ ***Nécessité d'une théorie clinique.*** — Avant tout inventaire de ces diverses organisations, il apparaît nécessaire de définir longuement les divers concepts psycho-pathologiques qui nous permettront de mieux étudier et comprendre ces phénomènes de structuration et de rendre compte de façon plus cohérente des diverses organisations étudiées chez l'enfant.

- Sur le plan purement *génétique,* nous étudierons la relation entre la mère et l'enfant : l'objet et les objets, l'identité et l'identification; l'équipement, les instruments et les fonctions; l'angoisse infantile et les défenses; les fantasmes; pour essayer de préciser à la fin ce que c'est qu'une régression.
- Certains de ces concepts sont en fait bipolaires et se définissent par leur rapport à un signifiant contraire (on pourrait dire alors qu'ils sont définis par leur exclusion réciproque). Ceci nous amène sur le plan de la *phénoménologie clinique* à une conception qui n'est plus strictement génétique mais déjà « quasi structuraliste ». Par exemple : le Moi opposé à l'autre; identité et multiplicité; objet et Soi; inné opposé à acquis; fantasme-réalité; régression-progression etc.

Mais au-delà ou en deçà de cette phénoménologie structurale il faut en revenir à la *métapsychologie* la plus stricte. Nous verrons d'abord comment elle s'applique à l'enfant, ensuite nous étudierons certaines notions qui n'appartiennent pas toutes strictement à la métapsychologie freudienne (à part la première) : le narcissisme et le corps, l'agir et la mentalisation.

THÉORIE DE LA CLINIQUE INFANTILE

MÈRE ET ENFANT : « SPIRALE TRANSACTIONNELLE » DANS LA FAMILLE

Dès la naissance, et même avant, une histoire se joue entre deux personnages, mais lequel des deux mène l'action? Deux théories opposées s'affrontent de façon caricaturale à propos de la pathogénie de l'arriération-psychose (chez M. Mannoni) ou de l'évolution de l'enfant très jeune (chez M. Klein). Selon la première l'inconscient et le désir de la mère sont tout-puissants sur l'enfant, le modelant, lui donnant ou non l'accès au je, au statut de sujet, au sens. Selon la seconde l'enfant crée une mère imaginaire qu'il clive, manipule, expulse, projette, introjecte en fonction de ses pulsions et de ses fantasmes primaires. Chaque théorie essaie de situer la place occupée par l'autre personnage dans le fantasme de la mère (M. Mannoni) ou de l'enfant (M. Klein) — ce qui est légitime —, puis suppose comme allant de soi que l'autre occupe réellement cette place à lui assignée, joue le rôle attribué et ne peut pas dans la réalité avoir un autre rôle, un autre mode d'action.

Nous refusons d'accorder une puissance aussi absolue et magique au fantasme : il ne peut pas en effet créer et modeler à lui seul non seulement la réalité psychique mais la réalité tout court; ce n'est pas une substance, une nature naturante (au sens de Spinoza).

Nous allons essayer de retracer à la lumière de ces deux théories en fait complémentaires les diverses étapes de la relation de la mère à son enfant. Comment s'opère du côté de la mère cette différenciation dans la dyade? (c'est « en négatif » l'histoire de la relation objectale).

■ ***« La pré-histoire » de l'enfant dans l'histoire de ses parents :*** enfant fantasmatique. L'enfant futur existe depuis longtemps dans le vécu fantasmatique de la petite fille; enfant qui n'est donné par le père (distinct de son pénis) qu'au terme d'une longue évolution dont voici les stades.

a) **L'enfant oral,** l'enfant nourriture bonne ou mauvaise, tel que l'imaginent les théories de fécondation par la bouche (avec l'équation symbolique lait = sperme et les fantasmes d'incorporation du pénis paternel par la mère). Plus tard les adolescentes atteintes d'anorexie mentale refusent en bloc nourriture, sexualité, maternité. En revanche, les jeunes femmes qui ont eu une période orale heureuse ou dont l'idéal du Moi accepte la revendication orale vivent leur grossesse comme une régression intense et permise où elles peuvent grossir, se passer leurs caprices alimentaires. D'autres *vomissent* littéralement leur enfant de façon incoercible même après le 3e mois jusqu'à se vider elles-mêmes en expulsant cet *enfant-mauvaise-nourriture*.

b) « **L'enfant excrémentiel** » que la mère garde en elle (M. Klein [48], p. 239), fantasme encore à l'œuvre dans les théories d'accouchement par l'anus (encore exprimées après une information sexuelle). L'enfant désire voir, attaquer, fragmenter cet enfant fécal, le voler à sa mère (enfant qui est en même temps un objet partiel, le pénis du père). La grossesse et certains accouchements comportent un plaisir de *rétention* (qui explique certaines dystonies dynamiques, l'hypertonie ou l'inertie utérine au moment de l'expulsion chez des constipées chroniques à fortes fixations anales).

c) **L'enfant phallus.** — Il permet de compenser la perte d'objet phallique et de restaurer le narcissisme. Cet enfant-phallus permet de nier magiquement un manque, une absence. Il doit donc rester éternellement attaché à la mère pour que la blessure soit colmatée. A ce niveau il est encore une fonction, un objet partiel et non un sujet qui pourra s'individualiser et mener une vie personnelle. L'existence d'une fixation serrée à ce stade prégénital explique l'énergie avec laquelle certaines femmes traitent leur enfant comme un organe de leur corps, une part vitale d'elles-mêmes sur laquelle elles exercent leur toute-puissance et qui est en même temps le garant de cette toute-puissance.

d) **L'enfant tiers-personnifié.** — Si la mère a abordé heureusement la problématique œdipienne, l'enfant-imaginaire est un sujet inclus dans la scène primitive génitale où figurent des parents séparés et sexués, alors qu'il n'était auparavant qu'un objet partiel inclus dans le fantasme des parents-combinés.

La mise à jour de fixations prégénitales chez la mère permet donc de découvrir le sens profond qu'a l'enfant pour elle et d'expliquer certains troubles de la grossesse et du premier développement de l'enfant. Mais ces fixations ne constituent que des « conditions », non des causes suffisantes (conditions qui sont négociées progressivement par l'enfant). Ce serait une erreur de méthode de poser une série d'équations linéaire du type mère orale-enfant psychotique. Cet *enfant-fantasme* dont nous avons analysé la place dans l'histoire de la petite fille existe aussi pour le petit garçon qui est, lui aussi, obligé de renoncer au désir d'avoir un enfant du père dans sa position œdipienne inversée. Mais son histoire est beaucoup plus courte, encore que certains auteurs comme Bettelheim pensent qu'il existera toujours chez l'homme une envie de vagin et un désir d'enfanter. Même si on ne croit pas à la réalité et a la constance d'un tel fantasme de désir chez l'adulte, celui-ci s'intégrerait fort bien dans le cadre de la bisexualité psychique constante chez tout un chacun (bisexualité encore plus nette chez l'enfant).

■ ***L'enfant « réel » et la « spirale transactionnelle »*** (Lebovici [114]). Que se passe-t-il en fait pour la mère au moment de sa grossesse, de son accouchement, des premiers soins, quel mode d'action a-t-elle sur son enfant? Remarquons d'abord qu'on ne peut parler uniquement de la mère mais voir la place que prend l'enfant annoncé, puis survenu dans le couple parental.

a) **Le désir d'avoir un enfant, l'annonce d'une grossesse** introduisent un tiers dans un couple dont le mode relationnel peut être fusionnel, spéculaire (rôles interchangeables) ou au contraire génital. Mais de toute façon l'introduction de ce tiers a deux effets :

- Réactivation des angoisses de la phase œdipienne chez les deux parents;
- Régression orale « permise » chez la mère.

La grossesse en effet entraîne des remaniements économiques importants (augmentation de la libido narcissique aux dépens de la libido d'objet).

Dès ce moment, l'enfant imaginaire dont nous venons de parler prend plus de poids (...) et de présence.

La mère constitue même avec ses souvenirs, ses fantasmes de désir, un corps imaginé, halluciné pour cet enfant : elle lui attribue par avance telle ou telle caractéristique physique (tel visage, tels cheveux, etc.) qu'elle essaiera de retrouver après la naissance.

b) **Le traumatisme de la naissance.** — On a beaucoup insisté sur l'importance de ce traumatisme pour l'enfant et son rôle de précurseur de l'angoisse.

En fait la mère vit, elle aussi, un brusque remaniement de ses investissements, une séparation, et une perte d'une partie d'elle-même. Ce sentiment s'atténue par la dépendance (et l'« Hilflosigkeit ») de l'enfant qu'elle pourra encore imaginer comme faisant partie de son propre corps.

c) **A sa naissance** le petit d'homme est un prématuré (Freud). C'est-à-dire que les fantasmes de toute-puissance de la mère ont un fondement. Winnicot parle d'une nécessité de maintien (holding) de l'enfant par la mère pour que l'enfant vive et se développe normalement, ce qui est une réalité clinique. Nous verrons aussi combien le narcissisme primaire de l'enfant se constitue grâce aux apports de la mère (v. p. 250 s q.). Si la « préoccupation maternelle primaire » est trop investie d'angoisse (Winnicot) ou si il y a « sollicitude maternelle excessive » (Spitz), le nourrisson aura des problèmes d'alimentation (vomissements, coliques du 3ᵉ mois) ou du sommeil. Il s'agit en fait d'une communication (dans les deux' sens) de messages, d'affects, de contenus. Cette réaction circulaire et progrédiente se construit par l'échange d'introjections réciproques et décalées de désirs, d'attentes, d'absences, de retards, de rencontres. On quitte déjà une relation purement imaginaire et en miroir, dont le bilan peut être positif et négatif (mais la mère n'est pas seule en cause).

d) Pourtant dès le début du développement le nourrisson n'est pas une pure chose : il a une **activité propre** (sur laquelle insiste Bettelheim [22]) il émet des signaux (cris), répond à sa façon aux signaux émis par la mère. Ces signaux se chargent progressivement de sens pour l'un et l'autre (Spitz [155]). Il y a une interaction progressive, une communication qui ne se fait pas dans un seul sens et s'élabore de façon synthétique. C'est pourquoi Lebovici ([114] p. 253) emploie après T. Benedek le terme particulièrement heureux de « spirale transactionnelle ». L'inégalité dans la dyade diminue progressivement et la toute-puissance « réelle » de la mère se négocie avec la toute-puissance fantasmatique de l'enfant (telle qu'elle est décrite par M. Klein).

e) **Le père** intervient progressivement dans cette « spirale », sans qu'on puisse « dater » précisément sa survenue, ni lui affecter un rôle unique (père absent physiquement ou trop présent revendiquant aux dépens de sa femme une fonction maternelle). S'il n'est au début qu'un objet partiel (pénis incorporé par la mère) ou un élément des « parents combinés », il s'individue au cours du développement.

f) **La reconstitution réelle et imaginaire du couple** érotique des parents serait pour M. Fain un temps essentiel dans l'individuation du nourrisson. Le désinvestissement de l'enfant par la mère à cette occasion (la « censure de l'amante ») permettrait la découverte de l'auto-érotisme (heureux et non destructeur s'il succède à une phase narcissique primaire où la mère s'est montrée suffisamment comblante), et préluderait à toute vie fantasmatique.

g) **Les échanges de gratifications** narcissiques entre parents et enfants, les acceptations, les refus, l'attente anticipatoire mutuelle, la désillusion tissent donc une « création mutuelle et continue » (Lebovici). C'est pourquoi Th. Benedek considère que le Moi de l'enfant semble se développer le moins bien dans les secteurs qui correspondent aux conflits non résolus des parents. Mais on peut aussi affirmer que les conflits (et les failles) des enfants ont un retentissement sur la propre structure des parents (ainsi pour l'enfant psychotique, dont on découvre maintenant après bien des thèses inverses qu'il perturbe gravement l'économie de parents équilibrés, heureux avant sa venue).

On pourrait en fait traduire toute la psychopathologie de l'enfant en terme de ratés du fonctionnement de cette spirale.

- *Blocages* de la communication dans les deux sens : l'enfant qui élève une barrière pare-excitation absolue dans l'autisme; parents qui ne peuvent ni entrevoir l'angoisse de leur enfant, ni voir sa régression et l'hallucinant heureux et pâle;

– *Compulsion de répétition* qui transforme la spirale en jeu purement spéculaire et mortifère (en raison de l'absence de ce décalage nécessaire, de cette tension libidinale qui permettent à la spirale d'être progrédiante).

L'OBJET ET LES OBJETS

La relation d'objet : phénoménologie, génétique ou métapsychologie ?

■ ***Relation d'objet.*** — C'est à dessein que nous éviterons tout au long de notre exposé d'employer le terme trop vague de relation d'objet. En effet, ce terme qui fut et reste très employé par les cliniciens d'adultes conduit facilement à une typologie à la fois imprécise et peu pertinente (en clinique infantile plus qu'ailleurs). Il permet bien sûr, comme le note Boulanger dans cet Abrégé, « de résumer dans la relation à l'autre un niveau de maturation libidinale, de structuration du Moi et d'organisation défensive ». En fait, il permet surtout de redécrire un comportement ou un caractère sur un mode phénoménologique (au sens philosophique et psychiatrique) : mise en évidence dans l'espace de la relation, d'une direction, d'une distance, d'une intentionalité et d'une signification sous-jacente. Si on reste à la stricte définition de Freud de l'objet comme « objet des pulsions », parler de relation d'objet n'est alors qu'une transposition redondante de la théorie topique et économique. Cette transposition apparaît dangereuse à Green sur le plan métapsychologique, parce qu'elle supprime la distinction entre libido d'objet et libido narcissique (colloque Montréal p. 89-136).

■ ***Genèse de la relation objectale.*** — Mais l'objet *pulsionnel pour l'enfant* c'est avant tout l'objet maternel – objet qui constitue progressivement comme tel (dans un mouvement parallèle à la constitution de son *Moi).* Nous ne redirons pas ici à nouveau les divers moments de la genèse de cette relation objectale (v. Houser : Génétique et aussi p. 213, sur la « spirale transactionnelle »). En revanche, nous voudrions rappeler quelques notions bien connues en clinique infantile.

– La constitution de l'objet n'est pas d'abord une opération de conscience, un processus intellectuel et affectif, mais un processus économique et quantitatif; « l'objet est investi avant même que d'être perçu ». Processus qui non seulement *précéderait,* mais rendrait seul possible l'apparition du Moi et de la conscience.

De plus l'énergie (et l'affect) qui investit l'objet n'est pas purement libidinale. Il est même un moment essentiel de séparation d'avec lui, de déliaison agressive : « l'objet naît dans la haine » — nous ajouterons aussi « dans *l'absence* » (qui permet l'hallucination de désir).

– L'importance des relations avec les *objets partiels* dans les fantasmes, les jeux, les rêveries et les diverses activités de l'enfant normal avant la latence.

– L'importance clinique et socio-culturelle de l'objet *transitionnel* décrit par Winnicott, même si son statut métapsychologique reste discutable.

Wildlocher a d'ailleurs de son côté longuement insisté sur la place de l'imaginaire et du possible dans la constitution du Moi de l'enfant (colloque de Montréal p. 196).

■ ***Conclusion.*** — Ce n'est bien sûr qu'au terme d'une longue évolution, pendant toute une partie de l'enfance, que l'objet — d'objet réel extérieur non perçu et investi — se transforme (par le biais des incorporations imagoïques, des projections, « des partialisations ») en *objet interne* — le seul à avoir un authentique statut mental. (v. plus loin : mentalisation).

C'est seulement dans ce sens d'**objet interne** que nous préférons, pour plus de clarté, employer le mot objet.

IDENTITÉ ET IDENTIFICATIONS

Dans les milieux éducatifs et médico-psychologiques on exprime souvent les problèmes de clinique infanto-juvénile (et la relation entre les parents ou les « éducateurs » et les enfants) en terme de possibilités d'identification (à une bonne ou mauvaise image), d'absence ou de présence d'un père (ou d'une mère) avec lequel l'identification pourrait advenir ou non. Une telle notion, pour commode qu'elle soit, mérite d'être étudiée de plus près. En effet il n'y a pas une mais plusieurs *identifications.* Ces identifications renvoient à une identité plus ou moins complexe du Moi et de la personne. Cette identité se construit dans un travail continuel où s'équilibrent les objets réels, les imagos, les objets internes, les diverses instances. Le niveau et le mécanisme d'identification se manifestent à travers les fantaisies conscientes, les rêves, les fantasmes, les symptômes, les défenses, tout comme dans les différents modes d'activité.

Une remarque encore : l'identification la plus archaïque (incorporation) comme la plus élaborée (dans l'hystérie), renvoie toujours au corps de l'enfant, mais ce corps qui était d'abord un corps réel avec des fonctions purement physiologiques (avaler, déféquer, etc) est secondairement mentalisé et devient un *corps symbolique* - corps-langage, lieu de figuration, de dramatisation (où se jouent non seulement la relation à l'autre mais la totalité de la scène primitive œdipienne).

L'identité

■ ***Genèse et clinique de l'identité.*** — Elle se confond avec la série des diverses identifications au cours du développement

1° *Prototype de l'identification.* Il s'agit d'abord d'une *incorporation orale* qui, dans un deuxième temps, devient une introjection. M. Torok a beaucoup insisté après Ferenzi sur la distinction entre ces deux processus. De toute façon ils ne sont que la moitié (concernant le sujet) d'un processus bi-polaire (introjection-projection). Du côté de l'objet en effet, on assiste à toute une série de projections identificatoires qui le constituent et l'animent. A l'inverse de ce qu'affirme Mélanie Klein, il semble d'ailleurs que ces projections puissent être faites tout autant de bons que de mauvais contenus.

2° *Identification proprement dite* (nous renvoyons à son propos à l'article sur la génétique de Houser). Rappelons seulement la fréquence chez l'enfant de *l'identification à l'agresseur*, soit précoce au moment de l'acquisition du *non* (et du troisième organisateur, du précurseur du symbolisme selon Spitz), soit tardive dans le jeu et les fantasmes des enfants. Remarquons d'ailleurs que ce mécanisme est l'inverse de l'introjection du bon objet car, à ce moment, c'est le mauvais qui est introjecté (A. Freud). E. Jacobson a résumé les étapes de l'identité chez l'enfant en distinguant :

- *Oneness :* identité-fusion (sans distinction soi-objet;
- *Sameness :* être identique (réduplication spéculaire);
- *Likeness :* être comme, ressembler à l'objet;
- *Closeness :* être complet et sans dépendance à l'objet.

Cette identité parallèle du sujet et de l'objet se déploie et se constitue dans plusieurs champs.

a) **Dans le temps :** (la mémoire, le récit, la constitution d'une histoire personnelle). Notons d'ailleurs que, au moment de l'enfance, ce qu'on appelle l'amnésie infantile, c'est-à-dire de l'enfance, n'est pas survenue mais surviendra à la latence. Elle peut apparaître pourtant dans les très rares épisodes aigus de certaines hystéries.

b) **Dans l'espace** (v. Piaget pour les étapes). Nous préférons noter sur le plan clinique :

- Le fantasme d'action à distance dans la toute-puissance infantile et la pensée magique;
- Les significations inconscientes de certains lieux : la maison « maternelle », la chambre des parents, tous les lieux dangereux à l'extérieur de la maison et loin des parents (comme l'école);
- Espace abstrait et qui doit être délibidinalisé pour l'apprentissage des mathématiques et même de la lecture.

c) **Identité de l'espace du corps** propre et du corps de l'autre (avec ses avatars non seulement dans la psychose mais dans les dysharmonies avec dyspraxie).

d) **Identité sexuelle** (achevée seulement après l'Œdipe) dont l'avènement manifeste s'exprime toujours sur un fond de bisexualité latente.

e) **Identité de la personne** qui se manifeste par l'emploi du Je et par le plaisir de fonctionnement mental.

■ ***Métapsychologie.*** — L'identité est liée à toute une série de phénomènes *économiques :* équilibre des investissements narcissiques et érotiques, jeu harmonieux entre les pulsions suffisamment intriquées. D'autre part, au cours du développement de l'enfant, certains avatars de l'équipement pulsionnel ont une influence sur l'identité; ainsi par exemple, l'apparente extinction pulsionnelle de la latence rend cette identité plus cohérente tout comme à l'inverse la réactivation pubertaire amène à des crises graves et passagères d'identité (v. E. Kestemberg [96]).

On peut aussi rappeler que dans certaines organisations, *les défenses* ont pour but de restaurer une identité même partielle (si interviennent certains clivages) ou déréelle (dans les psychoses).

INNÉ ET ACQUIS : L'ÉQUIPEMENT

Toute l'histoire de la psychologie normale et pathologique peut se résumer en une querelle, encore vivante, entre les tenants de *l'inné* et ceux de *l'acquis.* Certains défendent encore maintenant l'existence d'instincts primaires, distincts des pulsions et qui préexisteraient à toute relation avec la mère : Balint, après Ferenczi, affirme qu'il y a un besoin de contact et d'accrochage primaire à l'objet (l'amour primaire). Cette théorie converge avec celle d'observateurs de l'enfant qui ont essayé d'appliquer les résultats de l'éthologie animale à l'enfant et qui postulent l'existence de « mécanismes de déclenchement » (par rencontre d'un instinct et d'une gestalt spécifique des stimuli). Ainsi Bowlby repousse l'idée d'un attachement secondaire à la mère tel que nous l'avons décrit plus haut (l'enfant s'attachant dans un deuxième temps à qui assouvit d'abord ses besoins). Pour lui l'enfant a un besoin inné du sein, d'où son attachement à la mère (théorie de la succion primaire de l'objet). L'enfant a aussi un besoin inné de contacts somatiques et psychiques avec un être humain, besoin relativement indépendant du besoin oral (théorie de l'accrochement primaire à l'objet). Cinq réponses de l'enfant feraient partie de ce comportement inné d'attachement : sucer, s'accrocher à, suivre, pleurer, sourire (Lebovici p. 236). Nous récusons quant à nous une telle théorie. C'est pour dépasser cette querelle stérile entre inné et acquis que nous n'emploierons qu'un seul terme, plus neutre, celui d'équipement (auquel nous ne donnons pas le sens de quelque chose de fixe, de donné une fois pour toutes et par avance). Comment le définir? C'est, *à un moment donné, et face à une situation donnée, ce dont l'enfant dispose pour négocier et intégrer cette situation.* L'équipement serait donc un certain substrat, un certain éventail de moyens, constitué progressivement, de façon dialectique, par la synthèse effectuée à plusieurs niveaux et de façon plus ou moins harmonieuse, de divers éléments innés et acquis, anciens et nouveaux. Enumérons ces éléments :

■ Un certain organisme sain ou malade, un équipement génétique fixe une fois pour toutes (qui définit son sexe chromosomique, certaines particularités somatiques, un certain fonctionnement métabolique) avec des modes réactionnels qui lui sont personnels (type neuro-moteur, hypotonie ou hypertonie, sensibilité à certains stress, à certains allergènes), des lésions nerveuses centrales ou périphériques, des lésions métaboliques ou splanchniques, évolutives ou non.

■ Certaines possibilités sur le plan instrumental (intelligence, langage, schéma corporel et psychomotricité, etc.) dont les divers tests apprécient les possibilités d'utilisation, « l'opérativité » à un moment donné.

■ L'inscription au niveau psychique d'une évolution socio-affective, d'une éducation familiale et scolaire.

La notion d'équipement peut être transposée au niveau d'une psychopathologie psychanalytique : on distingue alors deux niveaux dans l'analyse :

a) **L'équipement de départ,** le premier substrat donné avant toute histoire, avant toute reprise du sens et qui comprendrait :

1° *Un équipement fonctionnel et des possibilités instrumentales* donnés dès le départ. Il semble en effet évident à tout observateur de nouveau-nés que les enfants ne naissent pas égaux. Il s'opère très tôt un investissement primaire de certaines fonctions et appareils.

2° *Un équipement pulsionnel* variable selon les individus, et qui aurait deux sources : les pulsions originaires de l'enfant et le premier investissement par la mère du corps et du soi de l'enfant (v. plus loin le « narcissisme primaire »).

3° *Certains modes réactionnels* que les psychosomaticiens comme Fain considèrent comme quasi congénitaux (ce qui permettrait de définir une typologie). Chaque individu se définirait :
- par une certaine réaction au déplaisir;
- par un certain équilibre entre excitation et inhibition;
- par un seuil de résistance à l'agression;
- par ses possibilités d'exciter lui-même une zone érogène souffrant d'une carence d'apport maternel;
- par l'intensité plus ou moins grande de ses besoins narcissiques (ce qui séparerait deux types de structures : les narcissiques et les érotiques).

4° *Une certaine prédisposition à l'angoisse* (v. P. Greenacre [87]).

A ce premier niveau d'analyse l'équipement ne définit que des possibilités ou des impossibilités sur un plan très grossier.

b) **La reprise de cet équipement dans une opération de sens,** c'est-à-dire la façon dont il est apprécié, investi, négocié, utilisé par l'enfant, sa famille, les enseignants. Il faut reconnaître les fantasmes et les défenses qu'il fait naître (chez les parents de débiles par exemple qui sont à la recherche d'explications purement somatiques, dénient ou surinvestissent le déficit). L'équipement est toujours ainsi repris, utilisé au niveau du sens dans l'histoire d'un enfant et de sa famille, ce qui explique que le même déficit, la même aptitude chiffrée peuvent avoir une fonction et un devenir très différents selon qu'ils sont sous-investis, surinvestis, contre-investis. On peut assister ainsi à des atrophies ou hypertrophies de fonctions, à l'utilisation défensive d'un déficit (pour éviter les émergences et la maturation pulsionnelle d'un enfant).

INSTRUMENTS ET FONCTIONS

On retrouve dans leur étude la même dualité de l'inné et de l'acquis, la même reprise dans une opération de sens. Quels sont ces instruments et ces fonctions que nous voyons apparaître immédiatement ou progressivement chez l'enfant? Nous nous contenterons d'en énumérer quelques-uns avec les liaisons significatives qui s'effectuent avec la différenciation de la vie psychique et de l'objet :

- Alimentation, tube digestif, oralité;
- Contrôle sphinctérien, analité, plaisir d'expulsion ou de retenue;
- Motricité, agir, image du corps, tonus, posture, espace;
- Sexualité génitale ou diffuse;
- Langage oral, écrit, communication;
- Sommeil, narcissisme, rêve, etc.

Quel serait le cadre général et les méthodes d'étude de ces fonctions chez l'enfant?

- *Existence* d'un *substrat* anatomo-physiologique unique (organe) ou diffus. Structure de ce substrat, sans ouverture vers l'extérieur (afférences et efférences). Traite-t-il des objets matériels ou des quantités d'énergie (v. la différence entre digestion et rêve). Un tel substrat commande-t-il absolument la fonction qui s'y rattache, ou le lien est-il plus lointain?
- *Date d'apparition :* monté d'emblée dès la naissance, ou constitué au cours d'une maturation précoce ou tardive. C'est ainsi que peut s'expliquer la différence de rôle psychique de l'oralité, de la marche, de la procréation.
- Rapport direct ou indirect avec une *zone érogène* significative (orale, anale, etc.) ou avec un stade du développement psycho-affectif.
- *Type d'énergie* psychique qui l'investit de façon prévalente : la libido érotique, la libido agressive, la supposée énergie neutre. Comment se fait cet investissement, par étayages successifs ou autrement?
- *Fonction* d'abord narcissique ou objectale.

- *Représentation psychique* essentielle ou non à son exercice. Sous quelle forme se fait cette représentation? Son lien avec le fantasme. Mode d'avènement de cette représentation. Cet exercice est-il toujours conscient, préconscient ou inconscient? Existe-t-il un *plaisir de fonctionnement,* essentiel ou accessoire? Ce plaisir peut-il prendre la première place au détriment des fins habituelles (fonctionnement autonome, auto-érotique, fonctionnement pervers)?
- Son articulation *structurale lui* est-elle co-extensive? Ou existe-t-il plusieurs niveaux d'articulation, parmi lesquels le mental? (c'est le cas du langage).
- Son développement exagéré lié à un *surinvestissement* par les parents, par l'enfant. Valeur défensive de ce fonctionnement exagéré, sa liaison avec un mode relationnel.
- Son *inhibition* en rapport avec des conflits d'ordre névrotique ou liée à une restructuration économique dans le domaine du déficit et de la psychose.

■ **Conclusion.** — Les troubles instrumentaux ou les perturbations des grandes fonctions doivent être étudiés de deux façons chez l'enfant. *Sur un plan analytique* on doit repérer à la fois la carence de départ et l'investissement ou le réinvestissement ultérieur par une pulsion mal liée, non neutralisée. L'instrument ou la fonction peut apparaître comme une enclave non intégrée dans le Moi et le système conscient. Elle suscite alors la colère du Surmoi et subit les contre-investissements massifs (d'où inhibition ou fonctionnement anarchique). *Sur un plan synthétique* on étudie globalement la non-intégration ou l'intégration de la fonction ou de l'instrument dans l'ensemble de la vie mentale de l'enfant (et l'apparition éventuelle de *dysharmonies).*

ANGOISSE INFANTILE ET DÉFENSES

Définition. — On définit généralement l'angoisse comme un « affect pénible en relation soit avec une situation traumatisante actuelle, soit avec l'attente d'un danger lié à un objet indéterminé ». Une telle définition entraîne les conséquences suivantes :

Distinction entre angoisse mentalisée (souvent indéterminée) et peur d'un objet réel, réaction devant cet objet.

Existence d'un double versant de l'angoisse, versant somatique, versant psychique.

Nécessité d'une séparation topique entre les différentes instances psychiques pour qu'apparaisse l'angoisse (différenciation au moins d'une ébauche du Moi et de l'objet pour que cet affect ait une signification psychique et non pas purement somatique).

Ontogénèse de l'angoisse

Certains auteurs comme Greenacre ([87], p. 37) considèrent qu'une certaine prédisposition plus ou moins grande à l'angoisse fait partie de l'équipement de tout enfant : cela semble bien une réalité clinique. On retrouve aussi à propos de l'ontogenèse de l'angoisse le fameux problème de *l'angoisse de naissance* qui, en fait, ne mérite pas le nom d'angoisse, quelle que soit l'ampleur du traumatisme physiologique constitué par la naissance. Il s'agit en effet seulement d'un brusque remaniement des investissements et des pulsions au moment du passage d'une existence protégée, symbiotique, close, sans contact avec le milieu extérieur et en particulier avec l'air, à une existence autonome soumise à toutes les agressions (malgré le pare-excitation postulé par Freud). Ce passage brutal, dramatique, s'opère à travers la première respiration, le premier cri.

■ ***Précurseurs de l'angoisse.*** — A partir de la naissance jusqu'à 3 mois, on ne peut guère parler que de précurseurs de l'angoisse, précurseurs purement somatiques. Le nourrisson ne peut en effet éprouver que des états de *tension* (Spitz), au maximum des états *d'alarme* face à un déséquilibre intérieur (faim, replétion vésicale ou intestinale), face à un apport sensoriel qui excède les possibilités de décharge après avoir franchi le bouclier pare-excitation (Greenacre). Mais tous les individus ne réagissent pas de la même façon à ces premiers traumatismes, ce qui pousse Greenacre à parler non seulement d'une prédisposition à l'angoisse, mais d'une *angoisse de base amorphe.*

C'est à partir de 3 mois au moment du premier pré-affect manifesté par le sourire (premier organisateur de Spitz, c'est-à-dire sourire de l'enfant face au masque) que s'ébaucherait *la peur devant l'objet inconnu.* Cette première peur est déjà beaucoup plus élaborée que les premières réactions au stimulus qui apparaissaient avant 3 mois. Elle suppose déjà une première ébauche de l'objet.

C'est à la même époque que Mélanie Klein [99] place *l'angoisse schizoparanoïde* qu'elle reconstruit à partir de l'analyse précoce des enfants. Cette angoisse semble constituée par deux mécanismes de défenses le plus souvent concomitants :

a) **Clivage** de l'objet et du Moi (ou plutôt non-réunion). C'est ce clivage qui est à l'œuvre à l'état pur dans les psychoses de l'enfant et dont la traduction en affect est l'angoisse de morcellement. Ce clivage constitue à la fois un risque et un mécanisme protecteur contre ce morcellement : « le sein ne peut pas être bon et mauvais, je ne peux pas être bon et mauvais. Si je suis bon, si j'incorpore un bon sein, alors je suis entier et le sein est entier ». Le mauvais sein et le mauvais Moi ne peuvent être qu'à l'extérieur.

b) **Identification projective :** par ce mécanisme en deux temps mis continuellement à l'œuvre tout ce qu'il y a de mauvais dans le Moi est à la fois projeté au-dehors (projection) et mis dans l'objet (identification). Mais cette identification n'est que seconde, elle survient après le clivage et la projection du mauvais objet partiel. En clinique, cette identification projective peut constituer un mécanisme protecteur très efficace; par elle, l'angoisse est colmatée et une distance suffisante est maintenue à l'égard des pulsions destructives et de leurs effets. Ce mécanisme est bien entendu prévalent dans les psychoses comme il l'est dans cette espèce de psychose physiologique du nourrisson décrite par Melanie Klein. Mais on voit aussi à l'œuvre l'identification projective chez certains enfants psychopathes où la distance d'avec les affects est maintenue constante : « c'est l'autre qui est méchant »; l'acte anti-social n'est qu'une réponse normale à son agression. A ce niveau, il n'y a pas de culpabilité, culpabilité qui ne peut apparaître que face à une instance interdictrice ou à un modèle *intériorisés.* C'est pourquoi le terme d'identification projective prête tant à confusion. C'est l'autre qui est identifié à une partie du soi non reconnu et non un objet introjeté auquel on veut ressembler ou obéir.

■ ***La première angoisse.*** — Angoisse dépressive (Mélanie Klein), deuxième organisateur (Spitz).

On est frappé de la convergence des thèses de Spitz et de Mélanie Klein qui, par des chemins différents, décrivent à peu près la même chose, c'est-à-dire la concomitance de l'apparition de la première ébauche totale du Moi, de l'objet et de l'angoisse. *L'angoisse dépressive* est la peur (éprouvée par un Moi déjà unifié) de perdre un *objet perçu comme un tout,* c'est-à-dire dont les deux parties clivées sont à la fois réunies et incorporées.

Chez Spitz, cette angoisse est liée à la reconnaissance du visage de la mère comme différent des autres et à l'affect qui survient quand ce visage et cette personne (déjà perçue comme extérieure) disparaît et ne peut être remplacée par un autre visage ou par un masque, comme au stade du premier organisateur (peur devant l'étranger).

A cette époque peut apparaître la dépression *anaclitique :* l'absence de cet objet total qu'est la mère (objet total sur lequel l'enfant doit s'appuyer pour survivre et se développer — il y a l'idée d'appui dans anaclitique) stoppe le développement psychosexuel et crée une vacuole importante dans le narcissisme et dans le Moi. Cette vacuole peut être colmatée par des superstructures acquises après coup ou des systèmes défensifs, mais elle reste inscrite comme un point de fixation (au sens génétique) ou comme un axe possible de cassure (au sens structural), c'est ce que nous étudierons dans la clinique des organisations indifférenciées de style anaclitique. On peut reprendre aussi, à propos de cette angoisse dépressive, le terme *d'angoisse de séparation* telle qu'elle a été étudiée par Bowlby [32]. Rappelons aussi que cette angoisse dépressive est littéralement l'angoisse de perte d'objet oral et que c'est la première angoisse de culpabilité, mais cette culpabilité n'a encore rien à voir avec la culpabilité œdipienne qui est liée à la peur de la castration et à l'introjection du Surmoi.

■ ***L'angoisse anale*** est le premier type d'angoisse composite qui soit liée à la fois à une pulsion, à un interdit et à un risque de perte d'objet. Elle a un quadruple versant :

a) **Réaction aux injonctions** et aux interdits des parents au moment de l'éducation sphinctérienne (donne, retiens) avec introduction du temps rythme avec ses phases de plaisir permis ou imposé (fais-moi plaisir maintenant et fais-toi plaisir) et de maîtrise imposée.

b) **Oscillation** entre une **activité** et une **passivité** qui peuvent être vécues; l'une et l'autre comme aussi dangereuses.

c) **Peur de l'effraction** anale et peur d'envahir l'autre, de le détruire avec ses gestes comme avec ses excréments, de le salir, peur d'autant plus vive que se produit souvent à ce moment une désintrication pulsionnelle mettant à découvert l'agressivité qui n'est plus liée à la libido. Cette agressivité agie entraîne la crainte projective de la vengeance de l'autre.

d) **Peur de perte d'objet anal,** objet aimé qui est soi et qui n'est pas soi (ce boudin fécal qui sert à un jeu auto-érotique souvent très investi), partie du corps dont la séparation du soi peut être dangereuse, séparation qui constitue le prototype archaïque de la castration. Mais beaucoup d'objets matériels (jouets, collections) tout comme ce qui est produit par le corps (ongles, cheveux) ont le même sens d'objet anal qu'il faut conserver à tout prix, et qu'on a peur et envie en même temps de voir abîmé, détruit par soi.

Les **défenses** de type anal le plus fréquemment rencontrées chez l'enfant à l'état quasi physiologique sont la *projection* déjà abondamment citée, la *négation* de la réalité par parole et par acte ou l'isolation des affects, *l'intellectualisation,* la *maîtrise* par la pensée, le regard, *l'annulation;* en un mot tous les procédés de la pensée magique. Elles ont toutes pour but de restaurer la toute-puissance. Nous y ajouterons des défenses moins mentalisées et des modes de comportements comme l'inhibition motrice (par peur de l'agressivité) ou son inverse l'agitation, la compulsion à détruire, à vérifier l'intégrité des objets matériels.

■ ***L'angoisse au stade phallique*** (v. chap. 1) est encore une angoisse de perte qui apparaît au moment de la découverte de la différence des sexes, moment où s'établit l'équation phallus = puissance. Le comportement de défense contre cette angoisse de perte, le plus couramment rencontré à cette époque, paraît être le *déni* de la différence sexuelle, qui a une grande importance clinique, mais aussi la *surestimation du phallus,* l'affirmation de la toute--puissance phallique et narcissique. Il faut distinguer de façon rigoureuse cette angoisse de perte du phallus (qui est encore narcissique, prégénitale, de l'ordre de l'imaginaire et de la réalité duelle et spéculaire) de l'angoisse de castration strictement génitale, la seule, qui mérite ce nom d'angoisse de castration. On use de façon très projective du terme « castration » en clinique et en psychologie infantile, pour des angoisses dépressives, narcissiques, de pertes d'objets partiels (même si cet objet partiel est totalisé, c'est-à-dire s'il figure la totalité de soi ou de l'autre : le corps tout entier pris comme phallus, c'est quand même la partie prise pour le tout), ces angoisses sont tout, sauf des angoisses de castration.

■ ***Angoisse de castration.*** — Seule du registre du symbolique elle marque l'accès au désir génital et à la loi, et à la relation triangulaire de personnes totales et sexuées. On repère d'ailleurs beaucoup moins facilement chez l'enfant comme chez l'adulte l'angoisse vraie de castration qui provoque le refoulement (et est entraînée par lui) et qui se déploie bien plus souvent au niveau du fantasme inconscient du conflit névrotique que les autres types d'angoisse, s'exprimant beaucoup plus à découvert. Il faut la décrypter derrière des mécanismes de défenses (beaucoup plus élaborés que les simples comportements de défense contre l'angoisse que nous avons décrits).

Clinique de l'angoisse

L'angoisse est souvent très difficile à repérer chez l'enfant; elle nous est, dans un même moment, offerte et dérobée par le comportement et l'attitude de l'enfant; et les angoisses les plus dramatiques ne sont pas les plus bruyantes. Il n'y a pas de signes passe-partout d'angoisse : très souvent, c'est notre propre angoisse devant un certain enfant, au comportement manifeste pas toujours perturbé, qui nous fait explorer plus avant cet enfant. Cette angoisse induite, cette angoisse-écho chez l'autre, nous apparaît finalement le meilleur signe. En effet, l'angoisse est rarement donnée comme telle, par l'enfant, et on est très étonné, cela arrive pourtant, que l'enfant nous dise d'emblée : « Je suis angoissé, je suis mal à l'aise ».

■ ***Angoisse mentalisée et consciente.*** — Si elle est mentalisée, quelles sont ces limites? Correspondent-elles ou non à celles du « Moi » ou bien l'angoisse est-elle localisée dans un fragment du « Moi »? Ce fragment entre-t-il en communication avec les autres secteurs du « Moi » et avec les autres instances? Cette angoisse est-elle un pur affect ou s'accompagne-t-elle de représentations? Quel est le lien de ces représentations avec l'angoisse elle-même? (Exprime-t-elle son contenu, sa cause réelle ou non? Y a-t-il déplacement? etc.). C'est l'étude que l'on fait à propos des phobies infantiles. On peut pourtant aller un peu plus loin dans l'examen et essayer de préciser l'origine et la fonction de cette angoisse. Certaines nous apparaissent être vraiment des angoisses du « Moi » et de style défensif (même si le primum movens est ailleurs, le rôle de *défense* est au premier plan). D'autres angoisses, beaucoup plus archaïques, nous semblent être des *angoisses du « Ça »* venues de beaucoup plus loin et de beaucoup plus profond. L'angoisse n'apparaît alors que comme un représentant des pulsions intriquées ou non.

Signalons pour finir que, dans certains cas, on a l'impression comme le notent Lebovici et Braunschweig ([113], p. 93) qu'il y a une *angoisse libre,* sans objet et sans imago, qui est mentalisée bien sûr, que l'on perçoit, que l'on ressent, qui n'est actuellement investie sur rien, mais qui pourra s'investir un jour ou l'autre, ceci nous renvoit à ce que nous dirons au sujet de l'investissement par l'angoisse. Dans ce cas, celle-ci se comporte littéralement comme une énergie libre.

■ Parfois ***l'angoisse apparaît peu mentalisée et inconsciente***, en tout cas certainement pas intégrée au « Moi », c'est un degré de plus que l'angoisse sans objet qui elle au moins est éprouvée comme un affect. L'angoisse inconsciente, sans affect, non éprouvée comme angoisse par l'enfant est seulement perçue par l'observateur. On rencontre cette angoisse flottante dans beaucoup d'organisations indifférenciées très fréquentes en clinique, mais elle peut aussi apparaître comme quasi physiologique à certaines périodes critiques du développement de l'enfant normal.

Beaucoup plus inquiétante, nous apparaît *l'angoisse enfouie, écrasée,* abolie de certains enfants psychotiques ou pseudo-déficitaires et de certains enfants autistes, hébéphrènes (la « réussite » est alors totale), mais aussi de certains cas d'inhibition grave ou de sottise, de niaiserie inexplicable quasi scandaleuse. On assiste au même enfouissement mais à un autre niveau, dans les structures psychosomatiques, mais cet enfouissement et cet écrasement de l'angoisse ne sont jamais absolus, comme ils peuvent l'être chez certaines structures figées de l'adulte. Il y a toujours des trous dans la carapace défensive ou dans le travail de dénégation et on a quelquefois la surprise d'assister à de brusques raptus, à de brusques issues d'angoisse.

L'angoisse peut être aussi *uniquement agie,* passer au niveau d'un acte pur accompli sans aucune culpabilité, bien au-delà du sado-masochisme, à la recherche du talion le plus primaire, de la punition la plus absolue (ce que l'on rencontre dans les structures psychopathiques, mais aussi dans certaines instabilités graves, avec leur agitation incoercible). Certains comportements hyperactifs et pseudo-euphoriques ressemblent absolument à de monumentales défenses maniaques, certains comportements apparaissent continuellement projectifs et mégalomaniaques.

On retrouve toujours chez l'enfant la juxtaposition de plusieurs types d'angoisses, et la présence d'une angoisse, même très archaïque, ne signifie absolument rien (pas plus nous le verrons que certains fantasmes du même type). En effet, les enfants même normaux usent abondamment du clivage, de la projection. L'angoisse dépressive est, elle aussi, extrêmement fréquente. C'est seulement au niveau d'une étude structurale complète que l'on peut préciser autrement que par une équation linéaire la signification de tel ou tel type d'angoisse. Il y a toujours en effet une angoisse prévalente, mais aussi comme une série « d'étayages » successifs des différents types d'angoisse.

■ ***Angoisse familiale et angoisse de l'enfant.*** — Il n'est pas possible de décrire l'angoisse de l'enfant comme une angoisse isolée purement endogène. Elle s'intègre toujours dans un ensemble plus vaste, l'angoisse familiale dont elle est un des éléments inducteurs ou induits. Cette angoisse familiale n'est pas la simple juxtaposition des angoisses de chacun de ses membres mais une angoisse de groupe qui a une structure. On peut trouver tous les types de rapports possibles : antériorité de l'angoisse de la mère ou de celle de l'enfant, type d'angoisse complémentaire sur le plan structural, l'un des éléments du groupe se structurant pour se défendre contre l'angoisse de l'autre (c'est le cas de nombreuses mères d'enfants psychotiques dont la personnalité réputée psychotisante est une simple structure défensive contre l'angoisse morcelante de leur enfant). Certains cliniciens aussi ont remarqué que les défenses hystériques, chez l'enfant, répondaient à une structure obsessionnelle chez la mère, ce qui montre bien le jeu entre deux types très différents d'angoisse ou de lutte contre l'angoisse. Quand on décrit l'angoisse familiale, il est en fait extrêmement difficile de savoir à quel niveau les choses se sont amorcées. Il vaut mieux considérer le jeu dialectique qui se joue dans la famille pour réduire, colmater, négocier l'angoisse du groupe familial.

Métapsychologie de l'angoisse

Ce n'est que chez l'enfant âgé, au moment de l'Œdipe ou de la phase de latence, que semble pouvoir s'appliquer la dernière théorie de l'angoisse de Freud (angoisse comme signal de danger). En revanche au cours du premier développement on semble retrouver un lieu direct entre angoisse et pulsion (première théorie de l'angoisse). De plus certains cliniciens comme P. Greenacre (à la suite de Freud lui-même) pensent qu'il y a un parallélisme entre angoisse précoce et développement du narcissisme. Il y aurait en effet un surinvestissement narcissique en raison de l'effort exercé par l'organisme en vue de surmonter un excès d'angoisse et d'empêcher son émergence ([87], p. 58).

LES FANTASMES ET LE FANTASME

■ ***Introduction.*** — On évoque souvent sous le nom de fantasmes les « fantaisies » conscientes ou à demi-conscientes qui s'expriment plus ou moins clairement dans le jeu, le dessin, les tests projectifs, la rêverie de l'enfant. L'observateur qui se croit « averti » découvre avec un certain plaisir de voyeur un sens caché à ces fantaisies en utilisant une « clef » analogue à la clef des songes (bras coupés = castration par exemple). On suppose alors une sorte de parallélisme très linéaire, point par point entre les fantaisies (collection d'images) et l'inconscient (collection de sens). On oublie alors que le fantasme est construit et qu'il a une fonction dynamique et défensive.

On retrouve le même parallélisme dans la conception kleinienne du fantasme (Segal, [150], p. 6), comme « expression mentale des pulsions ». Dans une telle conception tout est fantasme et rien n'est fantasme (c'est-à-dire un processus spécifique se distinguant de l'angoisse, de la défense, etc.), la réalité psychique, à l'aube de l'existence du moins, n'est qu'un agrégat de fantasmes (alors que pour qu'il y ait fantasme, il faut qu'il y ait différenciation au moins partielle du Moi et de la réalité, comme le rappelle Glover).

Les psychosomaticiens de l'école de Paris et en particulier M. Fain se sont beaucoup intéressés à ce qui précède la vie fantasmatique et représentative.

Rappelons simplement que cette vie représentative naît d'un certain rapport entre, d'une part narcissisme primaire, système pare-excitation, et autoérotisme, et d'autre part les divers modes d'investissement de l'enfant par la mère (selon que la mère est calmante, berçante ou bien satisfaisante : v. p. 231 et p. 274).

Le fantasme constitue pour nous un processus spécifique à l'œuvre chez l'enfant, c'est-à-dire *une fonction* du *Moi,* à la fois de *représentation* et de *défense* où se combinent les pulsions, la réalité, le souvenir et qui peut être plus ou moins élaborée, plus ou moins intégrée au Moi.

■ ***Les grands fantasmes.*** — Nous les énumérerons rapidement car les contenus sont en fait assez stéréotypés et relativement peu nombreux (ce qui compte en effet bien plus que le contenu, c'est le niveau du fantasme et son intégration). On distingue généralement (Lebovici) :

- Les fantasmes prégénitaux de dévoration, d'incorporation (du sein, du pénis par voie orale ou anale), de morcellement, de scène primitive archaïque;
- les fantasmes liés à l'activité génitale (castration, séduction, grossesse, scène primitive œdipienne).
- Les fantasmes mixtes (mère phallique, retour au sein maternel).

Selon certains auteurs (qui suivent Freud), tous ces fantasmes trouveraient leur source dans un nombre très limité de fantasmes originaires présents chez tout un chacun et qui sont en fait des structures, peut-être héréditaires, organisant la vie fantasmatique de tout un chacun et qui (comme leur nom l'indique, rappellent Laplanche et Pontalis [107]) concernent tous l'origine. Ces fantasmes sont la scène primitive (origine du sujet), la séduction par un adulte (origine de la sexualité), la castration (origine de la différence des sexes).

■ ***Niveau du fantasme et mode de formation.*** — Le niveau topique du fantasme (conscient ou non) est en effet lié à son mode de formation. Un fantasme de désir est en effet conscient, un fantasme défensif est un compromis souvent ambigu qu'il faut décrypter, le fantasme refoulé est inconscient. Les fantasmes de désir (issus du Ça) sont relativement plus fréquents chez l'enfant que les fantasmes de défense : l'inconscient de l'enfant s'exprime en effet beaucoup plus à découvert que l'adulte dont la censure déguise, travestit.

Sur le plan purement descriptif, nous allons donc distinguer d'après Lebovici et Diatkine :

FANTASMES DIRECTS. – Soit des *fantaisies conscientes* peu élaborées qui s'expriment dans le jeu, le dessin, le bavardage de l'enfant, son comportement. Ces fantaisies, si on les analyse, sont en fait beaucoup plus complexes qu'on ne croit. Elles sont d'abord toujours plus ou moins supportées par un fantasme inconscient qu'elles révèlent de façon souvent indirecte (il y a toujours remaniement). Ensuite l'enfant n'en est jamais totalement dupe : il adhère bien sûr à son jeu, mais n'y croit pas totalement. Il sait qu'il s'agit du domaine du « comme si » (et est capable même de l'exprimer). Le fantasme constitue à ce niveau un mode de régression topique beaucoup plus partiel que le rêve mais qui a la même valeur fonctionnelle d'expression de désir, de régression narcissique négociée avec la censure. C'est déjà un compromis.

– Soit de vrais *fantasmes de désir où* il y a perte des limites conscient-inconscient, Ça-Moi-réalité, réalité-imaginaire chez l'enfant psychotique ou prépsychotique. Mais il ne faut pas trop étendre cette importance diagnostique du fantasme « cru » de désir. En particulier, certaines situations comme les tests projectifs les induisent chez l'enfant quasi normal qui les livre immédiatement, mais est capable soit de les oublier, soit de les intégrer dans un deuxième temps.

FANTASMES COMPROMIS. – Ce sont ceux où apparaît le mieux la négociation entre instances (Ça-réalité-Surmoi ou Idéal du Moi). On peut les considérer à la fois comme l'aspect « représentatif » de l'angoisse du Moi et comme un mode de défense contre l'angoisse. Ce sont les fantasmes les plus élaborés, les plus complexes que nous étudierons dans les organisations névrotiques.

FANTASMES INCONSCIENTS. – Ils peuvent être inconscients d'emblée (ce sont les fantasmes originaires) ou secondairement. Ces derniers sont les souvenirs et les rêveries refoulées (Freud). Le travail du refoulement proprement dit débutant assez tard et la censure étant peu sévère chez l'enfant, leur importance clinique est relativement faible.

■ ***Place du fantasme dans la vie psychique de l'enfant***. — Nous allons essayer de préciser le statut du fantasme en étudiant d'abord ses rapports avec d'autres processus, puis sa structure, enfin sa fonction.

Fantasme et souvenir. – Le souvenir pur n'existerait pas et toute expression de souvenir serait la synthèse d'une trace mnésique et d'un fantasme (Lebovici, p. 143). C'est le moment de rappeler le mécanisme de « l'après-coup » dans la genèse du traumatisme ou du souvenir d'enfance (cf. plus haut ce que nous disons de « l'homme aux loups »). Par le fantasme s'opère une sorte de télescopage entre passé (souvenir, satisfaction ou frustration), présent (désir), avenir (situation rêvée) (Freud et Lebovici, p. 160), c'est-à-dire une sorte de négation du temps (et d'une psychogenèse linéaire !). On peut retrouver ce même rapport complexe du fantasme et du temps dans la notion de *souvenir écran :* ce souvenir est à la fois défensif, il cache quelque chose qui est de l'ordre du désir, du fantasme, du souvenir refoulés, mais il est la surface, l'écran sur lequel ce fantasme inconscient se projette même déguisé. Le fantasme opère donc un travail de « condensation » et de déguisement, de dévoilement du souvenir (comme du désir).

Fantasme et agir. — On peut considérer le fantasme comme un mode de fonctionnement qui tiendrait lieu d'acte, pour exprimer une représentation refoulée (et qui serait à mi-chemin entre le souvenir de la représentation et l'acting). En fait, le fantasme inconscient chez l'enfant s'exprime le plus par l'agir (de façon souvent très claire) ou par l'inhibition de l'action, de la motricité (chez certains enfants obsessionnels par exemple, où la motricité est tellement investie de libido agressive et de fantasme de toute-puissance anale). Chez d'autres enfants, il y a à chaque instant une extrême plasticité et la possibilité de s'exprimer tantôt par le fantasme, tantôt par l'acte.

Fantasme et narcissisme.

- Pour Freud, le fantasme défensif et quasi délirant des parents devant le nouveau-né, impuissant et désarmé (hilflos) le dote de l'omnipotence « her majesty the baby » (67). Ce fantasme constitue à la fois la meilleure « image » et la source du narcissisme primaire de l'enfant (narcissisme projeté, injecté). On pourrait y voir aussi du côté des parents un souvenir mythique, reconstruit.

Evoquons d'autres liens ambigus et contradictoires entre fantasme et narcissisme :

- d'une part, la richesse et la multiplicité des fantasmes exprimant le narcissisme (âge d'or, corps glorieux, couple merveilleux et éternel) ;
- d'autre part, l'extinction du fantasme dans le corps matériel et (non plus son image narcissique) : sommeil sans rêve, affection psychosomatique

■ *Clinique du fantasme*

a) Dans les **psychoses** infantiles, on note l'absence d'une réelle dimension fantasmatique consciente, c'est-à-dire perçue et vécue comme appartenant à un imaginaire distinct du réel. C'est dans ce domaine que se vérifient les thèses kleiniennes du fantasme dénoncées plus haut. Il y a en effet une sorte d'équation symbolique entre réalité extérieure et fantasme, c'est-à-dire une non différenciation. De plus dans cette réalité, font retour le dénié et le forclos. Remarquons aussi sur un plan plus clinique que l'enfant psychotique « parle volontiers les fantasmes que ses parents ont injectés dans son soi et son corps ».

b) Dans les **pré-psychoses,** les fantasmes les plus variés et les plus riches apparaissent dans toute situation. Il y a échec à la fois du processus de défense et des processus d'intégration du fantasme. Ceci est d'autant plus net quand les enfants que l'on examine devraient être en phase de latence (Diatkine [68]).

c) Dans les organisations **dépressives** (si tant est qu'elles existent de façon autonome), on trouverait sur le versant psychotique des fantasmes d'incorporation réciproques (de et par la mère archaïque) et sur le versant névrotique le fantasme de « l'enfant mort » postulé récemment par Rosolato.

d) Dans les structures **psychosomatiques,** le fantasme est beaucoup moins absent chez l'enfant que chez l'adulte, mais il n'intervient que dans la mesure où la structure en fait mixte comporte une composante hystérique.

e) Dans les **psychopathies** et les structures caractérielles de comportement apparaît une confusion entre fantasme et agir; le second tenant lieu du premier mais hors du domaine mental.

f) C'est dans les **névroses** infantiles seulement qu'apparaissent des fantasmes compromis. Ces fantasmes appartiennent aussi au vécu de tout enfant « normal » vivant sa « névrose infantile » quasi physiologique (v. plus loin).

■ ***Conclusion : Structure et fonction du fantasme.*** — Elle semble toujours bipolaire (Ça $\rightleftarrows$ réalité, processus primaire $\rightleftarrows$ processus secondaire). Le fantasme est à la fois expression et défense. Par lui se dévoile une dimension essentielle du psychisme infantile : la fonction imaginaire dont Wildlocher a bien montré qu'elle était essentielle dans la constitution du Moi de l'enfant (identification moïque).

C'est un mode original de détour, d'attente, de liaison des pulsions élémentaires qui est toujours lié au *désir* (et non pas au besoin physiologique élémentaire), ce qui montre bien qu'il ne peut apparaître que dans un psychisme déjà différencié. Il réunit des instances ou des domaines qui en dehors de lui sont disjoints, exclusifs l'un de l'autre (réalité, imaginaire), c'est aussi un mode de relation très particulier à l'autre, à l'objet : en effet cet objet (de la pulsion), cet autre, est toujours présent dans le fantasme (même masqué). C'est pourquoi certains auteurs considèrent que le fantasme est toujours une scène à deux ou à plusieurs personnages (conception à laquelle nous adhérons volontiers).

FIXATION, RÉGRESSION ET TRAUMATISME

On évoque souvent la « régression » en clinique, pour qualifier certains symptômes et même certaines organisations, sans pousser plus loin l'analyse et sans répondre à la question suivante : « Qui (ou quoi) régresse? et vers où? ».

a) **Régression temporelle.** — On entend généralement par régression un retour à un stade antérieur du développement, stade que l'on suppose avoir été acquis autrefois. Mais le développement de l'enfant ne s'effectue pas de façon continue, selon un calendrier rigoureux, dans lequel chaque stade annule le précédent : il y a en fait *coexistence,* à un moment donné et chez le même enfant, de plusieurs modes de fonctionnement, et de plusieurs types de relation objectale. Quand un mode de fonctionnement réputé archaïque conserve une place trop importante dans l'économie libidinale, on suppose l'existence d'un *point de fixation,* défini à la fois par référence à une phase psycho-sexuelle (fixation orale, anale, etc.) et à la quantité d'énergie investie sur une zone et une fonction du corps (ou sur leurs substituts). Le terme de fixation a pour intérêt d'avoir moins de connotations génétiques naïves, en effet on peut s'en tenir à la définition de Freud : « lorsque le lien entre la pulsion et l'objet est particulièrement étroit nous parlons de fixation... Elle met fin à la modalité de la pulsion en s'opposant intensément à sa libération *(Les pulsions et leur destin* [68]). Une telle fixation ne s'opère pas seulement en raison d'une frustration et n'indique pas obligatoirement un manque : la satisfaction excessive d'une pulsion partielle peut en effet créer une fixation sur la zone hyperexcitée; une frustration dosée, en revanche, peut être l'occasion d'un progrès, d'un remaniement pulsionnel (certaines pédagogies et certaines techniques psychothérapiques qui se veulent comblantes et non frustrantes l'oublient trop souvent). Une fixation se définit surtout de *façon économique* et non temporelle, car elle peut se constituer bien après la phase considérée (et la référence à cette phase n'est souvent qu'une métaphore commode). On est donc amené à distinguer plusieurs autres types de régression :

b) **Régression topique :** au sens freudien de chemin inverse parcouru par l'excitation : dans le rêve bien sûr, mais aussi dans le jeu et le fantasme.

c) **Régression formelle :** apparition de structures, de modes de fonctionnement moins différenciés, par exemple passage du processus secondaire au processus primaire, choix d'un mode défensif plus archaïque.

d) **Démentalisation,** qui serait un autre mode de régression topique et formelle : un rejeton pulsionnel et l'énergie qui l'accompagne, au lieu de suivre la voie normale qui permet son accès à la sphère mentale (pour être représenté, lié et métabolise à ce niveau) est *court-circuité* et s'exprime seulement au niveau du corps et de l'agir.

Les deux types de régression que nous venons d'évoquer peuvent être très courtes, quasi physiologiques chez l'enfant, ou au contraire s'installer comme un mode de fonctionnement définitif : on a alors affaire à une structure psychosomatique ou psychopathique.

■ ***Régression et traumatisme.*** — L'étude théorique du phénomène de régression amène à se demander quel rôle jouent réellement les traumatismes si souvent évoqués par les familles. Cette évocation est le plus souvent rétrospective et elle apparaît une reconstruction une intellectualisation défensive (quelquefois même le traumatisme évoqué apparaît minime ou inexistant, sinon risible : une peur devant un animal ou une personne étrangère à la famille, une chute, etc.). L'étude des thèmes traumatiques dans la tradition orale d'une famille donnée peut nous en apprendre souvent long sur sa structure, sa manière de négocier l'angoisse, ses fantasmes défensifs, ses idéaux et ses investissements (certains n'évoquent que des traumatismes psychologiques, d'autres des agressions corporelles à la topographie significative).

Nous allons donc essayer de définir ce qu'est réellement un traumatisme sur le plan temporel et économique et la relation qu'il noue avec le fantasme de désir et le souvenir : Freud avait déjà montré que la séduction d'un enfant par un adulte n'appartenait que rarement à l'ordre de l'« événement », et que même dans ce cas la valeur traumatique et pathogène de cette séduction n'allait pas de soi et pouvait n'apparaître qu'après coup ([113], p. 98). Le traumatisme se définit en effet comme une expérience « d'absence de secours dans les parties du Moi qui doivent faire face à une accumulation d'excitation, qu'elle soit d'origine externe ou interne, excitation qu'il ne peut maîtriser » (Freud [79]). Définition purement économique donc, car le trauma est un écart entre le quantum d'excitation reçu effectivement par le Moi et le quantum qu'il peut métaboliser, lier, maîtriser à un moment donné. Cette *énergie en trop* peut aussi bien être d'origine interne (réactivation pulsionnelle, même d'origine purement biologique à la puberté, constitution brusque ou progressive, sans liaison directe avec l'événement, d'un fantasme de scène primitive) que d'origine externe (événement douloureux ou au contraire puissamment érogène). L'événement n'a de sens et d'impact que par référence à la pulsion et au quantum d'affect qu'il éveille, évoque, sinon il est comme nul et non avenu.

Cette situation de déséquilibre économique peut se constituer de façon progressive par traumatismes cumulatifs, et même *après coup,* c'est-à-dire que la scène vécue, vue, imaginée, ne devient traumatique que reprise bien plus tard, à un autre stade du développement psychosexuel, à la suite d'un fantasme ou rêve, ou grâce à un nouvel événement apparemment banal, associé d'une façon quelconque à cette scène : le coït at ergo vu par l'homme aux loups à 18 mois n'est devenu traumatique qu'après que la séduction bien plus tardive par F. l'ait évoqué. C'est littéralement un *trauma rétrospectif* (Sandler), ce qui nous montre bien que la psychopathologie, comme l'inconscient, ignore le temps d'une certaine façon.

■ ***Clinique de la fixation-régression.*** — Une régression est beaucoup plus facile à mettre en évidence chez l'enfant que chez l'adulte (où interviennent de multiples remaniements défensifs). Sur un plan purement clinique on peut distinguer :

a) Des **fixations-régressions globales :** la personnalité de l'enfant est fort peu différenciée, et son mode de fonctionnement reste très archaïque (v. l'autisme infantile). Des traumatismes massifs (ou un processus psychotique évolutif) peuvent ramener l'enfant à cette indistinction soi-monde, à la perte du langage et d'acquisitions intellectuelles et praxiques (mais il reste difficile d'admettre qu'une telle régression soit possible sans faille narcissique préexistante, sans fixation à un stade anobjectal).

b) Des **dysharmonies** dans le développement, fixées ou évolutives :

– *Dysharmonies fixées :* on sait que la fixation pulsionnelle au sado-masochisme de l'obsessionnel s'accompagne d'un surdéveloppement du Surmoi et du Moi. Les organisations psychopathiques, certaines organisations psychosomatiques se définissent d'abord comme des fixations, des dysmaturations précoces (écart entre apparent développement social et intellectuel et une faille narcissique). Nous verrons plus loin aussi que l'on pourrait considérer certaines régressions fixées pendant l'enfance comme des organisations anaclitiques homologues des états limites de l'adulte.
– *Dysharmonies évolutives :* on peut distinguer comme le fait A. Freud les régressions qui débutent au *niveau du Moi et du Surmoi* (impulsivité pathologique secondaire à un traumatisme qui aurait débordé les possibilités de contrôle et de censure du Moi) et les régressions qui débutent du côté des *rejetons du Ça*. Elles peuvent entraîner une régression parallèle du Moi (elles sont alors *égosyntoniques :* ces régressions pulsionnelles deviennent en fait des régressions globales et définiraient les border-lines). S'il n'y a pas de régression du Moi et du Surmoi, on entre dans le domaine du conflit névrotique et du trouble de caractère (v. aussi Misès et Barande, [128]).

Il nous semble en fait d'admettre totalement sur un plan aussi bien clinique que métapsychologique un tel schéma (à propos des border-lines en particulier). Il vaut mieux, nous semble-t-il, conserver sans trop insister sur son sens temporel et génétique la distinction régression pulsionnelle-régression du Moi-régression objectale (que A. Freud passe sous silence, et que l'on voit à l'œuvre en particulier chez l'hystérique qui revient à ses objets incestueux primaires, sans régresser à un stade antérieur de l'organisation du Moi et des pulsions). Mais ces trois types de régression sont rarement indépendants, et il y a *entraînement* d'un domaine par un autre, à plus ou moins brève échéance (en particulier au niveau du Moi, qui ne peut pas ne pas être modifié par un changement d'objet, ou une désintrication pulsionnelle, ce Moi dont l'autonomie et l'achèvement ne sont pas acquis chez l'enfant). L'exemple le plus démonstratif en serait la névrose obsessionnelle de l'enfant, dans laquelle la régression (ou la fixation) pulsionnelle sadique-anale, même si elle apparaît primaire, s'accompagne en fait toujours d'une régression du niveau de fonctionnement du Moi.

UTILISATION DES TROIS AXES DE RÉFÉRENCE MÉTAPSYCHOLOGIQUE ET CLINIQUE INFANTILE

Malgré la référence fréquente à la phénoménologie clinique et à la génétique, la clinique infantile ne peut se passer « du nécessaire recours à la métapsychologie » (Lebovici et Soulé [114]) conçue comme le corps d'hypothèses théoriques indispensables pour en rendre compte de façon cohérente.

Pour l'ensemble même de cette théorie, nous renvoyons à l'article de Boulanger dans cet abrégé. Nous essaierons quant à nous de préciser seulement les points de cette théorie les plus importants en clinique infantile.

Point de vue topique

■ ***Le recours à la première topique*** pose plus de problèmes qu'on ne pourrait le croire au premier abord. On considère trop facilement qu'elle va de soi.

L'inconscient « parle » beaucoup plus facilement chez l'enfant et on accepte beaucoup plus facilement qu'il parle. L'adulte songe moins à nier l'existence de cet inconscient scandaleux dès qu'il le projette et le circonscrit chez cet être si « différent » de lui qu'est l'enfant.

Mais quelle est la structure de cet inconscient? A l'inverse de ce que croient certains auteurs modernes, il n'est pas structuré comme un langage sauf peut-être chez l'enfant psychotique : il faudrait d'ailleurs inverser la proposition et dire que chez cet enfant le langage infiltré par le processus primaire fonctionne comme l'inconscient. On sait que, pour Freud, l'inconscient est le lieu des *représentations de choses*. On assiste donc à sa constitution progressive chez l'enfant : le *refoulement secondaire* est en effet un processus progressif et tardif. En revanche la clinique infantile permet de donner un sens à l'hypothèse d'un *refoulement primaire* préalable et nécessaire à la constitution de l'inconscient (dans lequel il joue le rôle d'un pôle d'attraction). D'après M. Fain, la mère jouerait un rôle important dans ce refoulement primaire et dans ses ratés (v. plus loin organisations psychosomatiques), comme d'ailleurs dans la différenciation et la séparation des instances. Cette séparation est bien entendu moins absolue chez l'enfant que chez l'adulte, ce qui permet de découvrir beaucoup plus facilement combien l'inconscient de l'enfant ignore la contradiction, le temps, la négation et fonctionne selon le principe de plaisir : c'est évident dans le jeu, dans les fantaisies et les fantasmes enfantins.

Le pré-conscient, lieu des représentations de mots, apparaît chez l'enfant advenir et s'organiser de façon relativement tardive, parallèlement au langage.

■ ***La deuxième topique*** (Ça, Moi, Surmoi) constitue un système de référence constant. On assiste au cours de l'ontogenèse à la différenciation progressive des diverses instances : on voit littéralement la topique en train de se constituer (au lieu d'être obligé de la retrouver par un mouvement qui remonte au passé dans *l'analyse* d'adulte). Mais cette topique très différenciée ne constitue qu'une structure « limite » (au sens mathématique : la courbe du développement lui est asymptotique, car elle ne la rejoint que dans l'infini hypothétique de l'adulte « normal »). D'où l'importance des préinstances archaïques en clinique infantile, et des indifférenciations topiques (absence de limites du Moi, indistinction Ça-réalité dans les psychoses).

a) **Caractéristiques du « Ça » infantile :**

- *Crudité de l'expression pulsionnelle* dans certains jeux, certaines rêveries, certains fantasmes. Le Ça est comme « à découvert » ;
- Fréquence des *pulsions partielles* en dehors de toute structure perverse ;
- Importance de *l'intrication* et de la *désintrication* pulsionnelle.

On assiste en effet à un triple mouvement : au début un *clivage* entre libido et destrudo avec la mise en jeu de défenses très archaïques (identification projective), ensuite *fusion* et *liaison* qui permet le refoulement (v. Mallet), enfin dépassement de *l'ambivalence* à l'égard de l'objet d'amour œdipien qui permet l'attachement tendre ».

b) **Principaux aspects du Moi infantile** (concomitants selon Luquet) :

- *Organisateur :* le Moi est un système défensif et adaptatif qui intègre progressivement la réalité, négocie avec les pulsions et constitue le siège du conflit psychique. C'est dire la complexité de ce système en partie inconscient, à l'intérieur duquel Hartmann et Kris ont décrit de multiples variations intrasystémiques ;
- *Aspect libidinal narcissique :* le pré-Moi du narcissisme primaire, tout comme le Moi différencié, doivent, pour fonctionner harmonieusement, être investis de libido narcissique ;
- *Aspect libidinal objectal :* les objets pulsionnels sont d'abord investis puis intégrés progressivement au Moi par une série d'identifications, d'introjections. C'est en raison de ce double aspect libidinal du Moi que dans une très belle image Freud définit le Moi comme « le souvenir des amours du Ça ». La fonction du Moi selon Wildlocher n'est pas seulement le maintien de la réalité « mais aussi de la permanence du sentiment *d'omnipotence »* (même par la satisfaction du désir en utilisant le détour de la réalité). Le moi permettrait donc la constitution du *monde du possible* (analogue à cet espace intermédiaire décrit par Winnicot).

c) **Le Surmoi infantile** revêt deux formes :

- *Pseudo-Surmoi précoce,* qui n'est pas une véritable instance internalisée (par identification stable et secondaire avec un père reconnu et sexué) mais une *projection des pulsions agressives* (réintrojectées dans un deuxième temps). Ce Surmoi kleinien n'est qu'une imago, un personnage « fonctionnel ». L'importance clinique d'un tel mécanisme nous conduit souvent à définir comme une « 3e topique » (Soi-idéal du moi, v. plus loin).
- *Surmoi tardif,* post-œdipien, qui n'est pas une instance uniquement interdictrice, mais aussi gratifiante. En effet le signe d'une évolution œdipienne réussie est l'impression qu'à l'enfant d'être *aimé par son Surmoi* qui lui accorde une véritable « prime narcissique » lorsque l'enfant lui obéit.

■ ***Une pré-topique : Soi-narcissisme, Idéal du Moi :*** l'emploi du terme Surmoi, même qualifié de précoce, est donc le plus souvent abusif en clinique infantile. C'est l'Idéal du Moi qui est en cause, et que l'on pourrait définir comme la conséquence, l'agent et l'autre pôle du narcissisme préobjectal : « si tu veux que je t'aime, sois comme moi, ce parent idéal et tout-puissant ». Il s'agit donc d'une préinstance d'origine maternelle bien plus que paternelle (à l'inverse de ce que disait Freud dans « Psychologie collective et analyse du Moi » [73], p. 157). Comment définir cet Idéal du Moi? Comme un *idéal de toute-puissance,* aussi bien active que passive (Braunschweig et Lebovici [34], p. 80). La toute-puissance *active* est une défense contre « l'agressivité libre désorganisatrice ». Pour ces auteurs c'est : « non pas une instance, mais une valeur économique dans sa fonction primitive de liaison de la part d'énergie destructrice libre du Ça » (ce qui est une définition purement, économique d'un processus de liaison primaire qui s'oppose à la fragmentation du Soi). Il s'agit d'une *identification primaire,* d'une incorporation très archaïque. Cette théorie permet à la fois de rendre compte de certaines organisations cliniques, comme les psychopathies de l'enfant, et de relier Idéal du Moi, narcissisme et pulsion (contre l'avis de Grunberger pour qui il y a clivage entre développement pulsionnel et développement narcissique).

L'autre pôle de l'Idéal du Moi serait donc non pas le Moi mais le Soi ou le Self, terme à la fois très à la mode et très difficile à définir (on le trouve employé aussi bien par Hartman, E. Jacobson et Winnicot).

Son étude renvoie à celle des identifications primaires (v. plus haut) et du narcissisme. On peut le définir comme Hartman, « ce qui est investi par la libido qui n'investit pas les objets » (self catherix) — ce qui suppose qu'il s'agit d'une instance (?) différente du Moi, à la fois antérieure et d'étendue, de frontières différentes.

Des recherches cliniques récentes sur l'adulte ont permis de distinguer deux types de structurations caractéristiques de l'Idéal du Moi et du narcissisme. D'après Kohut [102] peut apparaître soit l'idée d'un objet extérieur tout puissant qui amène à un *transfert idéalisant* de cet objet, soit la constitution d'un *Soi grandiose* et mégalomaniaque que l'on projette sur l'entourage (transfert en miroir).

Un tel schéma semble pouvoir s'appliquer tout à fait chez l'enfant aussi bien au niveau de son développement qu'au niveau de sa pathologie. Il ne faudrait pas pourtant croire que l'Idéal du Moi n'est qu'une instance archaïque et régressive. J. Cosnier distingue en effet [42] un *Idéal du Moi mégalomaniaque archaïque et régressif d'un Idéal du Moi maturatif* qui permet les progrès de l'enfant. On peut aussi distinguer l'Idéal du Moi des parents, projeté sur l'enfant (Idéal du Moi souvent complètement déréel et s'opposant au développement propre et autonome de l'enfant) et l'« Idéal du Moi » de l'enfant, projeté sur les parents (processus normal qui s'éteint lorsque les parents réels et sexués sont reconnus à la phase œdipienne).

Point de vue dynamique

Selon Luquet, ce point de vue se résumerait à l'étude de la genèse du Moi et de ses investissements ([132], p. 243), mais genèse envisagée *sous l'aspect du conflit*. Il renvoie donc immédiatement au point de vue *topique* (quelles instances entrent en conflit?) et au point de vue *économique* (quelle est l'intensité et la distribution des forces en présence?) que l'on retrace la genèse de l'enfant normal ou le mode de constitution de certaines organisations pathologiques.

a) **Quels conflits rencontre-t-on chez l'enfant?** — Comme les instances sont souvent mal différenciées, (ou encore internalisées), l'une d'entre elles est quelquefois une *instance parentale :* Surmoi des parents ou des éducateurs, Idéal du Moi narcissique et mégalomaniaque de la mère. Sur un plan purement clinique on peut accepter la distinction d'A. Freud entre :

- *conflits externes* entre les instances du Ça et du Moi et du Moi opposées au monde des objets et des parents, conflits engendrant la *peur envers l'extérieur ;*
- *conflits intériorisés* entre le système « Moi, Surmoi » et le « Ça » se manifestant par la *culpabilité ;*
- *conflits internes* (c'est-à-dire intrapsychiques) ou même conflits intérieurs intrasystériques (à l'intérieur d'une seule instance). Il siège entre des représentants pulsionnels insuffisamment fusionnés ou incompatibles ou des images identificatoires (ambivalence non résolue, conflit activité-passivité, masculin-féminin). Tant que le « Moi » est immature ces représentants pulsionnels coexistent, mais sont la source de conflits dès que la fonction de synthèse du « Moi » s'applique à eux seuls qui s'accompagnent *d'angoisse authentique* ([59], p. 106).

En fait on peut distinguer trois niveaux de conflits :

- *conflits d'instance :* Moi-Surmoi, Ça-Moi, etc.
- *conflits pulsionnels :* conflits entre pulsions sexuelles et pulsions d'autoconservation (dans la première topique), pulsions libidinales et pulsions agressives (dans la deuxième topique). La sexualité reste toujours un des pôles;
- on aboutit en fait à un dualisme et à une vision continuellement dialectique de la vie psychique de l'enfant : dans celle-ci en effet s'affronteraient continuellement pulsions de vie et pulsions de mort, Eros et Thanatos, liaison et déliaison. Une telle vision dramatique n'est pas partagée par tous comme nous allons le voir.

b) **Existe-t-il une sphère du Moi libre de conflit chez l'enfant?** — Selon Hartman, une telle sphère existerait d'emblée investie d'une énergie neutre, elle assurerait le fonctionnement des activités cognitives et praxiques. Une telle conception apparaît difficilement admissible aussi bien pour des raisons génétiques que cliniques : une part trop grande y est laissée à l'équipement et la théorie des pulsions perd de sa généralité. Si l'on refuse l'idée d'une énergie neutre, on peut en revanche accepter l'idée d'une *neutralisation* et d'une *déconflictualisation progressive* dans le développement normal : cette déconflictualisation et la sublimation des pulsions permettent l'épanouissement de la sphère cognitive et une scolarité réussie sans inhibition grave (mais cette déconflictualisation peut être réversible s'il existe un point de fixation) (Lebovici et Braunschweig, [34], [113]). C'est là l'évolution de l'enfant normal ou de l'enfant névrosé.

Dans d'autres cas, le conflit devient nul et non avenu pour le Moi au prix de son enfouissement dans le corps (psychosomatiques) ou dans l'agir (psychopathies).

On peut enfin évoquer comme une solution extrême, pour supprimer le conflit, l'autisme infantile, dans lequel les pulsions, le soi et le monde sont fusionnés, en une seule instance close et autarcique.

c) **Comment se manifeste le conflit chez l'enfant?** — On a rarement en effet l'homologue des symptômes de l'adulte (tels qu'une phobie d'impulsion, une impuissance, etc.). Des phénomènes fugaces ou peu significatifs, ou même placés ailleurs que chez l'enfant (dans l'attitude des parents), constituent des « indicateurs de conflit » : une inhibition banale, un arrêt dans le jeu ou dans l'exposé de fantaisies, un choc devant certaines planches du Rorschach ou du Patte Noire, etc.

Point de vue économique

On sait qu'on appelle « investissement » *l'acte par lequel une certaine quantité d'énergie pulsionnelle se trouve liée à une zone du psychisme, du corps ou de l'environnement.* Les cliniciens d'enfants décrivent volontiers en termes *d'investissements* un grand nombre de processus où intervient un travail énergétique quantifiable et localisable.

■ ***Importance du point de vue quantitatif.*** — Cette énergie d'investissement est quantifiable, mesurable (mais à quelle aune?) Mais il faut surtout se souvenir qu'elle n'est pas infinie, elle est *limitée en quantité* comme le rappelle Pasche ([136], p. 244), ce qui explique que le surinvestissement d'un secteur entraîne l'appauvrissement d'un autre (ce qui donne à l'investissement son sens et ses conséquences cliniques et n'en fait pas un simple concept théorique). On peut donc définir l'équipement d'un enfant d'après le quantum d'énergie d'investissement dont il dispose (énergie variable selon chaque enfant, en fonction de son équipement pulsionnel et des apports en énergie d'investissement qu'il peut recevoir de ses parents) et la répartition de ce quantum.

■ ***Travail d'investissement.*** — C'est une *occupation* (investir dans) et une *poussée* (la pulsion est une force qui pousse, anime). La zone investie est intégrée dans le psychisme et acquiert à son tour une certaine énergie, qui lui permet de fonctionner, de s'étendre. Cette élaboration continue permet la différenciation progressive des diverses zones du psychisme et leur liaison.

La clinique nous montre les échecs ou les distorsions de ce travail sur un plan global (nous y reviendrons en parlant des domaines). Nous faisons allusion ici à tous les cas où l'énergie pulsionnelle investie est la destrudo (ou l'agressivité) : enfants autistes, nourrissons en plein marasme décrits par Spitz, certains automutilateurs frénétiques.

■ ***Domaines d'investissement.*** — On peut partager les domaines d'investissement en deux domaines principaux : le domaine *narcissique* et le domaine *objectal,* entre lesquels il y a un va-et-vient continuel.

Voici les principaux domaines qui peuvent s'investir à la fois selon le mode narcissique et selon le mode objectal :

- *l'image* statique du *corps,* des diverses *zones érogènes* primaires;
- la *motricité* si souvent surinvestie chez l'enfant;
- les organes des sens et leurs différents domaines plus ou moins primitifs, certaines fonctions comme la respiration (v. Greenacre [87]) souvent en rapport avec l'incorporation.

On peut se souvenir aussi du caractère très primitif de l'investissement global, de cette zone constituée par le nez, la bouche et le poumon qu'évoque le comportement tantôt flaireur et tantôt dévorant de certains enfants autistes à l'égard du moindre objet ou du corps d'autrui. On peut rappeler aussi le surinvestissement des fonctions *d'élimination* dans les structures anales. Chacun de ces domaines d'investissement peut entretenir des relations spécifiques avec d'autres. On peut rappeler ainsi avec Fain combien la *vision* permet d'appréhender l'objet à distance, permet un arrêt de motricité et s'oppose à *l'audition* qui est participation (au rythme de l'autre et à la scène primitive dont on sait qu'elle est entendue par l'enfant, dans la réalité ou dans le fantasme, bien plus que vue). La façon dont se modulent les investissements au niveau de l'image du corps peut à la limite conduire à une certaine typologie : on peut ainsi opposer les enfants actifs ou visuels, ceux qui ont besoin de caresses cutanées et de contacts à ceux qui les fuient, etc.

– Les diverses *zones du psychisme,* les diverses *fonctions instrumentales* peuvent être investies inégalement : nous rappelons ici une réalité clinique qui sera évoquée lorsque nous étudierons les différentes structures et organisations. Ces organisations, en effet, se définissent par des modes particuliers d'investissement du « Moi », des systèmes défensifs et de certains instruments comme le langage, l'intelligence, la pensée, etc., investissement qui peut se faire de façon exagérée par une énergie sexualisée, ce qui entraîne la répression par le Surmoi. Or pour fonctionner de façon autonome et productive, les processus cognitifs doivent être désexualisés. Rappelons enfin que tout le système défensif des formations substitutives peut s'exprimer en termes de *contre-investissement,* c'est-à-dire en terme d'investissement déplacé sur une autre représentation consciente pour empêcher, pour contrer le retour du refoulé, ce qui signifie une dépense d'énergie continuelle et incessante qui appauvrit les possibilités d'investissement libre du « Moi ».

– Enfin le dernier grand domaine d'investissement est *l'objet* dont il permet la constitution progressive. En effet, la genèse de la relation objectale est d'abord un phénomène économique : l'objet est *investi avant que d'être perçu.* Les deux types de choix d'objets peuvent aussi décrire en termes économiques : dans celui par *étayage* il y a déplacements et appuis successifs d'investissements d'une zone à l'autre, d'une fonction à une autre, dans le *choix d'objet narcissique* il y a répétition et comme réduplications incessantes à la fois du mode d'investissement et de l'objet (choisi toujours comme image du « Soi »).

■ ***Conclusion :*** les deux principes du fonctionnement mental peuvent être mis en évidence chez l'enfant encore plus nettement que chez l'adulte, et ce de façon simultanée. Le *principe de plaisir* en effet coexiste beaucoup plus nettement chez l'enfant avec le *principe de réalité* (constamment dans le jeu, le fantasme, etc., le monde transitionnel, celui de l'illusion décrit par Winnicot). De la même façon, s'intrique continuellement le processus secondaire (avec son identité de penser) et le processus primaire (avec son identité de perception).

De même la dernière théorie pulsionnelle de Freud se trouve-t-elle illustrée de façon souvent éloquente (nous le verrons plus loin avec les affections psychosomatiques).

Même derrière des affections gravissimes où Thanatos apparaît seul à l'œuvre on peut quand même deviner la présence d'Eros (ainsi dans cet orgasme de la faim, décrit par E. et J. Kestemberg dans l'anorexie mentale).

NARCISSISME ET IMAGE DU CORPS

L'importance clinique et théorique de l'Idéal du Moi *narcissique* et *phallique* nous a amené à poser la question suivante : le narcissisme pourrait-il être une instance autonome chez l'enfant? On entend par narcissisme à la fois une *énergie* (libido narcissique opposée à libido d'objet), un *secteur* d'investissement (le Soi, ou le Moi opposé à l'objet), un *mode de fonctionnement* (choix d'objet narcissique de la femme opposé au choix d'objet par « étayage » chez l'homme) ou de *dysfonctionnement* (névroses narcissiques, c'est-à-dire hypochondries et schizophrénies opposées aux névroses objectales).

■ ***Ontogenèse du narcissisme :***

a) **Avant la naissance :** existe-t-il un narcissisme *inné* et une instance qui interviendrait dans la vie physique et psychique du nourrisson? On peut admettre l'existence d'un auto-investissement massif d'énergie narcissique qui permettrait la poursuite de la vie du nourrisson et la constitution d'une instance indifférenciée totalisante que nous préférons appeler le *Soi* ou au minimum supposer l'existence d'un certain *capital* de départ (que l'on pourrait imaginer comme analogue aux gamma-globulines et aux anticorps que l'enfant a reçus passivement de sa mère au cours de la vie intra-utérine).

Existe-t-il en revanche un narcissisme fœtal aconflictuel et élationnel tel que le postule Grunberger? C'est beaucoup plus douteux. Même si l'on admet (ce qui, expérimentalement, est de plus en plus contesté) que le fœtus a une vie parfaitement protégée, sans aucune tension et stimulation — la naissance constitue une mise en tension immédiate et brutale, et penser que l'enfant peut halluciner ou recréer un tel état est peu probable.

- Le *Moi fondateur* de l'unité organique décrit par Tausk apparaît en revanche pouvoir constituer le fondement de *l'identification en soi-même.* Cette identification primaire n'a pas de significations psychologiques : le corps n'est perçu ni comme présence ni comme unité, le sensorium est muet, non investi (à cause du bouclier pare-excitation et de la non-myélinisation de certains nerfs).
- Le *Moi-sujet* présent dès la naissance (d'un verbe même intransitif « je vis ») investi de façon neutre.

b) **Après la naissance :** un *processus* de constitution du narcissisme. En effet, le capital narcissique de départ s'il existe est vite épuisé et c'est progressivement (par un processus à la fois endogène et exogène) que se constitue l'éventuel narcissisme primaire. Il semble se faire de trois manières.

- Découverte des parties du corps perçues comme étrangères d'abord (« projection » postulée par Tausk) puis investies et réunies au soi par de nouvelles identifications.
- Intégration et liaison des excitations diffuses désorganisatrices (D. Braunschweig [34]).
- Fusion des auto-érotismes partiels liés à des zones érogènes partielles et des pré-objets partiels (Freud, p. 94).

Des études récentes de Fain ont compliqué un peu ce schéma en montrant à la fois :

- Le *balancement* obligatoire entre *narcissisme* et *auto-érotisme* (décrits alors comme des modes de fonctionnement opposés)
- La mise en jeu nécessaire du *bouclier pare-excitation* dans lequel intervient à la fois la « première censure » de la mère (lorsqu'elle abandonne son enfant pour redevenir épouse : censure de l'amante) et *l'instinct de mort* qui, mortifiant les limites du Moi corporel (au sens de Federn), crée une coque indispensable. Rappelons encore que l'énergie narcissique qui investit le corps de l'enfant semble avoir une double origine : *endogène* bien sûr, mais aussi *énergie apportée en quantité suffisante ou non par la*

mère au moment des premiers soins corporels cutanés, du bercement et de l'alimentation (Spitz, [155]).

En fait il semble donc y avoir deux éléments : une énergie qui est d'ordre libidinal venue de plusieurs origines et un processus de limitation. Dès cette époque aussi, le narcissisme a un rapport avec le phallus dans la mesure où l'enfant est le phallus de la mère. Se pose alors le problème du sens et de l'importance du narcissisme primaire. S'agit-il d'une instance réelle ou hypothétique? Est-elle permanente ou s'éteint-elle après la constitution du narcissisme secondaire? Il semble en fait que le narcissisme primaire n'est pas antérieur au narcissisme secondaire et qu'il est comme lui d'essence libidinale, c'est en lui que se fait la liaison indissoluble entre le biologique et le psychologique, entre soi et l'autre. Sur le plan clinique ce sont ses ratés et ses distorsions que nous étudierons avec les organisations psychopathiques et psychosomatiques.

c) **L'objet, la déception.** — Le retour au Moi et au corps des investissements après abandon des objets définit le *narcissisme secondaire* (« l'amibe rétracte ses pseudopodes » : Freud).

C'est à ce moment que l'aspect quantitatif prend toute son importance, si l'on se rappelle que l'énergie narcissique est limitée. On peut admettre comme Federn que les objets investis narcissiquement (ce qui appauvrit le Moi) ne restituent pas toute l'énergie mise en eux : cette frustration inévitable oblige à un retrait vers les frontières du soi (qui se trouvait alors investies, se différencient, tout comme l'objet).

C'est dans ce mouvement de retour que se constituerait le Moi. Mais c'est aussi à cette époque que se différencierait l'idéal du Moi comme projection du narcissisme et l'image du phallus comme compensation, fermeture du manque. Une telle théorie n'a de sens que si l'on considère (comme pour le narcissisme primaire) qu'il n'y a pas de distinction des sens entre libido objectale et libido narcissique.

Mais comment se constituerait alors l'objet et comment serait-il investi? Le sera-t-il dans un deuxième mouvement libidinal? Nous préférons parler, avec F. Pasche, d'un *anti-narcissisme* à l'œuvre très tôt, qui serait le mouvement énergétique inverse du narcissisme par lequel l'objet serait investi progressivement (ce qui suppose que l'enfant dispose d'une libido objectale, anti-narcissique, elle aussi limitée, inversement proportionnelle à la libido narcissique).

d) **Avenir du narcissisme.** — Même si on ne le considère pas comme une instance ayant un rapport consubstantiel avec l'oralité (Grunberger), le narcissisme semble à l'œuvre durant tout le développement, même pendant la phase anale (ou le boudin fécal expulsé ou retenu à valeur phallique et narcissique). On le retrouve au moment de la phase phallique pré-œdipienne et à l'adolescence. Il est aussi à cette époque particulièrement à l'œuvre dans toutes les identifications à un groupe fusionnel et anti-érotique (Braunschweig et Fain : *Eros et Anteros).* On pourrait aussi considérer que toute l'histoire du narcissisme se confond avec celle du Moi, mais celle-ci, si elle englobe le narcissisme, comprend aussi toute une série de fonctions d'adaptation qui lui échappent.

Remarquons le sens très particulier que prend l'épithète narcissique chez Freud dans le cadre de sa typologie (des types libidinaux (1931 [80]). Le caractère narcissique est en effet défini pour lui comme absence de tension entre Moi et Surmoi, absence de primat du besoin érotique, et par l'autoconservation, l'importance de l'agression libre qui rend prêt à l'action et le désir d'aimer plutôt que d'être aimé (!), ce qui définirait les leaders.

■ ***Un indicateur» du narcissisme : le corps et l'image du corps.*** — Toute cette théorie du narcissisme peut apparaître bien hypothétique, bien abstraite. Mais la clinique du narcissisme infantile peut se traduire de façon beaucoup plus concrète et parlante si l'on évoque simplement le corps de l'enfant et l'image que lui-même et les autres ont de ce corps (une telle formulation risque d'apparaître ambiguë car, dès qu'on parle du corps, on renvoie à la fois à la sphère somatique au corps observé par l'autre et à l'image à la représentation du corps dans le psychisme).

Nous ne traiterons pas de la constitution progressive de cette image du corps chez l'enfant (nous renvoyons le lecteur à Ajuriaguerra [9], p. 379). Rappelons seulement que cette genèse est inséparable de celle de l'espace de la motricité, du langage (et du graphisme) et qu'elle s'opère par une série d'investissements partiels de zones érogènes réunies ensuite (pour Schilder l'image du corps n'est complète qu'à partir d'une restructuration autour du primat de la zone génitale).

Évoquons les diverses images du corps dans les grandes organisations : *corps morcelé,* envahi ou tout-puissant du psychotique, *corps en mosaïque* (ou avec une vacuole) de l'état-limite, *corps-phallus* de certaines organisations narcissiques et caractérielles, *corps déshabité,* désinvesti dans les dépersonnalisations, *secteur* du corps *délibidinalisé* et *autonome* du psychosomatique, *corps expressif, corps fantasme* de l'hystérique.

Nous n'étudierons pas seulement l'image du corps pour l'enfant, mais le corps comme objet, comme domaine d'investissement (non toujours reconnu par le sujet — et ce mode d'investissement à la limite « modèle » le corps).

Mais ce corps revêt aussi une multitude de sens pour la mère (qui l'a bien ou mal investi au début du développement et remanie cet investissement). Et ce sens peut être très défensif. Ainsi la référence exclusive au corps de l'enfant lui permet (ainsi qu'à certains médecins) de nier toute vie psychique et relationnelle (et dans tout avatar du développement, et même dans un trouble du caractère, on cherche la lésion, le microbe...). Toute relation avec l'enfant est aseptisée, passe par la voie du soin somatique ou du médicament. Mais à travers le corps, la communication des affects, des désirs et des fantasmes s'opère malgré tout.

■ ***Clinique du narcissisme.*** — L'investissement purement narcissique est à l'œuvre dans certains autismes infantiles. Mais ce narcissisme apparaît rarement aconflictuel, « élationnel » (Grunberger). L'angoisse, les conduites auto-mutilatrices graves y sont très fréquentes. On peut évidemment supposer que l'enfant agresse une partie de son corps perçue comme étrangère à lui (projection de Tausk), c'est-à-dire mal ou peu investie d'une énergie narcissique elle-même insuffisante (Federn). On retrouve cette « projection », ce sous-investissement du corps dans certains délires de l'enfant (« la machine à influencer » est rare chez lui) mais surtout dans la « mécanisation » du mouvement et de l'activité des enfants-machines (Bettelheim [22]) ou de certains instables graves. Certaines carences narcissiques se traduisent par des syndromes somatiques gravissimes dans le premier mois (Spitz; Fain; v. plus loin : Organisations psychosomatiques).

L'oblitération de certaines fonctions instrumentales est souvent liée à une carence narcissique. (v. plus loin : Organisations anaclitiques).

On retrouve aussi à l'œuvre une économie purement narcissique de type carentiel (masquée mais active) dans des psychopathies de l'enfant où le conflit libidinal de type anal (sado-masochisme, culpabilité) est malgré les apparences absent (Braunschweig [34]). Mais la clinique du narcissisme infantile ne s'explique pas seulement sur un mode économique et carentiel. On assiste en effet à des remaniements ou mouvements défensifs (contre-investissements de certains secteurs du Moi ou du monde, fantasmes, expansions mégalomaniaques, passages à l'acte, etc.) qui appartiennent à la dynamique du Moi.

AGRESSIVITÉ ET AGIR

L'agir a mauvaise réputation car il est défini le plus souvent par acting out : passage à l'acte.

- Issue agressive.
- Fuite d'une relation.
- Refus d'une mentalisation.

Ce schéma trouve apparemment une confirmation nette dans la génétique de l'agir et dans la clinique infantile.

Nous essaierons pourtant de séparer soigneusement ces deux notions.

■ *L'agressivité*

a) Existe-t-il une **agressivité primaire?** Elle semble en effet naître avec l'avidité orale toujours insatisfaite (distincte de la faim) et avec le besoin de satisfaction immédiate (même si on refuse l'image kleinienne du mauvais sein qu'il faut expulser et détruire). Pourtant Grunberger affirme que cette agressivité orale primaire n'est qu'une illusion née d'un après-coup par lequel est projeté sur la phase orale le sadisme anal. M. Balint va encore plus loin en postulant l'existence d'un amour primaire, « forme » instinctuelle qui contredit non seulement l'idée d'une agressivité primaire, mais aussi la genèse habituellement admise de la relation objectale (il semble en effet, contrairement à ses affirmations que « l'objet naît dans la haine » (v. p. 217).

Il semble que dès cette époque d'agressivité primaire orale se constitue une première gestalt complexe qui comprend des affects, des éprouvés corporels, l'ébauche des premières représentations, quelques schèmes moteurs, sensoriels et interoceptifs : on y retrouve à la fois en effet, la faim, les sensations de plénitude et de vide de la bouche et de tout le tube digestif, la motricité vite focalisée de la bouche et de la main, les sensations cutanées labyrinthiques et kinesthésiques, des affects de plaisir et de déplaisir successifs. Tout ceci montre combien cette agressivité s'intègre dès le début dans un cadre complexe. On retrouve à propos de cette agressivité l'habituelle discussion entre tenants de l'inné et tenants de l'acquis. L'agressivité même si elle n'est pas totalement innée ne constitue pas une réponse linéaire à la frustration.

Elle apparaît aussi déjà très complexe dans sa structure, elle est à la fois activité *d'expulsion (corporelle* et représentative), motricité à la fois désordonnée et manifestant déjà un *désir d'emprise, clivage* et *déliaison* (ce serait là son rapport avec l'instinct de mort). Dans certains cas pourtant, l'agressivité primaire absolue, l'instinct de mort et la compulsion de répétition apparaissent plus nettement isolés ainsi dans certaines colères violentes et répétitives et plus tard dans certains comportements absurdes d'automutilation et dans certains tableaux quasi suicidaires de délinquance et de toxicomanies juvéniles.

b) **L'agressivité dans la deuxième théorie des pulsions : intrication et désintrication**. Alors que dans la première théorie des pulsions, la haine était en fait liée aux pulsions d'auto-conservation et à la lutte du Moi pour son affirmation, la dernière théorie lie l'agressivité à l'instinct de mort et au jeu dialectique de celui-ci, avec la libido. La pulsion agressive serait la partie de la pulsion de mort tournée vers l'extérieur et investie dans la musculature. Dans cette opération, elle est mise au service de la libido et constituerait ainsi le sadisme (en revanche la partie restée dans l'organisme et liée elle aussi à la libido serait le masochisme érogène). C'est au moment de la phase anale que l'on perçoit le mieux ces multiples relations structurales. Mais *l'intrication* pulsionnelle ainsi affirmée n'est ni immédiate semble-t-il, ni définitive (la désintrication peut en effet apparaître plus tôt dans le masochisme primaire ou plus tard dans certaines affections).

c) **Devenir de l'agressivité** dans le développement. Elle se lit en effet en filigrane durant toute l'évolution de l'enfant et de l'adolescent avec des moments d'émergence, en particulier au moment de la phase phallique et du complexe d'Œdipe (par exemple dans la haine du petit garçon pour le père rival). Au moment de la latence elle s'éteint apparemment pour se dériver dans l'activité, le jeu, le sport et l'apprentissage scolaire. Elle réémerge souvent violemment au moment de la crise de l'adolescence où le conflit œdipien devient une guerre entre générations.

d) **Place de l'agressivité** dans l'économie psychique. La dualité pulsionnelle est continuellement présente dans toute l'activité mentale. L'agressivité elle-même s'exprime combinée dans le fantasme et directement dans l'affect de culpabilité. La pensée elle-même tire son dynamisme et ses possibilités d'analyse de la pulsion agressive qui permet de scinder des éléments, d'abstraire des contenus (la libido permettant en revanche les liaisons et les concatérations nécessaires).

Il faut d'ailleurs distinguer soigneusement les différents modes d'apparition de l'agressivité. Elle peut être en effet, soit agie par le corps et la musculature, soit exprimée dans le langage, soit refoulée ou inhibée (de façon souple, ou au contraire rigide si son intensité impose un contre-investissement massif). Sur le plan de la pathologie de l'enfant, on retrouve ces différents modes de l'agressivité dans les psychopathies (agir pur), les psychoses (clivage et désintrication) et dans la névrose obsessionnelle (dans un jeu mental complexe). Tous ces devenirs de l'agressivité se distinguent en fait par leur degré de mentalisation et de liaison à la libido.

■ ***L'agir.*** — L'agir ne se résume pas à l'action musculaire, même s'il prend sa source en elle. L'action intentionnelle, la motivité orientée naissent en même temps qu'une agressivité sexualisée et que la possibilité de dire non (et de s'opposer) au moment de la phase anale (après la *divided line* de R. Fliess), qui marque le début des possibilités de contrôle et de maîtrise.

La primitive « pulsion d'emprise » devient maîtrise modulée des objets. L'espace lui-même s'organise. La marche permet depuis un certain temps, on le sait, l'avènement du principe de la réalité et de la distinction intérieur et extérieur (la tension interne étant celle à laquelle on ne peut échapper en se déplaçant).

C'est le début de la possibilité de remplacer l'agir par une « expérimentation psychique », une « action d'essai » interne qui consomme moins d'énergie et qui sera la pensée. De plus, la possibilité de dire *non* (que Spitz, nous l'avons vu, considère comme le troisième organisateur), introduit la dimension du symbolisme et l'abstraction dans cette pensée d'abord très empirique.

L'activité mentalisée. Nous venons de voir le passage de l'agir à la mentalisation (conçu comme modèle et suspension de l'agir). Mais ce progrès reste réversible chez l'enfant.

La régression vers l'agir reste longtemps « normale » chez l'enfant qui ne peut toujours élaborer une frustration se rappeler un souvenir traumatisant ou dépasser un conflit. L'agir de l'enfant et sa pathologie ont un rapport direct avec les divers conflits infantiles — qu'il s'agisse d'inhibition, d'impulsion, etc. On y retrouve toujours selon les moments, l'intrication ou la désintrication pulsionnelle. Mais l'agir a un autre devenir : la lente accession à l'autonomie et à la créativité semble s'accompagner d'une *désexualisation* et d'une *déconflictualisation* de l'agir (parallèle à celle de la pensée, pour constituer avec elle la « sphère du Moi libre de conflit »). Les inhibitions de l'agir peuvent en revanche être liées à un arrêt de ce processus.

Clinique de l'agir. L'agir constitue donc un domaine d'investissement et un mode d'expression. Il semble que les rapports entre l'agir et certaines perturbations narcissiques à expression psychosomatique précoces soient nets : ainsi les enfants anorectiques ont-ils souvent un développement psychomoteur prématuré et un surinvestissement de la motilité (Fain). Un passage à l'acte ou acting (au sens large) sera donc lié à une mauvaise répartition économique (passagère ou inscrite) et aura un sens : appel à l'autre, indicateur de conflit, défense (et pas seulement la classique et fréquente « identification à l'agresseur »). On distinguera parmi ces acting :

- *des acting purs* (répétitifs ou non) sans angoisse, ni affect liés à l'agressivité primaire chez les psychopathes; les *accidents graves* à répétition chez l'enfant, accidents qui sont des équivalents suicidaires sans angoisse dépressive nettement mentalisée. On pourrait y rattacher (pour choquant que ça paraisse) le « syndrome des enfants maltraités » dans lequel on a l'impression d'une véritable provocation masochique primaire de la part de l'enfant qui pousserait l'adulte à le martyriser.
- *des acting qui ont une valeur de fantasmes inconscients.* Ces acting purs ou ces acting fantasmes sont liés d'après P. Greenacre à l'oralité et au manque d'égard pour l'objet maternel. On peut en effet remarquer après Hengel que l'acting a un but inconscient d'englober tous les autres (autres que la mère) dans un conflit, et qu'il constitue un mode de protection contre une menace de perte d'identité.
- *des acting liés à la culpabilité névrotique* et au désir d'auto-punition. Pour certains, la pathologie de l'agir n'aurait pas une signification tellement archaïque chez l'enfant mais serait la non-utilisation régressive passagère du langage. Le passage à l'acte a en tout cas valeur de décharge pulsionnelle ou purement énergétique primaire (Nunberg), il permettrait sous des rationalisations (rares chez l'enfant) le maintien du refoulement. De toute façon son caractère répétitif n'est absolument pas perçu. Mais la clinique de l'agir comprend aussi les inhibitions, l'apragmatisme, les dyspraxis, l'hyperactivité défensive, etc.
- *chez l'adolescent*, l'acting, s'il constitue un mode de dénégation des limites frustrantes imposées par la réalité et une régression magique et identificatoire à la mère phallique, n'en constitue pas moins finalement un processus maturatif et adaptatif (Blos, [27]).

MENTALISATION

L'activité fantasmatique ne constitue qu'une partie du travail effectué par le psychisme pour maîtriser l'énergie pulsionnelle et l'excitation en la liant et en la dérivant. Cette « élaboration » psychique se confond avec l'avènement du processus secondaire et des processus de pensée. Des psychologues généticiens auxquels nous renvoyons le lecteur ont décrit ces processus de façon très précise. Rappelons comment Piaget décrit les différentes étapes. Après l'intelligence sensorimotrice (antérieure au langage et à la pensée, c'est-à-dire avant 2 ans) apparaissent successivement la pensée pré-opératoire (avec sa logique des classes, le début du symbolisme), la pensée formelle hypothético-déductive. Rappelons aussi comment H. Wallon [164] montre l'émergence progressive à la pensée et l'activité symbolique à partir du syncrétisme de l'agir, de l'émotion et du corps (insistant sur la valeur de la marche, puis de la parole). Même si l'on peut penser que les stades décrits par eux constituent des structures rigides et sans osmose entre elles, placées dans une succession immuable, on ne peut qu'être frappé par l'importance qu'ils donnent au corps, à l'agir, à l'avènement du symbole, du langage (Piaget) et à l'émotion (H. Wallon).

■ ***L'élaboration mentale et sa fonction.*** — Cette élaboration est progressive et a pour but :

1° De diminuer l'impact désorganisateur des stimuli externes mais aussi internes (représentants pulsionnels) en les liant et les détournant par une méthode qui n'est plus seulement *économique*, mais qui constitue aussi une *opération de sens*.

2° De *différer*, d'anticiper et même de remplacer la satisfaction pulsionnelle.

3° De *maintenir la constance d'un objet* pulsionnel à travers ses absences et ses retours — d'où le maîtriser en le figurant ailleurs, en l'internalisant, en le rendant figure signifiante (sur fond indifférent).

Conditions préalables à cette mentalisation :

- Existence d'un contenant, bien que des théories modernes comme celles de Bion affirment que c'est le contenu (les pensées) qui forment le contenant (appareil à penser ou « pensoir ».
- Le contenu doit exercer une poussée dynamisante (sens moteur du mot pulsion). Il doit à la fois être liable et sécable dans un libre jeu pulsionnel d'Eros et de Thanatos;
- Il nécessite la rencontre d'un certain nombre d'éléments hétérogènes. Une pensée, pour Bion, est la rencontre d'une pré-conception (attente d'un objet) avec la frustration. Ces pré-conceptions ne seraient parmi les éléments alpha qu'une partie d'une chaîne allant de la pré-conception au concept par l'intermédiaire de la conception (cette dernière se définissant comme la rencontre d'une attente ou pré-conception et d'une réalisation, c'est-à-dire une expérience). Cette théorie abstraite a pour intérêt de

rappeler les liens de la mentalisation avec l'absence de l'objet, l'hallucination positive et négative et l'expérience de satisfaction ou de manque.

■ *Divers aspects ou domaines.*

a) **Représentations.** — Il s'agit de représentations de mots ou de choses (on sait que Freud a insisté sur cette distinction), une représentation, hallucinatoire ou non, de l'objet de la pulsion (on se souvient du jeu de la bobine). La représentation même primaire, hallucinatoire et magique, permet une maîtrise du monde en permettant de manipuler des objets internes toujours à disposition, ou de différer la satisfaction par l'introduction de l'attente, de la temporisation. L'éducation, traditionnelle ou non, a pour but (l'apprentissage des horaires des repos ou de la maîtrise sphinctérienne) de provoquer ou de faciliter cette mentalisation. On pourrait « écrire » les étapes successives de cette mentalisation représentative (pour marquer combien cet objet internalisé se détache de son origine concrète et devient de plus en plus abstrait et générique) : sein → nourriture → parole d'autrui → signe de plus en plus formalisé → concept (dans la lignée orale).

Feces → objet manipulé et fragmenté → objet mentalisé et analysé en ses parties (dans la lignée anale).

b) **La Pensée** étroitement reliée à la représentation a d'autres aspects originaux (M. Gressot, dans S. Nacht [133], p. 122).

- *Son origine :* l'acte dont elle constitue un substitut (acte d'essai peu coûteux en énergie, v. chap. sur l'agir).
- *Son double rôle* de « régulation intra psychique et d'adaptation au réel ». Tournée vers le réel qu'elle constitue (dans l'épreuve de la réalité qui est le premier jugement), « elle véhicule le même sentiment de réalité que la perception ». Nous pourrions ajouter que chez l'enfant, cet éprouvé de réalité s'attache à toute une série de processus beaucoup plus archaïques comme le jeu et le fantasme.
- Elle est liée à la *négation,* à la fois sur le plan génétique (Spitz et le troisième organisateur) et sur le plan métapsychologique : tout jugement est jugement de négation (et comme tel est l'homologue, dans la pensée, du refoulement).

Rappelons que la négation est un processus hautement conscient, qui *n'existe pas dans l'inconscient.*

La pensée conserve tout au long de son histoire un lien étroit avec la libido : aussi bien dans son origine que dans son fonctionnement (qu'alimente une libido désexualisée et sublimée).

Elle s'exerce d'ailleurs toujours avec une prime de plaisir : « plaisir de fonctionnement ». C'est cette prime de plaisir ou surtout une sexualisation intense du processus de pensée qui provoque chez certains enfants les foudres du Surmoi et de graves inhibitions intellectuelles.

c) **L'affect**, autre versant de cette mentalisation des pulsions, dans lequel l'objet n'est pas présent, tient une si grande place chez l'enfant (v. Mallet [132], p. 168). En introduisant cette notion d'affect, on intègre l'éprouvé dans un ensemble plus large d'éprouvés du Moi. Mallet distingue les *affects narcissiques réactionnels* (colère, ressentiment) ayant leur siège et leur origine dans le Moi seulement et non dans le corps, des *affects appétitifs objectaux* (honte, angoisse génitale, haine du rival.) dont l'origine est dans le Ça et dans le corps. C'est pourquoi la répression des affects (dans les névroses) n'aurait pas la même influence déstructurante et destructrice au niveau du corps que la dénégation d'affects hétérogènes au Ça et au corps (comme dans les organisations psychosomatiques), ce qui est bien une réalité clinique observable chez l'enfant. Toutes ces formes de mentalisation ne sont pas des domaines juxtaposés ou des modes de fonctionnement parallèles, Green rappelle en effet (RFP XXXIV [5-6], 1970, p. 1123) que la fonction essentielle de l'affect est de recouvrir, d'abolir, de tenir lieu de représentation. Son effet le plus saisissant est *l'hallucination négative* (c'est-à-dire l'autre face, l'envers de la réalisation hallucinatoire du désir).

■ ***Clinique.*** — Il faut donc, pour faire un bilan des possibilités et des mécanismes de mentalisation chez un enfant :

- *Étudier le monde de pensée en fonction de l'âge* (selon les critères de Piaget). La sexualisation de cette pensée, son infiltration par des mécanismes primaires, sa valeur défensive adaptée ou non contre l'angoisse, la souplesse de ses liens avec l'affect), le jeu qu'elle entretient avec le fantasme et la réalité, en n'oubliant jamais que la « pensée pure » désinsérée, abstraite, est aussi pathologique que la pensée prisonnière et que plusieurs modes de pensée différents peuvent normalement coexister.
- *Étudier les possibilités de représentation,* son mode prévalent (visuel, auditif, moteur, etc) sous un aspect à la fois dynamique et économique

Mais une telle étude dynamique et économique débouche sur celle des rapports de la mentalisation avec l'agir et le corps qui constituent à notre sens les trois pôles de l'étude de l'enfant.

LES DIVERSES ORGANISATIONS

INTRODUCTION

Nous étudierons les diverses organisations que l'on rencontre en clinique infantile à plusieurs niveaux :

■ Rappel de *la nosologie classique,* en insistant sur la clinique différencielle : nous essaierons en effet de montrer comment elles s'articulent entre elles à la fois par leur conjonction et par leur différence.

■ *Phénoménologie clinique :* nous essaierons de tracer un portrait de l'enfant. Nous essaierons de préciser ses relations à l'autre et de repérer la place et la présence de quelques *signifiants* importants.

■ *Métapsychologie* :

a) Sur le plan **économique** nous étudierons la répartition des investissements sur les trois pôles :

– du corps et du narcissisme,

– de l'agir,

– de la mentalisation.

En effet on peut représenter, nous semble-t-il, chacune des organisations que nous allons étudier d'une façon quasi topologique, chacune peut se définir en effet :

1° *Soit par une saturation* (au sens statistique) spécifique et prévalente de l'un des trois domaines d'investissement que nous venons d'étudier; par exemple l'organisation psychosomatique par une saturation du corps, l'organisation psychopathique par une saturation de l'agir, l'organisation névrotique par une saturation du mental. On parvient ainsi à une sorte de carte topique des investissements.

2° *Soit par un mode d'organisation* plus ou moins différencié de chacun des trois domaines (c'est là une notion bien classique) :

– au niveau du domaine prévalent d'investissement s'instaure une structuration spécifique (par exemple le jeu entre le fantasme et la pensée chez l'hystérique n'est pas le même que chez l'obsessionnel);

– au niveau des autres domaines, même pour les structures les plus mentalisées, il faut considérer aussi les problèmes du narcissisme et de l'acting.

3° *Soit par des relations,* elles aussi originales et spécifiques et quelquefois irréversibles (dans un seul sens) entre les trois domaines. Évoquons pour mémoire l'influence du déficit corporel sur les possibilités de mentalisation des débiles, l'inscription corporelle de la faille mentale des psychotiques.

b) Sur le plan **dynamique :** mise à jour des conflits essentiels.

c) Sur le plan **topique** (qui, en fait, résume et condense les précédents) : les types de relation entre instances et les modes de structuration essentiels.

ORGANISATIONS DÉFICITAIRES

1. – CONCEPTION CLASSIQUE DU DÉFICIT

On peut regrouper sous ce nom toute une série d'affections cliniques très différentes, de gravité variable qui n'ont pour point commun que d'être liées à un manque, une absence, une lésion au niveau de l'équipement et du corps. Peu importe que ce manque soit apparu dès les premiers jours (affections héréditaires, accidents néonataux) ou bien plus tard — peu importe qu'ils affectent la totalité de la personne ou seulement certaines fonctions et secteurs (intelligence, praxis, langage) — peu importe que le manque soit masqué par des remaniements et des superstructures secondaires ou révélé par des phénomènes aigus, critiques (épilepsie).

Deux caractères spécifiques feraient l'unité de ce groupe :

1° Inscription dans le corps, ses fonctions, ses appareils, et dans l'activité intellectuelle.

2° Cette inscription intervient soit au début (débilité primitive), soit à la fin d'un processus (débilisation).

La reprise dans un système relationnel, la transposition dans le registre de l'affect et du fantasme sont encore considérées par certains comme des phénomènes contingents, des troubles associés. Comme ces auteurs, nous décrirons d'abord les déficits de façon purement mécaniciste et organiciste.

■ ***Atteintes du système nerveux central.*** — Les lésions néonatales (anoxie) post-encéphalitiques ou traumatiques peuvent conduire non seulement à la débilité mais à trois séries de troubles.

a) **Troubles des fonctions psychomotrices** (au niveau de la constitution du schéma corporel, de l'espace et des praxis). Ainsi l'enfant infirme moteur cérébral ne peut pas percevoir correctement son corps, se repérer dans l'espace, maîtriser l'un et l'autre, s'il a un hémicorps paralysé (qu'il peut ignorer ou traiter comme une chose) ou s'il n'a pu acquérir la station debout.

b) **Troubles du langage** (de l'aphasie à la dysphasie) et de la communication.

c) **Troubles critiques :** il s'agit de l'épilepsie que nous allons maintenant étudier.

■ ***L 'enfant épileptique*** ([9], p. 625) :

a) **Traits de personnalité :** on les étudie entre les crises, c'est le fonds continu sur lequel celles-ci interviennent comme une rupture. Voici les principaux selon Sauguet [114] :

- *Bradypsychie ou* lenteur idéomotrice (reliée aux sentiments dépressifs profonds) s'associant à la méticulosité, à la persévération.
- *Adhésivité,* affection outrancière pour autrui (enfants « collants »).
- *Agressivité* non contrôlée (impulsions, colères).
- *Religiosité* et fuite dans la rêverie.

b) **L'épileptique, ses parents et le soignant :** l'épileptique en crise, surtout adulte, fait beaucoup rêver (même les romanciers, v. Dostoïevsky dans « L'Idiot » car il a quelque chose de fascinant et d'horrible. On éprouve à le regarder (sans oser prendre sa place) l'émergence crue des pulsions destructrices et libidinales, la mort toujours présente et suspendue dans la crise, et la troublante équivalence crise = orgasme = petite mort. On retrouve cette fascination et ce contre-transfert très ambivalent dans le récit de la crise par les parents. Ceux-ci éprouvent énormément de peine à aménager la distance avec cet enfant qui colle à eux, meurt et renaît dans une grande scène dramatique et visible, au milieu de ces rythmies (phase clonique) dont le sens auto-érotique ne leur est jamais totalement caché. Mais qui meurt ou qui jouit en fait? La relation parents-enfants se jouent continuellement sur la même toile de fond : la crise passée, la crise à venir, la crise toujours présente, quasi intemporelle. D'où cette sollicitude excessive dont on sent bien qu'elle défend contre l'hostilité, les désirs de mort (à la limite il s'agit d'une relation en miroir qui se déploie dans l'imaginaire, le fantasme de toute la famille). L'évolution au long cours de l'épilepsie ne peut pas se comprendre sans analyse de cette relation : certains enfants au tracé très perturbé ne font que rarement des crises; tel autre au tracé simplement dysrythmique tombe fréquemment et surtout dans des situations phobogènes (car la séparation entre hystérie et épilepsie est en clinique souvent difficile) : la difficulté à distinguer entre crises épileptiques et crises hystériques ne tient pas seulement à leur possible association clinique, à l'existence de formes mixtes et de passages, mais aussi au fait qu'elles font naître chez des observateurs (parents bien sûr, mais aussi éducateurs et même chez le médecin le plus organiciste, le plus confiant en ses appareils de mesure) le même contre-transfert. Dans celui-ci se manifeste d'abord l'impossibilité de rester un pur observateur : on se sent piégé de toute façon, même si on est sûr de la différence, même si on sait de façon sûre que c'est l'une ou l'autre (l'épilepsie avec le risque dramatique de mort, l'hystérie avec le jeu dramatisé du sexe). Chacune d'elle induit l'impression de se trouver devant le même jeu de la mort et du sexe confondus.

Pourtant chez les parents, l'enfant épileptique fait naître un autre système défensif plus archaïque (projection, déni, etc) car il blesse profondément le narcissisme de ses parents : il est porteur d'une lésion cachée mais active, d'une tare dont ils se sentent responsables dans leurs fantasmes (qu'ils considèrent le « haut mal » comme héréditaire, ou comme la trace d'une blessure infligée par eux ou par les médecins).

■ *Débilités et arriérations*

a) **Variétés** selon niveau (rappel clinique) :

1° Le groupe des *débilités légères* semble hétérogène et avoir peu de spécificité : on y retrouve des retards scolaires, des déficits instrumentaux, des problèmes relationnels (Garrone).

2° La *débilité moyenne* paraît au contraire beaucoup plus spécifique et homogène sur le plan clinique (bien que ses frontières avec la débilité profonde apparaissent de plus en plus floues, pragmatiques ou sociales, car les enfants qui ont un quotient intellectuel de 50 à 60 trouvent difficilement leur place dans l'échelle ordonnée des niveaux des I.M.P et oscilleront plus tard entre une vie d'assisté total et d'assisté partiel). C'est en tout cas dans ce domaine de la débilité moyenne que la pédagogie spécialisée et l'apprentissage rencontrent le plus de succès gratifiants : accession à une certaine autonomie sociale et professionnelle.

3° La *débilité profonde* et *l'arriération profonde* constituent deux groupes très riches sur le plan clinique (richesse que l'apparente uniformité des Q.I. ne peut refléter). On s'étonne souvent en effet des possibilités étonnantes de certains débiles profonds sur le plan du langage, de la sociabilité et des réalisations praxiques (au point d'oublier leur niveau « officiel »). En revanche, certains échecs paraissent inexplicables. Tout ceci nous renvoie bien au-delà du trouble instrumental parcellaire, du déficit « mécanique » à la structure de la personnalité du débile.

b) **L'enfant débile :** pour étudier sa personnalité autrement que sous l'aspect du manque, il faut considérer les aspects suivants que nous énumérerons seulement comme un plan de recherches de ce qui est une *néo-structure.*

1° Son intégration dans le *temps* souvent beaucoup plus précaire que son intégration dans l'espace. L'acquisition du temps officiel, social (être capable de donner son âge, de dater un événement de sa vie) n'est généralement possible que pour les débiles moyens. Mais cette intégration du temps a surtout pour intérêt de permettre au débile d'accéder au statut de sujet autonome en ayant une histoire personnelle dans laquelle il se repère (sinon il y a télescopage, vie dans un instant éternel).

2° *Langage, pensée et expression :* la pensée magique et la mythomanie constituent un mode de possession du monde et la dénégation du manque par l'affirmation de la toute-puissance. Le non-accès à la pensée abstraite et conceptuelle ne doit pas être décrit seulement comme un déficit mais comme le signe d'une différenciation peu poussée des phénomènes de mentalisation. Cette mentalisation existe, mais elle s'opère sur le mode de la *représentation-affect.* Le registre symbolique (dans sa dimension post-œdipienne) apparaît difficilement accessible aussi bien dans le maniement des objets (qui conservent leur caractère concret) de l'argent (connaître sa valeur d'échange montre le dépassement de la notion de troc d'objets) que dans l'utilisation du langage (et la coupure qui s'opère entre celui-ci et d'autres domaines : à certains moments utilisation du langage comme expression directe au besoin, à d'autres coupures d'avec la pensée Deux exemples de ce double phénomène chez certains débiles profonds : l'existence d'une pensée non verbalisée avec concepts de classement ([8], p. 538) et d'une parole très élaborée exprimant l'inconscient, le désir, le fantasme (mais qui n'est *pas intégrée au Moi.)* L'enfant débile utilisera plus volontiers l'acte ou son corps pour s'exprimer. Les trois domaines d'investissement (corps, agir, mentalisation) sont condensés à certains moments, coupés à d'autres.

3° *L'agir, reproduction et créativité.* On insiste justement sur le caractère stéréotypé de certains comportements. En fait, l'enfant débile apparaît tantôt comme très « plastique », influençable, dépendant, tantôt comme entêté, soumis à la compulsion de répétition. On assiste aussi à l'oscillation entre passivité et impulsion. Il semble osciller entre les deux sans trouver une position d'équilibre. Ces oscillations montrent bien ses difficultés d'individuation : ou bien il est l'objet de l'autre, ou bien il fonctionne de façon automatique, auto-érotique. Pour lui la négociation de ses affects avec lui-même et avec l'autre s'avère donc particulièrement difficile (sans qu'on puisse parler d'organisation psychopathique proprement dite).

4° Le *déficit,* comme tout « équipement » a un *sens* pour l'enfant et pour sa famille (et ce sens influera sur l'évolution de l'enfant, sur ses possibilités de réadaptation). Au niveau de la famille tout est possible : déni du déficit, culpabilité, accusations très projectives à l'égard de l'école, des médecins, de la société, comportement hyper-actif et militant dans des associations de parents (sur un mode hypomaniaque ou persécutoire). On peut assister à un surinvestissement du déficit, pour la famille et pour l'enfant complice : surinvestissement qui défend contre l'émergence pulsionnelle : cela permet à l'enfant d'être un objet manipulé, un bébé désarmé que l'on nourrira toujours et qui n'aura jamais de pulsion génitales ou de désir d'autonomie : « ce n'est pas interdit, mais c'est impossible ».

En conclusion, la conception classique des structures déficitaires comporte quatre conséquences :

– L'éventuelle structure déficitaire ne peut être décrite que de façon purement phénoménologique comme nous venons de le faire.

– La place centrale est occupée par la débilité simple harmonique où prédomine le retard intellectuel. Toutes les autres formes : débilité évolutive, débilité dysharmonique, etc., ne sont que des complications.

L'étiologie même si elle est conçue de façon « multifactorielle » est en fait toujours univoque — car appartenant à un seul domaine, le plus souvent le domaine organique, quelquefois socio-culturel, quelquefois purement génétique chez certains psychanalystes lacaniens (dans l'assimilation abusive à une psychose induite par le désir maternel).

La thérapeutique est d'ordre uniquement pédagogique ou rééducatif par des actions purement localisées sur un instrument. Il s'agit d'une thérapie unidimensionnelle du manque (orthophonie, rééducation psychomotrice, rééducation scolaire) à laquelle on ajoutera quelques fois une psychothérapie « pour les troubles à l'inverse, affectifs associés », ou chez les lacaniens la psychanalyse serait le seul traitement possible.

II. - RÉÉVALUATIONS MODERNES DU CONCEPT DE DÉFICIT

Toute une série d'études cliniques et psychopathologiques entreprises depuis près d'une vingtaine d'années dans des institutions, dans des classes de perfectionnement ou des centres médico-pédagogiques ont montré que les organisations déficitaires étaient beaucoup plus complexes que l'on ne croyait et pratiquement toujours intriquées avec d'autres organisations (psychotiques ou névrotiques).

■ ***Clinique :***

1° Isolement de psychoses à expression déficitaire (R. Mises), d'arriérations psychoses (Lang) dont la démarcation avec les déficits est impossible à tracer.

2° Démembrement de certaines encéphalopathies épileptiques, en particulier conduisant classiquement à la démence (R. Mises). On peut isoler parmi elles des formes démentielles, des psychoses d'expression déficitaire et des dysharmonies évolutives difficiles à situer.

Parmi toutes ces formes l'évolution comprend des moments « féconds » et des phases de rupture (nullement explicables par l'évolution neuro-organique de l'encéphalopathie) et aboutit à un tableau final à la fois cicatriciel et dysharmonique.

3° La structuration progressive sur un mode déficitaire des psychoses secondaires ou des dysharmonies de sujets intelligents.

4° L'anamnèse fine de certaines débilités réputées simples et harmoniques au moment de leur dépistage (à l'âge scolaire) montrent la rareté relative d'une étiologie organique qui expliquerait tout le tableau et l'existence quasi constante de troubles précoces de la personnalité et de la relation.

5° Les enquêtes faites à un moment donné dans les classes de perfectionnement (et les institutions), lieux réputés électifs de scolarisation (ou de prise en charge) des débiles, montrent que la plupart des enfants qui s'y trouvent sont dysharmoniques et présentent des troubles de la personnalité. De plus, leur débilité ne se réduit pas à un chiffre de Q.I. : chaque enfant baptisé débile a une structure originale qui permet de le distinguer d'un autre.

Dans les milieux scolaires des études longitudinales de « l'enfant de six ans et son avenir » (C. Chiland, [39] montrent le polymorphisme clinique extrême sur le plan de la structure de départ et de l'évolution de tous les enfants, qu'ils soient soignés ou non, qu'ils présentent un retard scolaire ou non.

6° Le dépistage de troubles instrumentaux réputés simples comme la dyslexie, la dysorthographie, les troubles psychomoteurs, etc., et leur rééducation ponctuelle amènent souvent à des échecs qui mettent en cause la notion même de troubles instrumentaux isolés.

■ ***Conséquences.*** — La notion même de *débilité* simple semble totalement remise en cause ainsi que la place centrale qu'on lui assimile dans le sein des organisations déficitaires. Ce que l'on considérait *auparavant* comme des *complications* semble en fait inhérent à cette hypothétique structure déficitaire.

La forme simple n'étant plus alors qu'un équilibre ou instable ou trop stable, témoin d'une « guérison » amputant les processus cognitifs.

Actuellement diverses études sont possibles :

a) **Approches multidimensionnelles et multidisciplinaires** intégrant dans une même équipe psychiatres, psychologues, enseignants, rééducateurs, psychothérapeutes, chacun d'eux conservant sa spécificité, ses modes d'approche et de cure.

La mise au point d'un instrument de mesure comme les échelles différentielles d'efficiences intellectuelles (EDEI) est un instrument de valeur qui a permis de distinguer trois groupes de déficients :

- Psychoses à expression déficitaire.
- Dysharmonies évolutives de structure psychotique.
- Dysharmonies non psychotiques.

Ces échelles permettent de mesurer :

1° Les connaissances.
2° La compréhension sociale.
3° La conceptualisation.
4° L'analyse catégorielle.
5° L'adaptation concrète (les trois premières étant verbales, les deux dernières non verbales, s'y ajoutent deux épreuves de vocabulaire).

b) **Essai d'application au déficit** des recherches psychanalytiques les plus récentes sur les altérations des processus cognitifs liés aux atteintes de l'appareil « à penser les pensées » (Bion et Green). Dans l'état actuel des recherches, il semble que la structuration déficitaire « se joue entre deux niveaux », celui de la maîtrise de noyau psychotique et celui de l'organisation de zones conflictuelles de niveau œdipien génital. Cette structuration débouche à la fois sur le colmatage de la dimension psychotique et sur l'échec de la conflictualisation névrotique dans sa fonction intégrative (R. Mises).

Le colmatage de la psychose s'opère par l'abrasement pulsionnel, le renforcement du contrôle, le recours à l'objet externe contre le danger interne. Dans l'approche asymptotique du registre névrotique, on aperçoit l'échec de l'élaboration des conflits œdipiens (en raison de l'attraction des mécanismes les plus primaires). En effet l'inhibition intellectuelle n'est pas due, malgré les apparences, à un refoulement secondaire. On sait que l'inhibition névrotique n'ampute jamais l'instrument sur lequel elle pèse, même si elle paralyse son fonctionnement. Il en va tout autrement pour la psychose (même dans ses aspects névrotiques) qui ampute les instruments de connaissances et d'activités dans leur essence même. Le fonctionnement des processus secondaires est altéré : ils perdent leur plasticité, le contrôle pseudo-anal est prévalent. On assiste à une adaptation pathologique dans la mesure où le Moi focalisé par un seul objet se coupe de ses sources instinctuelles (R. Mises [128]).

■ ***Conclusion.*** — Les organisations déficitaires occupent une place centrale aussi bien sur le plan clinique que psycho-pathologique chez l'enfant. Comme chez l'adulte, cette place centrale est occupée par les diverses organisations dépressives, nous serons amenés (v. p. 283) à nous interroger sur la relation entre déficit, dépression et états limites.

ORGANISATIONS ET SYNDROMES PSYCHOSOMATIQUES

Leur unité structurale est douteuse chez l'enfant — nous allons en effet énumérer selon l'ordre chronologique toute une série d'affections qui n'ont au départ qu'un point commun : elles *traduisent, expriment* et *modulent au niveau du corps de l'enfant un certain type de relation avec la mère* — avant d'être plus tard un mode original de fonctionnement narcissique économisant la mentalisation (mais à quel prix...). Car si l'appareil psychique supporte parfaitement dans de bonnes conditions l'existence de tendances qui n'apparaissent contradictoires qu'au niveau conscient (l'inconscient d'après Freud) *le corps est lui beaucoup moins tolérant* (Fain, [56]).

Troubles psychosomatiques précoces

■ Ils mettent plus ou moins en jeu ***la mère*** de façon très différente selon l'âge de l'enfant. Nous exclurons du cadre strictement psychosomatique les carences quantitatives d'apport étudiées par Spitz. Ces carences entraînent l'hospitalisme si elles sont totales et la dépression anaclitique si elles sont partielles.

a) **Désordres psychotoxiques** (les seuls où interviennent la personnalité de la mère et la qualité des apports narcissiques à son enfant) et qui peuvent être très précoces (Spitz). Une telle carence *qualitative* peut prendre diverses formes :

- Le *rejet primaire* passif ou actif entraîne des comas ou des troubles alimentaires graves (l'enfant vomit sans cesse, refuse ce qui est littéralement le « mauvais sein »).
- La rencontre d'une *sollicitude primaire excessive* et anxieuse et d'un *nourrisson hypertonique* entraîne la *colique des trois premiers mois.* Son absence dans les pouponnières et inversement son aggravation par l'adoption de tétées à la demande montre bien qu'il s'agit d'un trouble lié à la présence d'une mère anxieuse et trop comblante. Cette colique est calmée par l'emploi de la sucette (auto-érotisme) ou le bercement de l'enfant (hétéro-stimulation narcissique). Sa disparition à l'âge de trois mois coïncide avec l'émergence du premier organisateur : le sourire qui annonce la possibilité de liaison ou de décharges sur le plan mental. M. Fain précise les relations de ce trouble avec les avatars du narcissisme primaire : les mères très pauvres sur le plan mental injecteraient directement à leur enfant une anxiété peu mentalisée, et par là désintégrante.
- L'*hostilité déguisée en anxiété* entraîne l'*eczéma* infantile (après 6 mois).
- Les oscillations entre la cajolerie et l'hostilité provoquent le *balancement* relié d'après Shentoub [151] à la fois à l'auto-érotisme et à l'automutilation.
- L'humeur cyclique entraîne les *jeux fécaux,*
- l'hostilité compensée entraîne l'*hyperthymie agressive* qui sort du cadre psychosomatique (car plus tardive et plus proche de la psychopathie).

■ Tous ces troubles précoces isolés par Spitz paraissent hétérogènes — au carrefour du corps et du comportement. Beaucoup plus spécifiques en revanche apparaissent ceux étudiés par Kreisler, Fain et Soulé [103] dans une perspective moins linéaire.

a) **L'insomnie du premier semestre** serait liée comme la colique à un défaut de constitution du narcissisme primaire. Ce défaut plus radical et plus ancien serait un point de fixation qui empêcherait la « libidinisation » du sommeil et la « réalisation hallucinatoire du désir », (tant sur un mode de satisfaction narcissique général que sur un mode de satisfaction auto-érotique). Dans le cas de *l'insomnie précoce,* les possibilités de décharge auto-érotique restant insatisfaisantes, seul un apport narcissique continu et extérieur par le bercement sans fin peut calmer le trouble (ce bercement mécanique définit un certain type de mère : la mère berçante que Fain oppose à la mère réellement satisfaisante qui peut être physiquement plus souvent absente).

b) **L'anorexie simple** au moment du sevrage aurait un rapport direct avec le deuxième organisateur (peur de l'étranger). La nourriture serait condensée avec le visage de l'étranger et comme lui attaquée et littéralement rejetée.

Dans *l'anorexie complexe et durable* , on retrouve la même attitude projective mais plus globale : refus massif d'introjeter, d'incorporer la mère destructrice confondue avec la nourriture. Cette anorexie comporte plusieurs issues : perverse, caractérielle (dans une longue lutte mère-enfant pour la maîtrise) et même quasi psychotique. Dans cette évolution, *l'instinct de mort* semble émerger.

c) **Le spasme du sanglot :** syncope après une contrariété, drame angoissant se jouant» devant le groupe familial. On peut opposer point par point deux variétés : la forme bleue asphyxique succède à une longue colère (virile, elle apparaît un simulacre précoce du coït), la forme blanche survient brutalement et paraît dans le registre féminin simuler la mort.

d) **Le mérycisme** entre six-huit mois : rumination auto-érotique incessante d'une partie du contenu stomacal avec attitude autistique. Ce serait un « acting » quasi pervers sans mentalisation avec clivage de la pulsion.

Au cours de son déroulement, le sensorium est désinvesti au profit de l'intérieur du corps. Certains le considèrent comme la première figure du « jeu de la bobine » avec maîtrise orale et musculaire d'un objet partiel. Il s'agit d'une régression où éclate le premier point organisateur de Spitz — face à une mère « frustre », projective et répressive. On voit bien là encore comment certains auto-érotismes mortifères surviennent à la suite d'une carence d'apport maternel au narcissisme primitif. Ils constituent un système pare-excitation autonome, sans lien avec la mère.

e) **L'asthme du nourrisson** peut être compris comme le « négatif » du mérycisme. La mère qui entre en conflit avec d'autres substituts maternels : nourrice, grand-mère, père, impose à son bébé une pseudo-triangulation précoce qu'il ne peut élaborer, elle surinvestit son enfant et désire inconsciemment le ramener à l'état fœtal. Elle contre-investit donc chez lui toutes manifestations pulsionnelles (refoulement primaire exagéré). Ce sur-investissement maternel augmente la « fonction pare-excitation » et bloque l'auto-érotisme par lequel l'enfant pourrait fonctionner en dehors d'elle. Cette auto-érotisme défaillant ne peut être lié aux représentations de l'objet elles aussi défaillantes par impossibilité d'élaborer l'absence d'un objet jamais absent dans la *réalisation hallucinatoire du désir.* (Ceci distingue nettement l'asthme précoce de celui de l'enfant ou de l'adulte où se mécanisme est prévalent). On comprend mieux alors un fait clinique constant, le sourire perpétuel, l'absence apparente d'angoisse. Il y a fixation et échec au premier organisateur avec absence d'angoisse devant l'étranger (c'est-à-dire le non-père, la pseudo-triangulation précoce s'effectuant avec d'autres figures maternelles).

Il y a fixation et échec de constitution d'une phobie primaire. La crise équivaudrait donc alors à l'impact somatique non élaboré et non élaborable sur le plan mental (ou sur le plan moteur) de l'irruption de l'étranger ou de la menace d'une désunion entre narcissisme et érotisme.

Troubles psychosomatiques tardifs

Ils marquent un « enfouissement » beaucoup plus net dans le corps et sont par là beaucoup plus proches de la clinique psychosomatique de l'adulte. Ils peuvent atteindre les grandes fonctions :

a) *Fonction respiratoire* dans *l'asthme :* celui-ci apparaît sur un sujet allergique (condition nécessaire mais non suffisante) ayant établi avec une mère anxieuse et hyperprotectrice une relation de dépendance très ambivalente (M. Sperling). La crise elle-même est à la fois un appel, un cri et l'inhibition de ce cri-pleur (Bostock) un essai d'individuation toujours voué à l'échec. Entre les crises, on retrouve entre deux partenaires, une relation d'interdépendance ambivalente qui se situe à plusieurs niveaux, primaire et secondaire :

- Échange de projections avec décharge sur l'autre de sa propre angoisse et du contenu agressif dénié.
- Affirmation de la dépendance, mise en esclavage de l'autre et revendication de l'indépendance.
- Constitution d'un couple sadomasochique avec ses perpétuels retournements de rôle et une distribution équitable de bénéfices aussi bien érotiques que narcissiques.

• Deux traits, fréquents cliniquement, s'opposent apparemment à la structure allergique telle qu'elle a été décrite plus haut chez le nourrisson : l'intellectualisation défensive et agressive et la méfiance devant l'étranger (on peut les comprendre comme d'éventuelles formations réactionnelles).

• La névrotisation apparente de l'asthme est fréquente quoique labile et fragile. L'angoisse phallique s'exprime ou bien directement, ou à travers des symptômes hystéro-phobiques et des rituels obsessionnels (du coucher, de la nourriture, séparation des bons et mauvais lieux, des bonnes et mauvaises nourritures.
Le rapport avec l'oralité archaïque est évident (ne serait-ce que dans l'agressivité et la dépendance quasi toxicomaniaque aux corticoïdes).

Comment rendre compte d'un tel polymorphisme clinique? En fait on retrouve déjà chez l'enfant un type bien particulier de « caractère », la relation d'objet allergique (P. Marty) avec non seulement l'impossibilité d'aborder l'Œdipe, mais une façon d'abolir toute distance et de dénier toute possibilité de conflit dans un jeu quasi onirique du *Moi-plaisir.* La crise surviendrait (tout comme les manifestations hystériques) quand l'allergique débordé se trouve dans une situation triangulaire face à deux objets qu'il ne peut confondre. Mais l'enfant oscille beaucoup plus facilement que l'adulte entre les crises et le symptôme névrotique car le type central de relation allergique n'est pas encore fixé chez lui.

b) *Fonction digestive* dans l'ulcère gastro-duodénal et la rectocolite hémorragique. L'ulcus semble avoir chez l'enfant la même valeur que chez l'adulte d'un mode d'expression d'une agressivité « ravalée » face à une mère surprotectrice qui ne supporterait pas la verbalisation ou toute expression de cette agressivité. Il survient chez une personnalité par ailleurs hyperactive, hypertonique sur le plan moteur mais passive et timide et présentant souvent une phobie scolaire. C'est certainement, avec l'asthme, l'affection la plus intégrée dans un pattern familial spécifique. Quant à la rectocolite hémorragique elle marque sans doute l'enfouissement somatique le plus profond, le plus mystérieux et le plus dangereux aussi (celui où l'agressivité enfouie peut être mortelle).

c) *Fonctions sphinctériennes :* énurésie, encoprésie. Il s'agit de symptômes fréquemment associés qui peuvent revêtir une multiplicité de sens :

- Plaisir primaire de fonctionnement de la première phase anale ou urétrale (ou débordement secondaire d'une rétention serrée).
- Relation érotisée avec les parents sur le mode du masochisme érogène ou moral.
- Affirmation ou plaisir phallique chez le garçon énurétique ou revendication chez la fille (Kanner a bien noté la différence entre le garçon agité et hyperactif et la fille douce, passive et opposante).
- Équivalent masturbatoire dans des rêves où se trouvent figurés une scène primitive génitale (ou anale) et des fantasmes de castration, de séduction par l'adulte.

L'encoprésie elle-même (symptôme plus rare et plus archaïque) est liée nettement à l'éducation sphinctérienne (précocité du dressage) et à l'attitude profonde des deux parents envers l'analité.

Fain distingue ([101], p. 216) divers portraits d'encoprétiques : l'érotique anal, le clochard, le délinquant, le pervers.

C'est à cette dernière catégorie que semble appartenir le *mégacolon fonctionnel,* étudié par Soulé. Ces enfants en raison de leur angoisse de perdre l'objet anal élaborent un mécanisme pervers de récupération (défécation à l'envers, en sens inverse du péristaltisme, du rectum vers le sigmoïde après blocage anal). Ce fonctionnement est intensément érotisé dans un jeu auto-érotique incessant et une maîtrise joyeuse de soi et de l'objet ([101], p. 274). On peut y voir le négatif de la névrose obsessionnelle.

d) *Vision et motricité tout entière* semblent contre-investies ensemble de façon spécifique dans le strabisme, si souvent utilisé par l'enfant hyperkinétique dans sa lutte contre des parents anxieux réprimant ses mouvements.

Certaines myopies évolutives ont certainement une fonction relationnelle (mise à distance, estompage de l'objet comme des limites du corps propre, recherche du détail, etc.).

e) *La pensée* est inhibée, vécue comme dangereuse chez les enfants *céphalalgiques* (dont les troubles qui débutent à 6-8 ans sont un mode d'enfouissement, de néantisation d'une angoisse phobique).

Le mode relationnel des enfants *migraineux* semble combiner la sexualisation de la pensée et de la vision sur un mode phobique avec le surinvestissement du système digestif et moteur, c'est dire sa complexité, son statut de frontière (v. P. Greenacre [87])..

f) *Le schéma corporel* paraît mal investi et le conflit oral très net chez l'enfant obèse ou qui`présente des désordres endocriniens ou nutritionnels (un degré de plus est atteint chez l'enfant diabétique dont les comas souvent gravissimes ne l'expliquent jamais uniquement par des difficultés à trouver la dose d'insuline et qui vit sous l'ombre de la mort).

Spécificité des organisations psychosomatiques chez l'enfant.

Remarquons d'abord que le très jeune enfant n'a au début que le corps pour s'exprimer, et le développement du psychisme, la mentalisation est d'abord une *désomatisation.* L'affection psychosomatique chez l'enfant est une somatisation ou une resomatisation (Schur). Même après la constitution du Moi, l'expression somatique est toujours employée par l'enfant; les parents tolèrent, sollicitent même quelquefois ce mode d'expression qui a toujours un sens, dans la relation parents-enfants (désir ambivalent d'individualisation, auto ou hétéro-destruction). Le corps semble utilisé comme le lieu où se projettent, se combinent et se négocient les fantasmes des parents et des enfants, à un niveau souvent antérieur à la représentation et à la symbolisation (on serait alors dans le domaine de l'hystérie, mais les frontières entre l'hystérie et la psychosomatique sont beaucoup plus floues chez l'enfant que chez l'adulte). *Le choix même tardif du corps* comme expression semble déterminé par plusieurs facteurs : caractère contradictoire ou régressif des signaux parentaux, mode de fonctionnement narcissique de l'enfant (il y a toujours en effet carence narcissique mais celle-ci n'est pas toujours primaire). En revanche, *le choix de tel ou tel organe,* de telle ou telle fonction semble lié à des facteurs purement économiques *(sans intervention* du *sens* comme dans l'hystérie). Sera choisi en effet le secteur qui à ce moment donné sera *sous ou surstimulé* par l'autre ou par soi — pour remplacer, prolonger ou abolir l'excitation non encore libidinalisée (l'organe malade a une fonction auto-érotique primaire, positive ou négative). Un mot encore sur le processus économique de resomatisation dans ses rapports avec le narcissisme : cette resomatisation, processus régressif très profond et fréquent chez l'enfant, se produit sans investissement de libido narcissique sur le corps entier; plus qu'un retrait de l'amibe, c'est la constitution d'une *fonction autonome,* opératoire (M. Fain). On est en deçà non seulement du fantasme, mais du narcissisme.

– Existe-t-il une *unité du groupe des affaires psychosomatiques?* Cette unité est douteuse à cause de la multiplicité des facteurs et des structures pouvant avoir une expression psychosomatique chez l'enfant. Fain isole trois lignées ([101], p. 497) en fonction de l'attitude de la mère :

1re lignée : mère insuffisante dans la constitution du bouclier pare-excitation — d'où insomnie — recherche de calmants physiques (bercement) ou médicamenteux. Elle conduirait au spasme du sanglot et plus tard à la *vie opératoire* et au *surinvestissement du factuel* (de façon réversible chez l'enfant grâce à ses possibilités de libidinalisation).

2e lignée : mère hyper-refoulante (ramenant son enfant à l'état fœtal) d'où dénégation de la réalité par réalisation hallucinatoire du désir en présence physique d'un objet interchangeable. Ce serait la seule qui conduirait à la *relation allergique* type.

3e lignée : refus de régression lors de l'alimentation : anorexie, développement psychomoteur exagéré d'où mise à distance de l'objet et importance de l'espace.

– *Rapport avec la psychosomatique adulte.* Les organisations psychosomatiques de l'enfant sont en fait très différentes de celles de l'adulte.

1° On y retrouve rarement les signes pathognomoniques mis en avant par les psychosomaticiens adultes.

Par exemple, la *mimique de fantasme* et l'accrochage sensoriel, quand on les met en évidence chez l'enfant, indiquent surtout des troubles du cours de la pensée ou de son élaboration.

La pensée opératoire spécifique des structures psychosomatiques de l'adulte n'a aucun caractère pathognomonique chez l'enfant : c'est quelquefois un moment du développement normal. Elle est le plus souvent absente des organisations psychosomatiques mais elle apparaît fréquemment chez l'obsessionnel.

2° La *relation d'objet allergique* n'existe (mais incomplète) que chez l'enfant asthmatique ou eczémateux relativement âgé.

En revanche, les relations avec l'hystérie sont fréquentes et complexes.

■ **Conclusion.** — Les organisations et les symptômes psychosomatiques chez l'enfant ont un énorme intérêt pratique (problème de prévention au niveau des crèches, conseils éducatifs et traitements courts des mères).

Mais les cliniciens modernes s'y sont surtout attaché à cause de leur intérêt théorique : elles réalisent en effet comme une sorte d'expérimentation spontanée qui permet de formuler de nouvelles théories du fonctionnement psychique (il y a d'ailleurs un feed-back continu entre théorie et clinique). Nous en avons vu les conséquences essentielles au niveau de la théorie du narcissisme (genèse et fonction du narcissisme primaire, rapport narcissisme et auto-érotisme, rapport de simultanéité et complémentarité entre narcissisme primaire et narcissisme secondaire qui ne sont plus conçus comme successifs).

ORGANISATIONS PSYCHOPATIQUES ET PERVERSES

Des enfants psychopathes ? Le terme paraît moralisateur et choque presque autant que d'anciennes étiquettes normatives et fatalistes comme « caractériel » ou « pervers » (termes qui justifiaient la ségrégation et l'exclusion de tous les enfants inadaptés qui n'étaient pas des « bons » débiles). En fait certains enfants et surtout préadolescents utilisent *sans culpabilité, ni conflit intrapsychique l'agir comme mode exclusif d'expression de pulsions archaïques et ne peuvent établir de relations stables avec l'autre.* Ces trois points — primat de l'agir, absence de conflit, incapacité au transfert — nous semblent définir non seulement un comportement, mais aussi une organisation spécifique qui est inscrite très tôt (et qui peut dans certaines conditions favorables de milieu ne jamais se révéler par un comportement franchement antisocial).

■ ***Primat de l'agir.*** — De telles organisations semblent fonctionner selon deux modes absolument différents : tant qu'il n'y a pas d'émergence pulsionnelle ou d'interdit extérieur ce comportement apparaît relativement adapté à la réalité et au groupe social, quelquefois suradapté chez cet enfant agréable, séducteur souvent aimable et aimé. Puis brusquement se produit (entre la pulsion et l'acte) un *court-circuit* qui met hors jeu tout processus d'attente, de détour, de mentalisation aussi bien pendant l'émergence qu'après elle (aucun affect, aucun fantasme, aucune culpabilité).

■ ***Identification et transfert.*** — De tels enfants font naître chez l'autre une curieuse ambivalence : l'adulte se laisse capter, émouvoir et manipuler tout autant que les autres enfants des groupes auxquels ils appartiennent et qu'ils font exploser (ils jouent les éminences grises, moralisent et pervertissent, induisent des acting chez les autres ou bien ils sont des leaders craints et adulés, capricieux, changeant de favoris, le tout dans une coloration très homosexuelle). Un tel contre-transfert, la difficulté que l'on peut avoir à s'identifier à de tels enfants montre bien combien ceux-ci ont eux-mêmes de grandes difficultés d'identification. Ils ont en effet à la fois une avidité affective énorme, mais brisent toute relation dès que celle-ci risque d'être prolongée d'où l'impossibilité d'un transfert authentique dans une analyse s'il n'existe pas de noyau névrotique. D'importantes fixations orales ambivalentes sont donc à l'œuvre avec leur double versant d'avidité et de sadisme (avec même quelquefois le goût pour les médicaments et le versant toxicomaniaque qui apparaîtra à l'adolescence).

■ ***Angoisse et défenses.*** — Il n'y a pas de culpabilité, ni d'angoisse élaborée, vraiment intégrée (même si elle est mimée de façon souvent convaincante). L'acte semble même avoir pour fonction d'éviter l'émergence de l'angoisse (dont on peut deviner qu'elle serait peut-être destructrice). On évoque souvent la relation de la psychopathie avec la psychose : il ne semble pas qu'il y ait en fait risque de morcellement (l'objet, bien qu'on désire le détruire, reste entier) mais bien plus de perte de l'objet qui est désinvesti, par avance (pour éviter sans doute d'être désinvesti par lui : je veux te faire ce que j'ai terriblement peur que tu me fasses). Le point commun que l'on pourrait trouver avec la psychose serait donc l'utilisation de *l'identification projective* kleinienne : même si elle ne va pas jusqu'à l'invasion de l'autre, la projection est en tout cas toujours à l'œuvre de deux façons : projection de l'Idéal du Moi de toute-puissance sur l'autre, toute-puissance niée immédiatement (Van Thiel, Godfrind [34], p. 49) et attribution à l'autre de sa propre agressivité persécutoire : « l'autre seul est méchant, lui en veut ». Mais cette projection est seulement vécue, agie sur un mode différent du mode psychotique, sans création ni représentation d'une néo-réalité. Le fantasme se trouve aussi décapité de son élément représentatif habituel (mais est-ce un fantasme ?) et transposé dans l'agir, c'est l'acte qui tient lieu de fantasme.

Tout le système défensif semble donc constitué pour éviter l'angoisse et pour maintenir et justifier le sentiment persécutoire (bien plus que pour obtenir une hétéropunition justifiant la culpabilité).

■ ***Métapsychologie.*** — Sur le plan topique, l'absence de Surmoi génital et intériorisé est frappante. C'est le parent, la société qui constituent des béquilles pseudo-surmoïques parce que toujours extérieures. Le conflit lui-même n'est jamais entre deux instances intériorisées, il ne peut naître qu'entre le Ça et la réalité, conflit « équilibré » car aucun des deux n'est annihilé par l'autre. On est dans le domaine du narcissisme et du masochisme primaire malgré l'apparente maturation du Moi.

L'utilisation de l'agir semble avoir pour but de dénier avec un succès momentané une carence narcissique, en fait très précoce (c'est dans ce mécanisme du « déni » que l'on peut voir le lien avec les organisations perverses). On peut alors se demander ce qui sépare ces organisations des organisations psychosomatiques où la carence est du même ordre. On pourrait répondre avec Van Thiel Goldfrind qu'il s'agit d'une différence purement économique : le nourrisson, futur psychopathe, investirait sur un mode primaire et aussi défensif, la motricité plutôt que d'autres fonctions corporelles ou le corps entier.

L'absence d'évolution de ces organisations, la répétition monotone des acting permet de voir à l'œuvre de la façon la plus pure le processus primaire, le principe de constance (chaque acte a pour but de ramener par la voie la plus directe l'excitation au point zéro) et la compulsion de répétition ainsi que l'instinct de mort *en deçà* de toute économie libidinale (Freud [73], « au-delà du principe de plaisir »).

■ ***Perversions infantiles.*** — On sait que Freud a provoqué un scandale aujourd'hui désamorcé (trop ?) en traitant l'enfant de « pervers polymorphe » : il entendait par là d'une part, que la sexualité infantile normale s'exerce sous les multiples aspects des pulsions partielles et n'est pas soumise au primat de l'amour génital (= sexualité polymorphe), d'autre part, que cet exercice s'opère sans culpabilité (l'absence de souffrance névrotique signe la structure perverse qui par là est bien le négatif de la névrose). Plutôt que de faire le catalogue des diverses activités perverses de l'enfant, rappelons quelques rapports entre certaines de ces activités et des moments du développement (et des mécanismes spécifiques de défense).

- L'objet transitionnel décrit par Winnicot est le prototype du fétiche (Ajuriaguerra [9], p. 428).
- A la phase sadique-anale apparaissent l'ambivalence le masochisme moral ou secondaire, le sadisme libidinalisé.
- Le déni de la castration féminine entraîne travestissement, homosexualité, voyeurisme, exhibitionnisme, etc. Ce déni (tout comme les diverses activités perverses évoquées) appartient au développement normal de la phase phallique (v. 1re partie, chap. I). Remarquons que la plupart de ces comportements pervers sont bipolaires ou plutôt ont deux faces complémentaires et indissociables.

DIVERS TYPES D'ORGANISATIONS DÉPRESSIVES ET ÉTATS LIMITES CHEZ L'ENFANT

Introduction : Les organisations dépressives n'occupent pas, tout au moins sur le plan phénoménologique la même place éminente et centrale chez l'enfant que chez l'adulte. Nous avons vu plus haut que chez l'enfant c'est en fait la structure déficitaire qui est un véritable carrefour.

Certaines études récentes ont montré combien les déficits fixés sont le résultat cicatriciel d'un jeu dynamique entre *psychose et névrose,* cela pourrait conduire à des hypothèses nosologiques concernant les déficits fixés : les considérer comme des organisations dépressives ou même comme l'homologue chez l'enfant des états limites étudiés chez l'adulte.

Examinons donc cette hypothèse de plus près :

SIMILITUDE : en effet, on peut rapprocher le jeu entre névrose et psychose au tronc commun indifférencié. De plus on retrouve le même type de relation d'objet basé sur l'anaclitisme.

DIFFÉRENCE : l'organisation déficitaire est un point d'arrivée, la fin cicatricielle et amputante d'un long processus (et non un point de départ, une astructuration susceptible de multiples devenirs). Elle a un caractère le plus souvent définitif. Sa décompensation éventuelle ne s'effectue d'ailleurs généralement que sur le mode psychotique.

De plus l'angoisse dépressive apparaît peu cliniquement chez les débiles. A moins qu'on ne considère que l'organisation déficitaire a pour fonction de contre-investir massivement l'angoisse dépressive, non pas seulement en la refoulant mais en la *déniant,* en la rendant nulle et non avenue.

■ ***Dépressions avérées*** ou syndromes dépressifs pouvant évoquer la psychose chez l'enfant. Les dépressions de style mélancolique sont très rares chez l'enfant. Il y a bien sûr l'hospitalisme et les dépressions anaclitiques décrites par Spitz chez le très jeune enfant. D'après C. Chiland ces dépressions anaclitiques se prolongeraient chez le jeune enfant et l'écolier par des états dépressifs chroniques et d'importantes inhibitions. D'autre part, certaines affections psychosomatiques gravissimes au niveau du tube digestif (perforation d'ulocus, rectocolite ulcéro-hémorragique) pourraient être rattachées à l'incorporation d'un mauvais objet interne persécuteur. Mais l'affect dépressif en est absent ainsi que la culpabilité, la douleur morale, etc. Cet affect dépressif existe pourtant dans une autre lignée : celle des troubles du caractère ou de l'humeur où il se résume en un sentiment assez peu exprimé de non-valeur de soi, en une absence de self-estime.

En revanche, certains comportements suicidaires graves, certains accidents à répétition survenant chez l'enfant très jeune peuvent être considérés comme des équivalents mélancoliques. De même certains troubles du caractère et du comportement : agitation incoercible, instabilité grave, excitation et exaltation de l'humeur peuvent être considérés comme des défenses maniaques. On peut les observer soit dans la petite enfance, soit au moment de la préadolescence et de l'adolescence. Male [120] a bien montré au cours des changements fréquents d'objet de cette époque qu'il y a un refus d'attachement et un mode de défense contre les fantasmes intériorisés par l'oscillation entre *deux réalités* (interne, externe).

Métapsychologie. — Tous ces troubles que nous venons d'énumérer surviennent dans un psychisme qui en fait n'a pas toujours constitué un objet total par réunion des deux objets partiels clivés (bon et mauvais) (M. Klein). C'est dire que la frontière entre structure mélancolique pure et structure dépressive est difficile à repérer chez l'enfant. Ces organisations souffrent toutes d'une faille narcissique avec une traduction dans et par le corps beaucoup plus multiforme que dans la mélancolie. Dans les cas typiques, il y a à la fois déception par l'objet, retrait de la libido sur le Soi, mais aussi incorporation de cet objet.

Comme l'a noté Ajuriaguerra, la dépression chez l'enfant prend très souvent une allure réactionnelle trompeuse (après deuil, séparation, mise à l'école, etc.). Cette dépression réactionnelle est trompeuse parce qu'elle renvoie en fait à une perte d'objet bien antérieure.

Le mécanisme essentiel est *un double retournement des pulsions* (retournement de l'objet vers soi et de l'amour en haine), et la *déliaison* (c'est dire l'importance de l'agressivité).

■ ***L'affect dépressif dans le développement de l'enfant normal ou névrotique.*** — Remarquons tout d'abord que la dépendance et l'anaclitisme sont normaux chez l'enfant pour des raisons « naturelles », mais aussi culturelles. Les parents comblent le plus souvent leurs enfants non seulement en fonction des besoins et des demandes de l'enfant, mais aussi dans un but réparateur pour éviter chez lui l'apparition de la dépression (et ce de façon très projective, pour réparer chez un autre le mal qu'ils ont cru lui faire et leur propre manque narcissique).

Il suffit de voir aussi combien des parents peuvent se sentir gênés devant leur enfant dès qu'il s'agit du problème de la mort. Mais cette angoisse de mort refoulée et déniée renvoie en fait, comme l'a noté Freud à l'angoisse de castration des parents et des enfants. L'affect dépressif a donc sa place, même masquée, dans la névrose infantile, qu'elle disparaisse comme elle le fait normalement ou qu'elle se structure au moment de la latence.

L'affect dépressif semble en fait avoir deux rôles chez l'enfant névrosé. On le considère en effet :

– Soit comme le résultat ou le témoin du travail d'élaboration de l'angoisse phallique et de l'angoisse de castration;

– Soit comme le signe de l'échec de cette élaboration.

On assiste à un début de déliaison et à un début d'affaiblissement des images objectales, c'est en particulier le cas où le refoulement secondaire des représentations échoue chez l'hystérique.

■ ***Etats limites ou organisations différenciées de type anaclitique.*** — Ce que l'on considérera plus tard chez l'adulte dans un diagnostic rétrospectif comme des états limites constitue un groupe « muet » apparemment normal chez l'enfant. En effet même si le premier traumatisme est survenu, il s'agit d'un traumatisme purement économique non figurable, non représentable, non fantasmatisable (même s'il correspond chez l'autre à une « scène riche de contenu »). Son impact crée, comme l'a noté Bergeret, une pseudo-latence qui, chez l'enfant, ne se distingue pas phénoménologiquement de la normalité ou d'une précocité banale. Nous croyons pourtant à l'existence (chez l'enfant) d'états limites dont nous donnerons une définition très restrictive. Nous avons exclu en effet de ce groupe non seulement les entités cliniques qu'une analyse structurale plus précise permet de ranger soit parmi les psychoses, soit parmi les névroses, mais aussi les organisations psychosomatiques caractérielles et perverses qui nous semblent constituer chez l'enfant bien plus que des remaniements d'un tronc commun : des structures différentes inscrites très tôt dans le narcissisme primaire (la faille correspond à un traumatisme très précoce).

Plutôt que d'états limites nous préférons parler *d'organisations indifférenciées de type anaclitique.* L'unité de groupe ne siège pas au niveau de la nosographie clinique (très hétérogène) mais de l'existence constante d'une faille du narcissisme secondaire. Il est difficile de savoir si cette faille correspond à un traumatisme réel, mais le système défensif qui s'est constitué pour combler la faille permet souvent d'en supposer l'existence.

Sur le plan clinique deux types de troubles très différents :

d) **Des arriérations affectives, des états de dépendance** à l'égard de l'entourage (enfants qui ont à peine dépassé le stade de la symbiose), que l'on peut considérer comme des dysmaturations ou des amaturations qui ne se sont structurées, ni sur le mode psychotique, ni sur le mode névrotique. Il faut bien entendu ne pas trop étendre ce cadre nosologique qui pourrait être commode pour éviter une analyse structurale précise dans certains cas. Mais la réalité clinique nous en apparaît incontestable : il s'agit en effet d'enfants intelligents sans troubles du contact, sans inhibition, mais dont l'affectivité et la dépendance évoquent celles d'un enfant de moins de deux ans.

e) **Dysharmonies fixées apparemment non évolutives.** Le secteur oblitéré où s'inscrit la faille peut être soit l'intelligence et la connaissance, soit les fonctions instrumentales (certaines dyslexies), soit le corps et la psychomotricité (dyspraxis, certaines instabilités qui sont une lutte constante contre la dépression). Rien au premier examen ne permet le plus souvent de rattacher ces troubles à une carence narcissique. Mais c'est l'échec bien particulier des tentatives de rééducation instrumentale (orthophonie, R.P.M.) qui peut y faire penser.

De plus le trouble instrumental n'est pas lié à une inhibition compréhensible et analysable, il n'a pas de sens pour l'enfant, il ne s'inscrit pas dans un conflit, il existe comme un simple trouble économique.

On pourrait intégrer dans ce groupe des dysharmonies fixées (et non dans celui des pré-psychoses comme C. Chiland et B. Castet) certains cas de « sottises » ou de « niaiseries » dans le comportement d'enfants potentiellement intelligents mais qui souffrent d'une telle inhibition non névrotique.

Il semble donc exister cliniquement un tronc commun indifférencié chez l'enfant. C'est l'action sur ce tronc commun d'un traumatisme (au sens défini au chapitre « régression ») qui peut provoquer des remaniements importants, de nouvelles structurations aussi bien sur un mode névrotique, que sur un mode psychotique d'éclatement du Moi. Mais le plus souvent, ce type d'organisation anaclitique n'aborde pas l'Œdipe et traverse sans encombres la phase de latence et la puberté, manifestant dans l'enfance une solidité singulière.

Métapsychologie. — L'angoisse dépressive est toujours sous-jacente, poussant à la fois à un travail constant d'auto-régulation narcissique et de dépendance, d'appui (v. étymologie d'anaclitique) sur l'objet. Il s'agit d'un diagnostic structural difficile (souvent diagnostic d'évolution, ou plutôt de non-évolution). On y fait référence en même temps à la deuxième topique freudienne (pour la partie saine du Moi) et à la topique du narcissisme. Une description dynamique en est difficile : la dimension du conflit est en effet souvent quasi absente, et l'on peut repérer seulement le travail continuel effectué pour combler ou plutôt circonscrire la faille narcissique, en faire une

« vacuole ». Il semble donc que là, plus qu'ailleurs, c'est une description purement économique qui permet de rendre compte du cas : les investissements sont hétérogènes, en mosaïque ou en deux secteurs et la libido qui les maintient est à la fois narcissique et pulsionnelle (tantôt fusionnée, tantôt non).

Cet enfant dépend de ses objets auxquels il s'identifie de façon encore primaire très centripète sur un mode d'incorporation, sans pouvoir les intégrer comme des objets œdipiens.

C'est dans de telles structures que la faille narcissique impose la projection d'un idéal du Moi archaïque et mégalomaniaque dont la traduction clinique sera soit le « transfert idéalisant » sur des parents transfigurés, soit la constitution d'un Soi grandiose et d'un transfert en miroir (Kohut).

ORGANISATIONS PSYCHOTIQUES

L'histoire des idées et des recherches sur la psychose infantile peut se résumer à deux mouvements contraires.

1° La recherche longtemps vaine d'une *schizophrénie infantile* à la symptomatologie calquée sur celle de l'adulte (un délire paranoïde, une séméiologie catatonique, etc.).

2° Mise à jour d'un concept de *psychose infantile* qui devient de plus en plus extensif, envahissant tout le domaine de psychopathologie de l'enfant, souvent au mépris de toute clinique (permettant de nier l'existence de la débilité, oubliant la névrose infantile, etc.).

Nous tâcherons de rester sur le plan clinique, de cette clinique qui observe certains enfants bizarres, de contact flou, retardés, dysharmoniques pour lesquels une analyse structurale fine, souvent longue, nous permet de parler de psychose infantile. Nous centrerons cette mise au point clinique et méthodologique sur deux notions pour nous essentielles :

a) Extrême diversité clinique des psychoses infantiles.

b) Leur unité structurale.

On pourrait définir les psychoses de l'enfant après Ajuriaguerra comme les diverses « **organisations dynamiques qui à la faveur d'une carence précoce d'apport narcissique, se traduisent un jour ou l'autre, de façon immédiate ou progressive, par l'indistinction du sujet et de l'objet, l'absence des limites du Moi, par l'indistinction entre pulsion, réalité, fantasme** ». Ces organisations, sous une symptomatologie pseudo déficitaire ou au contraire hypercréatrice, n'ont pour but que de restaurer désespérément le narcissisme et de défendre tant bien que mal le sujet contre une angoisse très primitive de morcellement et contre le règne de l'agressivité et du masochisme primaire.

1° Clinique

■ ***Formes principales selon l'âge d'apparition*** (ou plutôt de décompensation). — Ce n'est pas seulement pour la commodité de l'exposé que nous les classons ainsi, comme la plupart des auteurs. C'est parce que survenant sur une personnalité en cours de construction le processus psychotique bloque tout d'abord l'évolution au niveau même où l'enfant est parvenu : ce qui explique qu'elles ont toutes peu ou prou une expression déficitaire. Les trois moments cruciaux semblent être la constitution du Moi et de l'objet, l'apparition du langage et la mise à l'école (v. Mises et Monniot [129]).

a) **Les principales psychoses précoces** sont l'AUTISME TYPE KANNER (v. Ajuriaguerra [9], p. 720) avec son désintérêt total, sa solitude effroyable et vide qui alterne avec une recherche de contact dévorant. Le désir de maintenir des repères spatiaux immuables au milieu du repli comme de l'agitation incoercible (« sameness » de Kanner) des activités immuables dans leur stéréotypie, la manipulation d'objets inanimés qui font littéralement partie du corps et du « soi » de l'enfant, l'absence de langage ayant valeur de communication (les phonèmes et les mots émis n'ont qu'une valeur magique, pour l'enfant, le « je », signe de l'accession au statut du sujet, n'est jamais acquis et peut être remplacé par le « tu » ou le « il »).

LES PSYCHOSES SYMBIOTIQUES isolées par M. Malher [121] sont liées à un hyper-investissement maternel et ambivalent de l'enfant. Tant que l'enfant vit attaché à sa mère (dans une symbiose qui n'est pas vraiment une fusion et dans laquelle il y a un début de distinction entre soi et l'autre) tout se passe bien, du moins apparemment, à part certains troubles du caractère et du sommeil. Dès que survient le moindre événement qui chez la mère ou chez l'enfant pourrait pousser à une séparation et à une individuation des éléments de la Dyade, des poussées anxieuses et extrêmement ambivalentes surviennent avec régression massive de l'enfant qui au bout d'un certain nombre de poussées parvient à un autisme secondaire (analogue aux autres autismes secondaires tardifs).

LES PSYCHOSES A EXPRESSION DÉFICITAIRE apparaissent à la même époque. On en trouve intriquées et non juxtaposées :

1° *Les signes de la série déficitaire,* comme un retard intellectuel non homogène, avec dysharmonie des acquisitions. Ce retard peut, ou bien s'aggraver ou bien être fixé mais résister à toutes les tentatives orthopédagogiques qui réussissent généralement avec les débiles ou bien s'aggraver. Il s'y associe à peu près toujours des troubles psychomoteurs bien supérieurs souvent au déficit intellectuel. Ils sont liés à une carence narcissique grave au niveau de l'image du corps ou à une tentative désespérée de lutte contre des fantasmes de morcellement littéralement vécus au niveau du corps même (toute activité productrice libre est alors vécue comme dangereuse).

Sur le plan clinique, il s'agit toujours d'une *dyspraxie* avec ou sans substrat neurologique dont la variabilité étonne : selon la relation aménagée avec l'observateur ou le moniteur, on assiste à des réussites ou à des échecs tout aussi étonnants. De plus ces dyspraxies sont souvent évolutives et leur amélioration ou leur aggravation est peut-être le meilleur test d'efficacité thérapeutique.

Les *troubles du langage* sont moins nets que dans les autismes, et la dysphasie ne s'accompagne pas toujours d'indistinction entre le « je » et le « tu », mais le langage a rarement valeur générale de communication, simplement de communication privilégiée avec certains interlocuteurs et peut brusquement régresser vers un langage autistique.

2° *Des troubles instinctuels* dont l'évolution traduit aussi le type relationnel : troubles sphinctériens graves comme l'encoprésie ou des anorexies graves, variables, électives pour des aliments dangereux.

3° *L'angoisse* est toujours présente, elle peut être extrêmement envahissante, sous forme de terreur panique, de crises d'auto-mutilation (toujours en rapport avec une tentative de fusion avec le corps de l'autre, fusion vécue au bout d'un moment comme dangereuse pour l'enfant ou pour l'autre). Cette auto-mutilation s'accompagne d'un sous-investissement du corps propre dont les parties ne sont pas toujours reconnues par l'enfant comme lui appartenant. L'angoisse peut au contraire être latente et se manifester simplement par l'intensité du repli (et surgir à toute intrusion forcée de la part de l'autre) et par le caractère contraignant de certains rituels organisés dans l'espace et dans le temps de façon immuable (on trouve ici le besoin de repères constants ou « sameness » de Kanner). De toute façon tous ces troubles psychomoteurs, ces troubles de langage, ces rituels, ces manifestations d'angoisse deviennent progressivement plus automatiques, se vident de sens, au fur et à mesure que la psychose évolue vers le déficit fixé, cicatriciel. Mais il reste toujours quelques bizarreries, un regard trop vif, trop présent ou au contraire trop fuyant chez certains arriérés qui se sont plus ou moins guéris de leur psychose au prix d'une régression massive, définitive.

b) **Juste avant la phase de latence,** on peut isoler deux tableaux :

1° *Les dysharmonies évolutives* vraies, c'est-à-dire celles où le tableau de départ en mosaïque reflète un réel morcellement au niveau du Moi et qui se désintègrent progressivement : enfant à la fois surdoué dans un secteur, complètement oblitéré dans un autre, intelligent avec une relation d'objet très fusionnelle (on découvre vite que même le secteur sain ou hyperactif est en fait complètement investi par le processus primaire). Dans d'autres cas, les fonctions cognitives sont apparemment normales, mais on rencontre à côté une anxiété très profonde déplacée, isolée ou agie : d'où la fréquence des terreurs nocturnes, de phobies étranges d'intrusion corporelle, on y rencontre toujours des difficultés latentes d'identification de l'enfant dans son corps. Il n'y a pas non plus d'élaboration, d'intégration au Moi, des fantasmes primitifs.

On retrouve aussi dans ces dysharmonies dès remaniements sur un mode pseudo névrotique qui ont pour but de colmater une angoisse qui n'est pas une angoisse de castration, ni même une angoisse anale (telle qu'on la rencontre chez l'enfant obsessionnel vrai). Ce sont en particulier des rituels étranges, extrêmement envahissants, très fixés et très contraignants.

On trouve la même dysharmonie au niveau des différentes fonctions instrumentales, c'est-à-dire le même écart entre des secteurs déficitaires et des secteurs surinvestis précocement surdoués (mais qui ne sont pas intégrés dans la personnalité). C'est particulièrement vrai au niveau du langage, qui peut être très riche, très précoce au niveau de l'emploi des termes, mais qui est rarement utilisé dans un but de dialogue, même s'il n'est pas franchement discordant comme dans des psychoses plus précoces. On retrouve le même investissement anarchique et intentionnel du corps et de la psychomotricité dans le syndrome suivant : maniérisme, réussite d'épreuves complexes de construction, refus de l'image spéculaire, interrogations sur l'identité et sur le contenu du corps (v. Mises [128]).

2° *Les prépsychoses* (on dit *pré,* parce que l'éclatement psychotique n'est pas encore survenu, mais ses possibilités d'apparition sont déjà toutes présentes avant l'apparent traumatisme désorganisateur), pré-psychoses qui frappent par leur instabilité incoercible, leur fantasmatisation permanente et incessante, sans anxiété apparente, sans barrière élevée par le Moi qui ne peut la contrôler. Cet éclatement psychotique peut en fait être prévenu par une thérapeutique appropriée qui permet une *œdipification* qui n'est pas un Œdipe authentique, et la constitution d'une « névrose de couverture » (v. Lebovici, Diatkine [112]).

c) **Les psychoses dites de phase de latence** sont en fait liées le plus souvent à l'arrivée à l'école qui constitue le pseudo-traumatisme que la famille invoque toujours (quelquefois de façon très projective) car elles sont souvent apparemment muettes avant cette arrivée à l'école Leur polymorphisme clinique est extrême et c'est un peu artificiellement que l'on peut opposer :

1° Un syndrome, INSTABILITÉ-EXCITATION, à peu près analogue à celui observe dans les pré-psychoses plus précoces. La note franchement hypomaniaque y est particulièrement nette, mais l'analyse structurale retrouve des éléments psychotiques plus ou moins masqués (froideur du contact, recherche de repères constants...).

2° Un syndrome d' INHIBITION-DÉPRESSION assez original. Inhibition dans le contact, dans la relation avec autrui qui ne conduit pas toujours à un autisme franc, inhibition de la pensée, de l'activité, impossibilité d'acquisition cognitive (qui s'intègre dans un refus scolaire souvent massif et incompréhensible) Les acquisitions cognitives et praxiques ne sont pas utilisées et intégrées et fonctionnent comme des enclaves. La tonalité dépressive de l'humeur est nette et peut traduire soit le sentiment profond d'un manque et d'une faille narcissique, soit une angoisse dépressive (au sens kleinien) qui serait déjà un progrès, une tentative de reconstruction par rapport à l'angoisse schizoparanoïde.

3° Des PSYCHOSES PSEUDO NÉVROTIQUES qui sont extrêmement fréquentes à cet âge et qui miment les grandes névroses classiques : *névrose d'angoisse* avec raptus anxieux, phase de dépersonnalisation — *phobies extensives* contraignantes, mais vécues dans une atmosphère froide, détachée, décrites avec précision, de façon très intellectuelle et très « précieuse » — *des obsessions* inquiétantes analogues à celles de la phase précédente ou au contraire d'allure cicatricielle, des névroses dites de caractère, etc.

Si on analyse tous ces troubles de la phase de latence on y retrouve, toujours un versant déficitaire, évolutif ou non, lié à la non-scolarisation, au non-investissement de l'intelligence, des troubles du langage (mutisme fréquent, langage à valeur auto-érotique) des troubles psychomoteurs qui ressemblent déjà bien plus au maniérisme de l'adulte schizophrène, une dysharmonie entre l'inhibition corporelle et les possibilités d'exécution de certains gestes très compliqués, très précis, mais automatisés. C'est aussi à cette époque que l'on rencontre des manifestations de la série délirante. Non pas un délire paranoïde classique ou des hallucinations en fait assez rares, mais surtout l'existence de certains fantasmes concernant le corps (morcellement, destruction, identité) des thèmes de filiations mythologiques qui débordent beaucoup le classique roman familial. Même s'il n'y a pas délire au sens strict, le vécu de l'enfant est toujours déréel, avec coupure d'avec l'autre et prolifération imaginaire stérile, non communicable.

Toutes ces psychoses de l'enfant nous semblent avoir deux caractères communs :

1° Leur caractère *anhistorique,* c'est-à-dire que le développement normal de l'enfant est comme télescopé, on n'y retrouve, même avant l'éclatement psychotique, aucune des phases normales de développement. Il semble que l'enfant tel qu'il se vit et tel que le racontent les parents, est depuis des mois et des années *identique*. Des manifestations en fait très anciennes et d'autres actuelles sont toutes sur le même plan et associées directement.

2° *L'existence quasi lisible d'un morcellement du Moi* (ou au minimum d'un clivage défensif de celui-ci, clivage entre un secteur envahi par le processus primaire et la psychose et d'un secteur de reconstruction, de défense).

d) **Psychoses de l'adolescence :** celles-ci ne se distinguent pratiquement pas des psychoses de l'adulte, mais nous noterons seulement la difficulté du diagnostic à cette époque, car il y a des troubles de l'identité chez l'adolescent (v. Kestemberg [96]) qui ont une allure franchement psychotique et qui rentrent dans l'ordre, apparemment sans séquelles.

2° Évolution

L'observation longitudinale pendant de nombreuses années de psychoses infantiles traitées (bien plus que la précision plus grande d'anamnèses d'adultes) permet de préciser les diverses évolutions possibles (Lebovici, dans [136], p. 40).

■ ***L'autisme*** semble soit persister, soit aboutir à une relation d'objet atypique (avec son langage bizarre asyntactique sans « je ». Notons d'ailleurs après M. Malher qu'une évolution favorable ne va pas dans des moments obligatoires de régression féconde vers l'autisme.

■ ***Les psychoses*** elles-mêmes peuvent évoluer :

a) Soit vers une démence;

b) Soit vers une oligophrénie « simple » et cicatricielle (celle-ci peut faire disparaître, comme l'a souvent noté Lebovici, certains traits fascinants d'enfants surdoués dans un secteur esthétique : l'étonnant poète, le fascinant dessinateur devient niais et conformiste).

c) Soit vers la constitution d'une personnalité bizarre, en mosaïque ou s'opposent des secteurs surinvestis permettant des performances étonnantes (calcul mental) et d'étonnantes lacunes praxiques ou cognitives (on note aussi des traits schizoïdes).

d) Soit vers des troubles du caractère.

e) Soit vers une psychose de l'adulte.

f) Soit vers une névrotisation de couverture le plus souvent phobo-obsessionnelle très serrée, inhibant et amputant l'intellect et l'activité.

3° Phénoménologie

a) On ne peut qu'être frappé du **polymorphisme clinique extrême des psychoses de l'enfant.** Ce polymorphisme ne permet pas de regrouper les diverses formes à la manière des psychoses de l'adulte : la schizophrénie proprement dite est (nous l'avons vu) extrêmement rare. On ne rencontre pas de syndrome catatonique et de forme paranoïde (les délires proprement dits sont très rares, nous en verrons plus loin la raison). En revanche, certains aspects défensifs dans les structures psychotiques peu décompensées pourraient évoquer des traits paranoïaques.

b) Quelques **signifiants** essentiels reviennent toujours dans les descriptions que l'on fait de l'enfant psychotique. Ce sont des images à la fois insistantes et foisonnantes. Souvent bipolaires, elles condensent en elles violemment des contraires. En voici quelques unes :

- Un monde d'objets pétrifiés et hypersensibles, la multiplication à l'infini des miroirs.
- Inversion constante entre l'animé et l'inanimé (notée par M. Malher : les choses sont traitées comme des êtres vivants, les êtres vivants comme des choses).

– Un monde peuplé de machines parmi lesquelles un enfant-machine, un réseau de fils électriques (v. Joe dans Bettelheim [22]), les ordinateurs, la mécanique céleste. – Un enfant tyrannique et impuissant.
– Un pantin désarticulé qui réussit l'impossible mais échoue dans le geste le plus simple.
– Un poète au langage fulgurant, un peintre fascinant.
– Un espace vide, clos mais aussi plein, magique, soumis à mille influences, traversé d'éclairs venus de toute part. Dans cet espace, le découpage absurde mais impérieux de territoires immuables.

Notons le constant renversement entre contenant et contenu qui amène à une sorte d'évagination du dedans.

– Un langage pour lequel on pourrait employer exactement les mêmes expressions que pour l'espace : scindé, clos, asyntaxique, dans lequel s'établissent dans tous les sens d'étranges rapports et des conflagrations. Langage-image, langage blanc.
– Temps sans rétroaction, sans après-coup (comme dans la névrose) où s'établit au contraire continuellement « l'avant-coup » (A. Green). La carence du maintien (holding) par la mère empêche la constitution d'un « sentiment continu d'exister » et fait surgir la menace d'anéantissement (Winnicot).

c) Le corps où **s'inscrit** littéralement la psychose. La discordance, la dissociation, le morcellement n'est pas seulement dans le psychisme de l'enfant, dans sa relation avec l'autre. Elle est littéralement lisible, visible sur et *dans* son corps (et c'est ce que nous tentions de suggérer par ce que nous disions du visage, du geste, du regard). Mais il ne s'agit pas seulement du corps de l'enfant, tel qu'il est vu par l'observateur, ou tel qu'il s'attache et se dérobe à lui, il s'agit aussi de la façon dont il est habité, utilisé, déplacé par l'enfant : nous rattacherions volontiers à cette inscription de la psychose dans un corps et un espace morcelés l'instabilité de l'enfant psychotique.

On peut aussi rappeler que, selon P. Aulagnier Castoriadis, le corps réel de l'enfant psychotique n'est qu'un simple prolongement du narcissisme maternel. La mère n'a pu, ni pendant la grossesse ni après, effectuer un travail de deuil car elle n'a rien à perdre. « Il semble exister une sorte d'impossibilité à toute représentation imaginaire d'enfant à venir : la relation pourra se jouer entre la mère et cette masse à l'intérieur d'elle-même, sorte de remplissage corporel d'organe surajouté ».

d) **L'enfant psychotique et l'autre – « Angoisse et contre-transfert »**. On ne peut qu'être frappé de la constance d'un phénomène très difficilement formulable et qui siège non chez l'enfant lui-même mais chez tous ceux qui essaient d'entrer en contact avec lui : l'éveil constant chez l'autre d'une angoisse spécifique dont certains (et pas seulement les parents...) se défendent avec énergie. L'enfant psychotique est vécu comme morcelant, clivant, tout autant que morcelé et clivé.

On pourrait citer d'autres images qui marquent bien le caractère très particulier du contact avec l'enfant : il est vécu comme creux, gouffre, aspiration.

Ce morcellement et ce clivage ne se retrouvent pas qu'au niveau des personnes, mais au niveau des institutions (Racamier). On voit là pratiquement à l'œuvre la toute-puissance d'une identification projective, véritable effraction et possession de l'objet.

Rosenfeld a bien montré que l'autre est le *contenant* de la projection mortifère et que c'est dans la mesure où le contenant accepte cette intrusion et n'explose pas qu'une relation bonne peut s'établir avec le psychotique. Si l'on essaie d'analyser ce vécu, cette première impression, on s'aperçoit qu'elle en recouvre d'autres. Face à cet enfant ou près de lui on a une impression perpétuelle de *trop* ou de *trop peu :* trop d'intelligence ou trop de niaiserie pour le niveau réel, un langage trop riche ou curieusement absent, trop de gestes ciselés ou une raideur inexplicable, un visage surexpressif qui ne dit rien, un regard brillant et vivant dans un corps vide, trop d'amour, trop près ou trop loin. On voit, on entend, on touche continuellement dans cette richesse et cette pauvreté simultanées ce que les vieux auteurs appelaient « discordance ». Le caractère inquiétant des passages à l'acte immotivés, à froid, en rupture avec ce qui se passait auparavant (véritables issues pulsionnelles), accentue aussi cette angoisse de l'autre.

4° Structure des psychoses infantiles

Nous évoquons ici non seulement les psychoses avérées mais aussi les éventuelles structurations psychotiques muettes, sous-jacentes, des psychoses blanches (Green).

■ ***Génétique et ses illusions*** dénoncées par Wildlocher (in [136], p. 85). En effet le caractère chaotique de l'organisation, le télescopage des différents stades ne permet pas de dater la première faille. Le stade oral en particulier est beaucoup moins prévalent qu'on ne l'a dit. Ce qui frappe tout d'abord en effet, c'est le mélange de prématurité de certains mécanismes, de retard de certains autres et la dysharmonie extrême tout au long du développement. C'est pourquoi on peut rencontrer aussi d'authentiques manifestations œdipiennes à côté des traits les plus archaïques.

■ ***L'angoisse*** est bien sûr, celle de *morcellement,* mais cela ne semble pas être son seul caractère. En effet il s'agit souvent d'une angoisse athématique qui en fait recouvre une angoisse précocissime de néantisation, angoisse indicible contre laquelle s'organise sur un mode défensif serré toute l'évolution. En revanche une telle angoisse se manifeste par des contenus absolument pas spécifiques (d'une banalité extrême chez l'enfant) : thèmes œdipiens, thèmes de castration, manipulation d'objets partiels — mais de tels thèmes sont vécus avec une extrême intensité. La précocité de certains mécanismes survenant avant une phase normale de maturation pulsionnelle les rend soit inopérants, soit monstrueux et hypertrophiés. Mais de plus on a l'impression que leurs buts et leurs fonctions changent, qu'ils sont mis au service d'autre chose : ils sont comme « détournés », *pervertis.*

■ ***Les fantasmes*** le plus souvent ne sont pas spécifiques. Pourtant on peut rencontrer aussi des thèmes de filiation prodigieuse, de transformations corporelles de toute puissance sur le monde et les autres; ce qui compte en fait, c'est la confusion continuelle, fantasmes – rêves – délires. Ces trois plans en effet sont confondus comme le mode de fonctionnement constant de *l'hallucination de désir.*

La fantasmatisation névrotique est impossible non pas tellement à cause de l'absence de certains contenus mais surtout parce que « l'espace » propre au fantasme n'est pas constitué et que les fantasmes sont de purs contenus qu'il va expulser. La fantasmatisation a une fonction uniquement *évacuatrice.*

■ ***Les défenses.*** — On notera tout d'abord l'importance de « l'équation symbolique » qui constitue des chaînes de signifiants, confondus et télescopés rendant impossible l'avènement de tout symbolisme authentique (c'est pourquoi l'épithète de symbolique accolé à équation est en fait malheureux). On retrouve dans les psychoses infantiles les défenses habituelles des psychoses : déni, projection, identification projective, etc. (qui permet à l'autre, comme nous l'avons noté plus haut après Rosenfeld de servir de contenant). Des défenses banales et quasi névrotiques peuvent aussi être présentés : en fait ce qui compte ce n'est pas l'absence ou la présence de telle défense réputée de tel niveau, mais sa signification, sa fonction qui, elle, devient différente.

Notons pourtant l'importance des remaniements défensifs (souvent sur un mode anal, v. tableau Lebovici et Mac Dougall dans [111]) et de l'œdipification. Dans beaucoup de cas d'ailleurs, on peut considérer le tableau clinique de la psychose comme le résultat d'un compromis entre le processus néantisant et la mobilisation constante de défenses. La compulsion de répétition toujours présente n'a pas qu'un rôle négatif. Dans l'autisme, la constitution d'un pare-excitation absolu et autonome assure la survie. Rappelons aussi un processus original isolé par Bion et que l'on peut rattacher à l'instinct de mort : c'est *l'attaque des liaisons* qu'on peut retrouver facilement dans la pensée et l'activité de l'enfant psychotique.

■ ***L'économie psychotique*** est une économie de guerre où l'hémorragie libidinale et narcissique est constante et grave. Le type d'investissement par la mère est bien particulier (v. les travaux de P. Aulagnier cités plus haut), et l'enfant fait partie du narcissisme maternel comme complément bien plus qu'il n'est un objet pour elle externe, sur lequel elle modulerait des investissements variables et structurants, par leur variabilité.

Les deux types d'énergie, libidinale et narcissique, sont donc confondus et l'hémorragie ne peut s'arrêter que de deux façons : soit par la constitution d'une barrière, d'un bouclier pare-excitation, rigide et mortifié (qui arrête les stimuli internes tout autant qu'externes), soit par la non différenciation topique (à l'intérieur du soi et entre le soi et le monde). Mais de telles solutions ne sont pas absolument réussies, d'où l'avidité extrême de ces jeunes patients qui perçoivent en même temps tout don extérieur comme une intrusion : ils ne supportent alors que des apports d'une énergie neutre et despécifiée (stimulations mécaniques et répétitives, style bercement automatique), ou d'une énergie non localisée et non humaine comme la musique (ils sont capables d'écouter des disques pendant des heures avec extase).

■ ***Dynamique.*** — On considère classiquement que ce conflit essentiel (si on peut le considérer comme un conflit) est un conflit du Ça contre la réalité dans lequel le Moi s'allie au Ça (Freud, [73]).

On peut s'interroger d'ailleurs aussi sur le lieu de ce conflit qui paraît à la limite n'être nulle part, en tout cas ni dans le psychisme, ni entre psychisme et réalité, ni dans la réalité elle-même.

■ ***Topique.*** — Tout ce que nous venons de noter sur les lieux, les instances montre bien que le trouble central est une rupture du cadre topique habituel et un essai de reconstitution. On assiste en effet tout d'abord à la confusion entre première et deuxième topique : l'inconscient loin d'être le lien du refoulement, de la représentation se confond avec le Ça. Dans le cadre de la première topique elle-même, il y a un télescopage entre préconscient et inconscient : comme l'a noté Freud, le psychotique traite les représentations de mots comme des représentations de choses. Le processus primaire est non pas prévalent comme on pourrait le croire, mais coexiste avec le processus secondaire qui se distingue difficilement de lui.

Dans le cadre de la deuxième topique on notera bien sûr aussi le morcellement du Moi et les rapports bien particuliers entre contenant et contenu, les seconds attaquant les premiers (Bion). C'est ainsi qu'on peut présenter les rapports : Ça, Moi, réalité, comme une série d'inclusions successives impossibles, tout comme les rapports : appareil à penser, pensée, représentation. On assiste donc à une persécution constante de la pensée par la pulsion et du moi par l'objet réel qui n'est jamais absent et par là jamais représenté (d'où l'importance d'un objet idéal complètement déréel, toujours clivé dans ces deux aspects). La lutte ne peut s'arrêter que par la fusion absolue avec un Idéal du Moi très archaïque.

Ce qui différencie pourtant la psychose de l'enfant de celle de l'adulte, c'est que la survenue précoce du processus altère inévitablement et de façon beaucoup plus massive les possibilités intellectuelles et praxiques.

ORGANISATIONS NÉVROTIQUES

L'analyse du petit Hans par père interposé a permis à Freud de retrouver chez un enfant quasi normal certains symptômes de la lignée réputée alors névrotique (en l'espèce les phobies). Depuis lors, quand on parle de « névrose infantile », on évoque trois phénomènes différents :

a) **Des signes de la lignée névrotique** apparaissant et disparaissant à un moment quelconque d'un développement par ailleurs normal (phobies d'animaux petits et grands, peur du noir, terreurs nocturnes, rituels du coucher ou du lavage). Ces traits semblent à l'examen ne s'inscrire dans aucune structure névrotique franche et stable et constituer des accidents, des épiphénomènes. En effet ces signes sont peu investis d'angoisse, mobiles. Le jeu pulsionnel apparaît souple, le Moi atteint une différenciation normale pour l'âge, on ne note pas d'inhibition des activités cognitives et de restriction des affects, pas d'écrasement ou d'éclatement des fantasmes. La socialisation de la personnalité (en famille et à l'école) s'effectue sans anicroches graves aussi bien au niveau des échanges que des possibilités créatrices. Une étude longitudinale (aussi bien anamnestique que catamnestique) confirme la bénignité de ces signes. En clinique infantile, aucun signe n'a de valeur en soi, à lui seul, il ne faut pas s'hypnotiser sur l'un d'eux et poser phobie = névrose phobique, rituel = névrose obsessionnelle.

b) A l'opposé on rencontre quelquefois (assez rarement en fait) des **organisations névrotiques fixées,** confirmées après étude structurale et observation prolongée. Ce sont les *névroses* de *l'enfant* que nous étudierons plus loin.

c) Entre ces deux possibilités extrêmes s'insère ce qu'il faut bien appeler la **« névrose infantile » quasi physiologique** qui serait un moment fécond et quasi obligatoire au développement normal (un moment de passage comme la psychose des premiers mois décrite par les kleiniens). Comment la définir ? Comme une organisation qui sur le plan structural a presque toutes les caractéristiques d'une névrose mais qui demeure « ouverte », négociable sans intervention psychothérapique importante, quand elle éclot dans un milieu familial et éducatif souple, tolérant, peu névrosé et névrogène. Rappelons en effet que les conflits sont inévitables (Lebovici [113], p. 56) dans la dépendance de l'enfant aux parents, que ces conflits donnent lieu à des symptômes névrotiques quelquefois très élaborés et surdéterminés (par des mécanismes très différents, à la fois de refoulement proprement génital et d'émergence des pulsions prégénitales). Ce sont ces enfants dont C. Chiland [39] dit qu'ils paraissent « fonctionner bien dans le registre de l'insertion dans le réel et le registre de l'activité fantasmatique, passant de l'un à l'autre avec souplesse ». Cette névrose est toujours « égosyntonique ». Elle n'est pas autre chose alors que les divers moments (peut-être un peu plus bruyants) d'une crise œdipienne normale. Elle emprunte et abandonne une série de masques sous lesquels on reconnaît les grandes névroses de l'adulte : l'enfant, d'abord phobique, devient ensuite hystérique et séducteur, pour guérir après son entrée à l'école sous l'apparence ordonnée de l'obsessionnel (les névroses authentiques sont en revanche des structures fermées avec accrochage et fixation à l'un de ces stades).

Les vraies organisations névrotiques (névroses de l'enfant) sont en fait toujours très composites ([113], p. 92). On peut voir en effet associés des traits phobiques avec des traits obsessionnels, une symptomatologie hystérique peut avoir une façade obsessionnelle. Elles sont aussi quelquefois extensives (certaines hystéries). Enfin elles s'associent souvent à des troubles d'une lignée très différente : troubles instrumentaux, troubles du comportement, maladies psychosomatiques. Sans décrire à nouveau les névroses, nous allons noter quelques aspects cliniques originaux de ces organisations chez l'enfant.

HYSTÉRIE INFANTILE ET HYSTÉRIE D'ANGOISSE

■ ***Une hystérie de conversion*** authentique est rare chez l'enfant. Nous avons vu en effet la fréquence de somatisations mixtes avec un versant névrotique et un versant psychosomatique. Dans ce cadre on observera des crises névropathiques très théâtrales, des troubles neurologiques (de la paralysie à la crise pseudo comitiale de l'hystéro-épilepsie). Il est en fait plus intéressant de considérer l'hystérie infantile comme une dramatisation, une mise en scène du fantasme comme « un langage » *dans* et *par* le corps dans la mesure où « celui-ci est visible ou présent pour l'autre » (Ajuriaguerra [9], p. 686). Le corps est alors un *instrument* et non une *victime* comme chez les psychosomatiques (Racamier).

Cette dramatisation à plusieurs personnages ne peut survenir que s'il existe une différenciation suffisante des instances et des objets (telle qu'elle s'instaure au moment de l'Œdipe) et que si le conflit se traduit par un refoulement et une symbolisation.

■ ***La névrose infantile physiologique a le plus souvent un aspect hystérique.*** — La solution hystérique est en effet une de celles qui s'offre à l'enfant : séduction *de par* l'adulte, avidité de contact suivi d'un retrait, théâtralisation des conflits, etc.

Cette phase hystérique peut se poursuivre par une organisation de caractère pendant toute la durée de l'enfance et de l'adolescence. Certains symptômes de l'enfant sont mis en rapport avec l'hystérie : le mutisme psychogène et le somnambulisme ainsi que certaines crises crépusculaires dont les frontières avec l'épilepsie sont difficiles à tracer (v. « épilepsie » dans « Organisations déficitaires » p. 256).

■ ***Les frontières de l'hystérie chez l'enfant.*** — En fait les hystéries infantiles ne sont souvent qu'un masque et le caractère génital de la structure apparaît vite douteux : les relations avec l'autre, ou plutôt les autres, sont érotisées de façon très extensive, sans choix vrai. C'est pourquoi il faut considérer l'hystérie infantile comme un trouble de l'identification — ce qui la fait sortir au cadre strictement névrotique et évoque :

- Soit la dépression chez les enfants simulateurs dont le comportement peut aller jusqu'à l'auto-mutilation.

– Soit la psychopathie chez l'enfant mythomane (dont la mythomanie perverse dépasse de beaucoup l'habituel et normal « roman familial »).
– Soit une structure pré-psychotique sous-jacente même dans certains cas.

■ ***Devenir des enfants hystériques.*** — Il est rare qu'une hystérie de l'adulte survienne plus tard chez un enfant hystérique, mais en fait après des névroses infantiles asymptomatiques qualifiés « d'égosyntoniques ».

Seule la reconstruction du passé dans la cure éventuelle permet de retrouver ou de construire après coup le noyau hystérique de l'enfance. En revanche, certaines névroses obsessionnelles ont présenté dans l'enfance des traits hystériques.

D'après Lebovici l'avenir des enfants simulateurs peut être extrêmement variable de la normalité à la psychose.

Les symptômes hystériques (mutisme, somnanbulisme, crises, etc.) peuvent évoluer aussi bien vers la psychose, les troubles graves du caractère ou une hystérie d'angoisse (que l'on appelle aussi névrose phobique).

L'enfant de caractère hystérique semble en fait avoir une faiblesse de l'élaboration névrotique associée à un noyau très archaïque du registre de la pré-psychose, de la dépression ou de la psychopathie. Ce noyau peut rendre quasi impossible une cure à l'âge adulte.

■ ***Métapsychologie de l'hystérie infantile.*** — On peut considérer l'hystérie comme un mode d'être, comme une méthode de lutte antipulsionnelle au moment de l'Œdipe. Ses liens avec la phase phallique sont évidents dans les deux sexes. Le corps peut alors prendre la valeur et la place du phallus absent, menacé ou surévalué.

On pourrait aussi, par symétrie avec ce que Freud disait de la différence de maturation du Moi et de la libido dans la névrose obsessionnelle, considérer que chez l'enfant hystérique il y a une précocité libidinale associée à une faiblesse du Moi. Dans certains cas cette précocité ne fait aucun doute, en particulier chez la fille (qui d'ailleurs semble présenter les hystéries à la fois les plus éloquentes et les plus bénignes, à l'inverse du garcon qui présente plus volontiers des formes en relation avec des mécanismes que nous allons maintenant étudier).

Mais l'hystérie infantile peut avoir d'autres fonctions : celle d'une défense contre l'oralité et la psychose. Elle peut être la manifestation faussement névrotique d'un faux *self* conformiste (Winnicot).

■ ***Phobies et hystérie d'angoisse.*** — De nombreuses phobies ou prétendues telles chez l'enfant sont hors du domaine névrotique (v. Mallet). On peut déjà considérer l'angoisse du 8e mois comme la peur de perdre l'objet maternel, peur déplacée sur un visage étranger. Les terreurs nocturnes manifestent une simple difficulté à maîtriser les pulsions par un orgasme, une décharge sensorielle. Dans ces deux cas un des éléments de la phobie manque : soit l'angoisse devant la pulsion génitale interdite, soit le déplacement. A l'opposé on trouve des pseudo-phobies de caractère psychotique ou prepsychotique, qui sont liées à la peur très envahissante de la fragmentation et de la transformation du corps, de l'intrusion par l'autre (certaines dysmorphophobies psychotiques de l'adolescent).

La phobie scolaire assez fréquente peut se situer aux deux pôles extrêmes de la pathologie : elle peut être une simple défense contre l'angoisse des parents de voir leur enfant s'individualiser, choisir un autre modèle d'identification, symptôme utilisé par l'enfant pour satisfaire des besoins régressifs facilement négociables si on agit sur les parents. Elle s'accompagne alors d'inhibition intellectuelle. Elle peut en revanche traduire une angoisse très archaïque et constituer le début d'une évolution psychotique.

Appartiennent au domaine de l'hystérie d'angoisse des *phobies partielles* survenant au moment de l'Œdipe et qui représentent « un instrument d'endiguement de la fraction des pulsions génitales passives qui n'a pu être endiguée par le Moi ». Elles ont pour fonction de protéger la bonne image paternelle (et la relation passive et amoureuse avec elle) après clivage et projection de l'agressivité sur l'objet phobogène et apparaissent fréquemment chez le petit garçon. De récents auteurs insistent sur la mauvaise tolérance par les familles et par notre société de l'hystérie d'angoisse chez le garçon (en raison de la surestimation « culturelle » du phallus, et de l'exaltation de la virilité). Même dans le cadre de l'hystérie d'angoisse infantile apparaissent des éléments d'autres lignées : des phobies d'impulsion, des rituels, etc.

ORGANISATIONS OBSESSIONNELLES

Comment apparaît l'enfant obsessionnel? Cela peut être l'enfant sage, trop sage, le nez fourré dans ses dictionnaires ou ses interminables jeux de constructions, ses collections de papillons ou de boîtes de camembert dont l'ordre comme le désordre apparaissent pétrifiés ou envahissants.

Raisonnable, discuteur et raisonneur, il comble et agace à la fois des parents qui placent très haut les valeurs intellectuelles (parce qu'ils sont eux-mêmes des intellectuels ou auraient aimé l'être). D'autres choses agacent encore : jeux de mots, oraisons jaculatoires, manies impérieuses et absurdes dans la toilette, les jeux, la promenade et le coucher. Tout ceci apparaît d'autant plus absurde qu'on ne sait pas si l'enfant tient vraiment à ces rites tant qu'on n'essaie pas d'y toucher (mais à ce moment apparaît l'angoisse).

a) **Etude clinique.** — L'organisation obsessionnelle peut avoir plusieurs significations chez l'enfant. Elle peut tout d'abord être un stade normal du développement et être le mode d'adaptation de l'enfant à l'école. Il s'agit alors seulement d'une ritualisation de l'existence, d'une mise à distance modérée des pulsions et des affects, d'une intellectualisation de bon aloi. L'organisation obsessionnelle ne constitue pas seulement le mode de guérison de la névrose infantile banale, mais aussi de certaines phobies graves, de certaines prépsychoses ou dysharmonies de la première enfance (traitées ou non) qui se sont colmatées secondairement au prix d'une inhibition importante, d'une restriction des affects et de l'activité — névrotisation plus ou moins solide qu'il vaut mieux respecter.

Mais cette organisation, loin d'achever de fixer une évolution, peut aussi en inaugurer une : certaines psychoses de la phase de latence débutent par une séméiologie obsessionnelle qui représente une défense désespérée mais souvent réussie contre le morcellement. Deux types de symptômes : d'une part des rites bizarres et contraignants pour la famille entière, des collections absurdes, des salves de tics phonatoires; d'autre part des phobies très angoissantes (agoraphobie, phobies concernant le corps et ses fonctions). Le tableau s'il est moins inquiétant et envahissant, avec une angoisse absente ou neutralisée, peut inaugurer une évolution névrotique. Mais une névrose obsessionnelle typique ne se constitue jamais avant l'âge de dix ans. Enfin apparaissent fréquemment, au moment de la phase de latence, des caractères obsessionnels qui sont l'accentuation et la fixation de l'organisation obsessionnels qui sont l'accentuation et la fixation de l'organisation obsessionnelle passagère et physiologique évoquée plus haut.

L'organisation obsessionnelle semble toujours à l'observateur avoir deux faces contradictoires réunies chez l'enfant : elle oscille toujours entre l'angoisse et la dénégation de l'angoisse, entre l'impulsion et la maîtrise, entre la saleté et la propreté, l'ordre et le désordre, entre la pensée rationnelle et la toute-puissance magique.

b) **Signification de l'organisation obsessionnelle.** — Elle ne peut apparaître qu'à travers une étude des « méthodes » éducatives et des idéaux sociaux et scolaires. En effet, comme l'ont bien montré Lebovici et Diatkine [108], l'éducation du petit enfant a pour but l'apprentissage de *rituels* (repas, propreté, miction et défécation réglés). Pour obtenir l'amour de ses parents l'enfant se plie à ces rituels, les intègre. Il peut aussi les utiliser de façon agressive. Enfin il élabore dans un but de maîtrise et de défense d'autres rituels (certains jeux répétitifs analogues au jeu de la bobine). Il constitue ainsi sa notion du temps. Remarquons en conclusion que la plupart des méthodes pédagogiques valorisent l'intelligence et un mode de pensée qui est plus ou moins la pensée obsessionnelle que nous allons étudier maintenant.

c) **Pensée obsessionnelle.** — Enumérons rapidement ses caractéristiques : fragmentation du monde en ses éléments abstraits, valorisation des aspects représentatifs et visuels, mise à distance de l'objet, de l'affect et de la pulsion. C'est-à-dire *l'isolation.* La pensée de l'enfant obsessionnel ressemble beaucoup à la « pensée opératoire » des psychosomatiques adultes. Cette pensée se meut dans un espace et un temps non seulement géométriques, mais scindés l'un par rapport à l'autre, parallèles et quasi équivalents (alors qu'un vécu plus investi sur le plan libidinal se déploie dans un espace-temps qui est une réunion, une interpénétration). On peut évoquer à ce propos *l'annulation rétroactive* qui est en fait la maîtrise du passé, l'affirmation magique de la reversibilité impossible du temps. On trouve toujours en filigrane ce désir de maîtrise, de toute-puissance : *maîtrise par le regard* (qui met aussi à distance, évite le contact). L'interrogation angoissante sur le corps, sur son contenu (fréquente chez l'enfant) aboutit à la constitution d'une image très mécanisée de ce corps.

d) **Métapsychologie.–** On sait que Freud [79] a insisté sur la maturation trop précoce du Moi (par rapport aux pulsions) chez l'obsessionnel : elle apparaît évidente cliniquement chez cet enfant précoce et sage.

L'angoisse n'apparaît pas toujours, car l'obsessionnel se structure justement de façon à éviter, isoler, refouler cette angoisse. Mais si on arrive à le repérer elle semble de deux ordres : angoisse devant un Surmoi sévère qui condamne les pulsions mais aussi angoisse de perte d'objet, peur de perdre la maîtrise de cet objet comme la maîtrise de pulsions très ambivalentes. D'où l'oscillation entre désir de destruction et désir de réparation, oscillation entre activité freinée et passivité (dont la coloration homosexuelle est particulièrement nette chez l'enfant). Le fantasme conscient a peu de place, l'enfant refuse les fantaisies, les contes de fées, nie qu'il puisse avoir des rêves.

Toute l'organisation semble donc se structurer comme un compromis plus ou moins stable (reprenons après Rouart l'exemple du rite, compromis entre maîtrise et soumission, acceptation et refus de la contrainte). Ce que nous avons dit de la pensée obsessionnelle montre bien que la pensée est surinvestie par rapport aux autres secteurs, en particulier l'agir (d'où inhibition à l'action, doutes incessants, difficultés de démarrage de l'action, annulation des actes, etc.).

PSYCHOTHÉRAPIES CHEZ L'ENFANT

Introduction. — Dans ce chapitre seront abordés seulement à titre d'information les problèmes généraux que posent les psychothérapies chez l'enfant, sans que soient abordés à aucun moment les problèmes de la technique elle-même.

■ ***Conditions de possibilités.*** — Vers 1930, aux débuts de la psychanalyse chez l'enfant, une controverse s'est ouverte sur l'existence d'un processus analytique chez l'enfant. Anna Freud répondait par la négative et affirmait qu'une assez longue phase préparatoire était nécessaire pour instaurer un transfert, phase au cours de laquelle le thérapeute ne se montrait absolument pas neutre — ce qui lui fut reproché comme une « technique de séduction » — En revanche M. Klein affirmait que le transfert pouvait s'établir dès la première rencontre, grâce à une interprétation immédiate et profonde du contenu latent du discours et du jeu de l'enfant. En fait depuis cette époque, les deux positions se sont en partie rapprochées et on ne nie plus l'existence d'un processus et d'un transfert (pour particulier qu'il soit). L'âge de l'enfant, son niveau de langage rendent le matériel fourni par l'enfant très différent du matériel purement et obligatoirement verbal fourni par l'adulte : des médiatisations par le jeu, les poupées, les petits soldats, les marionnettes, le dessin, sont souvent nécessaires mais souvent bien moins longtemps qu'on ne le croit. L'important est que le thérapeute lui-même réponde le moins possible lui-même par un comportement au comportement de l'enfant (sauf pour des raisons très précises), qu'il analyse continuellement pour lui-même les fantasmes inconscients sous-jacents, et le niveau du transfert de façon à communiquer éventuellement des interprétations verbales dans un langage accessible à l'enfant. Un exemple particulièrement démonstratif d'une telle technique et de ses résultats en est donné par le livre de Diatkine et Simon sur la « psychanalyse précoce » [52]. Nous nous arrêterons un instant sur ce qu'ils disent du *processus de la cure* chez l'enfant. Pour eux l'angoisse de l'enfant est la conséquence d'une contradiction entre les pulsions partielles, l'identification primaire d'une part, les désirs maturatifs et les identifications secondaires d'autre part. Toute intervention doit porter sur cette contradiction (au lieu de privilégier soit le matériel archaïque, soit le matériel œdipien) et modifie immédiatement le transfert.

Ces interventions faites au présent, ont un effet économique sur les points de fixation et les conflits d'instance, sur l'activité du Moi qui peut investir avec plaisir de nouveaux modes de fonctionnement, même s'il n'y a pas remémoration du passé. La cure ne sera achevée que lorsque les modifications observées avec le thérapeute dans le cadre de la séance sont transposées dans la vie réelle.

On conçoit la difficulté de telles cures, aussi bien dans leur conduite que dans l'appréciation du résultat : certains cliniciens d'ailleurs dans un but de recherches tout comme d'évaluation, avant, pendant et après la cure utilisent l'index de la Hampstead Clinic établi par Bolland et Sandler [28], malencontreusement traduit sous le titre : *Psychanalyse d'un enfant de deux ans.* (Cette psychanalyse ne constituant en effet qu'une illustration de cet index).

■ ***Diverses modalités.*** — La psychanalyse de l'enfant telle que nous venons d'en résumer le déroulement idéal est en fait un instrument long, lourd et coûteux. Nous allons tenter de faire l'inventaire de tous les autres moyens psychothérapiques :

a) Ceux visant **l'enfant seul :** psychothérapiques ou para-psychothérapiques.

- Sur une *longue* période, on peut, outre l'analyse classique, appliquer le psychodrame analytique individuel (Lebovici) avec plusieurs thérapeutes pour un seul patient. Les indications majeures en sont les psychoses ou les dysharmonies de l'enfant.
- Sur une *brève* période, signalons, outre les psychothérapies analytiques de l'enfant et surtout celles de l'adolescent (méthodes actives de pesée sur des conflits et des identifications mises au point par P. Male), la consultation thérapeutique (proposée par Winnicot) où, à travers le gribouillis (Squiggle), sont mis à jour le conflit et le « rêve » fondamental [168].

– Certaines rééducations instrumentales au niveau du langage et du corps (relaxation aussi) constituent souvent des psychothérapies « masquées » à partir du moment où elles sont centrées sur l'aspect relationnel et pratiquées par des personnes suffisamment intuitives, mais dûment formées et contrôlées.

b) Diverses modalités visant la **relation mère-enfant,** parents-enfants ou même soignants-enfants.

– Les troubles psychosomatiques du premier âge peuvent être améliorés par toute une série *d'entretiens avec les parents.* De même la psychothérapie du premier âge telle qu'elle vient d'être codifiée par Male et A. Doumic se fait en présence de la mère qui y participe [119].

– Toutes les techniques de *psychothérapies courtes* exposées en particulier récemment par Cramer prétendent agir aussi bien sur les parents que sur les enfants ([43]).

– Les groupes *d'études de cas* et centrés sur la relation soignants-enfants ou adultes-enfants et réunissant soit des médecins généralistes, des pédiatres, soit des éducateurs ou des rééducateurs (ou des enseignants) constituent une intervention *médiate* extrêmement précieuse qui gagnerait à être généralisée car elles permettent non seulement la prévention de contre-attitudes toxiques pour l'enfant mais aussi la mise à plat de certains conflits avant qu'ils ne deviennent répétitifs. De tels groupes doivent toujours être réunis en dehors des institutions avec un animateur complètement étranger à celles-ci.

De tels groupes thérapeutiques peuvent aussi être constitués avec les parents eux-mêmes.

– *Psychothérapies familiales :* très à la mode et visant à soigner un groupe malade tout entier, elles utilisent souvent des concepts hétérogènes empruntés tout autant à la théorie de la communication, à la psychanalyse et à l'antipsychiatrie (v. Hochman, [92]).

c) Diverses modalités visant les **institutions** elles-mêmes.

– *Psychothérapies institutionnelles :* nous voudrions dénoncer le mirage théorique et technique qu'elles représentent. En effet il nous apparaît extrêmement dangereux de transposer littéralement dans l'institution les concepts et les techniques de la cure analytique, relation duelle dans un champ complètement extra-institutionnel.

– *Institutions pyramidales* et monocentrées inspirées de concepts psychanalytiques : cela semble être le cas de l'école orthogénique de Chicago qui était animée par Bettelheim, au prix d'une présence continuelle sur tous les plans (direction institutionnelle, contrôle des cures effectuées par les éducatrices elles-mêmes, études des cas, formation du personnel, etc.). On voit mal comment transporter un tel schéma et multiplier de telles institutions faute de trouver des centaines de Bettelheim…

– Institutions où intervient comme formateur et contrôleur un psychanalyste venu de l'extérieur (v. Racamier [140]).

Les *communautés thérapeutiques* aménagées selon le schéma de Woodbury où le groupe soignants-soignés analyse la situation et prend ses décisions de façon collégiale. Il ne semble applicable que dans des institutions d'adolescents d'un niveau mental suffisant (Lustin, [117]).

■ **Conclusion.** — Quelle est la place des psychothérapies en clinique infantile ? En fait beaucoup moins grande qu'on pourrait croire, surtout si on entend par psychothérapies une psychanalyse ou une psychothérapie analytique. En effet de telles techniques ont des indications relativement limitées (sur le plan de la structure) et nécessitent toute une série de conditions favorables (constance et stabilité du milieu familial, absence de contre-attitudes toxiques chez les parents qu'une analyse de leur enfant remet violemment en cause, présence d'un thérapeute suffisamment formé).

Il y a d'ailleurs souvent dans les institutions comme chez certaines familles une croyance magique (en fait très agressive) à la toute puissance de la psychothérapie. Cette attitude par laquelle on voudrait se décharger d'un enfant, du problème relationnel et des échecs que l'on a avec lui sur un autre n'est en fait pas plus favorable à une cure que l'hostilité consciente.

En revanche toutes les interventions diagnostiques, rééducatives et pédagogiques avec les enfants devraient dans la mesure du possible être guidées par des principes psychodynamiques : il ne s'agit plus là bien sûr de psychothérapie (par une sorte d'inflation, ce mot est souvent employé à tort et à travers), mais cela permet de respecter pleinement toute la richesse inconsciente et pulsionnelle de l'enfant, de tenir compte de ses fantasmes, de ses angoisses et de ses défenses, de « deviner » ce qu'il faut faire — et surtout ne pas faire...

BIBLIOGRAPHIE

[1] Abelin (E.). — *Esquisse d'une théorie étiopathogénique des schizophrènes,* 1971, Privat, Toulouse.

[2] Ajuriaguerra (J. de), Borel-Maisonny (S.) et Stamback (M.). — Le groupe des audimutités. *Psychiatr. Enfant,* Paris.

[3] Ajuriaguerra (J. de), Guignard (F.), Jaeggi (A.), Kocher (F.), Maquard (M.), Paunier (A.), Quinodoz (D.), et Siotis (E.). — Organisation psychologique et troubles du développement du langage. In *Probl. de psycho-linguistique,* 1963, P.U.F., Paris, pp. 119-142.

[4] Ajuriaguerra (J. de), Diatkine (R.), et Kalmanson (D.). — Les troubles du développement du langage au cours des états psychotiques précoces. *Psychiatr. enfant,* 1959, 2-1, 1-65.

[5] Ajuriaguerra (J. de), Jaeggi (A.), Guignard (F.), Maquard (M.), Roth (S.) et Schmid (E.). — Evolution et pronostic de la dysphasie chez l'enfant. *Psychiat. Enfant,* 1965, 8, pp. 391-453.

[6] Ajuriaguerra (J. de), Inhelder (B.), et Sinclair (H.) — L'ontogénèse du langage. *Rev. prat.,* 1965, 15-17, pp. 2241-2250.

[7] Ajuriaguerra (J. de) et coll. — Le choix thérapeutique en psychiatrie infantile. 1967, Masson, Paris.

[8] Ajuriaguerra (J. de.). — *Manuel de psychiatrie de l'enfant,* 1971, Masson et Cie, Paris.

[9] Alby (J. M.). — L'obésité chez l'enfant. *Psychiatr. Enfant,* 1958, 3-1, 310330.

[10] Anthony (J.). — An experimental approach to the psychopathology of childhood : autism. *Brit. J. Med. Psch.* 31,n° 3 and 4.

[11] Arlow (J. A.) and Brenner (C.). — The psychopathology of psychosis : a proposed revision. Int. *J. Psychoanal.* 50, 5-14.

[12] *L'attachement.* — 1974, Delachaux et Niestle, Neufchâtel.

[13] Aubry (J.) et coll. — *La carence de soins maternels,* 1955, P.U.F., Paris.

[14] Bateson (G.) et coll. — *Toward a communication : theory of schizophrenia.* Behau SC, 1, 151-264, 1956.

[15] Bender (L.). — *Agression, hostility and anxiety in children.* C. Thomas, Springfield III.

[16] Bender (L.). — Psychopathic behavior disorders in children. In *Handbook of correctional psychology.* 1947, Philisophical Library, New York.

[17] Bender (L.). — *A dynamic psychopathology of childhood,* 1954, Ch. Thomas Edit., Springfield.

[18] Bergeret (J.). — *La personnalité normale et pathologique*, 1974, Dunod, Paris.

[19] Bergeret (J.). — *La dépression et les états limites,* 1975, Payot, Paris.

[20] Bettelheim (B.). — *Love is not enough,* 1953, Free press, New York. Trad. fr. : *L'amour ne suffit pas*, 1970, Fleurus, Paris.

[21] Bettelheim (B.). — *The truands from life.* 1955, The free press, New York. Trad. fr. : *Les évadés de la vie.* 1973, Fleurus, Paris.

[22] Bettelheim (B.).—*The empty Fortress.* 1967, Free Press, New York. Trad. fr. : *La forteresse vide.* 1969, Gallimard, Paris.

[23] Bibring (C. L.) et coll. — (1961) A study of the psychological processes in pregnancy and of the earliest mother clud relationship. *Psychoanal. Studchild.* 16, pp. 6-27.

[24] Bion (W. R.). — Learning from experience - London, William Heinemann Medical. Books Ltd.

[25] Bion (W. R.). — Attacks on Linking. *Int. J. Psycho-Anal.,* 40.

[26] Bion (W. R.). — A Psycho-Analytic Study of Thinking. *Int. J. Psycho-Anal,* 43.

[27] Blos (P.). — The concept of acting-out in relation to the adolescent process. *Journ. chilo Psychiatry,* 2, n° 1, 1963.

[28] Bolland et Sandler. — *The Hampstead psycho-analytic index.* 1965, International university press, New York. Trad. fr. *Psychanalyse d'un enfant de deux ans,* 1973, P.U.F., Paris.

[29] Bourdier (P.). La céphalée de l'enfant ou contribution à l'étude des états prémorbides de l'enfance. *Rev. Fr. Psychanal.*, 1962, 26, 633-654.

[30] Bowlby (J.). — *Maternal care et Mental Health.* Trad. fr. : *Soins maternels et santé mentale.* Cah. OMS, Genève, 9151, Monog. n° 2.

[31] Bowlby (J.). — *Forty four juvenile thieves, their characters and home life* 1946, Baillière Tindall et Cox, London.

[32] Bowlby (J.). — L'anxiété de la séparation. In *Psychiatr. Enfant,* 5, n° 1 1962, pp. 317-335.

[33] Bowlby (J.). — *Attachment and Loss.* Vol. I : Attachment, 1969, Hogarth Press, London; Basic Books, New York.

[34] Braunschweig (D.), Lebovici (S.) et Van Thiel Godfrind (J.). — La psychopathie chez l'enfant. *Psychanal. Enfant,* 12, fasc. 1, 1969.

[35] a) Braunschweig (D.) et Fain (M.). — *Eros et Anteros,* 1971, Payot, Paris.

[35] b) Braunschweig (D.) et Fain (M.). — *La nuit et le jour,* 1975, P.U.F., Paris.

[36] Burlingham (D.) et Freud (A.). — Trad. fr. : *Enfants sans famille,* 1949, P.U.F., Paris.

[37] Cahn (P.). — *La relation fraternelle chez l'enfant,* 1962, P.U.F., Paris.

[38] Carence soins maternels, réévaluation de ses effets — *Cah. OMS* n° 14, 1961.

[39] Chiland (C.). — L'enfant de six ans et son avenir. 1971, P.U.F., Paris.

[40] Corboz (R. J.). — Les syndromes psycho-organiques de l'enfant et de l'adolescent. *Psychiatr. Enfan,* 1966, 9/1, 1-88.

[41] Cosnier (J.). — A propos du livre de Maud Mannoni : l'enfant arriéré et sa mère. *Rev. Fr. Psychanal.,* 29, 1965, n° 2-3, pp. 305-310.

[42] Cosnier (J.). — Investissements narcissiques et objectaux. *Rev. Fr. Psychanal.,* 24, n° 4, juillet 1970.

[43] Cramer (B.). — Interventions thérapeutiques brèves avec parents et enfants. *Psychiatr. Enfant,* 17, 1, pp. 53-117, 1974.

[44] Danon-Boileau (M.) et LAB (P.). — L'inhibition intellectuelle. *Psychiatr. Enfant,* 10/2, pp. 539-554, 1968.

[45] David (M.) et Appel (G.). — La relation mère-enfant. *Psychiatr. Enfant.* 9, fasc. 2, 1966, pp. 445-533.

[46] Diatkine (R.). — La signification du fantasme en psychanalyse d'enfant, *Rev. fr. Psychanal.,* 15, n° 3, pp. 325-343.

[47] Diatkine (R.), Stein (C.) et Kalmanson (D.). — Psychoses infantiles. E.M.C. *Psychiatrie,* 1959, 37299, M. 10.

[48] Diatkine (R.) et Favreau (J.). — Le psychiatre et les parents. *Psychiatr. Enfant,* 3, n° 1, p. 227.

[49] Diatkine (R.). — Agressivité et fantasmes agressifs. *Rev. fr. Psychanal.* 30, n° spécial, 1966, Paris.

[50] Diatkine (R.). — Du normal et du pathologique dans l'évolution mentale de l'enfant. *Psychiatr. Enfant,* 10, n° 1, pp. 1-21, 1967, Paris.

[51] Diatkine (R.) et Simon (J.). — Etude nosologique, à propos de trois cas de phobies chez des adolescents. *Psychiatr. Enfant,* 1966, 9/2, 2289-339.

[52] Diatkine (R.) et Simon (J.). — *La psychanalyse précoce,* 1972, P.U.F., Paris.

[53] Dolto (F.). — *Psychanalyse et pédiatrie*, 1971, Seuil, Paris.

[54] Donnet (J. L.) et Green (A.). — *L'enfant de ça*, Ed. de minuit, Paris.

[55] Erikson (E.). — *Childhood and societ,* 1950, Norton inc, New York.

[56] Fain (M.) — Prélude à la vie fantasmatique. *Rev. Fr. Psychanal.* 35, 2/3, p. 291-368, 1971.

[57] Freud (A.). — *The psychoanalytical Treatment of children.* 1946, London Imago Publishing Co. Trad. fr. : *Le traitement psychanalytique des enfants*, 1951, P.U.F., Paris.

[58] Freud (A.). — *Das Ich und die Abwehrmechanismen,* 1946, London Imago publishing Co Ltd. Trad. fr. : *Le moi et les mécanismes de défense,* 1949, P.U.F., Paris.

[59] Freud (A.). — *Normality and pathology in childhood,* 1965, London-International Universities Press inc. Trad. fr. : *Le normal et le pathologique chez l'enfant,* 1968, Gallimard, Paris.

[60] Freud (S.). — *Uber Deckerinnerungen,* G- W., I, (1899). Trad. fr. : *Sur les souvenirs-écrans,* in *Névrose, psychose et perversion,* 1973, P.U.F., Paris, pp. 113-132.

[61] Freud (S.). — *Die Traumdeutung.* 1900, G. W. II-III, 1-700, S.E. IV-V, 1-361. Trad. fr. : *L'interprétation des rêves,* 1967, P.U.F., Paris.

[62] Freud (S.). — *Drei Abhanlungen zur Sexualtheorie.* 1905, G. W. V, S. E. III. Trad. fr. : *Trois essais sur la théorie de la sexualité infantile,* 1949, Gallimard, Paris.

[63] Freud (S.). — *Analyse der Phobie eines funfjahrigen Knaben,* 1909, G. W. VII, 243-377, S. E. X, 5-149. Trad. fr. : *Analyse d'une phobie d'un petit garçon de cinq ans : le petit Hans,* in *Cinq Psychanalyses,* 1954, P.U.F., Paris.

[64] Freud (S.). — *Der Familienroman der Neurotiker,* 1909, G. W. VII. Trad. fr. : *Le roman familial des névrosés,* in *Névrose, psychose et perversion,* 1973, P.U.F., Paris, pp. 157-160.

[65] Freud (S.). — *Eine Kindheitserinnerung des Leonardo da Vinci,* 1909, G. W. VIII, S.E. XI. Trad. fr. : *Un Souvenir d'enfance de Léonard de Vinci,* 1927, Gallimard, Paris.

[66] Freud (S.). — *Die disposision zur Zvangsneurose.,*1913, G. W. VIII, S. E. XII. Trad. fr. : *La disposition à la névrose obsessionnelle,* in *Névrose, psychose et perversion,* 1973, P.U.F., Paris, pp. 189-197.

[67] Freud (S.). — *Zur Einfdhrung des Narzissmus,* 1914, G. W. X, S. E. XIV. Trad. fr. : *Introduction au narcissisme,* in *La vie sexuelle.,*1969, P.U.F., Paris, pp. 81-105.

[68] Freud (S.). — *Triebe und Triebschicksale,* 1915, G. W. X, S. E. XIV. Trad. fr. : *Les pulsions et leurs destins,* in *Métapsychologie,* 1952, Gallimard, Paris. pp. 25-66.

[69] Freud (S.). — Die Verdrangung, 1915, G. W. X, S. E. XIV. Trad. fr. : *Le refoulement,* in *Métapsychologie,* 1952, Gallimard, Paris, pp. 67-90.

[70] Freud (S.). — *Das Unbewusste,* 1915, G. W. X, S. E. XIV. Trad. fr. : *L'inconscient,* in *Métapsychologie,* 1952, Gallimard, Paris, pp. 91-161.

[71] Freud (S.). — *Aus der Geschichte einer infantile Neurose,* 1918, G. W. XII, S. E. XVII. Trad. fr. : *Extrait de l'histoire d'une névrose infantile : l'homme aux loups.* In *Cinq psychanalyses,* 1954, P.U.F., Paris, pp. 325-420.

[72] Freud (S.). — *Ein kind wird geschlagen,* 1919, G. W. XII. Trad. fr. : *Un enfant est battu,* in *Névrose, psychose et perversion,* 1973, P.U.F., Paris, pp. 219-243.

[73] Freud (S.). — *Das Ich und das Es,* 1923, G. W. XIII, S. E. XIX. Trad. fr. : *Le Moi et le Ça,* in *Essais de Psychanalyse,* 1951, Payot, Paris, pp. 76-162.

[74] Freud (S.). — *Der Untertragung des « Odipuskomplexes »,* 1923, G. W. XIII, S. E. XIX. Trad. fr. : *La disparition du complexe d'Œdipe,* in *La vie sexuelle,* 1969, P.U.F., Paris, pp. 117-122.

[75] Freud (S.). — *Die infantile genital organisation,* 1923, G. W. XIII, S. E. XVIII. Trad. fr. : *L'organisation génitale infantile,* in *La vie sexuelle,* 1969, P.U.F., Paris, pp. 113-132.

[76] Freud (S.). — *Der Realitätverlust bei Neurose und Psychose,*1924, G. W. XIII Trad. fr. : *La perte de la réalité dans la névrose et dans la psychose,* in *Névrose, psychose et perversion.* 1973, P.U.F., Paris, pp. 299-303.

[77] Freud (S.). — *Das ökonomische Problem des Masochismus,* 1924, G. W. XIII. Trad. fr. : *Le problème économique du masochisme,* in *Névrose, psychose et perversion,* 1973, P.U.F., Paris, pp. 287-297.

[78] Freud (S.). — *Die Verneinung* (La négation), 1925, G. W. XIV, S. E. XIX.

[79] Freud (S.). — *Hemmung, Symptom und Angst,* 1926, G. W. XIV, S. E. XX. Trad. fr. : *Inhibition, symptôme, angoisse,* 1965, P.U.F., Paris.

[80] Freud (S.). — *Uber libidinöse Typen,* 1931, G. W. XIV, S.E. XXI. Trad. fr. : *Les types libidinaux,* in *La vie sexuelle,* 1969, P.U.F., Paris. p. 156159.

[81] Freud (S.).—*Abriss der Psychoanalyse,* 1940, G. W. XVII, S. E. XXIII. Trad. fr. : *Abrégé de psychanalyse,* 1951, P.U.F., Paris.

[82] Friedlander (K.). — *La délinquance juvénile ; étude psychanalytique, théorie, observations, traitements,* 1951, P.U.F., Paris.

[83] Glover (E.). — *The kleinian system of the child psychology.* P.A.S. of the child, vol. I, 1945.

[84] Grasset (A.). — *L'enfant épileptique,* Paris, P.U.F., Paris.

[85] Green (A.). — Narcissisme primaire : structure ou état. in *L'Inconscient* 1, 1967.

[86] Green (A.). — *Le discours vivant,* 1972, P.U.F., Paris.

[87] Greenacre (Ph.). — *Traumatism, Growthand Personnality,* 1953, Hogarih press, Londres. Trad. fr. : *Traumatisme, croissance et personnalité,* 1971, P.U.F., Paris.

[88] Grunberger (B.). — *Le narcissisme,* 1971, Payot, Paris.

[89] Hartmann (H.). — *Ego psychology and the problem of adaptation,* 1958, International University Press, New York.

[90] Hartmann (H.), Kriss, Loewenstein (H.). — *Papers on psychoanalytic psychology,* 1964, International University Press, New York. Trad. fr. : *Psychologie psychanalytique,* 1975, P.U.F., Paris.

[91] Henry (J.). — L'observation naturaliste d'enfants psychotiques. *Psychiatr. Enfant,* 1961, 4, 65-203.

[92] a) Hochman (J.). — Alain Foutu Inform. psychiatr. 1971, vol. 47 n° 10.

[92] b) Hochman (J.). — *Pour une psychiatrie communautaire,* 1971, Seuil, Paris.

[93] Acobson (E.). — *The self and the object world,* 1964, International Universities Press, New York.

[94] Kanner (L.). — Autistic Disturbances of Affective Contact. Nerv Child, 2.

[95] Kanner (L.). — Early infantile autism, J. Paidiat., 25.

[96] Kestemberg (E.). — L'identité et l'identification chez les adolescents. *Psychiatr. Enfant,* vol. V, fasc. 2, 1962, Paris, pp. 441-522.

[97] Kestemberg (E. et J.) et Decobont (S.). — La faim et le corps. 1972, P.U.F., Paris.

[98] Klein (M.). — *The psycho-analysis of children,* 1949, Hogarth Press, London. Trad. fr. : *La psychanalyse des enfants*, 1959, P.U.F., Paris.

[99] Klein (M.). — *Contributions to psycho-analysis.* Hogarth Press, London. Trad. fr. : *Essais de psychanalyse,* 1967, Payot, Paris.

[100] Klein (M.). — *Narrative of a child analysis,* Hogarth Press, London. Trad. fr. : *Le cas Richard,* Paris.

[101] Klein (M.), Heimann (P.), Isaacs (S.) et Riviere (J.). — *Developpements in psycho-analysis,* 1952, Hogarth Press, London. Trad. fr. : *Développement de la psychanalyse,* 1966, P.U.F., Paris.

[102] Kohut (H.). — *The analysis of the self,* 1971, International University Press, New York. Trad. fr. : *Le soi,* 1974, P.U.F., Paris.

[103] KREISLER (L.), FAIN (M.) et SOULE (M.). — *L'enfant et son corps,* 1974 P.U.F., Paris.

[104] LACAN (J.). — *Ecrits,* 1966, Seuil, Paris.

[105] LAFON (R.). — *Vocabulaire de psychopédagogie et de psychiatrie de l'enfant,* 1963, P.U.F., Paris.

[106] LANG (J. L.) et SHENTOUB (V.). — Les schizophrénies infantiles, anamnèse et mode de début. *IIe Congrès International de Psychiatrie,* Zürich, 1957 4, 137-146. Orell Fussli, 1959.

[107] LAPLANCHE (J.) et PONTALIS (J. B.). — Fantasme originaire et origine du fantasme. *Les Temps Modernes,* p 1832-1968, 19e année, n° 215, 1964, Julliard, Paris.

[108] LEBOVICI (S.) et DIATKINE (R.). — Etude des fantasmes chez l'enfant. *Rev. Fr. de Psychanal.*, 18, n° IV, 1954, pp. 109-159.

[109] LEBOVICI (S.) et DIATKINE (R.). — Les obsessions chez l'enfant. *Rev. fr. Psychanal.*, 16, n° 3, 1957, pp. 647-670.

[110] LEBOVICI (S.). — La relation objectale chez l'enfant. *Psychiatr. Enfant,* vol. VIII, fasc. I, 1960, p. 147-226.

[111] LEBOVICI (S.) et Mc DOUGALL (J.). — *Un cas de psychose infantile. Etude psychanalytique,* 487 pp. 1960, P.U.F., Paris.

[112] LEBOVICI (S.) et DIATKINE (R.). — Le jeu chez l'enfant. *Psychiatr. Enfant,* vol. V, fasc. 1, 1962, pp. 207-254.

[113] LEBOVICI (S.) et BRAUNSCHWEIG (D.). — A propos de la névrose infantile. *Psychiatr. Enfant,* vol. X, fasc. 1, 1967, pp. 43-122.

[114] LEBOVICI (S.) et SOULE (M.). — *La connaissance de l'enfant par la psychanalyse,* 1970, P.U.F., Paris.

[115] LEBOVICI (S.). — Hystérie et psychose infantile. *Rev. Neuropsychiatr. infant.* 7, 1959.

[116] LEBOVICI (S.). — A propos de l'hystérie. *Psychiatr. Enfant. 17*, 1, 1974 pp. 5-52.

[117] LUSTIN (J. J.). — Essai de communauté thérapeutique dans un pavillon d'adolescents débiles et psychotiques. *Rev. Hyg. méd. social*, 1970, *1*, 18, I, pp. 123-140

[118] LUSTIN (J. J.). — Le médecin, les parents et l'enfant débile ou psychotique. *Rev. Hyg. méd. social,* 1970, *18,* I, pp. 141-150.

[119] MALE (P.) et coll. — *Psychothérapie du premier âge,* 1975, P.U.F., Paris.

[120] MALE (P.). — *Psychopathologie de l'adolescent,* 1964, P.U.F., Paris.

[121] MALHER (M.). — *Symbiose humaine et individuation,* Vol. I : Psychose infantile. 1973, Payot, Paris.

[122] MANNONI (M.). — *L'enfant arriéré et sa mère,* 1964, Seuil, Paris.

[123] MANNONI (M.). — *Le premier rendez-vous avec le psychanalyste*, 1965, Gonthier, Genève.

[124] MANNONI (M.). — *L'enfant, sa maladie et les autres,* 1969, Seuil, Paris.

[125] MARTINET et coll. — *Le langage*, Encycl. Pléiade. 1968, Gallimard, Paris.

[126] M (P.), M'UZAN (M. de) et DAVID (Ch.). — *L'investigation psychosomatique,* 1963, P.U.F., Paris.

[127] MICHAUX (L.). — *L'enfant pervers,* 1952, P.U.F., Paris.

[128] MISES (R.) et BARANDE (I). — Etude clinique des formes précoces intriquant relation psychotique et symptologie de type déficitaire. *Psychiatr. Enfant,* 1963, 6, pp. 1-78.

[129] Mises (R.) et Moniot (M.). — *Les psychoses de l'enfant,* 1970, Encycl. méd.-chir., Psychiatrie. Paris.

[130] Mises (R.). — Etude d'enfant de classe de perfectionnement *Rev. Neuropsychiatr. infant.* 1974, Paris, 22-7-8, pp. 457-502.

[131] Mises (R.). — *L'enfant déficient mental,* 1975, P.U.F., Paris.

[132] Nacht (S.) et coll. — *La théorie psychanalytique.* 1969, P.U.F,., Paris.

[133] Nacht (S.) et coll. — *La psychanalyse d'aujourd'hui,* 1967, P.U.F., Paris.

[134] Neyraut (M.). — A propos de la mythomanie. *Entret. psychiatr.*, sept. 1963, 11-38.

[135] Neyraut (M.). — *Le transfert,* P.U.F., Paris.

[136] Pasche (F.). — *A partir de Freud.* 1969, Payot, Paris.

[137] Pinkerton (P.). — The psychosomatic approach in child psychiatry. *Modern perspectives in child psychiatry,* 1965, édit. by J. H. Howels, pp. 306-335.

[138] Problems of psychosis. — *Excerpta Medica,* 1971, Amsterdam.

[139] Psychoses de l'enfant. — *Confront. psychiatr,* 3, 1969, Specia, Paris.

[140] Psychopathologie de l'adolescence. *Confront. psychiatr,* n° 7/0, Spécia 71, Paris.

[141] Racamier (P. C.). — Etude clinique des frustrations précoces. *Rev. Fr. Psychanal.,* 17, n° 3, pp. 328-350, et *18,* n° 4, pp. 576-631, Paris, 1953 et 1954.

[142] Racamier (P. C.). — La privation sensorielle. *Psychiatr. Enfant,* 1963, vol. VI, fasc. A.

[143] Racamier (P.-C.) et coll. — *Le psychanalyste sans divan,* 1970, Payot, Paris.

[144] Raimbault (G.). — *Médecins d'enfants*, Seuil, Paris.

[145] Rosenfeld (H. A.). — A Clinical approach to the Psychoanalytic theory of the life and death instincts : an investigation in to the aggressive aspects of narcissism. *Int. J. Psycho. Anal.*, 52, 169.

[146] Rosolato (G.). — *Essais sur le symbolique,* 1969, Gallimard, Paris.

[147] Rosolato (G.). — L'axe narcissique des dépressions. *Nouv. Rev. Psychanal.,* 1975, 11, pp. 5-34.

[148] Rouart (J.). — *Psychopathologie de la puberté et de l'adolescence. « Païdëïa »*, 1954, P.U.F., Paris.

[149] Rouart (J.). — Agir et processus psychanalytique, Paris, *Rev. Fr. Psychanal.* XXXII, 5-6, 1968.

[150] Segal (H.). — *Introduction to the work of Melanie Klein.,*1964, W. Heinemann, Londres. Trad. fr. : *Introduction à l'œuvre de M. Klein,* 1969, P.U.F., Paris.

[151] Shentoub (S. A.), Soulairac (A.). — L'enfant automutilateur. *Psychiatr. Enfant,* 1961, 3, pp. 111-146.

[152] Shentoub (S.), Basselier (M. J.). — Problème du diagnostic structural dans les états pseudo-obsessionnels de l'enfant. *Rev. neuropsychiatr. infant,* 1963. I 1, 311-320.

[153] Smirnoff (V.). — *La psychanalyse de l'enfant,* 1966, P.U.F., Paris.

[154] Soule (M.). — La carence de soins maternels dans la petite enfance. La frustration précoce et ses effets cliniques. *Psychiatr. Enfant,* 1958, vol. I, fasc. 2, pp. 523-540.

[155] Spitz (R. A.). — *De la naissance à la parole, la première année de la vie de l'enfant,* 1968, P. U. F., Paris.

[156] Spitz (R.). — The primal cavity : a contribution to the Genesis of Perception. *Psychoanal. Study Child,* 10.

[157] Stein (C.). — *L'enfant imaginaire*, 1971, Denoël, Paris.

[158] Stucki (J. D.). — L'hystérie chez l'enfant. *Psychiatr. Enfant*, 1965, 8, pp. 605-622.

[159] Tausk. — *Œuvre psychanalytique*, 1975, Payot, Paris.

[160] Traitement au long cours des états psychotiques, 1972, Privas, Toulouse.

[161] Tramer (M.). — *Manuel de psychiatrie infantile générale*, 1949, P.U.F., Paris .

[162] Torok (M.). — Maladie du deuil et fantasme du cadavre exquis. *Rev. Fr. Psychanal.*, 1968, 32, p. 715.

[163] Tustin. — *Autism and childhood psychosis*, 1972, Science House inc., Londres.

[164] Vasse (D.). — *L'ombilic et la voix*, 1974, Le Seuil, Paris.

[165] Wallon (H.). — *De l'acte à la pensée, essai de psychologie comparée*, 1942, Flammarion, Paris.

[166] Widlocher (D.). — Le développement et la pensée obsessionnelle chez l'enfant. *Rev. Neuropsychiatr. infant*, 1966, pp. 117-120.

[167] Widlocher (D.). — Le développement de la pensée obsessionnelle chez l'enfant. *Rev. Neuropsychiatr. infant.*, suppl. Pédo-psychiatr., 1967, 9-13.

[168] Wing (J.). — *Early childhood autism*, 1966, Pergamon Press, Oxford.

[169] Winnicot (D. W.). — *Collected papers*, London Tavistock Publications. Trad. fr. : *De la pédiatrie à la psychanalyse*, 1969, Payot, Paris.

[170] Winnicot (D. W). — *The maturational processes and the facultating environnement*, London Hogarth Press. Trad. fr. : *Processus de la maturation chez l'enfant*, 1970, Payot, Paris.

[171] Winnicot (D. W.). —*Therapeutic consultations in child psychiatry*. The executors of the author's Estate, 1971. Trad. fr. : *La consultation thérapeutique et l'enfant*, 1971, Gallimard, Paris.

[172] Winnicot (D. W.) — *Playing and reality*, 1971. Trad. fr. : *Jeu et réalité*, 1971, Gallimard, Paris.

[173] Wofson.—Trad. fr. : *Le schizo et les langues*, Gallimard, Paris.

[174] Woodbury (M. A.). — L'équipe thérapeutique. *Inform. psychiatr.*, 1966, 42e, nº 10.

14

PANORAMA DES PRINCIPALES PSYCHOTHÉRAPIES

PAR

J. BERGERET

Il n'est bien sûr pas question pour nous de prétendre que des psychologues n'ayant pas reçu de formation spécialisée complémentaire puissent accepter la responsabilité d'une cure psychothérapique, encore moins que des études psychologiques même très poussées puissent suffire pour accéder à un exercice psychanalytique quelconque. Ne peut être psychothérapeute en une technique déterminée que celui qui a reçu dans le cadre de cette technique un enseignement théorique et pratique valable et contrôlé. Ne peut être psychanalyste que celui qui a fait d'abord lui-même l'expérience d'une analyse personnelle rigoureuse puis s'est soumis à des contrôles sévères sur sa façon de faire revivre aux autres une telle expérience.

Nous n'avons donc pas l'intention ici d'exposer la technique de telle ou telle psychothérapie mais nous pensons utile de définir ce qui différencie les multiples techniques entre elles et de préciser les principales indications spécifiques de chaque forme de traitement psychologique.

Dans le tableau ci-contre nous verrons que les psychothérapies étudiées se distinguent par leur plus ou moins grande relation à deux pôles principaux et opposés : l'hypnose d'une part et la cure-type psychanalytique de l'autre.

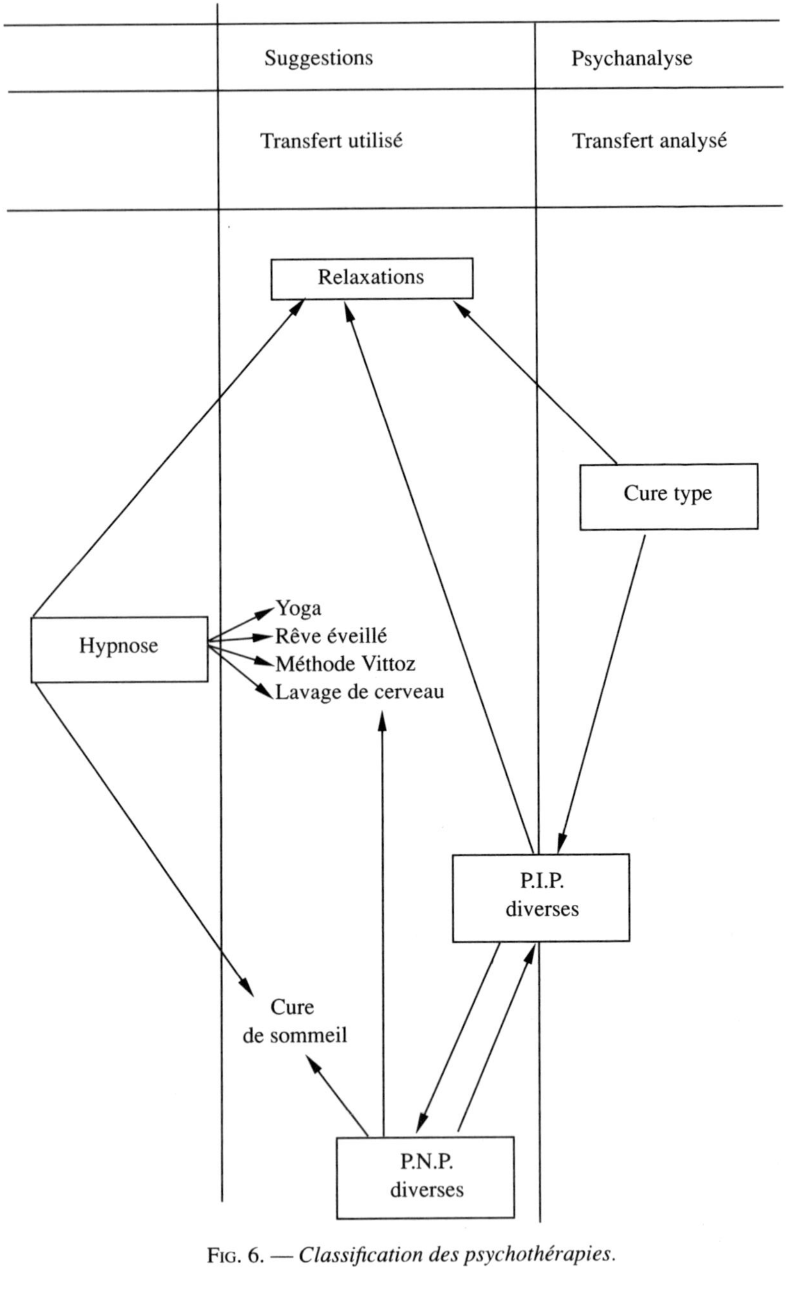

FIG. 6. — *Classification des psychothérapies.*

En effet, si, historiquement, Freud a d'abord utilisé l'hypnose, par la suite ses déceptions et ses mécontentements l'ont rapidement amené à mettre peu à peu au point une technique radicalement différente, n'utilisant justement pas le transfert pour entretenir la dépendance du patient à l'égard du thérapeute, mais au contraire *analysant* ce transfert pour dégager progressivement le patient de toute contrainte de la part d'autrui et en particulier de la part du thérapeute lui-même.

Toutes les psychothérapies non psychanalytiques (P.N.P.) demeurent donc basées sur la suggestion, même si elles utilisent plus ou moins (et surtout plus ou moins consciemment) le transfert Les psychothérapies d'inspiration psychanalytique (P.I.P.) au contraire utilisent essentiellement le transfert, cherchent à le mettre au clair sans augmenter l'angoisse ni les défenses du malade, et tendent à éviter au patient de retomber sans cesse dans le cadre étroit de sa relation d'échec à autrui, à lui permettre de découvrir peu à peu des solutions intra et inter-personnelles meilleures, plus adultes et plus indépendantes

On peut dire très schématiquement que les P.N.P. visent à réconcilier le plus rapidement possible le malade à la fois avec ce qu'il est et avec la réalité extérieure telle qu'il la perçoit, alors que les P.I.P. cherchent à prendre le temps qu'il faut pour faire retrouver au patient ce qu'il devrait être, en fonction de ses besoins propres. Les premières s'avèrent forcément directrices (même si elles le nient), les secondes s'attachent au contraire au respect du profond, de la liberté, de l'originalité et de l'avenir, sans nier, bien sûr, pour autant les réalités mais en se refusant de n'en considérer que les aspects *extérieurs* et manifestes; les contenus « *latents* » de toute opération psychique intéressent au même titre le psychanalyste.

En fonction de ces deux principaux courants il est parfois difficile de bien situer tel ou tel mode d'intervention du psychothérapeute : par exemple une « psychothérapie de soutien » peut très bien être envisagée soit par le moyen d'une P.N.P., soit par celui d'une P.I.P.

Ainsi la principale distinction pratique viendra en fin de compte bien souvent de *la personne* même du thérapeute et du niveau auquel il travaillera. Il demeure de toute façon impossible à un non-psychanalyste de pratiquer une cure type ou même une P.I.P. Et il est rare de voir un analyste opérer au niveau des P.N.P. Ce qui ne veut pas dire que telle P.N.P. ne puisse pas mieux réussir dans tel cas particulier que telle P.I.P et encore moins que tout psychanalyste soit supérieur en soi à tout non-psychanalyste. Il faut cependant reconnaître que ces deux thérapeutes ne travaillent pas à un même niveau, de même que si un pilote de Jet n'est pas *a priori* supérieur à un pilote d'avion à hélice, l'entraînement, les fonctions et le mode de vol du premier n'en demeurent pas moins plus délicats et plus complexes que ceux du second; ils ne sont pas interchangeables. Pour telle liaison ou tel aérodrome un Jet serait bien inutile et parfois dangereux, alors que sur des lignes intercontinentales à haute altitude et sans ravitaillement possible, avec le progrès actuel des techniques, qui oserait utiliser encore des appareils à hélice?

Et pourtant cette comparaison ne va peut-être pas encore assez loin car en psychothérapie le « pilote » peut sembler ne pas partager (en apparence du moins) le même risque que ses « passagers »... il n'aurait donc pas les mêmes raisons, vitales pour lui, de prudence, de compétence et d'attention.

C'est pourquoi les indications de cure ne peuvent être laissées au hasard de telle ou telle rencontre soit avec un thérapeute analyste, soit avec un thérapeute non analyste selon les circonstances. C'est là où demeure le réel danger. Les différentes techniques n'agissent ni à la même profondeur du psychisme, ni au même degré d'élaboration, ni avec le même potentiel régressif (donc secondairement évolutif), ni dans le même but économique, ni avec les mêmes critères relationnels.

La *cure-type analytique* doit être réservée soit aux structures névrotiques franches telles que nous les avons définies tout au long de ce traité, soit aux états limites à récupération névrotique possible. Cette cure s'appuie essentiellement sur l'analyse du vécu œdipien; elle doit donc s'adresser aux conflits organisés à ce niveau. De plus, d'autres critères liés à l'âge, aux possibilités de changement, à la force du Moi, opèrent aussi une sélection en faveur ou défaveur d'une cure-type.

Les P.I.P. sont indiquées toutes les fois où il ne s'agit pas d'une structure assez nettement névrotique pour envisager une cure-type ou bien dans les cas de structures névrotiques franches où la cure-type ne peut être conseillée, soit d'emblée, soit définitivement pour des raisons précises.

Les P.N.P. peuvent être de types assez variés (quelques modes, plus connus, figurent dans notre tableau). Elles doivent être réservées soit à des troubles psychiques mineurs ne nécessitant pas la mise en œuvre d'une cure-type ou d'une P.I.P. toujours longues, soit à des états ayant malheureusement dépassé les ressources classiques et raisonnables des techniques analytiques.

On ne peut valablement proposer à un patient ceci ou cela parce qu'on croit devoir afficher telle ou telle position philosophique ou affective. Les indications des psychothérapies variées ne sont pas scientifiquement interchangeables. On ne devrait plus voir conseiller « d'abord et pour essayer » à une névrose obsessionnelle de 25 ans, telle cure « acrobatique » à la mode et peu inquiétante en apparence (car sans aucun effet profond possible) tout en adressant au psychanalyste « après avoir tout essayé » la même patiente si elle a atteint 50 ans et qu'il ne faut surtout plus lui proposer d'analyse du tout à ce moment-là mais une simple (et non négligeable) thérapeutique du narcissisme.

Tout ce qui vient d'être dit à propos des psychothérapies individuelles demeure valable au niveau des *psychothérapies de groupe,* analytiques ou non, avec en moins la possibilité de pratiquer une cure-type et, en plus, tout l'apport de la dynamique relationnelle particulière aux groupes, ce qui déborde notre sujet.

TROISIÈME PARTIE

ASPECTS INSTITUTIONNELS

15

DISPOSITIFS DE SOINS

PAR

A. BÉCACHE

Lorsqu'une personne est amenée à consulter pour la première fois un thérapeute, dans quelque circonstance que ce soit, cette consultation marque l'aboutissement d'une histoire complexe, dont les éléments ne seront que progressivement dévoilés. Cette consultation marque aussi le début d'une période au cours de laquelle on attend qu'une démarche thérapeutique soit proposée en fonction de la structure psychopathologique du sujet. Mais il importe d'abord que soit instaurée une relation — ou un réseau relationnel — devant permettre au patient d'aborder les conflits les plus douloureux de sa vie psychique, même sous leurs aspects méconnus de lui.

Présente derrière la souffrance, la demande d'aide, explicitement formulée ou non, réclame pour être efficacement soulagée des mesures adaptées :

- à la diversité des besoins des malades et de leurs familles : enfants, adultes, personnes âgées;
- à la diversité des pathologies individuelles : névroses, psychoses, états limites, perversion, malades psychosomatiques;
- à l'évolution même des troubles : crises aiguës, traitement à long terme, réaménagement des modalités d'existence.

C'est dire qu'entre le colloque singulier et l'hospitalisation en service spécialisé peuvent trouver place de nombreuses institutions originales. Par leur conception, leur variété et leur nombre croissant, ces structures intermédiaires ont permis un progrès incontestable dans le traitement des malades atteints de troubles psychiques.

PANORAMA DES INSTITUTIONS

Jusqu'à une époque assez récente, il n'y avait d'autres possibilités de soins qu'en traitement ambulatoire ou en hospitalisation complète. Après l'avènement de nouvelles thérapeutiques, avec l'augmentation du nombre des psychiatres et des psychologues, ainsi que la diminution du nombre des malades chroniques hospitalisés et l'extension de la pédo-psychiatrie, on a pu assister au cours des dernières années à une floraison d'initiatives ayant abouti à la création de nouveaux lieux de soins qui ont pris place à côté des structures traditionnelles.

Nous allons tenter de donner un aperçu de l'ensemble des moyens et institutions, tant publics que privés, dont nous disposons.

I. Pour les adultes

Lieux de soins

■ *La consultation*

Qu'elle ait lieu au cabinet du spécialiste privé ou dans un centre de santé mentale, appelé aussi centre médico-psychologique ou dispensaire d'hygiène mentale, ou qu'elle soit effectuée à l'hôpital général ou dans un établissement spécialisé, la consultation, pratique de base de tout psychiatre, est un temps capital du soin. Caractérisée par un certain type de relation médecin--malade, elle recèle d'emblée une dimension psychothérapique dès le premier entretien. Renouvelées selon les besoins propres à chaque situation particulière, les consultations permettent de recueillir les éléments psychologiques, sociologiques et biologiques nécessaires à l'établissement d'un diagnostic et d'une conduite thérapeutique adaptée. Mais il est clair que, dans l'immense majorité des cas, le soin est une entreprise collective qui intéresse, outre le malade, l'entourage familial, l'entourage professionel et d'autres intervenants : médecin traitant, travailleurs sociaux, autres soignants. Des entretiens avec les parents ou les conjoints accompagnants (en dehors des consultations spécifiques de couples), ainsi que diverses prises de contact sont des prolongements complémentaires quasi constants.

Des consultations peuvent aussi se tenir dans d'autres lieux, comme les bureaux d'aide psychologique universitaire, ou à la demande, dans des établissements dont la vocation première n'est pas psychiatrique, comme des établissements de long séjour ou des services hospitaliers non psychiatriques, réalisant ainsi une psychiatrie de liaison prenant en compte la composante psychologique de certaines affections somatiques lourdes (traumatologie, cancers, sida...).

■ *L'hospitalisation à temps plein*

La nature même des troubles nécessite à un moment donné une hospitalisation à temps plein, qui s'avère être une mesure parmi d'autres dans la thérapeutique du malade. Cette hospitalisation survient comme un temps nécessaire à l'instauration de soins psychiatriques, ou comme réponse à une situation urgente de crise avec l'entourage.

La durée peut en être extrêmement variable. Le temps est révolu où l'hospitalisation à temps plein laissait présager une hospitalisation de longue durée. Une psychose au long cours entraîne maintenant le plus souvent, au lieu d'une hospitalisation de durée prolongée, plusieurs hospitalisations de durée plus brève. En témoignent les chiffres révélant le raccourcissement des séjours, la diminution sensible de la masse totale des journées d'hospitalisation, l'augmentation des admissions (et réadmissions).

L'hospitalisation à temps plein peut s'effectuer en divers établissements de statut public ou privé.

Pour les établissements de statut privé :

- Les cliniques privées, conventionnées ou agréées par la sécurité sociale, offrent près de 20.000 lits, le plus souvent sous forme de placement libre.
- Quelques services hospitaliers psychiatriques ont été créés par des organismes privés dans le cadre d'un dispositif de lutte contre les maladies mentales au profit de certains groupes socio-professionnels : Fondation Santé des Étudiants, Mutuelle Générale de l'Éducation Nationale (MGEN) dont l'établissement en région parisienne participe par convention à l'exécution du service public hospitalier.

Pour les établissements publics, ce sont :

- Les services psychiatriques des hôpitaux généraux, tels que centres hospitalo-universitaires (C.H.U.), centres hospitaliers régionaux (C.H.R.), hôpitaux des armées (pour les appelés du contingent, les militaires de carrière ou de réserve...);
- Les centres hospitaliers spécialisés (C.H.S.), naguère hôpitaux psychiatriques, qui représentent avec plus de 100.000 lits la majeure partie des lits d'hospitalisation.

A côté des admissions libres qui se font comme dans tout autre service hospitalier, la loi du 27 juin 1990, qui a remplacé l'ancienne loi du 30 juin 1838 devenue obsolète, prévoit lors des hospitalisations sans consentement du malade des modalités particulières pour les hospitalisations à la demande de tiers ou pour les hospitalisations d'office. Elle précise aussi les droits des malades et institue une commission départementale spécifique.

L'hospitalisation à temps plein doit permettre des prises en charge différenciées, quelle que soit l'hétérogénéité des malades et de leurs pathologie : état aigu, affection au long cours, placement sous contrainte. Dans tous les cas, la qualité de l'accueil, des soins, tant psychiatriques que somatiques, et de l'hôtellerie doit répondre aux besoins propres à chacun des malades.

Cas particuliers

Des problèmes particuliers se posent pour plusieurs catégories de malades. Des moyens spécifiques sont prévus pour les alcooliques, les toxicomanes, les malades dangereux, les malades détenus.

Les alcooliques dangereux. Si certaines manifestations psychiatriques de l'alcoolisme chronique doivent être traitées comme des troubles relevant d'autres facteurs étiologiques (un délire de jalousie par exemple), il arrive que des patients présentant des troubles du comportement sous l'empire de l'alcool récusent le bien-fondé d'une hospitalisation en milieu psychiatrique pour y être soignés. La loi du 15 avril 1954 avait envisagé une série de mesures pour pouvoir traiter les alcooliques dangereux pour autrui : signalement, enquête sociale, expertise, commission départementale, obligation de soins, création d'institutions spécialisées pour alcooliques dont finalement peu ont vu le jour, restreignant par là-même l'efficacité de cette loi.

Les toxicomanes : La loi du 31 décembre 1970 a édicté des mesures pouvant contraindre un toxicomane faisant l'objet d'un signalement à se placer sous surveillance médicale pour être suivi par une équipe médico-psycho-éducative, ou à effectuer une cure de désintoxication dans un établissement agréé choisi par l'intéressé ou, à défaut, désigné d'office. La direction départementale de l'action sanitaire et sociale (D.D.A.S.S.), informée des données du traitement, en contrôle de déroulement et en informe le Procureur, si celui-ci est à l'origine du signalement. Pour cette clientèle réputée particulière, certaines unités spécialisées ont été créées afin d'espérer répondre à des besoins considérés comme spécifiques.

Les malades difficiles : En principe, chaque secteur de psychiatrie doit pouvoir disposer d'un lieu d'accueil et de traitement approprié pour tout malade hospitalisé d'office, c'est-à-dire dont les troubles compromettent l'ordre public ou la sûreté des personnes. Mais certains malades se montrent particulièrement dangereux et ne peuvent être gardés et soignés dans un service habituel de psychiatrie dont ils débordent rapidement les possibilités de sécurité. Il s'agit de malades agités qui présentent des réactions destructrices et constituent un élément de perturbation constante dans les services où ils sont placés, ainsi que de malades difficiles qui présentent un état dangereux, certain ou imminent, incompatible avec leur maintien dans une unité d'hospitalisation classique. Pour de tels malades, près de 600 lits sont disponibles dans des unités pour malades difficiles (U.M.D.) réparties dans quatre établissements : Cadillac (Gironde), Sarreguemines (Moselle), Montfavet (Vaucluse) et Villejuif (Val-de-Marne). C'est un collège de psychiatres qui propose la fin du séjour dans de telles unités et le retour des malades dans leur service d'origine lorsque l'amélioration obtenue le permet.

Les malades détenus. Le code de procédure pénale prévoit que les détenus en état d'aliénation mentale ne peuvent être maintenus dans un établissement pénitentiaire; ils relèvent alors d'une hospitalisation d'office en milieu psychiatrique ordinaire ou en U.M.D. Pour les autres détenus, la prévention, le diagnostic et les soins de leurs troubles sont assurés par les secteurs de psychiatrie en milieu pénitentiaire, implantés dans les maisons d'arrêt de seize grandes villes. Le service médico-psychologique régional (S.M.P.R.) assure les consultations, des prises en charge à temps complet ou partiel, de jour ou de nuit, et dispose d'ateliers thérapeutiques. Ces services possèdent une antenne de lutte contre les toxicomanies, pour le dépistage et l'action socio-éducative à mener en vue de la réinsertion socio-professionnelle ultérieure. Certains ont aussi une antenne de lutte contre l'alcoolisme fonctionnant comme un centre d'hygiène alimentaire et d'alcoologie.

■ *L'hospitalisation à temps partiel*

L'hospitalisation de jour. Elle peut être réalisée dans un service hospitalier, où quelques places sont alors réservées à des malades qui viennent dans la journée au centre hospitalier pour y recevoir des soins et participer aux activités prévues dans le projet thérapeutique mis au point pour eux; ils rentrent chez eux tous les soirs, ainsi qu'en fin de semaine.

Il existe d'autre part de nombreux hôpitaux de jour disposant de locaux autonomes, dans l'enceinte d'un hôpital ou à l'extérieur. Chacun a ses caractéristiques, inhérentes à son implantation ou à l'histoire de sa création. Sans entrer dans le détail de la composition de l'équipe soignante ou des modalités de sa gestion, il est possible d'en indiquer les grandes lignes de fonctionnement, en prenant l'exemple concret d'un hôpital de jour particulier.

L'hôpital de jour extra muros. Établissement ayant une capacité d'accueil de 20 à 25 places en journées continues, il assure durant la journée (ou une partie de celle-ci) les traitements de malades adressés par leur médecin. En fait, la cohorte des malades traités est beaucoup plus importante puisque la fréquentation de l'hôpital de jour peut aller de quelques heures par semaine à 5 jours par semaine. C'est donc une centaine de patients qui sont pris en charge durant la semaine.

L'hôpital de jour offre à la disposition de l'équipe soignante un éventail assez large de méthodes thérapeutiques. Celles-ci consistent en :

- entretiens individuels avec un ou plusieurs membres de l'équipe; des psychothérapies individuelles réglées en nombre limité en raison de leur longue durée peuvent être effectuées dans ce cadre;
- groupe quotidien de discussion, ouvert à l'ensemble des patients et des soignants;
- groupe hebdomadaire de discussion pour les malades hospitalisés;
- groupes hebdomadaires de psychothérapie pour des patients ambulatoires continuant leur activité professionnelle le plus souvent;

- groupe sociothérapique (club) un soir par semaine pour d'anciens malades;
- thérapeutique à expression manuelle dans des ateliers de photographie, reliure, tissage, poterie, etc.;
- thérapeutique à expression graphique (dessin et peinture) ou musicale;
- thérapeutique à expression corporelle;
- thérapeutique à expression psychodramatique, individuelle ou en groupe;
- relaxation individuelle ou en groupe;
- chimiothérapie;
- interventions sur l'environnement social, professionnel et familial.

Cette structure de soins ne peut accueillir, pour des raisons aisément compréhensibles, toutes les catégories de malades. Il faut que ceux-ci soient capables d'une certaine autonomie et que leur comportement soit compatible avec le contrat thérapeutique passé le plus clairement possible à l'admission. Mais c'est moins une étiquette nosographique qu'une appréciation de la situation qui est prise en considération. Il s'agit de savoir si l'hôpital de jour peut apporter une aide réelle à tel malade à ce moment-ci de sa maladie, de préférence à un autre mode de prise en charge.

C'est ainsi que sont traités les états dépressifs, à l'exclusion des phases à risque suicidaire grave; les états névrotiques à symptomatologie hystérique, phobique ou obsessionnelle en phase d'acuité. L'hôpital de jour reçoit aussi un nombre considérable de psychotiques dont la durée de séjour peut être fort longue. Il est important que l'articulation et le passage éventuel d'une structure de soins à une autre se fasse avec le maximum de souplesse et d'aisance dans les relations entre les soignants.

Comme tout service psychiatrique, l'hôpital de jour est un lieu d'accueil, permettant en particulier de mieux contenir l'angoisse à laquelle le malade seul ne peut plus faire face, même dans son milieu familial. Si l'amélioration passe par la prise de conscience de la nature de certains conflits par le malade lui-même, c'est souvent grâce à leur prise en considération préalable au niveau de l'équipe soignante par l'intermédiaire des phénomènes contre-transférentiels.

Ceci est rendu possible par le nombre relativement restreint des malades simultanément en traitement, permettant une meilleure connaissance affective de leurs problèmes et de leurs réactions; la nécessité de cette compréhension empathique se traduit au sein de l'équipe par un travail d'élucidation en réunion, non moins astreignant que le travail qui se fait en même temps en relation avec la famille, le milieu de travail, les problèmes somatiques ou la chimiothérapie. De nombreux auteurs, comme P.C. Racamier, R. Diatkine, J.Hochmann, ... ont insisté sur la nécessité d'un travail psychodynamique élaboré en commun et ont montré toute la richesse d'une telle démarche dans le soin institutionnel, même pour des malades sévèrement atteints.

On doit aussi considérer, surtout chez certains malades psychotiques, que le mode même de fréquentation de l'hôpital de jour, par l'alternance des séjours dans l'institution et dans la famille au cours du nycthémère, en réveillant la conflictualité interne centrée sur la problématique de la présence et de l'absence, en permet une élaboration dans un sens thérapeutique.

Il importe que la durée du séjour ne soit pas étroitement limitée, chaque patient devant trouver le temps optimum de sa progression à travers les entretiens, les activités proposées dans les ateliers d'expression, la rencontre et la communication avec autrui.

L'hospitalisation de nuit. Elle est réalisée le plus souvent dans un service hospitalier, et parfois dans un local autonome. Les bénéficiaires en sont des malades auparavant hospitalisés à temps complet, qui ont pris ou repris un travail, mais qui sont isolés ou dont le soutien familial n'est pas satisfaisant. Ils ont pourtant un traitement toujours en cours qui a besoin d'une surveillance. Avec cette formule, le malade rencontre chaque soir un ou plusieurs membres de l'équipe soignante. Mais il faut la considérer comme une étape de transition, limitée dans le temps.

■ *L'hospitalisation à domicile*

Il s'agit d'une méthode encore peu répandue, réalisée par certaines équipes, mais qui suscite de la part des caisses d'assurance maladie des réticences à passer convention avec les équipes de secteur pour ce genre d'interventions extra-hospitalières. Elle s'adresse à des malades dont le traitement a d'abord été entrepris à l'hôpital. Le retour à domicile s'accompagne de visites régulières d'un ou plusieurs soignants pour l'admission des soins et la surveillance médicale.

■ *Maisons d'accueil spécialisées (M.A.S.)*

Leur but est de fournir une assistance particulière aux personnes handicapées mentales adultes qui ont besoin de soins constants sous surveillance médicale, mais ne relèvent pas d'un service consacré à la psychiatrie.

Ces personnes, dont l'état mental n'est plus susceptible d'évolution, ont une autonomie très réduite, car elles sont incapables de se suffire à elles-mêmes dans les actes essentiels de la vie et doivent avoir un recours constant à une tierce personne. Le handicap peut faire suite à une maladie ou un accident survenus à l'âge adulte, ou bien remonter à l'enfance. La dépendance due à l'âge avancé n'est pas de la compétence de ces établissements.

Leur création est régie par la loi du 30 juin 1975 concernant les personnes handicapées. L'admission y est prononcée après avis de la commission technique d'orientation et de reclassement professionnel (**COTOREP**). Un accueil de jour et un accueil temporaire peuvent y être réalisés dans certaines limites. Une équipe pluridisciplinaire est indispensable à la mission des M.A.S. qui sont prises en charge par les régimes d'assurance maladie.

Lieux de vie

■ ***Foyers de post-cure***

Ces foyers, de capacité modeste — une vingtaine de lits — reçoivent des malades psychiatriques désocialisés à leur sortie et/ou des alcooliques, des toxicomanes. C'est un lieu de transition devant permettre la réadaptation sociale, avec un encadrement spécialisé attentif mais restreint.

■ ***Appartements protégés ou thérapeutiques***

Dans une perspective d'autonomisation progressive face aux réalités de la vie quotidienne, l'appartement protégé constitue une structure intermédiaire appréciable pour des personnes stabilisées ne pouvant assumer d'emblée une totale indépendance à leur sortie de l'hôpital et qui auraient du mal à trouver à se loger par leurs propres moyens malgré une reprise de travail. Par exemple une association type loi de 1901 peut être locataire d'un grand appartement d'un immeuble et y loger 4 ou 5 pensionnaires qui paient leurs parts de loyer et subviennent à leurs besoins quotidiens. L'équipe soignante doit veiller à la composition du groupe pour éviter les passages à l'acte nuisibles aux rapports de bon voisinage. Des règles précises établissent la durée prévisible du séjour, fixent la répartition des tâches matérielles, l'interdiction du recours à la violence et à l'usage d'alcool ou de drogues, la fréquence et l'horaire des réunions avec les membres de l'équipe médico-sociale qui interviennent de façon discontinue.

■ ***Établissements de long séjour (pour personnes âgées)***

Les personnes âgées qui présentent une pathologie nettement psychiatrique : états dépressifs, manifestations psychotiques diverses,... doivent être traitées comme les autres dans des structures de soins avec prises en charge à 100 % par les caisses d'assurance maladie.

Mais les évolutions déficitaires, de type Alzheimer ou autres, relèvent d'établissements de long séjour situés dans des hôpitaux généraux ou des maisons de retraite privées ou publiques, où les frais d'hébergement sont à la charge des familles. Les soignants permanents peuvent faire appel de façon plus ou moins régulière à des intervenants de l'équipe psychiatrique.

Le travail protégé

Lorsque le travail ne peut être repris dans les mêmes conditions qu'avant la maladie, la recherche d'emploi et le reclassement en milieu normal de travail s'avèrent difficiles et peu adaptés.

L'insertion ou le reclassement professionnel pourra se faire, après avis de la COTOREP, dans une structures particulière pour handicapés : le ***centre d'aide par le travail*** (C.A.T.). Mais le C.A.T. n'est pas spécialement prévu pour le handicap mental et le nombre de places proposées est bien inférieur aux besoins. C'est pourtant une formule intéressante tant sur le plan humain que sur le plan économique. Une équipe médico-sociale assure le suivi thérapeutique.

Ateliers protégés. Il s'agit d'équipes de travail qui emploient d'anciens malades sous la conduite de moniteurs professionnels en peinture, entretien, jardinage, sous-traitance... dans une économie de marché, mais avec exonération de T.V.A.

Il existe encore bien d'autres réalisations qui, sous des dénominations diverses, témoignent de l'imagination et de la capacité d'innovation des soignants et de leurs interlocuteurs sociaux : centres de crise, centres d'accueil d'urgence permanent ou à temps partiel, placement familial, club thérapeutique, associations d'anciens buveurs, d'aide aux toxicomanes, de familles de malades mentaux, etc.

Toutes les réalisations que nous avons décrites ont en commun d'être une **institution**, que l'on peut définir avec P.C. Racamier comme « un ensemble de personnes qualifiées organisées pour traiter des malades ».

II. Pour les enfants et adolescents

Lieux thérapeutiques

■ ***Les consultations.***

Elles peuvent s'effectuer :

- au cabinet du spécialiste privé;
- au dispensaire d'hygiène mentale pour dépistage et avis médico-psychologique;
- au centre médico-psychopédagogique (C.M.P.P.), pour le diagnostic et le traitement ambulatoire dans une perspective de guidance infantile « des inadaptations dues à des troubles mentaux ou à des troubles du comportement nécessitant une rééducation médico-psychologique, psychothérapique ou psycho-pédagogique sous autorité médicale », avec engagement des familles;
- au service hospitalier de pédopsychiatrie, en fonction de la pathologie mentale pouvant amener une hospitalisation.

Ces distinctions sont évidemment assez schématiques, l'essentiel étant l'harmonisation des réponses aux demandes diverses qui se manifestent.

■ ***Les hospitalisations***

- Les ***établissements généraux*** participent dans leurs services destinés à la maternité et à l'enfance à la prévention, aux bilans et aux soins, notamment grâce à la mise en place de centres d'actions médico-sociales précoces.
  L'hospitalisation mère-enfant dans une unité spécialisée, encore rarement réalisée actuellement, est d'un très grand intérêt et mériterait d'être développée.

– Les ***établissements spécialisés*** reçoivent des patients à temps plein ou à temps partiel.

• Parmi les établissements à *temps plein*, on trouve :

– les services de pédopsychiatrie de CHU ou de CHS ;

– les instituts médico-pédagogiques (I.M.P.) pour différentes catégories de jeunes qui présentent un développement intellectuel déficient, plus ou moins profond, et qui bénéficient là de mesures appropriées à leur état, sur le plan médical comme sur le plan pédagogique ;

– les instituts médico-professionnels (I.M.Pro) prenant le relais des précédents pour des pré-adolescents susceptibles de bénéficier d'une formation professionnelle ;

– les centres de rééducation, où sont mises en œuvre des actions pédagogiques et psychothérapiques adaptées à des troubles du comportement sans déficit intellectuel.

• Parmi les établissements à *temps partiel*, on recense de nombreuses réalisations :

– les hôpitaux de jour, dont le rôle thérapeutique est aussi important que dans le dispositif de soins des adultes ;

– les hôpitaux de nuit, beaucoup plus rares ;

– les externats médico-pédagogiques (E.M.P.) qui permettent l'adaptation de la scolarité aux difficultés particulières de certains enfants déficients ;

– des centres d'accueil thérapeutique à temps partiel ou des centres du soir pour enfants scolarisés ;

– les placements familiaux spécialisés, où familles d'accueil et équipes thérapeutiques coopèrent au sein d'une micro-institution.

Cette liste, qui est loin d'être exhaustive, montre bien les possibilités créatrices d'une psychiatrie en chantiers.

Les artisans du soin

■ *L'équipe thérapeutique.*

C'est elle qui qualifie l'institution, plus que les lieux où elle exerce son activité. Les psychiatres d'enfants, qui travaillent en institution dans le cadre d'un intersecteur ou en dehors de lui, ont un rôle primordial à tous les stades d'intervention, depuis la prévention jusqu'à la post-cure. En plus des soins directs dispensés aux patients, ils doivent mettre au point un projet thérapeutique et animer une équipe pluridisciplinaire qui comprend des psychologues, des assistants de service social, des infirmier(e)s, des puéricultrices, des éducateurs spécialisés, des rééducateurs (orthophonistes, kinésithérapeutes, psychomotriciens, ergothérapeutes, psycho-pédagogues, diététiciens, ...). Les psychothérapeutes, médecins ou non, apportent leur compétence particulière, qu'ils ont acquise par une formation personnelle à un ou plusieurs types de psychothérapie : psychothérapie individuelle ou de groupe, psychodrame, dynamique de groupe, thérapie familiale ou techniques de jeux, de dessins, de contes, de marionnettes,...

Ces équipes, plus ou moins étoffées selon les cas, nécessitent des réunions de travail régulières pour fonctionner harmonieusement.

La réunion de synthèse, qui invite chacun à exprimer son point de vue après échanges d'information et discussion, doit déboucher sur une action de soins coordonnés.

■ ***Les relations avec les autres intervenants.***

Les équipes de psychiatrie infanto-juvéniles sont obligatoirement en relation avec d'autres équipes qui œuvrent dans le champ de l'enfance. Ces actions s'articulent avec les autres services de la D.D.A.S.S. pour constituer le *service unifié de l'enfance*. Sont ainsi coordonnés :

- la protection maternelle et infantile (P.M.I.) qui a un rôle de prévention capital au niveau du dépistage de troubles précoces chez les nourrissons et enfants qui fréquentent les crèches, les pouponnières et les garderies;
- l'aide sociale à l'enfance, autrefois Assistance publique, qui intervient, parfois dans l'urgence, pour protéger l'enfant dont l'entourage familial s'avère défaillant ou nocif, l'accueillir au foyer départemental de l'enfance ou réaliser un placement familial;
- le service de santé scolaire qui, avec ses médecins et psychologues scolaires, non seulement travaille à la prévention, au dépistage et à l'éducation pour la santé, mais participe, conformément à la circulaire du 29 janvier 1983 pour la politique d'intégration en faveur des enfants et adolescents handicapés, à la « mise en place d'actions et de soutien et de soins spécialisés en vue de l'intégration scolaire ordinaire des enfants et adolescents handicapés ou en difficulté en raison de maladie, de troubles de la personnalité ou de troubles graves du comportement ». Le projet individualisé est éducatif, mais comprend toutes les aides familiales, thérapeutiques ou rééducatives utiles.

Le travail de l'équipe de psychiatrie infanto-juvénile s'articule également :

- *avec le secteur de l'enfance handicapée*. La loi du 30 juin 1975 sur les handicapés, si elle a posé une distinction nettement établie entre institution de soins et institutions d'éducation spéciale, a néanmoins créé une coordination institutionnelle, la **commission départementale de l'éducation spéciale** (C.D.E.S.). Cette commission quadripartite (D.D.A.S.S., sécurité sociale, travailleurs sociaux, éducation nationale) comprend une équipe technique pluridisciplinaire où siège notamment un psychiatre d'intersecteur de psychiatrie infantile. C'est la C.D.E.S. qui prononce sur proposition de la commission de circonscription les mesures d'orientation des enfants vers l'éducation spécialisée (classes de perfectionnement, écoles nationales de perfectionnement, classes spéciales pour certaines catégories d'enfants). Des prises en charge associant structures d'éducation spéciale et structures de soins atténuent la dichotomie signalée plus haut.

– *avec la justice*, pour apporter au Juge des enfants toutes données psychiatriques et psychologies utiles dans le domaine de la délinquance juvénile et pour la résolution des conflits surgis entre le mineur, sa famille et la société. Peuvent alors êtres prises avec le concours des membres de l'équipe médico-sociale des mesures d'observation, d'assistance éducative par le biais d'un service d'aide éducative en milieu ouvert (A.E.M.O.), ou sous forme de placements divers, pouvant aller jusqu'aux établissements d'éducation surveillée du ministère de la justice.

PRINCIPES GÉNÉRAUX D'ORGANISATION

Loi de progrès en son temps, la loi du 1838 faisait obligation à chaque département de posséder un établissement spécialement destiné à recevoir et à traiter les aliénés, qui étaient aussi protégés dans leurs personnes et dans leurs biens. Cent ans après, les asiles devenus hôpitaux psychiatriques n'avaient pas réalisé de grands progrès, et la psychiatrie, à l'extérieur comme à l'intérieur des murs, ne pouvait guère faire état de brillants succès thérapeutiques.

Un ensemble de facteurs devait faire évoluer la situation après les bouleversements de la seconde guerre mondiale : avènement de thérapeutiques à effets perceptibles (électrochoc, insulinothérapie, neuroleptiques, antidépresseurs), généralisation de la sécurité sociale, mouvement de psychothérapie institutionnelle, démarche désaliéniste, influence de la psychanalyse au plan de la formation des psychiatres en nombre croissant.

La circulaire du 15 mars 1960 a marqué un tournant décisif dans la pratique psychiatrique en jetant les bases de la **politique dite de secteur**. Celle-ci pose pour principes de traiter le malade à un stade aussi précoce que possible, d'assurer la post-cure afin d'éviter les rechutes, de maintenir le malade le plus près possible de sa famille et de son milieu, d'accueillir tous les malades d'une aire géographique délimitée. On en arrive ensuite à la bisexualisation des services, à la continuité des actions de prévention, de soins et de post-cure, ainsi qu'à la participation à la lutte conjointe contre les maladies mentales, l'alcoolisme et la toxicomanie. La création des intersecteurs de psychiatrie infanto-juvénile, à raison d'un intersecteur pour trois secteurs de psychiatrie d'adultes, a favorisé l'essor considérable des structures de pédopsychiatrie. L'équipe d'intersecteur est la pierre angulaire de la psychiatrie d'enfant à l'échelon départemental.

Enfin la loi du 25 juillet 1985 a légalisé les secteurs psychiatriques et instauré un conseil départemental de santé mentale.

Le service public de psychiatrie organisé en secteurs met à la disposition de la population des services et des équipements de prévention, de diagnostic et de soins, aussi bien à l'intérieur des établissements assurant le service public hospitalier qu'à l'extérieur de ceux-ci, avec, pour tous, l'accès aux prestations offertes sans aucune discrimination, quels que soient l'âge, la pathologie, la durée de la maladie, la situation sociale ou géographique des malades. L'hospitalisation à temps plein est un moment du traitement qui doit être articulé avec le dispositif de soins ambulatoires ou avec les lieux de vie intra ou extra-sectoriels. La continuité des soins est assurée par une même équipe médico-sociale travaillant sous la responsabilité d'un médecin chef de secteur; le patient doit pouvoir bénéficier dans des lieux différents d'une prise en charge variable selon l'évolution de son état et de ses conditions de vie : situations d'urgence, soins au long cours.

L'équipe soignante disposant d'une gamme de méthodes thérapeutiques assez large, le choix de ces méthodes, leurs combinaisons, leur fréquence, leurs variantes techniques font l'objet de prescriptions après étude et discussion en réunion de synthèse.

Un projet thérapeutique individuel est élaboré et proposé en vue d'organiser le traitement de la façon la plus fine possible; mais il est évolutif. Il doit prendre en compte les besoins du malade, repérer ses mécanismes défensifs parfois subtilement cachés, ou non élucidables d'emblée, favoriser ses possibilités adaptatives en s'appuyant sur la dimension psychothérapique du soin dans l'institution.

Au cours de l'hospitalisation, l'action thérapeutique doit organiser la vie quotidienne de façon à permettre l'instauration d'une relation authentique et souple entre le patient et les membres de l'équipe, ainsi qu'une communication régulière entre les soignants. Le renforcement des liens sociaux et la préservation des relations familiales par une action thérapeutique auprès des familles entrent aussi dans la dynamique des soins.

Lorsque la pathologie altère les relations du patient avec son entourage familial, social et professionnel, il faudra envisager la réadaptation et la réinsertion comme faisant partie intégrante du travail psychiatrique. Les problèmes de logement, d'étayage familial concernent le secteur; et aussi les ressources du malade démuni si l'on veut que les mesures proposées aient quelques chances de succès. Un handicapé qui exerce une activité obtient une garantie de ressources. Si la reprise d'un travail ne peut être effectuée, il sera nécessaire d'obtenir par l'intermédiaire de la COTOREP un minimum de revenus, par une allocation aux adultes handicapés (A.A.H.) et une allocation compensatrice en cas de perte d'autonomie.

Enfin, en cas de besoin, la loi du 3 janvier 1968 sur la protection des incapables majeurs — qui n'est d'ailleurs pas uniquement applicable à la psychiatrie — permet au juge des tutelles d'intervenir, par une mesure appropriée prise en concertation avec le médecin et la famille (sauvegarde de justice, curatelle ou tutelle), en vue de préserver les intérêts d'une personne dont « les facultés mentales sont altérées par une maladie, une infirmité ou un affaiblissement dû à l'âge ».

*

* *

Discipline longtemps voué à la description nosographique et au désespoir thérapeutique, la psychiatrie a connu un développement considérable en quelques décennies, avec des succès dans le domaine du traitement, de la réinsertion et du pronostic de la maladie mentale. La transformation des conditions de soins a été obtenue tant par la multiplication et la diversification des institutions tournées vers l'extérieur que par la croissance des effectifs des soignants. Mais quelle que soit la variété des solutions imaginées, des réalisations effectuées, des techniques proposées, la clé de l'efficacité du soin en psychiatrie se trouve en fin de compte dans la relation psychothérapique.

BIBLIOGRAPHIE

COUDERT (A.J.), LACHAL (C.) et LANDON (J.). — Assistance à l'enfance inadaptée. *Encyclo. Méd. Chir. (Paris, France), Psychiatrie,* 37955 A 10, 7-1984, 20 pages.

DIATKINE (R.), QUARTIER-FRINGS (F.) et ANDREOLI (A.). — *Psychose et changement,* Paris, PUF, 1991.

FOUCAULT (M.). — *Histoire de la folie à l'âge classique,* Paris, Gallimard, 1972.

HOCHMANN (J.). — Le temps du récit. *Information psychiatrique,* vol. 68, n° 7, septembre 1992.

POUGET (R.) et CASTELNAU (D.). — L'assistance extra-hospitalière. *Encycl. Méd. Chir., (Paris, France), Psychiatrie,* 37956 A 10, 10-1985, 10 p.

RACAMIER (P.C.). — Le soin institutionnel des psychotiques : nature et fonction. *Information psychiatrique,* Sipem edit. Lyon, vol. 46, n° 8, octobre 1970.

SUTTER (J.). — *Un éloge de la psychiatrie.* Paris, Frison-Roche, 1990.

INFORMATION PSYCHIATRIQUE, vol. 56, n° 9, novembre 1980. Numéro spécial sous la direction de A. Bécache, consacré à l'Hôpital de jour- Centre de santé mentale de la Mutuelle générale de l'Education Nationale à Lyon.

CIRCULAIRE DU 11 DÉCEMBRE 1992 relative aux orientations de la politique de santé mentale en faveur des enfants et adolescents.

INDEX

D

E

T

U

V

Y

Z

MASSON Éditeur
120, boulevard Saint-Germain
75280 Paris Cedex 06
Dépôt légal : octobre 1993

Société des nouvelles éditions liégeoises, SA
Rue Saint-Vincent 12 - 4020 Liège
septembre 1993